本书由大连市人民政府资助出版
The published book is sponsored
by the Dalian Municipal Government

WTO框架下

中国贸易政策
与产业政策的协调

WTO KUANGJIAXIA
ZHONGGUO MAOYI ZHENGCE Y
CHANYE ZHENGCE DE XIETIAO U

田玉红 著

人民出版社

序

世界贸易组织(WTO)是当今世界上最重要的经济组织之一,它通过有效、规范的运作来发展全球多边贸易体制并协调国际经济贸易秩序。但由于WTO各成员间贸易政策的初衷都是为自己国家及其国内产业带来最大利益,从而引发了贸易政策与产业政策之间的矛盾和协调问题。

加入WTO后,中国贸易政策的变化对国内产业保护的影响存在以下两方面问题:一是由于开放程度的提高,国产产品面临着巨大的竞争压力,这会影响到中国企业的竞争能力和效益。而且那些缺乏产品竞争力的企业生存能力会逐步减弱甚至亏损倒闭,企业所属的行业也会受到较大的冲击。二是受WTO框架约束,政府管理对外经济贸易的空间减小、能力减弱,这会影响我国利用对外经济贸易来配合产业政策的能力,抑制进出口贸易对产业结构的改进,从而在一定程度上增加了我国产业发展和调整的困难。不仅如此,贸易摩擦也随之而来,而且在不同的发展阶段表现出不同的特征。从源于中国出口产品的"物美价廉"导致的反倾销摩擦,到出口产品环保指标不合格引发的技术性贸易摩擦,中国与外国的贸易摩擦总体上集中在具体产品领域。但是,近几年来,贸易摩擦越来越超越产品领域而上升到产业层次甚至是产业政策领域。

国内外学者普遍认同产业政策已超出一国范围,而成为国际经济贸易关系作用下的一种政策类型,这恰恰是构成贸易政策与产业政策协调的基础。各国产业政策虽然都是以保护本国产业利益为出发点,但在具体协调实践当中却不得不考虑国际规则和国际竞争环境的约束。还应当指出,国内外学者虽然发现或认同贸易政策与产业政策之间的相互关系,但是对于二者关系具体怎样、实践中如何处理二者关系问题并不十分明确。特别是对 WTO 框架下二者关系协调所具有的特殊性鲜有涉及。上述问题对于中国在 WTO 框架下如何进行产业政策与贸易政策协调有重要的实践价值,也是值得我们深入思考的问题。

本书以 WTO 框架为基础和着眼点,以 WTO 有关产业政策与贸易政策协调的基本问题为基础,重点分析中国贸易政策与产业政策的协调问题。具体包括:第一,分析和总结 WTO 对贸易政策与产业政策协调的基础性问题,包括基本概念、协调的趋势及作用机理等,从而为分析中国贸易政策与产业政策的协调问题奠定基础。第二,分析中国贸易政策与产业政策协调的体制性和结构性两个方面问题,特别是着重分析了基础产业、幼稚产业、高技术产业和环保产业四大产业类型贸易政策与产业政策的协调问题。第三,研究 WTO框架下中国贸易救济政策与产业安全政策的协调问题。

在深入分析研究的基础上,本书提出,中国从总体上不仅存在建立贸易政策与产业政策协调的理论基础和现实需要,而且完全可以找到进行协调的途径。中国作为 WTO 成员,不仅要承担应有的义务,更要寻求可利用的权利,在参与多边贸易体制的同时,协调好贸易政策与产业政策,壮大自身的产业实力,使中国真正成为国际贸易强国。这对于中国贸易发展和产业竞争力的提高有着深远的意义。我相信,这本书对相关政府部门、产业界深入理解和探讨中国贸易政策与产业政策的协调问题,会大有裨益。

田玉红博士的专著《WTO 框架下中国贸易政策与产业政策的协调》是在其博士论文的基础上修改而成的。作为她的博士生导师,我特别高兴地祝贺这部著作的出版发行,更为田玉红博士在学术上孜孜不倦、刻苦钻研从而不断进取而感到十分欣慰。希望她今后奉献更多更好的科研成果。

郭连成

2009 年 4 月于东北财经大学研究生院

目　录
CONTENTS

1

图 表 索 引

图 索 引

表 索 引

导　论

第一节　问题的提出

WTO 即世界贸易组织,成立于 1995 年,是当今世界上最为重要的多边贸易组织。其在 GATT(关税与贸易总协定)的基础上逐渐发展成为拥有复杂机制、较为丰富法律框架的多边贸易体制。虽然 WTO 还存在诸多有待发展的领域和有待解决的问题,甚至还存在对 WTO 可能是"富人俱乐部"的顾虑。但是,在现实的世界当中,WTO 确实通过其有效、规范的运作成为众多成员方协调国际经济贸易秩序遵循的主要框架。WTO 成员间存在的最突出矛盾,是其贸易政策的初衷都是为自己国家及其国内产业带来最大的利益,这就引发了贸易政策与各成员国内产业政策的矛盾和协调的思考。

一、"经济全球化——产业全球化——产业政策国际化"使贸易政策介入产业政策领域

美国学者 D. F. 西蒙认为,经济全球化就是产业全球化。同时,"最好将'全球化'看做是一种微观经济现象,它指的是产业和市场一体化和联合的趋势"。① 经济全球化迅猛发展的事实已经得到世界各国的认同,但是这一过程也是产业全球化的过程。例如芭比娃娃的商标上标着"中国制造",在芭比娃娃的生产过程中,中国提供了工厂、劳动力及棉布等。但是事实上,日本提供了尼龙头发;中国

---

① D. F. 西蒙:《世界经济体系中的中国》,《国外社会科学》1993 年第 3 期。

台湾把精炼油注入乙烯用作芭比娃娃身体上的塑料小球;日本、美国和欧洲提供了几乎所有的机器和工具;美国提供了包装、涂料等;中国香港提供资金、保险等把原材料运往中国南部的工厂并收取和装运货物;美国加利福尼亚的马特尔公司每秒钟将两个芭比娃娃在全球 140 个国家上市。所以产业政策虽然仍以本国产业为政策对象,旨在推动本国产业结构的调整与升级,但产业全球化使政策制约条件已经不能脱离世界经济格局及发展趋势,不能脱离与本国产业发展密切联系的国外地区,这导致产业政策出现国际化的趋势。此时,贸易政策本身将各国产品和产业联系起来,而产业的国际化又将产业的发展与世界各国联系起来,所以各国贸易政策必然成为影响产业政策的因素,而各国产业政策的国际影响也必然引起其他国家贸易政策乃至国际贸易政策的介入。

二、中国对外贸易发展与产业竞争力提高之间不匹配现象的原因

改革开放 30 年以来,中国的对外贸易发展迅速。2008 年,中国对外贸易以举世罕见的高速度增长,对外贸易总额从 1978 年的 206 亿美元上升至 2007 年的 21738 亿美元,30 年增长了 105 倍,中国现在已成为世界第三大贸易国。出口贸易额从 1978 年的 97.5 亿美元增长到 2007 年的 12180 亿美元,30 年增长了 125 倍,跃居世界第二大出口国。对外贸易成为中国国民经济高速增长的重要动力之一。目前,外贸对国民经济增长的贡献达到了 20%,与进出口相关的就业人数超过了 1 亿,外资企业就业人员达到了 4000 万人,交纳的税收占全国税收收入的 20%。因此,从这方面看,改革开放是中国 30 年发展进程中所取得的宝贵经验,坚持改革开放仍然是中国今后的发展战略。

但是,中国劳动密集型产品显示性比较优势指标(RCA)始终在 2.15 左右,具有比较强的比较优势。其他类别产品的 RCA 值均在较弱出口竞争力标准 0.8 以下。因此,从整体而言,我国产品的国际

竞争力依然较弱。在产业竞争力不高的同时,中国的贸易条件也出现下降趋势,1994 年至 2005 年,贸易条件一直呈恶化趋势,其贸易条件指数由 1994 年的 129.4 下降到 2005 年的 60.5,降幅达到了53.2%。这种情况的表面原因在于出口价格的上涨低于进口价格的上涨,或出口价格的下降大于进口价格的下降,这就意味着同样数量的商品出口只能换回较少数量的商品进口,或者说同样数量的商品进口要用更多数量的商品出口换得。而内在原因则在于中国总体贸易的发展没有改变中国处于国际产业分工的低端部分,并没有真正带动中国产业结构升级和产业竞争能力的提高。但是,加入 WTO后,中国贸易政策的变化对国内产业保护的影响却存在以下两方面问题:一是进口增加使国产产品面临巨大的竞争压力,这会影响到中国企业的竞争能力和效益。随着那些缺乏产品竞争能力的企业效益下滑,企业的生存能力逐步减弱甚至亏损倒闭,企业所属的行业便会受到较大的冲击。二是政府管理对外经济贸易的空间和能力减弱,这会影响我国利用对外经济贸易政策配合产业政策的能力,抑制进出口贸易促进产业结构升级发挥积极作用,从而在一定程度增加我国产业发展和调整的困难。

但是,为什么中国的贸易发展会出现与中国产业竞争力提高不相匹配的现象呢? 这中间是否存在中国在加入 WTO 前后贸易政策调整与产业政策调整不协调的问题呢? 贸易的开放性并没有同速度提高产业竞争力的背后原因是什么? 发展中国家贸易政策上的国际性、开放性是否是 WTO 所单一鼓励的。贸易上的开放性意味着贸易政策的限制性减弱,但是另一方面却对中国产业保护提出了新课题。发展中国家在贸易政策开放的过程中如何考虑国内产业政策的协调,以应对开放后日益激烈的贸易竞争带给产业发展的压力呢? 这是加入 WTO 后对中国产业政策提出的挑战。

三、外国与中国贸易摩擦频繁现象背后的政策因素

中国在贸易发展过程中从没有停止过来自外国贸易摩擦的威

胁。但是贸易摩擦却随着中国不同的发展阶段而出现不同的特征。从最开始源于中国出口产品的"物美价廉"而导致的反倾销摩擦,到因为中国出口产品环保指标不合格引发的技术性贸易摩擦,中国与外国贸易摩擦总体上集中在具体产品领域。但是,近几年,外国对华贸易摩擦越来越超越产品领域,而达到产业层次,甚至是上升到产业政策领域。例如,2005 年 4 月 5 日,美国商务部在针对各方对其单独税率政策修改意见的基础上发布公告,决定修改针对非市场经济国家反倾销调查政策,实施"市场导向产业"标准(即 MOI 测试)。MOI 测试要求,如果中国企业认为其所处产业是市场导向产业,必须提供包括该产业几乎所有生产企业的信息,否则,仍然按照非市场经济标准衡量中国企业出口产品的正常价值,以判定是否为倾销。这种变化说明,贸易摩擦表面上是针对具体企业的具体产品,而实质上是针对所涉产品的整个产业。

然而,这种处于产品和产业层次的贸易摩擦最终还是要上升到政策或者制度领域,引发制度性贸易摩擦。制度性贸易摩擦是指由贸易各方制度不协调而引起的摩擦,它所体现的是不同国家之间和与国际组织规则(如 WTO 规则等)在贸易政策、产业政策等方面的冲突。例如,2004 年美国美中安全和经济评审委员会就中国履行WTO 承诺问题向美国国会和政府提出建议,其中包括:"美国应当更积极地考虑提交 WTO 争端解决机制,以解决那些最重要和最紧迫的问题;美国应当改变其对非市场经济国家如中国不适用反补贴法的政策等。"实践中,以美国为代表,包括欧盟、加拿大纷纷开始通过补贴、投资等方面的 WTO 规则,审视中国产业政策领域的各种支持和优惠政策。具体包括中国的税收政策(包括增值税、出口退税等等)、土地政策、债务减免、物资供给、财政拨款、信贷政策等诸多政策手段。

从上述情况分析,外国与中国贸易摩擦不仅频繁,而且摩擦所涉及的领域已经上升到国家政策,尤其是产业政策领域,最终贸易摩擦仍然会通过贸易政策上的巨大压力而影响到中国的产业政策。因而,中国必须重视有关贸易政策与产业政策的协调问题,这也是目前中国在 WTO 框架下亟待解决的问题。

第二节　国内外研究综述

一、国外研究综述

(一)贸易理论在协调贸易政策与产业政策方面的研究

虽然自由贸易理论也最终关注产业利益维护,但是真正主张采取政策措施明确保护产业利益还是由保护贸易理论尤其是幼稚产业理论予以明确的。18 世纪末,美国独立后的第一任财政部长亚历山大·汉密尔顿在其著名的《关于制造业的报告》中,以其"关税保护"思想首先提出了幼稚产业保护理论。19 世纪中叶,德国经济学家李斯特以其"保护国家长远发展的综合生产力"思想,发展完善了这一理论。

即便是自由贸易理论,从传统比较优势理论开始,就从绝对比较优势和相对比较优势的考虑,让众多国家国内产业都从国际贸易活动中受益,以此推动国际自由贸易的发展。之后,动态的比较优势理论由日本经济学家筱原三代平创立。他认为,国家的要素禀赋是动态变化的,产业结构是动态变化的;政府应根据产业结构的变化动态地调整贸易结构,使其不断地创造出新的优势。如果从长远看某一产业属于国民经济发展中具有重要意义的产业,政府的保护政策会帮助其成为具有国际竞争力的出口产业。

战略性贸易政策理论是最先明确将贸易政策与产业政策协调的理论。1983 年伯兰特和斯本瑟针对许多国家为争夺国际市场而对国内厂商的研究与开发进行补贴的情况,提出"产业政策干预"的观点。1984 年克鲁格曼认为,政府对能够产生巨大外部经济的产业给予适当保护并制定促进政策,能够迅速形成国际竞争力并带动相关产业的发展。从而,战略性贸易政策理论更加强调产业政策对产业发展的主动性,又通过贸易政策的出口导向进一步帮助这类产业攫取国际市场利益。

迈克尔·波特在其国家竞争优势理论中认为,"在国家层面上,'竞争力'的唯一意义就是国家生产力"。① 国内需求才是产业发展的动力;需要选择支持性产业和相关产业并创造竞争优势。他认为,优势并非先天禀赋,不是一成不变的,可以是后天培养的。所以,政府的政策大多数会影响到产业的国家竞争优势。国家竞争优势理论虽然将通过贸易政策与产业政策共同扶持产业的理由上升到国家竞争优势的高度,但是其内在主张仍然是利用贸易保护政策与国内产业政策扶持相结合来增强国家竞争优势。

Matsuyama(1990)建立了贸易自由化博弈模型,认为外国产业的竞争和国际贸易自由化的影响会给本国产业造成强大的压力,所以本国产业必须受到政府的保护。②

深尾京司等从全球视角研究了产业政策,认为一国国际经济政策中相当于产业政策的那一部分内容具有国际产业政策的含义,是指基于单一国家视角的产业政策在空间外延上超越国界之后形成的"新"国际产业政策。③

(二)WTO 在贸易政策与产业政策协调方面作用的研究

Flockton 等指出,需要一个超国家组织来有效地实施国际产业政策,因为如果由单个国家实施,会暴露利益偏移、作用范围有限等先天缺陷。④ 他们虽然认识到需要对单个国家产业政策进行国际协调但是并没有明确必须是由 WTO 来承担。

---

① [美]迈克尔·波特著,李明轩、邱如美译:《国家竞争优势》,华夏出版社2003 年版,第 6 页。

② Matsuyama K.: "Perfect Equilibrium in a Trade Liberalization Game", *The American Economic Review*, 1990, 80(3): pp. 480−491.

③ [日]深尾京司、细谷佑二:《国际产业政策与多国籍企桨业》,《经济研究》1999 年第 50 卷,第 54~67 页。

④ Flockton&Heidi: "*European Industrial Policy with Respect to the Steel Industry: The Past, Present and Future*", http://info. sm. umist. ac. uk/dissertation/dissertationsl Heidi Flockton Whole dissertation. pdf.

罗德瑞克（Dani. Rodrik）认为，GATT/WTO 的规则导向的核心"不是结果，而是游戏规则。它包含着可允许的贸易壁垒水平的协议以及制定在出口市场中面对外国生产者的一般竞争条件的尝试"。作为国际间关于贸易的总协定，GATT/WTO 首先是一个贸易规则体系，是各国从事贸易活动的行为守则。并且将这种规则导向的过程归之于"制度趋同"范畴，即一国"有意识地采取某种政策使其经济社会制度与其伙伴国的相协调"。WTO 就起着一种推动制度趋同的作用。①

（三）从国别角度对贸易政策与产业政策协调的研究

从国别角度对贸易政策与产业政策协调的研究是以战后日本经济发展而引发的。筱原三代平（1982）自己所说的，战后日本所采取的产业政策（即全面保护的贸易政策）就是一个错误，但是具有讽刺意味的是，这些政策恰恰取得了成功。②

赫勒·迈因特运用制度分析的方法，考察了东亚的例证，分析了国际贸易在什么样的国内制度框架下才能成为推动经济发展的积极因素。他认为，新古典主义的弱点就是它往往把注意力集中在清除资源配置中的"扭曲"的"消极"政策上，把改进发展中国家制度框架的"积极"政策推到幕后。正式的国际理论暗含的一个假定是，国内制度框架，经一个"没有摩擦"的完全竞争的经济模式的检验，已经完全形成了。然而，这一模式之所以得到采用，仅仅是因为在理论上能够方便地将各种扭曲定义为偏离最佳资源配置。他在对不发达的国内制度框架进行分析时，认为显然需要积极的政府政策，以便通过减少交易和信息成本使市场体制更有效地发挥作用。③

---

① ［美］丹尼·罗德瑞克著，熊贤良译：《让开放发挥作用——新的全球经济与发展中国家》，中国发展出版社 2000 年版，第 87 页。

② M. Shinohara: *Industrial Growth, Trade, Dynamic Patterns in the Japanese Economy*, University Tokyo Press, 1982, p.24.

③ 赫勒·迈因特：《国际贸易与国内制度框架》，《经济社会体制比较》2003 年第 3 期。

Gilberto 研究了欧盟与其成员国之间在产业政策和旨在消除非关税贸易壁垒的单一市场计划上的矛盾。这一矛盾实质上揭开了欧盟内部各成员产业政策与欧盟整体及其各成员之间贸易政策关系的协调问题。其认为,就单一市场计划而言,欧盟委员会主张消除非关税壁垒,但各国却实行众多限制作用的产业政策。在理论上,消除非贸易壁垒的欧盟贸易政策与各成员内部产业政策之间存在根本的矛盾,因为前者的目标是实现自由贸易,而后者则会造成市场扭曲。虽然欧盟特别制定了欧盟条约(TEU)来顾全两种政策目标,但在成员国层次上实施的产业政策手段常常有悖于 TEU 的宗旨。①

(四)从程度和方法角度对贸易政策与产业政策协调的研究

日本经济学家小岛清从产业提供贸易保护要求有选择性的角度认为:"要根据要素禀赋比率和比较成本动态变化,从国民经济的角度选择应该发展的幼稚产业,只要是这样的幼稚产业,就是值得保护的。"

克鲁格曼(1984)认为保护应该是动态的,保护的时间是短暂的,保护的产业是不断变动的。科登等(1974)认为,最佳政策将是针对市场根源的补贴。"这一政策将优于关税。关税则又优于数量限制,因为数量限制会获得配额利润而不是关税收入,而且如果有进口许可证的话,还需要承担寻租成本。"

战略性贸易政策理论的产业选择更加明确,美国经济学家蒂森在其论文《管理贸易:选择次佳中的最好》中,阐明美国战略性贸易的政策目标是"保护美国某些与知识、技术密切联系的产业在全球范围内的生产与就业,而这些产业能够产生经济效益以外的战略效益和社会效益"。并进一步将这些产业定义为半导体产业、电脑产业、航空工业,以及尖端工业等高科技产业。②

---

① Gilberto Sarfati: "*European Industrial Policy as a Non-tariff Barrier*", http://eiop. or. at/eiop/text/ 1998—002. htm.

② 王钰:《战略性贸易政策:发达国家与发展中国家的博弈》,《国际贸易问题》2005 年第 9 期。

Georg 等认为,随着自由贸易的发展,原有的产业政策作用空间不可避免地要缩小。因此他们主张欧洲的产业政策转型为适应世界经济贸易环境变化的"长期竞争导向型产业政策",并强调产业政策的实施是一种博弈过程,如果参与各方采用非合作的敌对态度,则各方都将蒙受损失。[①] 这实际上存在将产业政策与贸易政策进行国际协调的意味,但是主张贸易政策限制产业政策的实施空间,产业政策导向应是竞争导向型,其中蕴涵着以竞争为基础的合作与共赢思想。

二、国内研究综述
(一)明确将产业政策与贸易政策关系作为对象的研究

国内研究当中明确提出贸易政策与产业政策协调观点的学者很多,但是真正深入研究这一问题的几乎没有,只有李明圆在其博士论文——《论日本产业政策与贸易政策的融合》中以日本为研究对象,分析日本产业政策与贸易政策的关系。其通过将第二次世界大战后日本的产业政策和贸易政策融合在一起进行分析研究时发现,产业政策与贸易政策之间存在"此中有彼、彼中有此"的相互作用及作用效果。同样是针对日本,李萍(2003)却认为,1955 年,日本加入GATT,为本国"贸易立国"外向型发展战略创造外部制度条件。但任何一项预期能够带来收益的制度都必然会耗费成本,为把承担自由化义务对本国产业的冲击降到最低限度,日本在推行自由化的同时,加强产业政策与贸易政策的配合,最终成功使"入关"成为赶超欧美的"登天之梯"。[②] 其将日本战后"贸易立国"所取得的成绩认为是日本加强贸易政策与产业政策"配合"(可以理解为协调)的结果,这就出现了"融合"与"协调"的区别。

---

① Georg Erber, Harald Hagemann, Stephan Seiter: "*Industrial Policy in Europe*", European Trade Union Institute Working Paper, 1996.

② 李萍:《日本"入关"后产业政策与贸易政策的调整》,《亚太经济》2003 年第 3 期。

李敬辉(2004)[1]在对日本产业政策进行研究之后提出"产业国际贸易政策"的概念。其认为,国外市场是本国产业链的延伸;国内市场是国外产业链向本国的渗透,产业国内外市场相互融合。因此,产业结构、产业组织、产业布局、产业技术的调整及优化,必须立足于国内外两个市场,产业政策的作用领域必然扩展到国际贸易领域,即通过产业国际贸易政策,充分利用国内外两种资源和两个市场,实现产业发展的战略目标。因此,产业政策的内涵已经由狭义向广义扩展。从广义上研究产业政策,一般都将贸易政策包括在内;而狭义的产业政策则往往不讨论贸易政策的内容。

还有很多学者并没有将产业政策与贸易政策区分开来,认为产业保护的政策措施不仅包括国际贸易政策措施,还可以采取产业倾斜等诸多政策。[2]

田素华(2006)在研究美国贸易政策时,认为美国实行的是多轨制贸易政策。美国在推行多轨制贸易政策过程中,美国经济结构进一步软化。20世纪70年代以来,美国的产业结构开始从资源密集型转向资本和技术密集型。多轨制贸易政策的核心是贸易保护,属于战略性贸易政策范畴,其目的在于保护本国弱势部门,发展本国强势部门,是一种以绝对优势作为制定贸易政策基础的贸易管理方式。[3]美国通过配额、补贴、政府采购、对他国贸易制裁等多轨制贸易政策形成对国内信息、电子、钢铁等产业进行产业政策扶持的强大推动力量。

有关WTO为各成员协调贸易政策与产业政策提供的框架问题上,屠新泉(2005)认为,贸易政策是一个充满争议和矛盾的问题领

---

① 李敬辉:《完善产业政策 走新型工业化道路》,《经济研究参考》2004年第82期。

② 何维达、宋胜洲等:《开放市场下的产业安全与政府规制》,江西人民出版社2003年版,第88~89页。

③ 田素华:《论美国多轨制对外贸易政策的形成与经济效应》,《国际贸易问题》2006年第5期。

域,自由贸易的理论和充满保护的现实的巨大反差、贸易政策和国内政治的密切关联、国际贸易摩擦的政治化趋势以及贸易政策的主权属性,都决定了旨在实现成员间贸易政策协调的 WTO 是一个极为独特的组织。[①] 在面对 WTO 所提供的框架时,还要考虑到这一框架的动态性,因为其作为国际贸易政策框架提供者,其国际贸易政策是国与国之间和各国国内政治经济因素综合作用的结果。

　　总体而言,国内学者关于产业政策与贸易政策之间紧密的关系是存在一定认识的。一些学者因此将贸易政策直接并入产业政策领域如李明圆和李敬辉,从而前者提出产业政策与贸易政策融合的观点,后者提出产业国际贸易政策的概念。这种认识与对日本产业政策领域的研究较为深入有着密切的关系。即便是针对日本的研究,李萍却持产业政策与贸易政策相协调的观点。融合与协调观点区别的原因在哪里呢? 对美国等国家的研究却没有过多在这一问题上出现混乱,贸易政策对产业政策的作用是达成共识的,为什么对日本的认识会出现如此反差呢? 遗憾的是明确将产业政策与贸易政策关系作为对象的研究只是集中于日本,对其他国家如美国在这一问题上的研究很少,对中国这一问题的研究则更是鲜见,系统研究则是空白。如周汉民(2005)在提到高技术领域时,考虑到 WTO 框架下中国国内产业政策实施的混乱,主张将贸易政策与产业政策协调起来,但是对于协调的基础和如何协调等诸多问题均未涉及。张玉卿等人认为,发展中国家不具有国际竞争力的产业,都可以视为特定产业;而符合 GATT/WTO "特定产业" 标准的产业,即为 "狭义的幼稚产业"。各国可以根据自己的发展情况选择一些幼稚产业进行保护。这些学者普遍认为 WTO 为各成员产业政策对产业保护提供了贸易政策限制,也提供了空间,研究这一问题十分有意义。那么日本等 "融合" 或 "协调" 的观点哪个更适合中国呢? 中国如何解决产业政

---

　　① 屠新泉:《中国在 WTO 中的定位、作用和策略》,对外经济贸易大学出版社 2005 年版,第 13 页。

策与贸易政策的矛盾并选择怎样的一条道路呢？这些都是值得深入分析和研究的课题。

(二)中国产业政策与贸易政策在结构问题上的研究

汪斌(2003)认识到,在经济全球化浪潮中各国产业结构互动的条件下,产业政策的国际化会使各国在产业结构调整、演化、升级等问题上发生互动,一国产业政策的制定和实施必将对其他国家的结构演化产生一定影响,反之,他国政策的出台和实施也会对本国的结构调整与升级带来波及性影响。

国内学者普遍发现了中国贸易结构不合理的问题,而且发现国内产业分工在国际分工格局的不利地位是主要原因。林毅夫等(1999)认为,要素禀赋与技术差异是决定国际产业分工方式与贸易结构的主要因素,根据中国现实国情与比较优势原理,应鼓励中国发展劳动密集型产业的发展。

陈建国(2002)、刘力(2005)、任建兰(2003)、那力和何志鹏(2002)在研究产业结构问题中,将贸易政策因素考虑进来的主要是贸易与环境问题。其中,贸易对环境的损害是当今国际贸易政策开始深入讨论的问题,因为贸易的产品效应使环境友好产品与环境破坏产品在贸易过程中的待遇发生了改变。各国贸易政策及其国际条约等所产生的"绿色贸易壁垒"现象,最终将贸易政策介入产品领域。但是,国内的研究并没有将产品领域的贸易与环境问题系统地上升到环保产业领域,没有深入研究中国绿色贸易政策如何协调产业政策而最终影响环保产业发展的问题。

姜勇(1997)认为,产业保护的对象应选择支柱产业和幼稚产业。他认为保护的最终目的是发展和赶超世界先进水平,防止过度保护而导致幼稚产业的低效率运行和发展。李秀香(2004)、张俊(2005)等在研究幼稚产业保护领域上涉及了贸易政策保护。尤其是李秀香认为,幼稚的新兴产业,需要一些高保护,但是这些幼稚产业可能是最需要参与国际竞争的。政府的保护手段越来越受到国际规则的约束,否则常常会招致报复。

上述研究事实上表明,贸易政策的实施应存在产业选择性,即使国内产业政策也应该考虑到产业结构问题以及经济全球化下国际产业结构因贸易关系而发生相互影响的问题。

(三)贸易救济政策与产业安全保障政策关系的研究

国内研究在反倾销和外国对外投资等影响产业安全的问题上涉猎很多,朱钟棣(2006)、赵世洪(1998)、王允贵(1997)、杨公朴(2000)、何维达(2000)等国内学者分别并提出了权益型、控制型、竞争力型等不同类型的产业安全观,其中竞争力型产业安全观影响较大,其认为,"一国对国内重要产业的控制能力及该产业抵御外部威胁的能力,主要体现为产业的国际竞争力"。

任烈(1997)、崔日明等(2002)提出我国应该实行开放型适度贸易保护政策,一国经济衰退或在国际竞争中处于劣势,采取保护贸易政策可避免大量国外产品进入并对本国产业造成冲击。王先林(2003)认为产业安全法律制度承担着最优交易和最优保护的制度性安排重任,贸易救济政策的不当使用会限制产业竞争。

李秀香(2004)认为,贸易安全的实质就是产业安全问题。产业安全是指在经济全球化的条件下,一个国家某一产业的利益不受到外来势力根本威胁的状态。一个国家要使自己的经济实力得到增强,保持经济安全,就必须对关系国计民生的某些重要产业给予必要的保护,要运用不同的产业政策及其他政策手段进行有效地保护和支持一个国家某一产业的利益不受到外来势力的根本威胁。

张勇[1]认为,以 WTO 规则为代表的国际通行规则的演进成为一国产业安全观的重要法律渊源。传统的产业安全观强调一国政府维护产业安全的能动性,但其规制措施主要依赖于行政手段和反倾销、反补贴、保障措施等有限的法规。经济全球化推动了 WTO 规则的全球协调,这种协调对一国的制度供给提出了更高的要求。主要体现在

[1]　张勇:《论扩大开放与维护产业安全的协调机制——〈中国产业安全法〉立法研究》,《国际交易》2007 年第 8 期。

两个方面:国家参与国际经济协调的能力;一国自身经济制度供给的能力。就中国而言,经济全球化的加速和中国近年来经济的快速发展,产生了强大的制度需求。张勇认识到中国产业安全政策与WTO框架下贸易救济政策相协调的必要,但是他澄清这是两个完全不同的问题,不主张将这两个问题进行共同研究,产业安全问题在贸易救济法律制度中更多地体现在实施救济措施对公共利益影响的考量上,注重采取贸易救济措施对产业安全权益的威胁和损害问题,是一种反向的调节。

上述研究在认识到产业安全重要性的同时,虽然注意到贸易政策的作用,但是并未将贸易政策对产业安全政策的协调的重要性放在突出地位。从本质上,正是因为产业安全政策与贸易救济政策所考虑问题的侧重点有所不同,实践中可能出现矛盾与冲突,因而需要深入分析两者之间的关系,并在此基础上进行协调。

综上所述,国内外学者普遍认同产业政策已超出一国国内范围,而成为国际经济贸易关系作用下的政策类型,这恰恰是构成贸易政策与产业政策相协调的基础。WTO作为目前最重要的国际经济贸易组织,成为促进协调的国际力量,各国产业政策虽然都是以保护本国产业利益为出发点,但是,在具体协调实践中却不得不考虑到国际规则和国际竞争环境的约束。应当指出,国内外研究现状所普遍存在的问题是,发现或认同产业政策与贸易政策之间的相互关系,但是对于两者关系具体怎样、实践中如何处理两者关系并不明确。况且,在WTO框架下两者关系协调具有怎样的特殊性,在WTO贸易争端案例基础上存在着怎样的协调规律等问题上更是鲜有涉及。上述问题对于中国在WTO框架下如何进行产业政策与贸易政策协调的实践,有重要的参考价值,也是值得我们深入思考的问题。

第三节　相关概念的澄清

一、产业概念在 WTO 框架下的诠释

产业概念在经济学界和法学界是存在一定差异的。然而,严格

地说,产业最早应是经济学的概念。产业首先起源于社会分工的现象,社会分工条件下不同劳动的差异逐渐稳定之后,产业便应运而生。

（一）经济学概念与法学概念的集合

WTO框架下的产业概念,囊括产业在经济学概念中分工发展的各种类型。划分标准正是以经济学中对产业的认识而划分的。其中服务贸易与贸易有关的知识产权,作为独立的产业类型从传统的产业类型中划分出来,肯定了经济学中对产业发展的认识。作为经济现象,服务贸易和知识或精神产品领域的贸易已经出现,而且作为与传统农业和制造业分庭抗礼的产业类型出现的。所以,WTO框架下的产业概念吸收了经济学概念中有关社会分工发展的合理精神,将传统的产业类型,如农业、纺织品与服装等与货物生产和贸易有关的产业列入货物贸易多边协定当中,而将服务贸易和与贸易有关的知识产权列于并列地位,作为WTO多边贸易协定的重要组成部分予以规范。

WTO框架下的产业概念又体现了法学意义上的产业概念。首先,WTO框架下的产业概念关注同类产品的纽带作用。WTO框架下的产业概念以区分同类产品为前提,在此基础上确定产业为同类产品的生产者或总产量构成同类产品国内总产量主要部分的生产者。其次,为了防止出现不公正的问题,如果进口国生产商与涉案出口商有关联关系,而且,其关联关系影响到同类产品所涉及的进出口贸易,使产业分析扭曲而导致不公正的结论的话,虽然是同类产品的生产者也要被剔除出WTO产业概念的范畴之外。最后,WTO框架下的产业概念重视对价值观念的考虑。例如,WTO框架下的例外规则规定,WTO成员为保障人类、动植物的生命或健康所必需的或与国内限制生产或消费的措施一起,保护易竭的自然资源采取有关措施,只要实施的措施对情况相同的各国不构成武断的或不合理的歧视,或构成对国际贸易的变相限制即可。可见,WTO框架下对产业的认识必须兼顾环境保护和公众健康等问题,否则,此种产业的发展便有违法或需予以限制或惩罚之必要。除此之外,WTO规定了各种限制包括贯彻基本原则,对各成员促进产业发展的政策做出要求,同时规定了类似司法程序的争端解决机制对其成员间有关产业政策或法规的争端进行审议和裁决,在各成员间建立其产业发展的维护与保障机制,使各成员的产业发展走上有法可依、依法协调、违法必究的法治道路。

(二)微观概念与宏观概念的集合

产业不再局限于物质生产的范畴,而将各种从事营利性活动并提供同种类服务或精神产品的企业、企业组织集合作为产业的新概念。有学者认为:"'产业'是居于微观经济的细胞(企业)和宏观经济的整体(国民经济)之间的一个'集合概念',它既是同一属性的企业的集合,也是根据某一标准对国民经济进行划分的一部分。"① WTO框架下的产业概念既考虑企业或企业群体,又考虑国家机关这一宏观经济主体在产业发展中的作用。WTO框架下的产业概念的基本构成,既是生产者或生产者联合,也是企业或企业联合。企业是商品生产、流通并参与进出口贸易、对外投资同时享受国家或地方各项政策的主要载体,也是国民经济的主要增长引擎,也是WTO规则所涉及的经济贸易行为影响最直接的主体。无论是技术性贸易壁垒还是各成员有关进出口管理的政策或法规、内部法规政策的制定或修改,还是WTO多边贸易回合谈判达成的新成果,都会最终影响到企业生产经营活动中各种利益的分配。所以,WTO框架下宏观产业概念是站在整体国民经济角度关注产业中的企业集合问题,并采取各种税收、金融等宏观经济手段协调企业群体问题。微观产业概念则以企业或企业群体内部经济活动为调整对象,其主要采取竞争与合作等微观经济手段进行协调。

WTO框架下的产业概念应考虑国家机关这一宏观经济主体在产业发展中的作用。WTO允许各成员在本国境内实施有关促进产业发展的宏观经济政策,要求这些政策要遵守WTO的相关规定,否

① 王先庆:《产业扩张》,广东经济出版社1998年版,第2页。

则,即可由其他成员将之诉诸于 WTO 争端解决机构。当然,WTO 对一成员产业发展的宏观经济政策或法规的调整,并不都是通过 WTO 争端解决机制这一诉讼机制予以解决的。有时,也是通过成员对 WTO 规则的认可和其加入 WTO 承诺主动对产业政策进行调整。以中国农业税改革为例。WTO 多数成员都对农业给予财政上的补贴,以促进农业发展而不是征收农业税。中国在 WTO 众多成员当中是保留农业税为数不多的几个成员之一,所以为了适应中国加入 WTO 后农业产业的国际竞争局势,促进中国农业产业发展,从 2006 年开始,中国全面取消农业税。由此可见,WTO 框架下的产业概念包括国家机关这一宏观经济主体的产业发展政策和法规,通过宏观经济手段协调产业发展。所以说,WTO 框架下的产业概念是微观概念与宏观概念的集合。

(三)WTO 框架下产品与产业之间的传导

产业在法学界的概念则具有了价值取向,主要指符合社会发展要求、不违背社会公益的行业和部门。而此处的部门和行业不能和产业等同,前者以经济活动主体从事经济活动职能的不同来划分,而产业存在、划分的标志是它所提供的产品或服务的不同性质。[①] 虽然产业的范围是广泛的,但是"产品相同或具有高度的替代性"仍旧是划分同一产业最为本质的特征。从经济学角度分析,产业往往是从生产同类产品的企业和企业集聚出发的。经济学中对需求交叉弹性的运用,成为对同一产业产品进行判断的主要手段。如果两种商品具有高度替代性,即一种商品价格的变动对另一种商品需求量造成巨大影响,一般认定这两种商品为同一产业的产品。在 WTO 框架中,经济学上判断同一产业的方法与同类产品判断方法之间的关联,成为 WTO 法律协议和实践中所认可的方法之一。在 WTO 框架下的法律协议中,对产业的措辞几乎都是与产品相关联的。WTO 框架下的《反倾销协议》规定,"'国内产业'一词应解释为同类产品的

---

① 张雪:《产业结构法研究》,中国人民大学出版社 2005 年版,第 15 页。

国内生产者全体,或指总产量构成同类产品国内总产量主要部分的国内生产者。"《补贴与反补贴措施协议》中"国内产业"的定义与此是相同的。由此可见,在 WTO 的法律框架中,对产业的定义实质上是对生产同类产品的企业以及企业联合体或者生产量占同类产品产量主要部分的企业的统称。可以肯定地说,在 WTO 框架中,同类产品与产业之间存在一定的传导关系,其中的媒介就是生产同类产品的企业和企业联合体。

二、贸易政策与产业政策

(一)贸易政策

贸易政策是一国政府在其经济发展战略的指导下,运用经济、法律和行政手段、对外贸活动的方向、数量、规模、结构和效益所进行的一系列有组织的干预和调节行为。广义的贸易政策包括对外贸易总政策和具体体现总政策取向的各种政策措施的组合,包括进出口商品政策、国别政策或地区政策等方面。狭义的贸易政策则指关税和非关税政策措施体系,直接涉及国家对外贸活动经营管理体制、法律制度和行政干预三个方面的内容。①

从前述学者观点分析,贸易政策的概念发生了一定的变化。首先,贸易政策不再单纯是一国对外贸易政策的总和,而成为调整一国经济发展目标的重要手段,这一手段当然包括对外贸易政策,也包括国内贸易政策;其次,贸易政策不单纯是一国宏观经济政策的内容和实施的手段,而是囊括一国微观经济管理政策,甚至干预厂商贸易的行为;最后,贸易政策的范畴在经济学上不仅停留在政策的传统意义上,还包括政策、法规、经营管理体制、干预色彩较淡的行政指导等诸多类型上。

(二)产业政策

关于产业政策,国内外学者的认识是有一定差异的。其中日本

---

① 朱钟棣主编:《国际贸易教程新编》,上海财经大学出版社 1999 年版,第 231 页。

学者对这一问题的认识具有一定的影响力。下河边淳和菅家茂主编的《现代日本经济事典》认为，"产业政策是国家或政府为了实现某种经济和社会目的，以全产业为直接对象，通过对全产业的保护、扶植、调整和完善，积极或消极参与某个产业或企业的生产、营业、交易活动以及直接或间接干预商品、服务、金融等市场形成的市场机制政策的总称"。国内学者戴伯勋等认为，产业政策是指一国政府根据产业发展规律的客观要求，综合运用经济手段、法律手段以及必要的行政手段，调整产业组织结构、产业结构和产业分布结构，以实现社会资源的最优配置，推动整个产业持续、稳定、健康发展的政策体系①。张治栋认为，产业政策是指国家或政府为实现某种经济或社会目标而制定的有特定产业指向的政策的总和。②

　　任何政策法规都存在一定的边界，这一点不仅仅是政策法规的适用范围问题，也是一个历史的、国际的和法律的概念。正是因为存在边界，所以一旦没有边界或者超越边界都会引发矛盾甚至冲突。所以，"为了使管理行为能够具有实效，各国一般会采取措施使政府管制措施之间不至于出现大规模的矛盾和摩擦。这就是管理调控措施的协调"。③ 尤其是"在产业结构互联互动的条件下制定产业政策，需顾及本国政策出台后，国外政策可能做出的反应与调整对本国产业结构运行和政策执行效果的反向影响……在全球化浪潮冲击下，各国产业经济在相互依存、互联互动中演进，直接导致了一国产业政策对内作用的弱化而对外作用强化的质变，使产业政策以国际产业政策方式实施，其核心在于协调"。④ 可见，产业政策在全球化背景下与贸易政策或者国际贸易关系有着紧密的联系，而且彼此协调的趋势已定。

① 戴伯勋、沈宏达：《现代产业经济学》，经济管理出版社2001年版，第79~80页。
② 张治栋：《政策、产业政策及其法律效力》，《冶金管理》2005年第9期。
③ 何志鹏：《全球化经济的法律调控》，清华大学出版社2006年版，第194页。
④ 汪斌：《国际区域产业结构分析导论——一个一般理论及其对中国的应用分析》，上海三联书店2001年版，第97页。

贸易政策和产业政策各自都具有一定的边界或者规则,换句话讲,贸易政策与产业政策存在一定的区别,不能脱离它们各自的边界而谈论协调问题。产业政策相对于贸易政策而言,更加立足于一国内部宏观经济管理,而贸易政策相对于产业政策而言,更加立足于一国的国际经济交往。日本经济学家小宫隆太郎则认为,产业政策就是针对资源分配方面出现的市场失败而进行的政策性干预。可见,产业政策的根本在于国家或政府对本国资源配置方面享有的干预权力,一般情况下不能直接影响到其他国家资源配置问题。贸易政策由于涉及一国与其他国家经济贸易往来,起到将本国资源配置问题与他国乃至国际资源配置问题联系起来的桥梁作用。但是,贸易政策毕竟也是基于一国内部经济管理权力,所以也受制于一国内部各种力量的影响,尤其是产业政策的影响,所以,现实中出于本国产业利益维护而实施的贸易保护政策并不稀奇。

综上所述,贸易政策与产业政策从原则上讲都是一国国内经济管理权力的体现,产业政策因为贸易政策而建立起与其他国家产业政策在资源配置问题上的联系和矛盾,而贸易政策往往也受到一国产业政策的影响而出现贸易保护的倾向。因此,对于一国而言,二者不仅不矛盾,而且有着协调的客观需要。但是,因为经济全球化的背景和国际法律规则的趋同化,一国贸易政策和产业政策都无疑要受到其他国家或国际组织的影响,从而形成国际贸易政策与产业政策国际化的现象,所以,一国贸易政策与产业政策的协调不能囿于一国内部范围内,而必然要放置到国际经济贸易大环境之中。

第四节　研究框架及研究方法

一、研究框架

(一)研究框架

研究以 WTO 有关产业政策与贸易政策协调的基本问题为基础,重点分析中国问题。具体而言,首先分析和总结 WTO 对产业政策与贸易政策协调的基础性问题,包括基本概念、协调的趋势及作用机理等问题,为中国进行产业政策与贸易政策协调奠定了坚实的基础。其次,对中国产业政策与贸易政策的协调,从协调的主要问题入手,分析了体制性和结构性两个方面问题;对不同产业类型的产业政策与贸易政策协调问题进行具体分析,着重分析了基础产业、幼稚产业、高技术产业和环保产业四大产业类型。最后,研究 WTO 框架下中国贸易救济政策与产业安全政策的协调问题,贸易救济政策与产业安全政策之间的关系问题,这是 WTO 框架下贸易发展的"安全阀"。

(二)研究框架的具体介绍

全文除导论之外,分为五大部分,共八章。具体安排如下:

第一部分包括第一章,作为全文的基础,该部分对 WTO 框架下贸易政策与产业政策协调的理论进行了综述。

首先,在传统贸易理论当中有关自由贸易理论与保护贸易理论分析的基础上,发现二者都回归于对产业利益的追求,只不过前者建立在不同国家不同产业因为自由贸易而分别获益的基础上,而后者则是建立在不同国家因为对产业利益维护而采取保护贸易政策的基础上。其次,对产业利益的追求使不同类型的国家之间、不同产业类型之间发生分化。竞争优势理论与产业内贸易理论使比较优势和要素禀赋理论都陷入了困境,产业内贸易增多使贸易摩擦风险加大;幼稚产业保护理论与战略性贸易政策使产业扩张与自我保护陷入矛盾。总之,贸易理论的发展始终围绕着产业利益的纠葛而不断发展,贸易政策的不同类型最终出发点仍然是各国对不同产业利益追求和具体追求方法的不同,这一矛盾的集中表现就是贸易摩擦或提交 WTO 进行争端解决。

第二部分包括第二章,对 WTO 框架下产业政策与贸易政策的协调趋势和作用机理进行了分析。其协调趋势主要表现在 WTO 在贸易自由化追求和贸易保护之间进行艰难的平衡,并通过多轮谈判和规则的不断改进予以改善。这中间不断夹杂着发达国家之间、发达国家与发展中国家之间产业利益争夺和妥协的问题。WTO框架下各成员贸易政策与产业政策协调要遵循 WTO 的作用机理,通过国际、国家两个层面进行。在国际层面上表现为 WTO 在谈判、贸易政策审议和争端解决等多重协调途径;在国家层面上表现为政策法规与 WTO 规则的融合、多部门之间协调和机构设置与改革等多方面。最终,在国际与国内层次又存在衔接和双向运动的趋势。

第三部分包括第三章,对 WTO 框架下影响中国产业政策与贸易政策协调的体制性问题和结构性问题进行了剖析。

在体制性问题方面,中国近些年进行的一系列国家机构改革与中国"加入 WTO"形成的对贸易政策与产业政策协调的体制性要求之间关系密切。贸易经营权的放开促进了中国贸易主体的壮大,中国贸易救济机制的建立也填补了空白。但是,贸易主体开放后的管理缺失造成产业政策与贸易政策的实施效果减损,贸易管理机构与产业管理机构协调的重要性凸显出来。通过对中国自身问题的分析和对美日体制的分析比较,提出建立中国贸易政策与产业政策协调机制的观点。

在结构性问题方面,该章分析认为,贸易政策与产业政策协调的重要领域就是贸易政策与产业政策的结构互动。透视中国贸易结构,发现中国产业结构所存在的发展障碍;通过外国对华贸易摩擦分析,发现中国产业政策的结构性问题,提出了产业政策与贸易政策的协调势在必行的观点。

第四部分包括第四章、第五章、第六章和第七章。这四章深入到具体产业领域,包括基础产业、幼稚产业、高技术产业和环保产业,分析了 WTO 框架下的重要产业领域因为政策不协调所带来的发展困境。结合中国贸易政策与产业政策的发展,分析了WTO 在具体产业领域的深入程度以及具体产业领域在产业政策与贸易政策协调过程中的问题,提出了中国在具体产业领域的协调建议。

第五部分为第八章,分析了 WTO 框架下中国贸易救济政策与产业安全政策的协调问题。产业安全成为目前很多国家尤其是发展中国家在经济开放过程中所普遍关注的问题,中国也不例外。本章以国际反倾销为例分析了贸易救济政策的产业安全保障意义和产业安全保障的国际趋势,并分析了国际贸易救济政策的实施对中国产业政策的挑战及原因。最后,提出 WTO 框架下中国贸易救济政策与产业安全政策协调之路径选择。

二、研究方法

(一)宏观上的研究方法

1. 理论与实践相结合的方法

各种相关理论是展开研究的基石,注重分析众多理论中所存在的冲突与协调,分析产业政策与贸易政策协调中所面临的突出问题。对 WTO 及其成员在现实世界中协调产业政策与贸易政策的复杂性给予了理论上的解释与分析。

2. 政治、经济和法律的三维分析法

国际贸易作为经济现象,其内部表现为突出的政治矛盾,政治上的需要往往通过经济政策得以掩盖。因此,涉及政策协调问题,离不开政治上尤其是国际政治上的分析。

研究 WTO 框架下中国产业政策与贸易政策协调这一主题时,法律分析是基础性工作,而政治和经济分析则是深入理解问题渊源、分析发展趋势和解决办法的内在要求,因此,在研究方法上采取政治、经济和法律的三维分析法。

3. 多学科的交叉与融合

文章涉及产业经济学、国际贸易学、制度经济学等诸多学科领域,将这些学科和相关理论综合运用于具体的研究当中。

(二)微观上的研究方法

1. 提出问题——分析问题——解决问题

遵循认识问题的基本规律,按照提出问题——分析问题——解决问题的思路展开分析研究。在理论和实践中发现问题,并通过深入细致的分析找到问题的症结及原因,并在此基础上提出解决问题的办法。

2. 运用案例分析的方法

案例作为国际经济贸易实践中矛盾的集中反映是最具说服力的,所以,通过案例分析的方法论证说明 WTO 框架下产业政策与贸易政策协调的必要性、协调中的问题和出路等问题。

第五节　创新与不足

一、创新之处

(一)尝试将中国有关产业政策与贸易政策的协调问题进行专门研究

国内外研究虽然都关注到产业政策需要与贸易政策协调的问题,但是对于协调的基础性问题、WTO 的约束、中国如何协调等问题并没有进行系统的分析和研究,因此,研究对于中国产业经济理论和贸易理论以及实际工作都具有一定的参考价值。鉴于中国在不同产业当中所表现出来的产业政策与贸易政策协调不力的问题,加之中国长期以来实行产业管理体制与贸易管理体制分立的国家机构设置,笔者建议考虑建立中国自身的贸易政策与产业政策的协调机构或提升商务部的协调职能,增加其协调贸易政策与产业政策的作用。

(二)将影响中国产业政策与贸易政策协调的两个主要问题归纳为体制性问题和结构性问题

通过与美日等国的分析比较,发现中国产业政策与贸易政策协调方面的主要症结在产业管理体制与贸易管理体制上,在于中国缺乏产业政策与贸易政策的协调机构,并提出了中国可以考虑的几种解决办法。

在结构性问题中,认为中国贸易结构所存在的主要问题根源于产业政策与贸易政策在结构上的不协调。从外国对华贸易摩擦的分析中,认为外国对华贸易摩擦与中国产业政策的结构性问题之间存在着对应关系。

（三）将 WTO 框架下涉及的与中国关系密切的主要产业类型进行较为系统的分析

将 WTO 框架所突出强调的几个主要产业类型集中在基础产业、幼稚产业、高技术产业和环保产业上,涉及各自的产业特点,WTO 规范这些产业的规则特征,寻找这些产业在协调产业政策与贸易政策时的政策边界。在此基础上,分析了中国在政策协调过程中所存在的问题及协调的方向。

（四）提出了竞争秩序型产业安全观

竞争秩序型产业安全观关注的是竞争秩序的应然状态,并不单纯以竞争优势或劣势所决定,也不必然受产业损害情况左右,而是关注参与竞争的产业或企业是否遵守一个良好的竞争秩序。WTO 框架下的产业安全观应是纠正不公平贸易行为,恢复健康秩序,抑制借公平竞争之名行不公平竞争之实的各种竞争行为的竞争秩序型产业安全观。这种产业安全观才是协调国家利益与国际竞争的现实选择,是平衡贸易保护与贸易自由制度的需要,是兼顾产业现实利益与产业长远潜力的需要。

（五）对"贸易救济原则"的内涵进行了剖析和重新归纳

更加强调贸易救济原则的现实性和实用性,根据国际对华贸易救济政策实施和中国对外实施贸易救济政策的现实情况,考虑国际经济贸易目的或利益体系更加复杂的情况,提出贸易救济原则的新内涵,具体包括合规性、理性、主动性和灵活性四项内容,并对不同内涵的具体内容进行了深入剖析。笔者认为,这应是 WTO 框架下中国在处理自身贸易救济政策与产业安全政策关系时需要深刻理解并应用的。

二、不足之处

（一）跨越领域的复杂性使本书在控制力上存在一定的缺陷

涉及经济学和法学、产业政策与贸易政策、WTO 与中国、国际与国内等诸多领域，这对研究和写作的掌控提出了挑战。由于笔者研究能力和研究时间的限制，可能存在一定缺陷。

（二）中国产业政策与贸易政策协调问题主要对 WTO 所涉及的并与中国现实政策协调关系密切的几种不同产业类型分别进行了研究。对于产业政策与贸易政策在政策实施手段上的协调只是穿插在不同产业类型的具体分析当中，并没有单独归类研究

（三）在具体写作过程中多涉及货物贸易领域的产业类型，在服务贸易和知识产权领域鲜有涉及；在贸易救济政策中也只选取反倾销进行了贸易政策与产业政策协调问题的分析，其他贸易救济类型则基本未予考虑

第一章　相关理论综述

第一节　相关理论概述

一、重商主义理论

重商主义认为，货币或金银，就是财富，重商主义是保护贸易理论的最初研究成果，其盛行于16～18世纪的西欧。其所重视的"商"，是对外经商，即对外贸易如何带来财富，实际上是重国际贸易主义。[①] 重商主义伴随着地理大发现而带来世界市场的扩大，商品流入贸易过程的品种、数量和速度都得到空前发展，这一"商业革命"，成为重商主义的物质基础。更重要的是，为了保护商业革命的果实，政府干预贸易活动，制定贸易政策。"重商主义是一种旨在获得国内经济增长的有关经济保护的意识形态。"[②] 虽然重商主义发展到晚期，其思考的角度从货币管制转变为贸易管制。其代表人物托马斯·孟(T. Mun)认为，增加英国财富的手段就是发展对外贸易，但必须遵循出口商品总值大于进口商品总值[③]的原则。

重商主义理论非常重视一个国家作为国家主权特征之一的经济利益的优势，更加看重民族产业的意义和贸易利益的国籍特征。因此，重商主义理论主张政府对对外贸易的干预作用，主张实行贸易保

---

① 岳咬兴主编：《国际贸易政策教程》，上海财经大学出版社2006年版，第34页。

② ［瑞典］拉尔斯·马格努松：《重商主义经济学》，上海财经大学出版社2001年版，第3页。

③ ［英］托马斯·孟：《英国得自对外贸易的财富》，商务印书馆1997年版，第16～25页。

护。在重商主义的影响下,一国所采取的政策措施类型却不仅仅是贸易政策,还包括产业政策。例如,岳咬兴曾经在《国际贸易政策教程》中将重商主义贸易政策的主要内容称为"奖出限入产业政策的主要内容"。这一说法表现出重商主义理论本身对贸易政策和产业政策的协调虽然没有明确的认识,但两者的紧密联系是显而易见的。

具体而言,重商主义贸易政策的具体内容主要包括以下方面:

第一,限制进口政策:(1)数量限制进口措施,即直接禁止外国商品的进口;(2)高关税措施,即用提高外国商品进口成本的方式限制进口。

第二,促进出口政策:(1)出口商品补贴政策,包括直接提供津贴、减免出口关税和出口退税来鼓励本国商品出口;(2)出口工业技术支持政策;(3)殖民地的扩张贸易政策。

第三,实施金融管制,即尽量保持货币的积累,外汇汇率由国家建立制度管制。

第四,保护基础产业:(1)保护农业。英国通过制定《谷物法》限制谷物进口。(2)保护航海业。英国通过制定《航海法案》,规定一切输往英国的货物必须使用英国船载运或原出口国船只装运,对亚洲、非洲及北美的贸易必须使用英国或其殖民地的船只。

二、古典自由贸易理论

(一)绝对优势理论

重商主义的贸易保护理论遭到了法国重农主义学派的反对。以法国学者奎纳和英国学者休谟为代表的重农主义反对重商主义干预和管制的贸易政策,提倡商业竞争,主张以农产品为中心的自由贸易理论。自由贸易的理论基础却是由亚当·斯密的绝对优势理论奠定的。亚当·斯密在其著作《国民财富的性质和原因的研究》中认为:"如果外国能以比我们自己制造还便宜的商品供应我们,我们最好就用我们有利地使用自己的产业生产出来的商品的一部分向它们购买。"所以,贸易的利益应该来自于基于劳动分工的生产专业化,各国应集中生产和出口本国具有绝对优势的技术、成本或价格的产品,进口在这些方面处于绝对劣势的产品,进而使每一个国家都能从贸易中获得利益。

亚当·斯密的绝对优势理论一方面部分地解释了国际贸易的产生原因,另一方面也反映出贸易发展对于不同国家不同产业间贸易的意义。基于专业化分工发展而来的产业,在不同国家之间有着相应的分化,各自选择自己具有绝对优势的产业予以发展,并通过贸易获得利益。

(二)比较优势理论

绝对优势理论立足于不同国家之间各自所具有的产业或产品上的绝对优势而展开自由贸易。但是,对于某一个国家在没有任何绝对优势的产品或产业时国际贸易的发生情况,绝对优势理论没有提供合理的解释。而这一问题在大卫·李嘉图的比较优势理论中找到了答案。

大卫·李嘉图在1817年出版的著作《政治经济学及赋税原理》中提出了比较优势理论,该理论与亚当·斯密的绝对优势理论,共同构成了古典自由贸易理论的内容。根据大卫·李嘉图的比较优势理论,即使一个国家没有任何绝对优势的产品或产业,只要该国与其他国家相比产品或产业具有优势程度上的差异或劣势程度上的差异,则该国可以选择自己具有比较优势较多或比较劣势较少的产品或产业予以专业化发展,仍然可以从贸易中获利。这就是中国俗称的"两优相权取其重,两劣相权取其轻"的道理。正是因为比较优势的发现,使发达国家找到了促进包括发展中国家在内的全世界自由贸易发展的理由。即便是经济实力各异的国家之间也可以参与到国际分工和贸易中来,并能够从中获益。

正是因为绝对优势理论和比较优势理论发现了国际贸易的原因,使得国际贸易在自由贸易道路上开始了重要里程,同时对重商主义的贸易保护理论给予了有力抨击,两者被合称为古典自由贸易理论。古典自由贸易理论提出,反对干预的贸易自由化,才能真正为各国带来贸易利益。

三、新古典自由贸易理论

绝对优势和比较优势理论为国际贸易的发生找到了原因,但是,优势本身的差异又在哪里呢? 20 世纪 30 年代瑞典经济学家俄林在《地区间贸易和国际贸易》中提出了各国生产要素差异是生产条件不同、产生比较成本差异,进而产生贸易的根本原因。其理论与其导师赫克歇尔的理论共同称为要素禀赋论,也称赫—俄理论。

重要的是,通过国际贸易,要素丰裕的国家可以更多地生产使用要素丰裕的产品,并出口到该要素稀缺的国家,以调节不同国家生产要素的差别。这样,后一国家该要素价格降低,而要素丰裕的国家也因为出口而增加该要素需求,使该要素价格上涨,使得不同国家之间同种生产要素价格趋于均等。要素禀赋论为因要素禀赋的差异而导致的国际贸易成为不同国家产生的产业间贸易,实现产业在不同国家的分工,进一步证实了古典自由贸易理论中成本差异或优势差异而带来的产业分工。因而被称为新古典自由贸易理论。

要素禀赋论也承认,在两国不可能实现完全专业化的前提下,短期内,自由贸易会使贸易国内部的各生产部门、各要素所有者得到不均等的贸易利益。所以,要素禀赋差异不仅是在国与国之间产业分工中形成发展国际贸易的根由,也成为一国内部因为短期内资源的不同占有程度而带来国内产业的分化。开展贸易后的长时间内,贸易自由化使国内具有比较优势产品的生产因获得稳定的出口市场和出口市场的扩大而获得更大的发展,有助于该产业实现规模经济。同时,鼓励国内其他资源从其他部门流向出口扩张部门,从而承接了国际分工和产业在全球范围内的转移。①

---

① 何慧爽、刘东勋:《要素禀赋论与国际产业转移的刚性及其突破》,《国际经贸探索》2006 年第 5 期。

四、幼稚产业保护理论

对幼稚产业的保护一直是贸易保护最有力的工具,也被落后国家作为推动产业升级的重要手段。[1] 幼稚产业保护理论是美国和德国在英国等国家工业革命带来全球贸易霸主地位的压力下产生的。提出幼稚产业保护理论的正是美国独立后第一任财政部长汉密尔顿和德国经济学家李斯特。

(一)汉密尔顿的幼稚产业保护理论

汉密尔顿在 1791 年 12 月国会的《关于制造业的报告》中,集中体现了他的幼稚产业保护理论,即关税保护理论。他认为在美国工业化早期阶段,新的幼稚产业生产效率低,缺乏与英国工业产品竞争的能力,因此必须用关税壁垒进行保护,以扶持幼稚产业的成长。除采取以关税为主的保护政策外,为了扶持制造业的发展,还限制重要原料出口和鼓励国内急需原料进口、限制国内先进生产出口、向个别工业发放政府信用贷款等措施。

汉密尔顿在贸易保护的同时,提出了产业安全对于国家的重要性。他认为,不但一个国家的财富,而且它的独立与安全,看来都实质上和制造业的繁荣有关。[2] 所以,美国要维护其经济和政治独立,应当保护美国的幼稚产业。

(二)李斯特的幼稚产业保护理论

弗里德里希·李斯特在 1841 年出版的《政治经济学的国民体系》中提出了其幼稚产业保护理论。他认为,生产力是创造财富的能力,是持续获得交换价值的能力和手段。生产力与财富本身是截然不同的,而"财富的生产力比之财富本身,不晓得要重要多少倍;它不但可以使已有的和已经增加的财富获得保障,而且可以使已经

---

① 岳咬兴主编:《国际贸易政策教程》,上海财经大学出版社 2006 年版,第 49 页。

② Hamilton, Alexander: *The Reports of Alexander Hamilton*, New York, Harpers, 1964 (Original Editions 1790－1791), p.138.

消失的财富获得补偿"。① 他认为,贸易政策的制定要考虑各个国家的性质以及各自的经济和利益情况。一国在制定对外贸易政策时要考虑国内生产力的发展。所以,他将自由贸易划分为两个范围内的贸易,一个是国内自由贸易,另一个是国际自由贸易,"不论哪一个大国努力的主要目标总是生产力在国内的结合,其次才想到国际结合"。② 国际自由贸易的前提是平等,更重要的是在工业发展阶段上的相等地位。否则,落后国只有在加强自己力量之后才能与先进国进行自由竞争。为了保障落后国生产力的提高,国家要扮演"慈父般的有力指导者"来干预贸易,培养生产力因素,防止出现"一个孩子同一个壮士角力"而导致国家生产力的毁灭。

李斯特的幼稚产业保护理论并不是将所有产业都作为幼稚产业进行保护。他认为,只有具备以下两方面条件的产业类型才可以作为幼稚产业:一是该产业由于技术不足,生产力低下,成本高于国际市场,无法参与竞争,即处于发展初期却受到外国强有力竞争的产业;二是具有发展前途的产业,即经过保护之后能够发展成具有现实比较优势的产业。所以,李斯特对产业的保护最终关注的还是生产力的提高或者产业结构的转换,而不是保护落后。所以,在其幼稚产业的保护手段中,同样采取提高关税和限制进口等措施,却更加关注引进先进技术及其设备提高生产力的作用,如"凡是在专门技术如机器制造方面还没有获得高度发展的国家,对于一切复杂机器的输入应当允许免税,或只征收极少的进口税"③。

五、战略性贸易政策理论

战略性贸易政策理论是最先明确将贸易政策与产业政策协调的

① [德]弗里德里希·李斯特:《政治经济学的国民体系》,商务印书馆1981年版,第118页。
② [德]弗里德里希·李斯特:《政治经济学的国民体系》,商务印书馆1981年版,第142页。
③ [德]弗里德里希·李斯特:《政治经济学的国民体系》,商务印书馆1981年版,第265页。

理论。1983 年伯兰特和斯本瑟针对许多国家为争夺国际市场而对国内厂商的研究与开发进行补贴的情况,提出了"产业政策干预"观点。1984 年克鲁格曼认为,政府对能够产生巨大外部经济的产业给予适当保护并制定促进政策,能够迅速形成国际竞争力并带动相关产业的发展。上述学者之观点被统称为战略性贸易政策理论。该理论的主要政策影响是强调贸易政策的选择性,即不存在最优贸易政策的普遍适用性。每一国家应根据各经济部门的具体情况制定相关贸易政策。该理论认为,产业组织在贸易政策中的关联作用,企业和政府可以在当今不完全竞争的世界市场内通过自觉的策略行为来影响一国的贸易差额和福利。

总之,战略性贸易政策理论认为,在规模经济和不完全竞争条件下,一国政府可以借助研发补贴、生产补贴、出口补贴、进口征税、保护国内市场等政策手段,扶植本国战略性产业成长,增强其国际竞争力。战略性贸易政策理论的产业选择更加明确,美国经济学家蒂森在其论文《管理贸易:选择次佳中的最好》中,阐明美国战略性贸易的政策目标是"保护美国某些与知识、技术密切联系的产业在全球范围内的生产与就业,而这些产业能够产生经济效益以外的战略效益和社会效益"。并进一步将这些产业具体为:半导体产业、电脑产业、航空工业,以及尖端工业等高科技产业。[①] 所以有学者称战略性贸易政策理论实质上是传统幼稚产业保护理论在新的历史条件下的突破与发展。[②] 但是与幼稚产业所不同的是,战略性贸易政策理论追求的是受保护企业发展所产生的外部经济效应,而幼稚产业追求的是受保护产业的成长与独立。幼稚产业保护理论多用于解释发展中国家对欠发达产业的保护;而战略性贸易政策理论更多解释发达

---

① 王钰:《战略性贸易政策:发达国家与发展中国家的博弈》,《国际贸易问题》2005 年第 9 期。

② 李秀香:《幼稚产业开放式保护问题研究》,中国财政经济出版社 2004 年版,第 66 页。

国家对某些高新技术产业的保护。[1]

战略性贸易政策理论的意义在于，产业政策确定为目标产业并对其适用战略性贸易政策予以保护和扶持，在不损害本国与外国有关利益者的前提下，是可取的。所以说，在战略性贸易政策理论看来，贸易政策与产业政策有机结合，才有可能成为最优的贸易政策。

第二节 理论冲突影响下的贸易政策与产业政策

贸易理论存在于一定的历史条件当中。作为理论对于不同历史发展阶段有着不同的理解和应用。同时，随着社会经济环境的变化，贸易理论间的冲突日益突出。

一、比较优势理论与国家竞争优势理论的冲突

（一）比较优势理论的发展困境

1. 比较优势陷阱

比较优势理论认为，不同国家之间由于要素禀赋差异，在不同产业领域必然存在成本差异，所以存在国际分工和国际贸易的必要。但是，基于比较优势理论而逐渐发展壮大的自由贸易带给国际社会的状况并没有那么乐观。

从第二次世界大战后的经济发展来看，发展中国家在国际贸易中利用自己的比较优势参与国际分工，使自己具有要素禀赋优势的产业得到一定发展。但是，在与发达国家分享国际产业的"蛋糕"时，发展中国家不仅分得的贸易利益较小，而且大多处于产业发展的低层次阶段，与发达国家的经济差距不仅没有缩小，反而有进一步扩大的趋势。1950年，阿根廷经济学家普雷维什在向联合国提交的

---

[1] 岳咬兴主编：《国际贸易政策教程》，上海财经大学出版社2006年版，第64页。

《拉丁美洲的经济发展及其主要问题》的报告中,首次提出了发展中国家贸易条件长期恶化的论点。他在具体数据分析的基础上发现,贸易条件对初级产品进口国和制成品出口国更有利,而对初级产品出口国和制成品进口国越来越不利。但是根据自由贸易理论中的比较优势理论,发展中国家应继续把主要力量放在原材料的生产和初级产品的出口上。[①]

发展中国家在贸易条件恶化的情况下,陷入了比较优势陷阱。所谓"比较优势陷阱",是指一国(尤其是发展中国家)完全按照比较优势,生产并出口初级产品和劳动密集型产品,在与技术和资本密集型产品出口为主的经济发达国家的国际贸易中,虽然能获得利益,但贸易结构不稳定,总是处于不利地位,从而落入"比较优势陷阱"[②]。

比较优势陷阱对于发展中国家来说,不仅带来贸易利益的不公平分配,而且产业结构也畸形发展。在这种情况下,发展中国家不仅越来越贫困,而且在产业发展问题上增加了对发达国家的依赖性。因为,发展中国家在高端技术领域的空白或短缺使得其在国际分工领域中不得不依赖发达国家的技术转移,而为了换取并不是十分领先的技术,发展中国家不得不更进一步压低其出口的要素优势产品的价格,这使得发展中国家在国际经济政治关系中的地位更加不稳定。

为了解决发展中国家贸易条件恶化的问题,有学者提出赶超理论。这种观点认为,产业结构的高级化是一国经济长期增长的必要条件,而高附加值、高关联度的产业成长才是一国产业结构高级化的重要途径。但是,赶超战略是建立在对发达国家高利润产业利益的追求上,而不考虑自身资源和经济的长久竞争能力的超现实和缺乏战略性认识的选择。韩国是赶超型贸易理论促进产业发展的典型。

---

①　持这一观点的代表性学者是威纳和哈伯勒。[美]C. P. 欧曼、G. 韦格纳拉加著,吴正章、张琦译:《战后发展论》,中国发展出版社 2000 年版,第 5 页。

②　霍建国:《中国外贸与国家竞争优势》,中国商务出版社 2004 年版,第 197 页。

韩国曾通过政府对大企业的政策倾斜换取对大企业的控制,要求企业接受政府的产业政策。尤其是在 20 世纪 70 年代,日本与韩国之间在一些产业领域的贸易政策发生变化,日本愿意通过资金和技术帮助韩国发展产业。所以韩国实行选择性的工业政策,以钢铁、造船、汽车、重型机械、石化电子等产业为重点扶持对象,降低行业进入壁垒,并给予信贷支持,降低大企业从劳动密集型向资本密集型产业转变的难度。

这一阶段的政策本身并没有带给经济太大的负面影响,但是韩国为了加大产业结构升级的速度,国家在利用产业政策手段对大企业进行支持的过程中,过多地依赖贷款,大量的贷款造成韩国大企业高负债率,产业失去比较优势的结果换来的是金融问题上的巨大风险。这一风险最终将韩国带入亚洲金融危机的泥潭。

2. 里昂惕夫之谜

1953 年,美国经济学家瓦西里·里昂惕夫在《经济学与统计学杂志》上发表文章,试图证明生产要素禀赋理论的正确性。但是根据该理论,美国属于资本比较丰裕、劳动力相对比较稀缺的国家,因此美国的贸易结构应该是出口资本密集型产品、进口劳动密集型产品。然而,里昂惕夫通过对美国进口和出口含量的计算,结果却发现,美国出口产品是以劳动密集型产品为主,而进口却以资本密集型产品为主。后来许多学者的计算与里昂惕夫的结论是一致的。里昂惕夫发现的这种现实与生产要素禀赋理论的矛盾被人们称为"里昂惕夫之谜"。

我们暂且不去探究里昂惕夫之谜的真实答案,但是,里昂惕夫之谜却从另一个角度揭示了以生产要素禀赋为原因的比较优势理论在现实中的困境。所以,比较优势理论出现了发展难题,如何理性地寻找出路,成为贸易政策与产业政策协调问题的重要课题。

(二)比较优势理论与国家竞争优势理论的冲突与协调

竞争优势最先是产品在市场上的竞争力,是相对于其他产品在价格、质量、服务等诸多方面比较的结果。竞争优势应用于国际贸易都是基于迈克尔·波特的国家竞争优势理论。

1. 国家竞争优势理论

20 世纪 70 年代以后,美国的传统产业和部分新兴产业遇到日本和西欧国家的强大竞争,迫切需要竞争力的增强和竞争优势的培养。在此背景下,迈克尔·波特在其《竞争战略》《竞争优势》和《国家竞争优势》三部著作中阐述了其国家竞争优势理论。波特认为,"在国家层面上,'竞争力'的唯一意义就是国家生产力"①。就国家的经济繁荣而言,具有竞争力的产业扩张出口,缺乏竞争力的产业则移出本国。他认为,贸易方面的优势来自经济规模、技术领先和独特的产品,拥有这样条件的企业就有较强的出口能力。国家应对这样的企业予以扶持,而当一些企业或产业不具有竞争力时,如果政府仍以补贴或保护的方式强行维持这类产业的生存,只会阻碍国家经济升级的速度,最终阻碍国家整体生活水平的提高。

波特提出了钻石体系,分析一国如何创造竞争优势。钻石体系包括四个要素:一是生产要素,这是各国互通有无的根本,它们包括劳动力、可耕地、自然资源、资本和基础设施;二是国内需求,这是产业发展的动力;三是支持性产业和相关产业,支持性产业为相关产业创造竞争优势;四是企业战略结构与相互竞争,不同国家的企业在战略、组织方式等方面形成了不同的竞争优势。而且他认为,优势并非先天禀赋,不是一成不变的,可以是后天培养的。

波特认为,政府的政策大多数会影响到产业的国家竞争优势。政府政策的重要性在于通过影响钻石体系来提高该国在对外贸易中的竞争优势。但是,波特强调,政府最适合的角色是充当推动者和挑战者,通过提供信息等非直接控制的形式促使本国产业形成竞争优势。

2. 比较优势理论与国家竞争优势理论的冲突

(1)发展中国家追求竞争优势的实践

按照比较优势理论的传统认识进行推理,发展中国家集中在初

---

① 迈克尔·波特:《国家竞争优势》,华夏出版社 2003 年版,第 6 页。

级产品和劳动密集型产业的国际分工层次,发达国家则集中在中高技术产业领域的国际分工层次。实践中,发展中国家通过自身的努力,不断加大对中高技术产业领域的投入,并在实践中取得了重要进展。从20世纪80年代中期开始,与世界同类产品的出口比较,发展中国家高技能与技术密集型制成品出口增长迅速,其中技术密集型产品的发展状况也呈现上升趋势。这说明,发展中国家一方面具有突破比较优势理论束缚的能力,而且具有在国家产业发展中对竞争优势的追求。

(2)单纯追求竞争优势带来发展中国家产业发展的分化

由于中高技术产业的高度产业关联性和高附加值的吸引力,发展中国家强烈希望通过这些产业的发展带动国家经济的增长,加快竞争力的增长。所以,发展中国家开始在产业结构问题上更加依靠产业政策倾斜来扶持这些产业,而忽视了劳动密集型产业竞争力的提高,结果出现了产业发展的分化局面。

以中国为例,由于劳动密集型产业的劳动生产率增长缓慢,劳动成本在发达国家和发展中国家之间的比较优势随着发达国家社会保障体系的健全而降低,发达国家在劳动密集型产品与发展中国家同类产品的竞争中,中国的劳动密集型产品竞争力增长缓慢。从而出现了一方面追求高技术产业的快速发展,另一方面出现传统劳动密集型产业的比较优势减弱甚至衰退,即产业发展的竞争力分化现象。

3. 比较优势理论与国家竞争优势理论的协调

(1)比较优势的动态化与竞争优势殊途同归

动态的比较优势是由日本经济学家筱原三代平创立的。他认为,国家的要素禀赋是动态变化的,产业结构也是动态变化的;政府应根据产业结构的变化,动态地调整贸易结构,使其不断地创造出新的优势。从长远看,某一产业属于国民经济发展中具有重要意义的产业,政府的保护政策会帮助其成为具有国际竞争力的出口产业。筱原三代平(1982)说,"战后日本所采取的产业政策(即全面保护的贸易政策)就是一个错误,但是具有讽刺意味的是,这些政策恰恰取得了成功"①。

所以,比较优势如果单纯从静态角度来理解,忽视贸易的动态利益,那么政府对贸易政策的影响就无法充分传递到对产业结构的演进、技术进步以及创新制度的推动作用上。比较优势的动态化认识,与波特的国家竞争优势理论同样发现了突破要素禀赋和比较优势局限的出路,即产业发展不是被动接受比较优势条件的制约,产业发展具有很强的能动性和可选择性,政府虽然不可能通过其政策扶持创建出竞争性产业,但政府可以创造出企业或产业获取竞争优势的环境。

(2)立足要素禀赋培育产业国际竞争力

从常识上理解,在具有一定优势基础上培育更进一步的优势,显然比单纯从"一穷二白"的基础上寻求优势要容易得多。林毅夫、孙希芳认为,比较优势的精髓就是按照国家的要素禀赋发展本国的相应产业,即使是利用政府力量推动一些产业的发展,这些产业也应该与该国要素禀赋相适应。如果违背要素禀赋发展本国的相应产业,这将是非常困难的。② 如果一个国家的产业和技术结构能充分利用其资源禀赋的比较优势,其竞争力就会增强,创造的社会剩余也就会增多,积累量就会增大,这有助于资本的形成和这个国家由劳动力或资源丰裕的国家变成资本丰裕的国家。③ 以意大利为例,虽然意大利经济发展水平一直很高,人民生活条件也很好,但是,意大利最为有力的产业支撑仍然是传统比较优势产业,如纺织、成衣设计与制造、家居、鞋类制品等。关键是意大利在这一传统比较优势产业中凝

---

① M. Shinohara: *Industrial Growth, Trade, Dynamic Patterns In the Japanese Economy*, University Tokyo Press, 1982, p. 24.

② 林毅夫、孙希芳:《经济发展的比较优势战略理论——兼评〈中国外贸战略与贸易政策的评论〉》,《国际经济评论》2003 年第 11 ~ 12 月。

③ 林毅夫等:《比较优势与发展战略——对"东亚奇迹"的再解释》,《中国社会科学》1999 年第 5 期。

结了基于基本生产要素之外的新材料、新工艺、新设计、知识和人才等诸多要素来培育传统产业的国际竞争力。在这一点上,许多发展中国家在追求高技术产业国际竞争力的同时,放弃或忽略了对具有要素禀赋的传统优势产业的升级,使得传统产业始终处于国际竞争的低端市场,不仅容易造成资源浪费,而且是一种"骑驴找驴"的愚蠢做法。所以,如何走出一条立足要素禀赋培育产业国际竞争力的道路,是发展中国家走出比较优势困境的捷径。

二、产业内贸易对要素禀赋理论的突破

Grubel 和 Lloyd[①] 最先开始对产业内贸易理论进行研究,他们把国际贸易分为两大类:一是产业间贸易,是指在要素禀赋相差比较大的国家之间所进行的贸易;另一类是产业内贸易,产业内贸易主要针对同一产业内不同产品,或者是相似产品之间或者差异产品之间所进行的贸易。保罗·克鲁格曼(2002)认为产业内贸易主要发生于要素禀赋相似的发达国家之间。田文(2005)认为产业内贸易是指一个国家在出口的同时又进口某种同类产品。刘英(2005)认为产业内贸易是指以制成品为主的同一产业内的产品,通过内部市场和外部市场,在不同的国家和地区之间的双向流动,又称双向贸易。根据联合国《国际贸易统计年鉴》中的贸易数据计算,1986～1996 年期间,美国、英国、德国、法国、意大利、加拿大、澳大利亚等 7 个发达国家,巴西、韩国、墨西哥 3 个新兴工业化国家,印度尼西亚、泰国、马来西亚 3 个发展中国家制造业产业内贸易指数平均值由 54. 69、45. 24和 40. 20 上升到 65. 33、56. 21 和 54. 80。产业内贸易指数的提高,意味着产业间贸易的减少,产业内贸易取代产业间贸易成为国际贸易的主要形式。

对产业内贸易的研究一般集中于两种类型:一类是水平型产业

---

① Grubel, H. G. & Lloyd, P. j.: *Intra-Industry Trade: The Theory and Measurement of International Trade in Differentiated Products*, London: The Macmillan Press Ltd. , 1975.

内贸易;另一类是垂直型产业内贸易。前者由保罗·克鲁格曼在1979年提出,后者的研究由Falvey[①]进行。二者的区别主要集中于产品的差异化。水平型产业内贸易是指进行双向贸易的、质量相似的产品,只是特性或属性上不同;垂直型产业内贸易是指不同质量的相似性产品的同时出口和进口。垂直型产业内贸易是垂直化专业分工的表现形式,并且大量地发生于发达国家和发展中国家之间。

(一)产业内贸易的发展使要素禀赋理论遇到了难题

保罗·克鲁格曼认为,某一产品的市场中存在多个厂商,每一个厂商生产某一种或几种相似的产品,这些商品的收益递增。从消费方面看,消费者有着多样化偏好,这意味着一旦厂商的新商品面市,消费者就会产生购买行为。

对于垂直型产业内贸易,它的基础被认为是垂直型专业化分工。Hummels(2001)将垂直型专业化分工的特征归纳为三个要点:一是一种产品在多个阶段连续生产;二是两个或两个以上的国家在商品生产过程中提供价值增值;三是至少有一个国家在生产过程中使用过进口投入品,产出的产品被出口。所以对于垂直型产业内贸易来说,要素禀赋理论又有了用武之地。因为垂直型专业化分工使具有不同要素禀赋的国家处于不同质量的同种产品的不同生产阶段。这些国家在各个阶段发挥着其各自在劳动、资本、技术等方面的优势。从这一方面来看,要素禀赋理论似乎还是适用的。

重要的是水平型产业内贸易基于产品的差异化,可以独立于要素禀赋因素而在禀赋相似国家之间产生国际贸易。因为消费结构与收入水平的相关性,使同种产品在收入水平相似的国家之间可能找到大量消费者,在要素禀赋和收入水平都不一样的国家之间,这种可能性比较小。所以,发达国家之间产业内贸易份额高;发展中国家之间或发达国家与发展中国家之间产业内贸易份额较低。事实上,产

---

① Falvey, R. E.: "Commercial Policy and Intra-Industry Trade", *Journal of International Economics*, 11(1981): pp.495 – 511.

业内贸易使不同禀赋基础上的产业间竞争转化为同类产品之间的竞争,发达国家之间具有相互竞争的实力,而发展中国家缺乏与发达国家竞争的实力。

所以,产业内贸易的发展使得发达国家与发展中国家在产业竞争领域再一次出现了产业分化。发展中国家大多处于垂直型产业内贸易的低层次阶段,发达国家占据了水平型产业内贸易的大部分,从这一角度认识,要素禀赋理论在深层次中仍然在起着作用。可是,当水平型产业内贸易发展到占产业利益大部分的时候,垂直型专业分工中发展中国家占据较小的利益增值,产业内贸易突破了要素禀赋理论对自由贸易的推崇原则,产品差异化的追求使要素禀赋对产业竞争的制约作用越来越弱,要素禀赋论在面对产业内贸易的发展时遇到了难题。

(二)产业内贸易增多使贸易摩擦风险加大

自由贸易理论中,基于比较优势和要素禀赋的差异,不同国家在国际贸易中都能获得利益,这对于自由贸易的发展无疑是最有力的理由。各个国家基于自己不同的要素禀赋在国际产业竞争当中各司其职,也就相安无事。但是,产业内贸易的发展打破了这种相对平静的竞争局面。

1. 产业内贸易使同一产业内部竞争加剧

针对不同国家的市场,至少两个国家内部都会存在同类产品的生产,每一个国家内部不止一个企业从事这样的生产。但是,有的企业生产的是高质量产品,有的企业生产的是低质量产品。正是因为国际贸易的原因,既可能发生不同国家高质量产品之间、低质量产品之间的水平型产业内贸易,也可能发生高质量与低质量产品之间的垂直型产业内贸易。很显然,不同企业的高质量产品之间、低质量产品之间的竞争都会异常惨烈,结果很可能会出现一部分企业被市场淘汰。正是因为产业内贸易主要发生于同一产业内部,所以"同行是冤家"的道理加剧了产业竞争。

2."相互倾销"使贸易摩擦几率提高

Brander 和 Krugman[①]认为,产业内贸易的发生与寡头垄断竞争中寡头之间的"相互倾销"存在着密切联系。不同国家中各个垄断厂商都向对方厂商的国内市场倾销,原因就在于市场因为不同国家而被分割,市场的占有欲使不同厂商以低于国内价格将产品销售到国外市场。相互倾销在同类产品之间发生,而不同国家同一产业立足于其国家市场,国家在维护国内产业利益中的职责也会促使其挑起贸易争端,维护本国国内同类产业的利益,摩擦在所难免。

3.垂直型产业内贸易使发达国家对发展中国家选择了技术性贸易壁垒的限制形式

发展中国家处于依赖要素禀赋发展垂直型产业内贸易的低端加工阶段,与发达国家之间在产业分化的基础上相安无事的局面已受到威胁,问题的焦点就在技术性贸易壁垒。发达国家专注于技术含量高的产品的研制与生产,其中不仅凝结了较高的价值,更会带来生活和生产的高层次追求。一方面出于对市场的占有欲,另一方面出于对其他国家贸易限制和本国贸易保护的需要,发达国家纷纷制定较高的技术标准作为市场准入的条件,例如环保、人权等方面的要求。发展中国家基于技术和经济实力的原因往往难以达到或达到要付出高昂的成本,从而构成对发展中国家新的贸易障碍。例如,欧盟对打火机曾规定,"低于 2 欧元而又未安装防儿童开启装置的打火机"不允许在欧盟市场销售。中国打火机产业处于打火机国际垂直化分工的低级生产阶段,价格低廉、技术层次不高,明显会受到这一技术性贸易壁垒的影响。

三、产业扩张与自我保护的矛盾

从贸易政策与产业政策协调的理论基础中发现,保护贸易理论

---

① Brander, J. & Krugman, P. R.: "A' Reciprocal Dumping' Model of International Trade", *Journal of International Economics* 15(1983): pp. 313−321.

与自由贸易理论是"公说公有理,婆说婆有理"。可是,矛盾并不仅仅存在于两大理论派系之间,即便是保护贸易理论内部也同样存在着产业扩张和产业自我保护孰轻孰重的争论。

(一)幼稚产业理论的自我保护特征

针对一国国内市场发展的不完善性和部分产业在国际竞争中的脆弱性,幼稚产业需要一国政府的干预与扶持。但是,幼稚产业理论集中反映出一国政府对国内幼稚产业的自我保护特征,表现在:

1. 产业类型处于竞争劣势

格雷厄姆认为,如果一个国家在一个受到规模经济约束的产业中处于相对劣势,那么阻止该种商品的进口并完全在国内生产对它而言可能是有利的。[1] 虽然很多学者认为,一个国家基于对幼稚产业的保护而达到的财富增长,对其他国家乃至世界都是有利的,但无论如何,一国在选择幼稚产业予以保护的时候,是考虑到该产业在国际竞争力上的暂时缺乏。这种劣势是现实存在的,而对未来的竞争优势则是一种预期。所以,基于这种劣势产生了对其保护的欲望,最终,幼稚产业选择了以规避竞争为特点的贸易保护道路。

2. 保护手段的排外性

幼稚产业理论所选择的保护手段更多地倾向于提高关税和实施进口数量限制的方法。正如李斯特所说,"对某些工业品可以实行禁止输入,或规定的税率实际上等于全部,或至少部分地禁止输入"。[2] 所以,从保护手段来看,幼稚产业理论创造了一个对于幼稚产业来说相对封闭的环境,在这个环境当中可以抵御外来商品对国内产业所带来的冲击,即以国内市场竞争力的培育为目标,表现出对国外市场的排斥。

总之,幼稚产业理论立足于本国特殊产业的弱质性,采取相对封

---

① 〔美〕拉尔夫·戈莫里、威廉·鲍莫尔:《全球贸易和国家利益冲突》,中信出版社 2003 年版,第 167 页。

② 〔德〕弗里德里希·李斯特:《政治经济学的国民体系》,商务印书馆 1981 年版,第 265 页。

闭和排外的保护手段,扶持本国产业发展,以期将来竞争力的提高。所以,幼稚产业保护手段的排外性,更看重自我保护意识和能力的培养。

（二）战略性贸易政策理论的扩张性特征

战略性贸易政策理论关注本国战略性产业竞争优势的培育,使国内厂商在政府保护之下扩大生产,使自己生产的具有价格优势和技术、质量优势的产品涌入国际市场,增加在国内市场和没有保护的国外市场上的占有率,不断使利润从国外市场流入国内。所以,"扩张性"表现出战略性贸易政策理论的强权味道和霸权主义特征。

1. 产业类型选择的战略意义

战略性贸易政策理论认为,一个有战略意义的产业才能在受到保护的国内市场中迅速成长并达到规模经济的要求,更具有竞争优势。所以,对战略性贸易政策所适用的产业类型一般要求必须对一个国家具有特殊意义。克鲁格曼也强调对产业的扶植政策影响最大的是所选择的产业或产业集团的特殊性质。① 实践中,以美国为代表的发达国家也是扶植本国的战略性产业,如信息产业、航空航天产业、生物技术产业等高新技术产业,增强其在国际市场的竞争力,从而谋取规模经济效益,占据较大的国际市场份额。

2. 保护手段的进攻性

战略性贸易政策理论对产业的保护以促进出口为主要表现。大量的出口贷款等信用担保、出口财政补贴等政策,目的在于降低战略性产业的成本,构成在国际市场上的强有力竞争。同时,其国内政策的选择也集中于对研究开发补贴等增强产业长远竞争力的措施类型,将对外贸易政策与产业政策结合起来,表现出明显的扩张性。以美国为例,1993年2月17日,克林顿以《国情咨文》形式提出其"综合经济发展计划"（也称"美国经济振兴计划"）。该计划最核心、最

---

① 保罗·克鲁格曼:《战略性贸易政策与新国际经济学》,中国人民大学出版社、北京大学出版社2000年版,第102页。

关键的内容是从提高美国长远竞争力的角度出发,加强对未来的投资。在对外战略上,强化外贸政策,把开拓国外市场、扩大出口置于对外战略的优先地位。

(三)产业扩张与自我保护的矛盾

一方面是幼稚产业保护理论表现出的封闭与排外,另一方面是战略性贸易政策理论的进攻与扩张,进退之间存在着难以断定的矛盾:在两种理论指导下的实践中,将会出现怎样的局面?

1. 摩擦在所难免

鲍德温(1992)认为,"若每个国家政府都采用这种行动(战略性贸易政策),就会致使双方都陷入补贴战"。克鲁格曼也认为,"一个试图推行这种政策(战略性贸易政策)的国家最终会遭到报复。在大多数情况下（虽然并非全部）,两个推行干预主义政策的国家之间的贸易战,往往比谁都不用干预政策时的结果更糟"。① 当然,并不是说仅仅战略性贸易政策的扩张就导致摩擦的发生。幼稚产业保护政策本身的排外性也容易导致争端的发生。因为,随着经济全球化的发展,国际市场日益融合,加之战略性贸易政策的开放督促,幼稚产业的封闭与排外势必引起主张开放市场的国家的争议,所以,在这"矛"与"盾"之间,摩擦在所难免。

2. 产业保护的代价高昂

面对外部战略性贸易政策的扩张性,主张对幼稚产业实施保护的国家宁愿牺牲部分产业在封闭环境中缺乏与国外产品交换或竞争的发展环境与机遇,而保护部分产业;面对一些国家的幼稚产业保护政策,实施战略性贸易政策的国家倾财力以保护战略性产业,不得不在产业的均衡发展问题上有所取舍,同时因为鼓励出口而实施补贴政策最终放弃本应可以获得的收入。美国国际经济研究所的哈佛鲍尔,曾分析过美、欧、日、韩贸易保护政策的成本(如表1-1所示)。

---

① [美]丹尼斯·R.阿普尔亚德、小艾尔弗雷德·J.菲尔德:《国际经济学》(第4版),机械工业出版社2003年版,第273页。

从表 1-1 中可见,实施贸易保护的代价不仅是针对国家,而且在消费者利益、就业机会等很多方面都导致了重大损失。

战略性贸易政策理论的扩张性和幼稚产业理论的自我保护,在不同历史时期对国家产业发展和国家经济利益的创造都发挥了重要作用,同时也成为推动国际经济与贸易进步的重要力量。通过WTO,国际贸易再一次走上各国产业政策与贸易政策的协调发展道路。但产业扩张与自我保护的矛盾仍在继续。

表 1-1　四个贸易伙伴贸易保护的代价

项目 \ 国家 / 年份	日本 1989	欧盟 1990	韩国 1990	美国 1994
主要保护产业数(个)	47	20	49	21
消费者成本(亿美元)	750 ~ 1100	670 ~ 10000	120 ~ 130	700
占国内生产产值(%)	2.6 ~ 3.8	1.1 ~ 1.6	3.8 ~ 4.3	1.2
相当于关税(%)	180	40	170	35
保护就业(人)	180000	1500000	174000 ~ 405000	190000
每个就业机会的代价(美元)	600000	700000	33000 ~ 67000	170000

资料来源:郑志海、薛荣久:《世界贸易组织知识读本》,中国对外经济贸易出版社 1999 年版,第 391 页。

3. 矛盾的升级——以日美汽车贸易争端和美国《外销公司法》案为例

(1)日美汽车贸易争端

日美汽车贸易争端是 1995 年世界贸易组织成立后,诉诸 WTO 争端解决机制的第一个汽车贸易争端。

①案件背景——"都是汽车惹的祸"

第二次世界大战后,美国曾一度成为世界上最大的汽车生产国,20 世纪 50 年代初年产量就已达 800 万辆,在世界汽车贸易出口领域始终处于领先地位。当时的日本正处于战后经济恢复阶段,百废待兴,其中汽车年产量仅 3 万辆。日本正是发现汽车产业作为幼稚产业具有暂时的弱质和长远的培养价值,具有对其他产业的拉动作用,所以日本开始对汽车产业实施幼稚产业贸易保护政策。日本从 1960 年开始宣布对进口汽车征收高额国内物品税,遏制消费需求。同时规定凡在国内销售的汽车均需缴纳物品税,对国产车占优势的轻便、小型轿车征税低,对以进口为主的大型轿车、卡车征税高。1965 年,前者仅为 20%,后者高达 50% 和 30%。在日本幼稚产业贸易保护政策的作用下,1967 年日本国产轿车产量迅速增加到 315 万辆,跃居世界第二。1980 年日本汽车产量突破 700 万辆,超过美国成为世界第一大汽车生产国。同时,日本汽车大量涌进美国市场,1980 年高达 192 万辆,市场占有率达 21%。美国汽车工业在日本汽车的竞争之下失去了竞争优势。进入 20 世纪 90 年代以后,美日汽车贸易严重失衡。1990 年美国对日本贸易逆差达 379.53 亿美元。以美国通用汽车公司为例,该公司 1991 年出现 60 亿美元的亏损,21 个分厂被迫关闭,裁员高达 7400 人。1994 年美对日贸易逆差上升到 549.01 亿美元,其中近 68% 是由近 370 亿美元的汽车贸易造成的。1995 年美国通用、福特和克莱斯勒三大汽车公司向日本的汽车出口增加了 1.2 万辆,然而这个数字仅相当于日本汽车公司在美国 3 天的汽车销售量。以至于美国人惊呼第三次世界大战美国人败给了日本,日本偷袭珍珠港,扔下的不是炸弹,而是美元投资和小汽车。

②争端的发生——"对封闭市场的愤怒"

美国一方面与日本开始就汽车贸易逆差问题进行谈判,逼迫日本采取措施。1994 年,日本宣布调整对美国零部件的采购政策。但是美国仍不满意。1994 年,美国根据《美国贸易法》302 节(b)(1)(a)发起调查,即:日本政府的某些法案、政策和行为限制甚至拒绝了美国汽车零件供应商进入日本汽车零配件市场。1995 年 10 月美国做出决定:日本限制或拒绝美国汽车零件供应商进入日本汽车零配件市场的某些法案、政策及行为是不合理的和具有歧视性的,给贸易的发展带来了负担及限制。美国另一方面采取措施,打算对从日本进口的 13 种豪华轿车征收 100% 的惩罚性关税作为回应,公布了被增加关税的日本产品的清单,包括日本本田、丰田、日产、马自达和三菱 5 家汽车公司,价值总额高达 59 亿美元,并暂停清单所列货物的报关手续。美国的目的就在于逼迫日本向世界汽车商开放市场并要求日本市场应具有透明度和竞争性。要求日本应推进设在美国的工厂的本地化进程;日本国内的汽车生产也应该国际化,提高进口零配件比例。

③争端的解决——"共赢才是朋友"

基于双方在其他方面的利益依赖,如美国在金融方面对日本的需要和日本在政治和军事上对美国支持的所求,所以在贸易战一触即发的时刻,双方在 WTO 框架下达成了就汽车贸易的争端解决协议,即:日美有关汽车及其零部件的框架性协议和两份联合声明。在框架性协议中,美国和日本主要承诺采取如下措施:a. 鼓励外国车进口及促进外国车在日本的市场准入措施。如告知日本汽车经销商可以自由经销外国竞争者生产的汽车;为日本外贸组织提供财政支持以举办外国汽车展以及为进口外国汽车提供信贷;美国将向美国汽车制造商提供支持以扩大美国向日本的汽车出口,同时提高美国汽车制造商的竞争力。b. 扩大购买外国产汽车零部件机会的措施。如日本政府将为本国汽车制造商与外国零部件供应商联系的活动提供支持。c. 日本对汽车及零部件产业取消管制的措施。如在汽车修理方面的管制、对汽车修理厂认证方面的管制;变动和推广活动的管制以及售后服务市场准入方面的管制。d. 跟踪日本对上述措施的实施和日本汽车贸易状况。如日本销售的国外新汽车和零部件在数量和价值方面的变化情况。在联合声明中,主要涉及经销权、汽车及零部件本地化采购和竞争政策三方面的联合说明。其中日美政府就汽车产业的全球化、本地化、工业合作和透明化达成一致,各国对汽车贸易补贴表示法律上的认可,对汽车市场的公平准入和竞争表示同意。

日美汽车贸易争端的根源在于日本将汽车产业作为本国幼稚产

业,并采取贸易保护政策作为国内汽车产业政策的补充。虽然这一政策使日本该产业的竞争能力得以提高,但是其封闭性却引发了与美国的激烈贸易战。

(2)美国外国销售公司案

欧盟与美国的外国销售公司案是 WTO 历史上持续时间最长、涉及问题最多、涉案金额最大的贸易争端。

①案件背景——战略性贸易政策的产物

外国销售公司案的前身叫 DISC(Domestic International Sales Corporations)案。DISC 是美国的一项立法。主要内容为,凡设立在美国的、主要从事出口美国生产之产品的美国公司的所得税可以缓征或免征,以期扩大美国的出口。这当时是尼克松总统"新经济政策"的一个组成部分。该法最早于 1971 年被美国国会通过。欧共体对此政策从一开始就表示异议并诉诸了 GATT 的争端解决机制。

为了缓解 DISC 税收制度的外部压力,里根政府于 1984 年颁布了"赤字减少法案"(Deficit Reduction Act),实质上仍然是 DISC 税收制度的翻版,只是冠以"外国销售公司"制度的名称。为了使该制度取得促进出口的理想效果,里根政府随后在 1985 年宣布"贸易政策行动计划",该计划的目的就是保证外国市场对美国开放,保证美国获得更多的出口机会。1988 年美国国会通过"综合贸易与竞争力法案",颁布了著名的"特别 301 条款",即:授权总统对贸易对手不合理或不公平的贸易做法,可以采取单方面的贸易制裁措施。1989 年布什政府颁布"国家贸易政策纲要",单方面宣布某些国家为"重点观察国家",迫使对方向美国开放市场。在克林顿执政时期,国家又出台了"国家出口战略",采取以出口补贴、税收优惠等出口促进政策,扶持本国战略性产业发展。战略性贸易政策在克林顿执政期间得到了充分的运用,其内容主要是"国家出口战略"和对高技术产业的扶持。国家出口战略的具体措施包括:建立贸易促进和合作委员会,加强联邦政府各有关部门的联系与合作以有效地执行出口战略;开拓新兴市场。美国商务部列出了 12 个经济增长最快、市场潜力最大的新兴市场,重点开发对这些市场的出口;放松出口限制,尤其是放宽对科技产品的出口限制;加强政府的商贸信息服务功能。建立"出口倡导中心"和国家贸易数据库,向全社会提供充分、迅速、便利的信息服务;建立"出口援助中心",密切联邦政府与州政府及私人企业之间的合作,为出口企业提供简洁的服务;加强政府的金融服务功能,增加出口融资的预算能力,扩大进出口银行的业务范围。为了振兴美国经济,美国历时近三十年,最终确立以鼓励出口为鲜明特征的战略性贸易政策体制。从20世纪70年代到21世纪初期,外国销售公司制度一直是美国战略性贸易政策的重要内容。然而,这一制度却伴随着长久的贸易争端,一直延续至今。

②争端解决的"一波三折"

从DISC制度开始至今,欧盟(其前身为欧共体)从未停止过对美国这一制度及其演化形式的贸易摩擦,并多次将这一问题提交GATT及之后的WTO争端解决机制。在这一案例中矛盾的焦点主要在于美国外国销售公司制度作为出口补贴制度而言违反了GATT/WTO有关出口补贴的规定。

出口补贴是一种以出口实绩为条件而给予补贴的类型,鉴于其对国际市场的严重扭曲性而成为WTO所禁止使用的一种补贴类型,被称为"禁止性补贴"。美国外国销售公司制度主要涉及美国对外国销售公司的税收优惠制度。正常税收优惠制度是一国国内税收制度,属于一国的经济主权,但是,外国销售公司设立在美国之外,却从事在美国生产的产品的出口销售业务,美国对这一类公司的所得税实施减免或推迟纳税义务。正常来讲,美国对于国外公司在国外发生的收入,只要与美国从事的商业或贸易存在联系,就要对其征税。但是美国对外国销售公司的所得本该征税却放弃征税。表明美国有意通过外国销售公司放弃本该获得的收入。事实上,仅1995年,美国因为"免除外国销售公司收入的税负",就放弃了14亿美元的收入。所以WTO争端解决机构认定该行为构成对WTO《补贴与反补贴措施协议》第1条第1款(a)所说的财政资助,并且给予了企业利益,并放弃与出口有关的本应得的收入,从而构成"出口补贴",要求美国不迟于 2000 年 10 月 1 日采取有效措施撤销外国销售公司制度涉及出口补贴这一禁止性补贴类型的规定。

2000 年 11 月克林顿总统签署了对外国销售公司的替代法案,而欧盟仍然认为该替代法案违背了 WTO 规则,又提出争端解决机构授权其对美国实施对美国特定产品加收 100% 关税的报复措施。美国又将欧盟的报复措施提交 WTO 争端解决机制。WTO 专家组在比较外国销售公司制度及其替代法案之后,得出结论,外国销售公司制度的前提是,国际收入通常要纳税,除非它符合该制度中的免税待遇;替代法案的前提是国际收入一般不纳税,除非它被列入非应纳税的"例外"之中。实际上,对于符合条件的国外收入,按照两制度中的规定都将获得免税的待遇,这一点是殊途同归的。所以,WTO 争端解决机构认定替代法案仍然与 WTO 规则不符。

双方最终于 2002 年 1 月 29 日启动了 WTO 中的仲裁程序,并于 2002 年 8 月 30 日颁布仲裁报告,授权欧盟向美国实施每年执行水平为 40. 43 亿美元的贸易制裁。迫于国际及经济方面的压力,美国最终于 2004 年撤销了外国销售公司替代法案。

③结语:"有事您说话——WTO"

战略性贸易政策理论的扩张性和幼稚产业理论的自我保护在不同历史时期对国家产业发展和国家经济利益的创造都发挥了重要作用,同时也成为推动国际经济与贸易进步的重要推动力。但是,国际社会的和谐性要求,共赢才是朋友。国际社会以 WTO 这一世界最大的国际经济贸易组织的调节,使国际贸易行为再一次走上各国产业政策与贸易政策的协调发展道路。产业扩张与自我保护的矛盾仍在继续,但毕竟有了一个即使争得面红耳赤但还要过日子的地方——WTO。

第二章　WTO 框架下贸易政策与产业政策的协调及其作用机理

　　WTO 作为世界上最大的国际经济贸易组织登上历史舞台,承担着协调各成员贸易政策与产业政策的重任。"应当说,如果世界上推选一个全球化的代表者的话,那么 WTO 几乎是当之无愧的"。①WTO 所提倡的国际贸易政策,不是纯粹的自由贸易,也不反对在特殊情况下的贸易保护,它以现代世界市场经济为基础,在经济全球化和法律全球化背景下,寻求贸易自由与适度保护、贸易与经济、贸易与环境等的最佳平衡,达到提高生活水平、保证充分就业、保证实际收入和有效需求的大幅稳定增长,并以扩大货物和服务的生产和贸易为目的。

　　WTO 框架下贸易政策与产业政策协调的历史,实质上是一部自由贸易与保护贸易反复斗争的历史,只不过自由贸易与保护贸易之间并不是此消彼长,而是相伴相生、相互渗透、相互对抗、共同发展。从宏观政策角度看,不存在自由贸易还是保护贸易的问题,而只是以何种形式、何种程度参与贸易分工的问题。贸易保护并不是闭关自守,也不是绝对禁止国外的竞争,而是把竞争限制在本国经济所能承受的范围之内。因此,协调贸易政策与产业政策的道路并非畅通无阻,而是鲜花与荆棘相伴。

---

① 何志鹏:《全球化经济的法律调控》,清华大学出版社 2006 年版,第354页。

第一节　WTO在贸易自由与贸易
保护之间的纠葛

1947年10月,8个国家的代表签署了一份涉及关税和国际贸易的临时协定(简称GATT),从1948年1月1日起生效,这就是WTO的前身。1948年又有15个国家签署了议定书,签署国达到23个。这23个国家成为关税与贸易总协定的创始缔约方。截至1994年12月,关税与贸易总协定共有128个缔约方。

严格地说,GATT并不是一个"国际组织",它仅仅是一个"协定"。但是,它却成为第二次世界大战后调节国际经济贸易秩序近半个世纪的重要国际规则。所以,谈到WTO对贸易自由化的追求,绝对不能忽略GATT近半个世纪对世界贸易的贡献。

一、WTO对贸易自由的追求

(一)GATT/WTO的多轮贸易谈判及其成果

从1947年到1994年,在GATT的协调下,缔约方先后举行了8轮贸易谈判。这8轮谈判成为GATT/WTO历史上追求贸易自由化的重要里程碑。

1. 前七轮回合

GATT的前四轮回合谈判主要针对各缔约方进口关税的减免。第五轮谈判——狄龙回合的谈判主要是在美国和欧共体间进行。此轮谈判最终达成的还是对进口工业品的减税协议。这一回合的参加国达到45个,达成4400项商品的关税减让,共涉及49亿美元的贸易额,使占应税进口值20%的商品平均降低关税20%。第六轮谈判——肯尼迪回合达成了第一个反倾销协议,开创了GATT对各国非关税贸易壁垒的限制。肯尼迪回合在一定程度上承认对不发达国家利益给予特殊考虑的必要。第七轮谈判——东京回合通过了《东京宣言》,参加方增加到99个,而且取得了三个方面的成果:第一,

关税削减,平均关税水平下降35%;第二,达成了关于发展中国家普
遍优惠制的授权条款;第三,非关税措施协议的签订包括补贴与反补
贴措施、技术性贸易壁垒、进口许可程序、反倾销、海关估价、政府采
购、牛肉协议、国际奶制品协议、民用航空器贸易协议等协议。

2. 第八轮谈判——乌拉圭回合

1994 年 4 月结束的乌拉圭回合谈判成为 100 多个国家参加的
历史上最大的和最复杂的国际经济谈判(一些人称之为史无前例的
最大的和最复杂的国际谈判)。[①]　其成果是达成了体系庞大、法律协
议众多、运行机制规范等众多成果。单纯就 WTO 的法律框架而言,
就包括《建立世界贸易组织协定》及其 4 个附件。附件一是《货物贸
易多边协定》、《服务贸易总协定》和《与贸易有关的知识产权协定》;
附件二是《关于争端解决规则与程序的谅解》;附件三是《贸易政策
审议机制》;附件四是《政府采购协议》、《民用航空器贸易协议》、
《国际奶制品协议》和《国际牛肉协议》。此轮谈判中更为重大的成
果是世界贸易组织(即 WTO)的成立,被称为"历史的创新"。它不
仅改变了 GATT 临时适用的身份,成为具有独立机构、运行机制和资
金保证的"国际法人组织",而且达成的一揽子协议成为协调国际经
济贸易关系的重要法律依据。WTO 以各种贸易协议规则对各国各
自产业发展的促进手段进行了规范和约束,使世界贸易自由化向前
迈出了历史性的一步。

3. 多哈发展议程

2001 年 11 月世界贸易组织第四次部长级会议在卡塔尔首都多
哈召开。面对世界经济贸易领域的新问题和新挑战,多哈回合在更
广泛领域展开了谈判,并最终通过了《多哈部长理事会宣言》(简称
多哈《部长宣言》),同时决定全面启动包括农业、服务业、非农产品
市场准入、知识产权、贸易与投资、贸易与竞争关系、政府采购、贸易

---

① 〔美〕约翰·H.杰克逊著,张玉卿、李成钢、杨国华等译:《GATT/WTO 法理
与实践》,新华出版社 2002 年版,第 451 页。

便利化、贸易与环境、技术转让与合作、特殊与差别待遇等众多议题在内的新一轮谈判。

（二）非歧视原则奠定了产业政策与贸易政策协调的基础

在国际贸易活动中，有关非歧视的追求以最惠国待遇为起源，于17世纪和18世纪就已开始对贸易关系及行为进行双边调节。遗憾的是，最开始的非歧视是以"有条件的"最惠国待遇开始的。绵延几千年历史，非歧视原则成为当今世界各国贸易关系处理的基本原则，然而最先也是最完整地将其纳入国际法律条约之中并确立为"支柱"和"基础"原则的却是WTO。

1. 非歧视原则的面目日益清晰

在WTO的框架下，非歧视原则实际上已分化为最惠国待遇和国民待遇两个基本原则。GATT1947第1条和第3条规定："任何缔约方给予来自或运往任何其他国家任何产品的利益、优惠、特权或豁免应立即无条件地给予来自或运往所有其他缔约方领土的同类产品"；"各成员认为，国内税和其他国内费用，影响产品的国内销售、许诺销售、购买、运输、经销或使用的法令、规章和要求，以及对产品的混合、加工或使用须符合特定数量或比例要求的国内数量限制规章，在对进口产品或国内产品实施时，不应用来对国内生产提供保护；一成员领土的产品进口到另一成员领土时，不应对其直接或间接征收高于对国内同类产品所直接或间接征收的任何种类的国内税或其他国内费用。此外，缔约方不得以违反第1款所列原则的方式，对进口产品或国产品实施国内税和其他国内费用。"非歧视原则使各国在针对不同来源的产品适用贸易政策时存在可预见的平等待遇，并通过法律规定确定下来。

2. 关注维护产品/产业的公平竞争环境

非歧视原则的目的就是矫正WTO成员方在制定产业政策时对国际经济与贸易造成的扭曲。GATT/WTO非歧视原则广泛而根本的目的在于，避免国内产业政策和贸易政策措施中的保护主义。确保政策手段的公平使用，在国内产品和来自任何来源的同类产品之间创造公平的竞争条件。通过非歧视原则的约束,排除对产品原产地的区别对待,使国际社会在配置资源和生产的市场调节中产生更加经济的效果,以此排斥政府色彩的贸易干预,实行更加自由化的贸易。

3. 此"条件"非彼"条件"——产业政策设置的"条件"之辩

非歧视原则的内在机制,以最惠国待遇为代表,体现在"无条件"的要求上,即当一成员给予某一国家的优惠超过其他成员享有的优惠时,这一机制就启动了,其他成员便自动地享有了这种优惠。由于产业政策本身对产业发展的导向性作用,一般情况下都会在不同产业之间产生不同的影响,而不同产业的发展又受制于产业全球化的制约,"无条件"的具体解释影响着 WTO 非歧视原则在产业政策与贸易政策的实践。WTO 非歧视原则为各成员产业政策的制定设定了贸易原则的约束,但是,这一原则却因为实践的复杂性而使法律规定拥有了丰富的内涵和广阔的空间。

以 1998 年日本、欧共体与加拿大汽车产业政策措施案为例,WTO 对"无条件"一词进行了深入的解释。在该问题上,应区别两个不同的问题:其一, GATT1994 第 1 条第 1 款意义上的优势是否可以受到有关条件的限制;其二,优惠一旦给予任何国家的产品,该优惠是否无条件地给予所有其他成员同类产品。GATT1994 第 1 条第 1 款中的"无条件"一词不涉及优惠本身的授予,而涉及将已经给予任何国家的产品优惠给予所有其他成员同类产品的义务,即意味着扩大这种优惠不受这些国家的状况或行为条件的限制而给予所有 WTO 成员的同类产品。也就是说优惠的授予可以附有条件,只是给惠国不能施加与产品产地有关的任何条件,但可以附加与产品产地无关的条件。所以说,最惠国待遇原则是针对国别歧视问题,而不是产品歧视问题。对于产品或者产业来说,一国在制定产业政策时具备一定的自由空间,可以对享有优惠的产品或产业设置条件,但是此"条件"却非 WTO "无条件"最惠国待遇的条件,即产业政策的"条件"空间要具备基本的条件约束,那就是不违背 WTO "无条件"最惠国待遇，未造成不同国家之间的歧视性待遇。

（三）有约束力的自由贸易体制

WTO 时代与 GATT 时代最大的区别就是，WTO 开启了自由贸易的新纪元，其对自由贸易的保护力度要远远大于 GATT 时代，即它建立了有约束力的自由贸易体制。

1. WTO 法律框架的性质

WTO 的法律框架就是要约束以前制度的分散性。在《建立WTO 协定》的前言中规定："决定制定一个统一的更有活力和持久的多边贸易制度，包括 GATT、过去自由化努力的结果以及乌拉圭回合谈判达成的结果"。规定附件 1、附件 2 和附件 3 中的有关协议是WTO 协定的有机组成部分，对所有成员有约束力。总之，WTO 法律框架中各协议（除诸边协定外）是统一的，是"一揽子"协议，有关规则之间是非独立的，是 WTO 协定的有机组成部分，对所有成员有约束力。

2. 从以"实力"为导向向以"规则"为导向的转变

对于贸易争端的解决，按一般理解似乎是以经济实力之强弱决定胜负，即以"实力"为导向。如果贸易自由以此为导向，贸易利益的维护往往是经济实力强的国家的实质自由，那势必演化成"弱肉强食"的国际贸易竞争规则。但是，WTO 框架将贸易争端的解决方向从以"实力"为导向转变为以"规则"为导向，即以是否违反 WTO规则为承担责任的主要依据。

3. 争端解决机制使 WTO 成为"一只长了牙齿的老虎"

WTO 争端解决机制是 WTO 在贸易自由化道路上的最有力保障，如果有人将 GATT 时代的贸易争端称为"没有牙齿的老虎"，那么 WTO 争端解决机制就是"一只长了牙齿的老虎"。它的最终建立使 WTO 真正建立起有约束力的自由贸易体制。正如曾任 WTO 总干事的鲁杰罗先生所说，"如果不提及争端解决机制，任何对 WTO成就的评价都是不完整的。从许多方面讲，争端解决机制是多边贸易体制的中心支柱,是 WTO 对全球经济稳定做出的最独特贡献。"①

4."反向协商一致"原则增加了约束力

协商一致是 WTO 的主要决策方式,WTO 应继续遵循 GATT 协商一致的决策惯例。但在争端解决机制中,协商一致有特殊含义。原则上,对于请求设立专家组、通过专家组和上诉机构的报告以及请求授权中止减让,除非 DSB 经协商一致不同意,否则就应当批准,这种决策原则被称为"反向协商一致"原则。因此,只要不是全体反对,就应当通过。实际效果是,提交 DSB 的这些事项都将自动通过。这样一来,对于多年以来争端当事方或经济强国依靠自己对争端的反对而导致争端解决不了了之的事情大大减少,增加了 WTO 争端解决机制的约束力。

5."交叉报复"制度加大了争端裁决的执行力度

WTO 争端解决机制规定,胜诉方在对方未执行裁决或建议,双方也未能就赔偿问题达成协议的前提下,在取得争端解决机制授权后,可以中止实施对败诉方所作的减让或其他义务,而且并不限于与争议有关的协议义务。在现阶段的国际贸易中,货物贸易领域以外还涉及国际投资、服务贸易、知识产权贸易,仅货物贸易就涉及众多的产品和协议。如果争端双方就某一协议项下某一产品发生贸易摩擦而解决不力并通过 WTO 争端解决机构授权,可以选择同一协议项下其他产品或其他协议项下的产品进行交叉报复,使违反 WTO 规则的一方因为保护某一产品贸易或产业利益,而不得不承受对其他产业利益进行剥夺的惩罚,这无疑增加了该成员内部产业利益分配矛盾,而促使其迅速履行 WTO 裁决。所以,交叉报复制度加大了争端裁决的执行力度。

二、WTO 框架下产业发展的贸易保护

WTO 在客观上对于贸易自由化的推动作用是显而易见的,但

---

① Statement of Director-General Ruggiero, dated 17 April, 1997, www. wto. org/wto/about/dispute 1. htm.

是,WTO 却并没有将贸易自由作为其明确提出的目标来追求,相反,WTO 的法律框架却存在为各成员提供产业保护的种种借口。John V. C. Nye(2003)称:"WTO 号称是促进自由贸易的组织,但里面充斥着保护自由的'进度'和各种例外,它实际上不过是各国争取保护本国产业及利益、相互讨价还价的场所。事实上,现在没有任何一个国家实行过真正的自由贸易政策,只是自由与保护的某种程度上的结合。"①这是 WTO 务实主义的考虑,因为各国经济和政治环境条件的差异,无限制的、纯粹的自由贸易是不现实的理想主义,这一最优政策到目前为止是不可能实现的。所以 WTO 只能选择次优的贸易政策,在消除各种贸易壁垒的同时,也允许各国为了各自的产业利益而采取一些保护措施。实践中,WTO 及其各成员也从未真正实现过贸易自由,相反,却促进为各自的产业发展而采取种种贸易保护措施。

(一)发达国家产业利益的追求

WTO 高度强调法治化,这一问题的根源在于 WTO 法律的缔结是在现代法治背景下进行的,也是在法治程度最高的发达国家主导下缔结的。② 况且发达国家的产业发展无论是速度还是结构上都居于世界的领先地位,为了保证其产业利益,发达国家极力将其产业利益推广于世界,WTO 成为其推广产业利益的工具。

(二)产业利益在 WTO 贸易管辖范围内的扩展轨迹

发达国家产业发展由农业、工业(或指传统制造业)到服务业遵循了资源密集型——劳动密集型——技术密集型——服务密集型的发展轨迹。其中产业利益在不同产业之间的分配也是不同的。

在美国和一些主要发达国家的推动下,WTO 于乌拉圭回合结束时签署了《服务贸易总协定》,涉及电信、体育、教育、金融、法律、旅游等15 个产业部门的开放安排。应该说,服务贸易在 WTO 中是以

---

① 张曙光为《中国对外贸易政策的政治经济学分析》一书写的序言:"专业成就与治学精神",上海三联书店 2002 年版,第 15 页。
② 孔祥俊:《WTO 法律的国内适用》,人民法院出版社 2002 年版,第 10 页。

发达国家追求自身贸易利益为主要的驱动力,以保护本国在世界贸易中的利益份额。这一点充分表明了 WTO 在追求服务贸易发展的道路上为发达国家提供贸易保护的实质特征。

　　知识产权是发达国家为追求高技术产业全球利益而上升到国际保护层面的。陈宇峰、曲亮(2005)认为,"知识产权最初起源发达国家,因而现行国际性知识产权保护制度也主要基于几个发达国家的知识产权制度而建立起来。这样的国际制度安排,自然会向有利于发达国家利益再分配的方向发展,而迫使发展中国家在追赶过程中再度处于双重压力的被动境地"[①]。最终在乌拉圭回合结束时签署了《与贸易有关的知识产权协定》(简称 TRIPS 协定)。该协定规定了各成员在知识产权保护方面所要达到的最低标准,成为保护发达国家高技术产业利益的重要工具。

　　除服务贸易和知识产权领域外,在 WTO 一直以来的谈判中发达国家的产业利益维护都居于首要地位,之后的一些谈判议题大多也是以此为出发点的,如贸易与投资、竞争政策等领域。总之,从 WTO 管辖范围的扩展轨迹中,我们可以窥探出 WTO 在谈判议题及成果中无不透露出发达国家产业利益维护的身影,这充分暴露出因为贸易不平衡发展而使发达国家居于贸易保护主导地位的实质。

　　(三)产业利益的贸易保护手段

　　在 GATT/WTO 的多轮贸易谈判过程中可以发现,关税壁垒由于各成员之间的关税减让谈判,一减再减,关税对贸易的限制程度在不断降低。但是,贸易保护仍然是各国普遍实行的政策追求。因此,各国开始纷纷寻求非关税壁垒的贸易保护措施。国外学者鲍德温(1970)发现贸易保护手段的实质追求仍然是产业利益,他认为,对于进行国际交易的货物和服务,或投入生产这些货物和服务的资源来说,如果它们的分配方式因为任何一种措施(无论是政府措施还

　　[①]　陈宇峰、曲亮:《知识产权保护的负面效应与发展中国家的回应性政策研究》,《国际贸易问题》2005 年第 11 期。

是个人实施)而造成潜在的实际全球收入降低,那么这项措施就被称为非关税扭曲。① 所以,非关税措施对于产业利益的全球分配起着重要作用。非关税壁垒贸易保护手段也由 20 世纪 70 年代的 800 多种增加到 2000 多种,其中又以花样繁多的技术性贸易壁垒为主要特点。OECD 的研究表明,在发展中国家与发达国家的贸易中,技术性贸易壁垒是发展中国家面临的最主要贸易障碍,几乎占通报总数的一半(44.4%)。② 技术性贸易壁垒是以发达国家强大的技术优势为前提的,发展中国家在发达国家强大的技术性贸易壁垒下不仅产品被拒之门外,而且过高的技术要求也使发展中国家疲于应付,产品成本加大,加之知识产权的保护,更加使发展中国家陷入新时期贸易保护的深渊。

(四)贸易保护手段的法制化对产业保护的掣肘

虽然 WTO 框架下无论从法律限制上还是从各成员实践中,贸易保护的行为从未停止过,其初衷无外乎就是以保护本国相关产业发展为目的。但是,WTO 毕竟对各成员做出了限制性规定,即便是贸易保护手段的使用也必须走上法制化的道路。

WTO 对贸易保护手段的约束离不开在各成员在经济发展过程中产业保护手段的发展。当产业保护手段停留在国家强制性财政、税收、贸易限制尤其是关税领域的时候,WTO 在其法律框架中 GATT1994 中规定,"任何缔约方给予来自或运往任何其他国家任何产品的利益、优惠、特权或豁免应立即无条件地给予来自或运往所有其他缔约方领土的同类产品"、"各成员认为,国内税和其他国内费用,影响产品的国内销售、许诺销售、购买、运输、经销或使用的法令、规章和要求,以及对产品的混合、加工或使用须符合特定数量或比例要求的国内数量限制规章,在对进口产品或国内产品实施时,不应用

---

① Bora, Aki Kuwahara and Sam Laird, : "Quantification of Non-Tariff Measures", *Journal if International Economics*, 2002, p. 2.

② 商务部国际贸易经济合作研究院课题组:《非关税措施的新发展与我国的应对研究》,《经济研究参考》2006 年第 43 期。

来对国内生产提供保护"。当实践中产业保护手段更多地选择非关税壁垒如技术性贸易壁垒、反倾销、反补贴、许可证、海关估价等一系列具有隐蔽性的手段时,WTO 又将这些手段纳入到法制化轨道中来,达成了一系列非关税壁垒协议,尽量使贸易保护手段在 WTO 框架下"有法可依"。不仅如此,随着实践中发达国家针对与贸易有关的产业保护手段的采用,如竞争规则、政府采购等问题的深入,WTO 的运行机制又会启动部长级会议等谈判形式对各种正在发展的产业保护手段运用问题进行多边协商,争取将这些手段同样纳入到贸易保护手段的法制化过程中来。正是 WTO 框架对产业保护手段与贸易保护手段之间相关性予以充分重视,才使产业保护受到 WTO 贸易保护手段法制化的掣肘。

三、非贸易利益成为 WTO 贸易自由与贸易保护的灰色区域

"第二次世界大战以后,促进对人的权利与自由的尊重和研究成为世界上各个地域的国际共同体的主要关注。"[1]WTO 作为世界贸易组织,其以货物贸易、服务贸易和知识产权等为主要调整内容,可是在《WTO 协定》的序言中却提到以"提高生活水平、保证充分就业、实现可持续发展、合理利用资源、保护环境、保证发展中国家贸易与经济发展"为宗旨。似乎这些非贸易利益才是 WTO 所追求的。有学者将本文所指的非贸易利益提为"非贸易价值",即体现在社会政策中的环境、劳工权利等价值。[2] Padideh Ala'I(2001)、Robert. Howse & Makua(2002)主张将 WTO 与人性化主题相关联,认为贸易利益应该与非贸易利益相联系,而且在 WTO 众多"与贸易有关的议题中",将贸易利益和非贸易利益纳入 WTO 谈判的多边贸易体制

---

① 孙璐:《国际贸易体制内的人权》,《当代法学》2004 年第 4 期。
② Frank Garcia: *The Salmon Case: Evolution of Balancing Mechanisms for Non-Trade Value in WTO*, at http:// ssrn. com/ abstract =450820, last visited 2 June 2004.

中。Jagdish(2002)认为,环保、人权等非贸易利益与贸易利益统一考虑可以推动贸易自由化的目标,并有助于 WTO 的民主性和合法性。但是 Nichols(1996)认为,WTO 中最难达成协商一致的领域就是促进自由贸易和促进其他社会价值,如环境、劳工标准和人权等之间的互动关系。发展中国家大多认为,非贸易利益是一种奢侈品,保护环境的政策可能会削弱他们的增长和发展,形成"生态帝国主义"(张玉卿,2004)。刘笋(2003)认为,与贸易有关的问题(非贸易利益)应排除在 WTO 框架之外,应当由其他专门机构来处理这一问题。但也有学者提出较为现实的看法,王天红(2000)认为,发展中国家如果坚持不接受将与贸易有关的问题引入 WTO,而这一权利却通过 WTO 争端解决机制被专家组和上诉机构悄然出卖了。

但是,WTO 挣扎在贸易自由和贸易保护的两难境地,这使 WTO 在立法中就这些非贸易利益毫无进展。可是,伴随着经济全球化和贸易的迅猛发展,这些非贸易利益已经成为 WTO 在实践当中不能回避的问题。虽然对于发展中国家有关非贸易利益是否被专家组和上诉机构出卖尚有待讨论,但 WTO 的争端解决却率先进入了这一领域。况且这一问题不仅仅影响到一国贸易利益,也对世界各国产业政策和国际产业转移的大规模变动产生了深远的影响。

(一)贸易利益与非贸易利益的价值碰撞

1. 发达国家与发展中国家的"人权观"

2000 年联合国发表了一份有关 WTO"反人权状况"的报告。[①]其结论是 WTO 对发展中国家而言是一个"不折不扣的梦魇"。其描述了发展中国家对 WTO 将管辖范围延伸至环境保护、劳工权益及标准、人权领域的不信任。这与 WTO 在其宗旨中所言的就业、可持续发展、环境、资源等问题形成强烈反差。国际社会在追求贸易利益的同时,发现人道主义伴随着经济的发展、环境的破坏、健康状况的恶化也在逐渐衰落。人类社会在追求经济物质享受的同时,渐渐忘

---

① 莫世健:《试论 WTO 和人权的可协调性》,《政法论坛》2004 年第 2 期。

却了人类生存的基本要求：人的健康、生存环境的清洁、人的尊严等。与此同时，自然环境却在悄然发生变化，如环境污染、经济发展的两极分化、企业社会责任的淡漠等。正如 18 世纪，恩格斯所预言的那样，"我们统治世界，决不能像征服者统治异民族一样，对于我们的每一次胜利，自然界都报复了我们。"《世界人权宣言》再次提醒人类在发展经济的同时，要注意"人人享有生命、自由和人身安全"。《经济、社会及文化权利公约》第 12 条也提到："本公约缔约各国承认人人享有能达到的最高的体质和心理健康的标准。本公约缔约各国为充分实现这一权利而采取的步骤应包括为达到下列目标所需的步骤：(1)降低死胎率和婴儿死亡率，使儿童得到健康的发育；(2)改善环境卫生和工业卫生的各个方面；(3)预防、治疗和控制传染病、风土病、职业病以及其他的疾病；(4)创造保证人人在患病时得到医疗照顾的条件。"贸易利益带来的收入增长与非贸易利益发展之间并不是完全的正相关关系。贸易利益的追求使产业政策制定过程中更关注贸易利益，污染产业曾一度成为拉动经济增长的引擎，这一问题在发展中国家尤为严重。贸易利益的追求使产业发展更关注垄断利益，即便是在发达国家内部也是如此。而且通过国际产业转移，发展中国家继续成为追求贸易利益的工具，使贸易利益对非贸易利益的破坏力在世界范围内扩大。同时，知识产权对技术垄断的保护也使对非贸易利益的救济有了巨额的成本和高昂的利润，发展中国家在追求贸易利益的同时，却对挽回非贸易利益无能为力。

　　2. 道德贸易与生存危机

　　曲如晓、田桐桐(2005)认为道德贸易是指从事国际贸易的企业必须遵守一定的道德规范，即要求出口企业在组织商品出口赚取利润的同时，还要承担对员工、对消费者、对社区和环境的社会责任，包括遵守商业道德、生产安全、职业健康、保护劳动者合法权益、保护环境。[1] 违反道德的贸易是不正确的，可是如果贸易限制导致一些国

---

　　① 曲如晓、田桐桐：《发展中的道德贸易》，《国际贸易》2005 年第 6 期。

家的人民陷入生存危机,那么是否是道德的呢? 发达国家与发展中国家由于国家贸易和投资等原因而发生的产业分工,发展中国家在自身要素禀赋中似乎只有自然资源和劳动力方面被激发出来,然而,由于技术和经济发展水平的局限,使用资源的负面后果就是对自然资源的破坏和浪费、环境污染的加剧;劳动力的充分利用可能的负面后果就是劳动条件的不足、甚至是使用童工和职业病的蔓延。这两种问题的发生是为解决人民的生存危机不得已而为之。可是,在今天,WTO 从人类总体利益的价值追求出发,在其合法的贸易限制理由中,明确授权其成员可以因为健康、环保、防止自然资源的用竭、公共道德等诸多理由而违反非歧视原则采取贸易限制措施。

WTO 对非贸易利益的关注一方面是 WTO 规范本身宗旨所含,另一方面是国际贸易实践中贸易利益与非贸易利益的价值碰撞而对WTO 的生命力提出的挑战。其中有关人权、环保等方面的价值观则来自发达国家价值观。在背负着贸易利益发展的各国产业要同时兼顾非贸易利益,这是 WTO 的发展趋势,这种兼顾的具体标准和实施则是相当复杂的。如果发达国家一味地以高标准非贸易利益为由限制来自其他国家对非贸易利益有所损害的产品或服务进口,而不是投入资金和技术支持致力于非贸易利益的根本救助和改善,那么,WTO 对非贸易利益的关注极有可能陷入新贸易保护主义的漩涡,进一步加大世界贫富两极分化,从根本上无益于维护非贸易利益,因为世界人民的共同富强才是贸易利益和非贸易利益协调统一的根本途径。

(二) WTO 框架下产业政策实施中的非贸易利益

在 WTO 的实践中,对非贸易利益的关注,影响到一国产业政策的调整。因为,不同国家对不同非贸易利益的关注程度不同,制定针对不同领域的具体政策,从而影响到其他国家相关产业的发展,从而引发贸易争端。

1. 环境保护

WTO 对环境保护的认识是非常广泛的,不仅包括传统意义上的防止污染,也包括保护可资用竭的自然资源;不仅保护人类生存环境,也保护生物多样性。所以,在WTO的具体实践中涉及环境保护的争端是最为丰富的。如"金枪鱼案"、"鲱鱼和鲑鱼案"、"虾和海龟案"是属于对自然资源的保护,同时也针对生物多样性问题,"汽油标准案"则属于自然资源与环境保护兼有的案例。

为了防止和控制美国的空气污染,美国国会于1963年制定了《洁净空气法》。根据1990年通过的一项有关该法的修正案,美国环境保护署为了减少美国空气污染,颁布了有关汽油成分与排放物的新条例(简称《汽油条例》)。自1995年1月1日起,《汽油条例》只允许在美国污染严重的地区销售法定清洁汽油(即精炼汽油),在其余地区,只能销售不比在基准年1990年所售汽油清洁度低的汽油(即常规汽油)。

《汽油条例》适用于全美所有汽油炼油厂、合成厂和进口商。根据《汽油条例》,任何在1990年营业6个月以上的美国炼油厂,必须确立代表其1990年所产汽油质量的单独基准。美国环境保护署确立了代表1990年美国汽油平均质量的法定基准。法定基准适用于任何在1990年营业不足6个月的美国炼油厂以及所有合成厂和进口商,根据年平均数衡量这些基准的执行情况。美国国产汽油通过基准建立方法,获得了比进口汽油有利的销售条件,进口汽油在美国市场上没有获得与美国国产汽油相同的待遇。因为进口汽油与国产汽油尽管化学成分相同,但是适用标准却不同,即进口汽油适用法定基准,国产汽油适用单独基准。这样,根据《汽油条例》的规定,汽油进口商必须出售更清洁的汽油,而经营同样质量国产汽油的国内厂商则不必如此。

该案中,虽然上诉机构和专家组都就美国汽油标准做出违反WTO规则的认定,但是对于清洁空气是否是可资用竭的自然资源以及汽油标准是否是保护这一资源的首要措施的问题上,上诉机构否定了专家组的观点,认定清洁空气是"可资用竭的自然资源",同时要考察美国是否为保护自然资源而寻求替代措施,可是本案记录没有表明美国努力寻求替代措施,比如努力与申诉方政府进行适当的合作,以减轻美国要求的管理性问题,或者即使做出了这样的努力,也没有指出曾遇到政府不愿合作的情形。所以,在该案中,WTO明确了下列问题:第一,无论是有生命的还是无生命的,都有可能构成自然资源保护的范围;第二,鼓励采取非贸易限制手段作为替代措施,并首先为寻求这一类措施而做出努力;第三,环境保护不能构成不合理贸易歧视的理由,对于环境保护,国内产业和国外竞争者负有同等责任。

2. 公共健康

那力(2005)认为,公共健康包括实质的和名义的两种认识,实质的公共健康指所有社群中的主体都过着较为平稳的、远离流行疾病和污染困扰的生活,是人类本身生活的状况与需求。名义上的公共健康在于维护公众的健康利益。WTO授权其成员方对于危害公共健康的产品在贸易中可以采取适当的限制措施,但是,实践中究竟何种程度是危害公共健康,保护公共健康和维护贸易秩序之间又有着怎样的关系,相关产业又该有如何反应呢?

在加拿大诉欧共体影响石棉和含石棉产品案中,就涉及这一问题。石棉曾作为绝缘材料被广泛用于房屋建筑,但是,石棉对长期接触的人的肺部等器官会增加患癌症的风险。法国于1998年颁布一项法令,禁止生产、销售、出口、进口和使用石棉纤维以及含有石棉纤维的产品。法国内部则代之以生产石棉的代用品,如聚乙烯醇、纤维素和玻璃纤维等。加拿大认为,进口石棉和国产石棉代用品是同类产品,法国对进口石棉的禁止性措施是一项不必要的限制措施,如果对石棉产品进行"有控制使用"可以降低该产品对健康的危害,法国该措施单纯针对进口石棉,而法国国产石棉代用品却未得到禁止,这是违反国民待遇原则的。

该案上诉机构认为,联合国环境规划署和粮农组织在2003年11月已将石棉列为受管制的危险化学品。在考虑法国是否违反国民待遇问题上,有必要审查石棉产品和石棉的代用品是否是同类产品。这其中重要的审查理由是产品的物质特征,产品的健康风险是影响产品是否为同类产品的依据之一。有证据证明石棉产品的毒性要比其代用品更大,而加拿大又没有其他证据。同时,法国通过使用石棉产品的代用品来消除或减少石棉产品广为人知、威胁生命的健康风险,来保护人类的生命和健康,其追求的价值是重要的。因此,法国所采取的对石棉产品和其代用品的不同措施是有必要的,这比对石棉产品的"有控制使用"更现实可行,而且对于所谓"有控制使用"是否存在风险,没有足够证据证明可行。所以,法国的禁令没有违反 WTO 规则。

该案例中反映出 WTO 框架下对公共健康的关注对于相关产品和产业政策有着一定的导向性。第一,鼓励对危害公共健康产品的代用品进行研制、生产与贸易。对于危害公共健康的产品可以采取贸易限制措施,这对于以生产这类产品的企业和国家的相关产业而言,存在很大负面影响。在这类代用品研制和生产中,企业和产业是充满利益的。第二,维持拥有代用品技术的国家和企业的竞争优势地位。WTO 框架下贸易政策强制性倾向于代用品,在国际竞争中掌握代用品技术的国家和企业享有自由的市场准入权利,这一人为的竞争优势地位将意味着更大的商机。第三,贸易与健康的价值碰撞中,健康开始占据上风。石棉案中,贸易与健康相冲突时,贸易政策显然倒向了公共健康,即便是加拿大要求的对石棉产品的"有控制使用"也未得到认可。需要注意的是,向健康倾斜以存在石棉产品的代用品为前提,即代用品的健康风险远远低于石棉产品,否则,在贸易与健康的价值碰撞之下,恐怕仍然是贸易优先的。

3. 公共道德

道德标准对于不同国家而言是存在差异的,所以,不同道德标准碰撞之下的国际贸易就不得不面对不同国家的道德差异。WTO 在安提瓜诉美国网络赌博服务案中就涉及贸易与公共道德冲突的问题。

安提瓜和巴布达原为英属西印度群岛中的两个小岛,于 1981 年

11 月 1 日宣布独立。安提瓜一直以旅游业为生,但是由于 20 世纪 90 年代的一系列飓风冲击,旅游业受到极大影响,所以该国政府开始建立主要通过互联网提供"远程"博彩服务的赌博业,作为该国经济发展战略的重要组成部分。经过政府扶持,安提瓜成为世界上提供网络赌博最活跃的国家之一,该行业大约 1/4 的服务由设在安提瓜的网络公司提供。1999 年,提供网络赌博服务带来的产值占安提瓜国民生产总值(7.5 亿美元)的 10%,而该国政府每年 2 亿美元的财政收入中,约 1/6 来自网络赌博行业。但是,该案的被诉方——美国联邦立法对网络赌博进行了限制。一方面对于从事任何"跨州赌博"加以禁止,另一方面通过一系列分散的法令适用于对网络赌博的管制。如《电信法令》规定,"在针对任何体育活动或竞赛的跨州或涉外赌博或下注的商业活动中故意使用电信设施发送信号,或用于帮助提供赌博或下注方面的信息"应作为一种罪行加以追诉,而这在司法判例中被确认为包括了通过互联网进行的信息发送。但是,美国是世界上最大的赌博服务消费市场。根据"美国国家赌博影响评估委员会"这一官方机构的统计,1999 年赌博者仅在美国各州的合法赌博场所投入的赌金就超过了 6300 亿美元,消耗赌金约为 500 亿美元;1998 年,68% 的美国人至少进行过一次赌博,而 86% 的美国人在其一生中进行过至少一次赌博。安提瓜政府认为,美国为了保护其本国赌博业,而对网络赌博采取禁止措施,对安提瓜的网络赌博业造成了严重损害。据称,在美国采取禁止措施前,安提瓜的网络赌博业共有约 3000 人受雇于 119 家公司,三年后其规模降至不到 500 人、28 家公司;该国因美国禁止措施所受损失达 9000 万美元。因此于 2003 年向 WTO 争端解决机构提起诉讼。

该案的重要意义在于:第一,提出了对公共道德的认识。WTO 法律框架中规范该案例的是《服务贸易总协定》,在该协定中规定了针对"公共道德"的例外规定,即允许其成员为保护公共道德而采取必要的贸易限制措施。但是,何为"公共道德",却并未予以任何解释。在安提瓜诉美国网络赌博服务案中,专家组认为,对各成员来说这些概念的内涵可能因时间和空间的改变而改变；各成员应有权在其各自领土范围内，根据其自身的制度和价值来为自己界定和适用"公共道德"和"公共秩序"的概念。以该案为例，从美国国会关于有关法令的立法意图的多项声明中推断，美国当局出于对洗钱、有组织犯罪、欺诈、未成年人赌博等方面的关注而制定相关法令，因此，有关赌博问题也是出于对公共道德问题的关注而制定的。上诉机构对于专家组的这一认识也予以了肯定。第二，当公共道德与贸易相冲突时，以不对贸易造成不必要的贸易限制为前提。上诉机构认为，美国未能证明依据其《州际赛马法令》、《电信法令》等三项联邦法令是否仅允许国内服务提供者（而不包括外国服务提供者）为赛马提供跨州远程（包括通过互联网）下注服务，从而不能证明有关联邦法令是以符合第14条引言的方式实施，即是否在"情形相同的国家之间构成任意或不合理歧视的手段，或构成对服务贸易的变相限制"。美国在出于对公共道德的维护而对网络赌博予以限制的同时必须在对待外国竞争者和国内服务提供者问题上是同样标准，即同样禁止国内服务提供者从事网络赌博业。换句话讲，WTO在该案中肯定了美国对公共道德进行贸易限制的合法性，但是也提出了其对以公共道德为由从事贸易保护或贸易歧视的排斥。但是，也有学者认为，WTO争端解决程序是美国所接受的为数不多的国际争端解决机制之一，如果WTO对美国的要求（包括与道德价值有关的要求）不敏感，它将有可能失去这个最坚定的支持者之一。① 可见，美国对公共道德的特殊利用对于这一案例以及WTO对待贸易与公共道德的冲突问题的解决存在一定影响。

4. 就业

WTO对就业问题的关注在其宗旨中就可见其立场，即"保证充

---

① 　J. Pauwelyn: *WTO Condemnation of U. S. Ban on Internet Gambling Pits Free Trade against Moral Values*, ASIL In-sight, November 2004, http://www.asil.org/insights/2004/11/insight041117.html.

分就业"。但是,WTO 对就业问题的关注不仅限于促进就业数量(即将失业作为衡量一成员产业损害的重要依据),除此之外,WTO也开始关注就业质量,包括就业人员的资质是否合法、就业环境是否符合健康要求等。然而,各成员对贸易利益的追求使企业在经营过程中过于看重利润空间的大小,而忽略就业问题。因此,出现了两个方面的问题:第一,跨国公司的扩张伴随就业的缩减;第二,对就业质量的关注成为贸易保护的新途径。

(1)跨国公司的扩张伴随就业的缩减

根据《2001 年世界投资报告》,1982 ~ 2000 年,跨国公司销售收入增长了 6.4 倍,年均增长 10.8%,而雇员数只增长了 2.6 倍,年均增长率只有 5.5%(见表 2 - 1)。

表 2 - 1　跨国公司扩张与雇员增长幅度　（单位:亿美元）

	1982(1)	2000(2)	(2)/(1)	年均增长%
外国公司销售额	24650	156800	6.4	10.8
外国子公司总资产	18880	211020	11.2	14.4
外国子公司出口额	6370	35720	5.6	10.1
外国子公司雇员数（万人）	1745.4	558.7	2.6	5.5

资料来源:UNCTAD:《2001 年世界投资报告》。

正如杨正位(2006)所言,分工(包括国际分工)及效率的提高自然带来了原有行政事业人员的增加,即在特定产业中就业低于经济总量增长,出现了资本淘汰劳动的现象,即马克思论述的资本有机构成不断提高的规律。① WTO 一直以来的努力包括多哈回合都致力于进一步开放市场,尤其是在跨国公司投资领域的开放努力从未停止过。但是,就业关系到一国政治经济的稳定,是非贸易利益中的重要因素,此时却面临与贸易利益的冲突。

---

① 杨正位:《中国对外贸易与经济增长》,中国人民大学出版社 2006 年版,第41 页。

（2）对就业质量的关注成为贸易保护的新途径

有关就业质量问题的讨论起源于对企业社会责任的讨论。企业社会责任的理念于20世纪上半叶首先在美国等发达资本主义国家开始提出，随后在世界范围内展开。20世纪初以来，随着发达国家跨国公司在全球的规模扩张，引发了日趋严重的社会问题。劳动者为维护其权益开始重视长远利益的保障，如工资、工时、就业保障、组织工会的权利、社会保险及福利待遇、职业安全与保健、集体谈判、员工参与等。SA8000标准①是全球第一个可用于第三方认证的社会责任国际标准，旨在通过有道德的采购活动促使企业改善工人的工作和生活条件，最终实现全球工人都具有公平、健康、合法的工作环境。SA8000标准主要在童工、强迫劳动、安全卫生、结社和集体谈判、歧视、惩罚性措施、工作时间、工资报酬及管理体系等方面进行了规范。相对于针对环保问题的"绿色贸易"问题，国际上对劳工就业质量与国际贸易相结合的现象称之为"蓝色贸易"。有些国家打着保护劳工利益和企业社会责任的幌子实施贸易保护主义行为，被称为"蓝色壁垒"。以中国为例，1995年以来中国长三角、珠三角等沿海地区已有8000多家纺织品、玩具、鞋类、家具、运动器材及日用五金等行业的生产企业接受过欧美等跨国公司的社会责任审核，有部分不符SA8000标准的企业被取消供应商资格。美国的沃尔玛、法国的家乐福等跨国零售集团在加大对中国产品直接采购的同时，不仅注重供应商产品的质量、价格，而且也将SA8000标准列入考核内容，一些中国生产企业因达不到SA8000标准而被排除在供应商范围之外。

WTO针对国际上将就业质量问题与国际贸易相结合的情况已经予以注意。在WTO的基本法律框架中，不仅在其宗旨中提到就业的数量问题，而且在一般免责条款中授权其成员可以采取行动，禁

---

① SA8000由美国社会责任国际（简称SAI）于2001年12月12日发表，即SA8000:2001。

止监狱劳工所生产的产品进口。发达国家一直致力于将就业质量问题纳入多边贸易谈判当中。在WTO西雅图会议上,欧美等发达国家提出把劳工标准问题纳入新一轮谈判议程。相对廉价的劳动力是发展中国家在世界贸易竞争中的一项重要优势,把贸易与人权、劳工标准等问题挂钩,其目的在于使发展中国家在劳动密集型产品上的低成本优势得不到发挥,进而阻碍发展中国家具有比较优势的产品出口,以实现保护本国产业的目的。在新加坡召开的WTO部长级会议上,发展中国家与发达国家在这一问题上基本达成一致,即同意在部长宣言中列入有关劳工标准问题,遵守国际承认的核心劳工标准,国际劳工组织是制定和处理这些标准的主管机构。但是,由于缺乏具体标准,而未就具体操作达成一致。可以预见,就业质量尤其是劳工标准问题已是WTO不能回避的问题,也是未来发展中国家劳动密集型产业所面临的重要贸易限制问题。但是,SA8000标准毕竟是以发达国家标准为基准而制定的,这显然与发展中国家在WTO新加坡部长级会议上对国际劳工组织这一官方国际组织的认可是不一致的。针对劳工标准的"道德贸易的重点主要集中于发展中国家具有优势的行业"①,从另一方面反映出发达国家受贸易利益驱使,以提高劳动标准为借口,限制发展中国家企业的产品走向世界。

(三)WTO在贸易利益与非贸易利益协调中的作用因素

WTO在贸易利益的追求历程中可谓"硕果累累",不仅在关税削减方面,而且在非关税壁垒方面也颇有进展;不仅在货物贸易领域缔结了许多贸易协议,而且在服务贸易和知识产权领域也达成了多边贸易协议。应该说,贸易利益仍是WTO追求的主要利益,过去、现在和将来,WTO仍然在这一领域担当着世界经济贸易领域的最重要角色。许多国家,尤其是发达国家从未停止将非贸易利益纳入到多边贸易体制的努力,发展中国家面对这一问题似乎更应该看到非贸易利益背后的产业利益追求。同时,仔细剖析WTO在贸易利益

---

① 曲如晓、田桐桐:《发展中的道德贸易》,《国际贸易》2005年第6期。

与非贸易利益协调中的作用因素,有助于发展中国家增强在解决贸易利益与非贸易利益协调的能力,解决非贸易利益背后的产业发展及产业政策问题。

1. WTO 决策机制在非贸易利益问题上的搁置

从 WTO 决策机制上看,WTO 一直是采取"协商一致"的原则,在部分问题上采取"多数表决"的方式。例如,部长级会议和总理事会拥有解释 WTO 协定及有关协定的专有权,采纳某项解释的决定由 3/4 多数成员通过;豁免某成员以及有关协议条款的修改,由 3/4 多数成员通过;对 WTO 协定以及有关协议的修改,应以一致同意方式做出决定,但是,如果部长级会议未在限定时间内达成一致,则由 2/3 多数成员决定是否修订。发展中国家担心将非贸易利益与贸易利益相联系纳入到多边贸易体制,会使本来就已经处于国际产业发展链条上的底端的产品遇到更多的贸易障碍。这样会进一步加剧发展中国家的贫困、环境和劳动条件等问题。同时,发展中国家更关心基础产业的国际贸易环境和发达国家在带动发展中国家产业竞争力提高问题上的付出,而这恰恰是发达国家所坚守的条件。这样一来,发达国家和发展中国家在 WTO 有关非贸易利益的谈判桌上是谈不拢的,达不到 WTO 决策机制的条件,势必造成 WTO 在非贸易利益问题上的搁置。正是因为存在这样立法上或者说 WTO 政治上的"真空",才使得 WTO 在贸易利益和非贸易利益的协调上退而求其次,将对这一问题的协调大权落到 WTO 争端解决机制头上。

2. WTO 争端解决机制的强大推动力使价值判断的权利单一化

WTO 争端解决机制具有与 WTO 决策机制完全不同的表决特点。相对于 WTO 决策机制的"协商一致"和"多数表决"原则,WTO 争端解决机制是以"反向协商一致"为基本特点的,只要不是全体反对,就应当通过。WTO 争端解决机制的专家组和上诉机构成员本身并不代表所有 WTO 成员,而是针对个案选举或 WTO 争端解决机构指定产生的,一般都是由在国际贸易和国际法方面具有较高造诣或威望的专家学者、政府官员、律师等担任。鉴于发达国家在 WTO 法律制度的深入研究和上诉机构成员中发达国家固定人员的情况，WTO 的生效裁决并不代表所有 WTO 成员的意愿，甚至也不能说明代表多数 WTO 成员。况且，WTO 争端解决机制的效率促使如果不是争端当事方撤诉或协商一致解决争端，那么 WTO 就必须做出最终的具有法律约束力的裁决，一定条件下还可以授权采取报复措施。从这一角度理解众多涉及非贸易利益的争端最终都由 WTO 争端解决机构的专家组或上诉机构裁决做出最终的解释和认定，就不足为奇了。正如程红星(2006)所言，上诉机构在缺乏明确授权以及无法使其决策能够对 WTO 成员方民众负责的情况下擅自创设重要的社会政策是在铤而走险。① 而这种解释性责任使上诉机构不得不在不同的价值目标间做出取舍，而这项任务绝非上诉机构所能胜任。②

但问题是，WTO 在一定程度上秉承了英美法系判例法习惯。WTO 争端解决机制的强大推动力原因不仅在于上诉机构对一特定措施、法令是否符合 WTO 规定所做的裁决，而关键是上诉机构的裁决已经具有一定的"先例价值"③。上诉机构在事实的争端解决过程中一直延续着对之前争端的生效裁定的尊重和借鉴，这已经成了一种习惯。虽然实践中对不同案例的认识也在不断的发展，但是鉴于 WTO 立法权力在这一问题上的协调不力，上诉机构的对个案审理的延续性已经在一定程度上成为 WTO 在贸易利益和非贸易利益的价值判断的主要力量，并且有逐渐单一化的趋势。

---

① 程红星:《WTO 司法哲学的能动主义之维》,《北京大学出版社》2006 年版，第 203 页。

② Peter Sutherland et. al. : *The Future of the WTO-Addressing Institutional Challenges in the New Millennium*, available at http://www. wto. org/english/thewto-e/10anniv-e/ 10anniv-e. htm, last accessed 10 May 2005, p.236.

③ Richard H. Steinberg: "Judicial Lawmaking at the WTO: Discursive, Constitutional, and Political Constraints", *American Journal of International Law*, Vol. 98, No. 2, 2004, pp. 247 – 275.

3. 非政府组织的介入

非政府组织在非贸易利益问题上的作用是非常显著的,这一点在 WTO 争端中有着显著反映。在虾和海龟案中,由国际环境法中心、海洋保护中心、环境基金公司和菲律宾生态网络、世界野生物种生物基金和国际环境法及发展基金等非政府组织向 WTO 争端解决机构提交了证明海龟因为特定虾产品的捕捞作业而造成海龟正处于危险和受威胁物种的证明材料。WTO 在有关就业质量问题中的非贸易利益受到发达国家的影响,而发达国家在非政府组织方面更是非常发达。如欧洲的"洁净衣服运动"组织发起的"成衣业公平贸易约章"、美国社会责任国际(简称 SAI)发表的 SA8000、美国公平劳工协会通过的"工作场所生产守则"、英国的"道德贸易联盟"发起的"道德贸易运动"等。①

WTO 本来是以各成员方政府为代表参与的国际组织,所以一般认为在 WTO 的争端解决机制中只有当事方和第三方有权利向 WTO 发表意见。但是,实践中的很多案例,都涉及非政府组织在 WTO 争端解决机制中的地位问题。在对待非政府组织提交意见的问题上,WTO 也是非常为难。例如,在虾和海龟案中,专家组认为其有权向任何人或机构寻求建议,而专家组并未请求相关环保组织提供信息,所以这些组织提交的文件不应被考虑。但若这些文件以争端当事方提交书面文件附录的形式出现,则可以被接受。上诉机构却否定了专家组的观点,认为对案件的客观评估是专家组的义务,所以专家组对"请求"享有完全的控制权。也就是说,专家组可以主动向非政府组织请求信息。可见,上诉机构对非政府组织的介入是肯定的。可是,这一认识却遭到了很多反对。反对意见主要集中在非政府组织经常是非贸易利益和相关贸易利益的代言人,尤其是代表大多发达国家意见,其意见的单独介入会破坏 WTO 是各成员方政府组织的性质,会影响到 WTO 对有关成员的公平性。而对于广大的发展中

---

①　曲如晓、田桐桐:《发展中的道德贸易》,《国际贸易》2005 年第 6 期。

国家则是一场灾难。① 但是,不论怎样,非政府组织的蓬勃兴起确实成为 WTO 在贸易利益与非贸易利益协调中不可不考虑的一个因素。

总之,全球化并不意味着不对国内产业加以保护,WTO 长期以来一直在产业竞争自由与贸易保护之间犹疑,因此,"整个国际贸易的历史就是贸易自由化与国家保护之间的矛盾与斗争的历史,发达国家如此,发展中国家也是如此。第二次世界大战以前,主要保护手段是关税,第二次世界大战结束至今主要是配额、许可证为代表的数量限制,今后主要的手段是环境手段和技术手段。为了适应这种新的形势,中国入世以后,要逐步学会运用技术标准和环境标准保护自己的民族工业,加紧制定各个行业的环境标准和技术标准,以防止严重污染的、低质量的产品进入我国,冲击有关产业"。②

第二节　WTO 框架下贸易政策与产业政策协调的作用机理

WTO 框架下贸易政策与产业政策的协调本身是一个多层次问题交织、多方面情况纠缠的复杂问题,涉及国际法、WTO 和 WTO 成员国内法;范围包括贸易和产业两个方面。

一、WTO 协调各成员贸易政策与产业政策的基础

国际法是对国家在它们彼此往来中有法律拘束力的规则的总称。③ 国际法作为一个整体对国家有约束力是源于该国际法是由国

---

① South Center Working Paper: *Issue Regarding the Review of the WTO Dispute Settlement Mechanism*, at http://www. southcenter. Org/ tadp-webpage/publications-webpage. htm, last visited at 10 June 2005.

② 杨圣明:《入世后我国应采取的对策建议》,《光明日报》2000 年 5 月 9 日。

③ [德]劳伦斯·奥本海著,[英]詹宁斯·瓦茨修订,王铁崖等译:《奥本海国际法》,中国大百科全书出版社 1995 年版,第 3 页。

家基于"共同同意"而达成的"契约"。而共同同意是国家对国家法
规则的明示或默示同意。国际法正是基于国家对自己同意而达成的
规则对其产生约束力。按照国际法原理,国际法通常不针对个人设
定权利义务,而是要求国内法遵照国际法对有关国家设定的权利和
义务。

(一)协调的国际法依据

WTO 诞生于关贸总协定(即 GATT)。GATT 本身就是由不断增
多的国家或非国家实体组成,如中国香港等达成的临时适用协定,属
于国际条约。国际条约是国家法的主要渊源。该协定对所有缔约方
在关税减让、最惠国待遇、国民待遇等诸多方面设定了权利与义务。
到乌拉圭回合谈判结束、WTO 成立,其本身的法律框架是由被一揽
子接受的一系列法律协议所构成的,同时建立了具有约束力的争端
解决机制,以保证协议的执行。不仅如此,WTO 从起源到今天,始终
是一个以国家为主的国际体制。[1] 到目前为止,WTO 成员方已经达
到 150 多个,这些成员方对 WTO 法律规则的接受是由其国内立法机
关代表人民表示同意的。按照国际法早已确定的"约定必须遵守"
的原则,WTO 基于成员方的共同同意而成立、制定规则并约束国际
经济贸易秩序及各成员方权利义务而至今。

(二)协调过程中的矛盾——主权让渡与主权之争

主权是一个国家的主要象征,一个国家具有独立性,因此而具有
主权。传统国际法原理认为主权是不可分的。主权最广泛的意思是
指最高、绝对、无控制之权力;统治之绝对权利。[2] 但是,世界经济的
发展使主权的不可分性发生了变化,原因就在于国际经济贸易关系
上的彼此依赖。所以,国家往往被称为"主权"国家,但是,这只说明
它们的国内宪法地位,而不是说明它们在国际法上的法律地位。[3]

---

[1]　李鸣:《国际公法对 WTO 的作用》,《中外法学》2003 年第 2 期。

[2]　Black's Law Dictionary, 8th ed. West, a Thomason Business, 2004, p. 1252.

[3]　[德]劳伦斯·奥本海著,[英]詹宁斯·瓦茨修订,王铁崖等译:《奥本海国
际法》,中国大百科全书出版社 1995 年版,第 94 页。

所以,在全球化时代,主权就需要充分而合理地防范可能出现的危机。① 美国作为 GATT 签订的主要发起国,也一改曾经对主权的尊崇。美国总统 1945 年在其向国会提交的报告中说:"我们所做的一切努力都是为了消除经济战争,在最大限度上实现国际经济合作,以便为我们所希望实现的安全与和平的世界奠定经济基础。"WTO 要求其成员在货物、服务和知识产权等诸多领域开放市场、维护公平竞争的贸易环境,禁止运用歧视性贸易保护手段,包括使用国家经济主权的传统政策工具,如关税和非关税壁垒。从这一角度看来,WTO是各成员主权让渡的成果。但是,各成员在 WTO 历史上从未停止过在不同产业领域为各自主权而奋力争夺。每一个国家都希望在WTO 中达成尽可能对本国有利的权利义务规定,但是,事实上总是在一定范围内达成妥协,在主权让渡和主权之争中找到平衡,作为其可以接受的主权底线。

(三)WTO 在协调过程中的软弱性

国际法虽然也具有法律约束力,但其约束性与国内法相比却存在着很大的不同,即国际法的软弱性。这一点有时也被学界称为"软法",即在严格意义上不具有法律约束力但又具有一定法律效力的国际文件。② 但是,笔者并不完全赞同其对软法的定义,而更倾向于软弱性的认识,即在可供执行国际法方面使国际法与国内法比较,前者的效力显然是弱于后者。"关贸总协定在其运行近 50 年的历史中,始终未能完全跳出传统国际法那种'弱法'的'窠臼'。"③虽然,WTO 协定存在有约束力的争端解决机制的保障,但是在 WTO 中成员国内法或国与国之间贸易争端的具体实践中,WTO 并不能像国内法执行违法案件那样可以强制执行,只能从国际法层面裁决其违

---

① 何志鹏:《全球化经济的法律调控》,清华大学出版社 2006 年版,第 166 页。
② C. M. Chinkin: "The Challenge of Soft Law: Development and Change in International Law", *International and Comparative Law Quarterly*, vol. 38(1989), pp. 851 - 852.
③ 白树强:《世贸组织与国际贸易理论的新发展》,《国际贸易问题》1998 年第10 期。

反 WTO 规则,对于违法的成员方法律或贸易行为只能依赖其国内法律程序予以修改或撤销。如果违法的成员方不执行生效的 WTO 裁决,WTO 也只能依法授权受到损害的成员方采取报复措施,撤销相应贸易减让等而对对方施加压力。所以,从本质上讲,WTO 在协调国内法的过程中也未能摆脱国际法的软弱性。

二、WTO 框架下各成员贸易政策与产业政策的协调机理

(一)贸易政策与产业政策的协调范围

WTO 介入其成员的经济生活是广泛而又深远的,WTO 实际上是把触角伸到了传统上属于成员国内法调整范围的诸多领域。WTO 首先涉及的问题是贸易政策问题,而且是国际社会的共同贸易政策问题。这个政策的目的,就是通过全球范围内的贸易自由化或市场开放,使国际社会的成员普遍受益。经济全球化要求与之相适应的法律制度领域也更广泛,层次更深入,它不仅涉及与外贸有关的国际法、经济法和民法,而且涉及宪法、行政法、诉讼法甚至刑法;不仅涉及法律,而且涉及行政法规、地方性法规和规章;不仅涉及立法,而且涉及执法和司法。① 在 WTO 的框架下,各成员产业政策无不受到 WTO 贸易规则体系的约束,其协调范围之广泛几乎不分形式,不分领域。

1. 政策、法律及其他形式的综合

"政策,是国家、政党或社会集团为实现一定的目标所采取的具体行为纲领和准则,它体现着制定者所代表的阶级、集团的特殊利益"。② 从大的方面说,政策指国家经济发展的基本方针和原则;从小的方面说,它指国家调控国民经济的具体政策。国家政策与法规的制定主体、制定的程序、实施方式、表现形式、社会功能、稳定性和

---

① 刘海年:《经济全球化与中国法制》,《中国社会科学院研究生院学报》2001 年第 1 期。

② 范恒山:《政治体制改革辞典》,中国物资出版社 1988 版,第 107 页。

灵活性有着根本不同。在 WTO 的框架下,政策与法律的区分并没有成为 WTO 协调各成员贸易与产业问题的障碍;相反,WTO 则是将其成员包括与贸易有关的各种政策、法律及其他多种形式予以综合,一并予以协调的国际规则。在 WTO 框架下,政策和法律是不可分的。法律需要政策的内涵,并为政策的目的服务。政策需要以法律的形式体现,合法性不仅是政策的基础,而且为政策建立了稳定的预期。经济也不能脱离法律。经济学原理需要形成制度或规范,通过保护和约束社会成员取得实际效用。①

以 WTO 受理的美日胶卷贸易争端案为例②,1995 年美国柯达公司认为其照相胶卷在日本受到日本政府和日本富士公司限制竞争行为的影响而无法打开日本销售市场,构成对美国同类产品的贸易壁垒,并向 WTO 争端解决机构提出申诉。在该案中,专家组最终认为日本政府采取的 8 项限制措施中有 3 项属于对胶卷贸易有效的贸易措施,即 1967 年内阁会议通过的"关于外资在国内直接投资自由化的决定";1970 年通商产业省企业局提出的"照相胶片交易条件正常化指针";1971 年在推进流通体系化会议上提出的"流通体系化基本方针"。日本对其中的第二项和第三项存有争议,认为第二项不具有法律约束力,不属于应该受到规范的政府措施,第三项没有充分诱导和限制企业特定行为,并且发布"方针"的也不是政府,而是产业界、学界、政府官员组成的准政府咨询机构,所以也不是应该受到规范的政府措施。但是,专家组认为,第二项针对企业采取了对特定行为的充分诱导,与有约束力的政府措施有类似作用。第三项中的咨询机构是由通商产业省设立,受通商产业省委托制定该方针,发表也是得到通商产业省上层的认可,通商产业省为确保其效力,曾表示就指针与民间配合。所以,专家组认为第三项也是应该受到约束的政

---

① 约翰·杰克逊著,张乃根译:《世界贸易体制——国际经济关系的法律与政策》,复旦大学出版社 2001 年版,第 1 页。

② 姚凯:《从日美贸易纠纷看 WTO 争端解决机制中的非违约申诉》,《人大复印资料——外贸经济、国际贸易》2003 年第 6 期。

府措施。可见,专家组对应该受到约束的政府措施的认定是广泛的,其将为强化国内产业部门利益或竞争力而采取的措施囊括在内。即便是企业或非政府组织行为,只要有政府参与,即使是仅限于国内经济政策或以诱导劝告的方式对企业或产业产生影响,都是可以被认定为有约束力的政府措施。

况且,在 WTO 争端解决机制中专家组设立理由时要求设立专家组的请求必须满足指明争议措施的条件,即指明争议措施是设立专家组请求的实质性内容之一。"措施"是指被诉方采取的任何行为,实践中一般包括三个方面:第一,包括作为。例如提高进口关税或实施数量限制;第二,也包括不作为。例如印度药品案中,美国指责印度没有对药品和农业化学产品提供专利保护,违反了《与贸易有关的知识产权协定》的规定。第三,被诉方的法律本身。美国"301 条款案"中,欧共体等针对美国贸易法"301 条款"诉诸 WTO。所以,WTO 在协调贸易政策与产业政策之间并没有明确将措施限于哪种形式,可以说,WTO 成员方与贸易有关的包括产业政策在内的任何形式的争议都会受到 WTO 协调,政策、法律等界限已经模糊,不以此为借口纳入或是排除。所以,贸易政策与产业政策的协调问题是从这一角度认识的,包括法律在内的任何协调形式都囊括其中。

2. 产业之间及产业内部政策的综合

"国际经济关系绝大多数产生于私人之间,如货物买卖、运输保险、服务贸易、私人投资等几乎都是在自然人、法人和跨国公司之间进行交易的,国家参与交易的毕竟为数不多。"①所以,虽然 WTO 法律体系表面上是以各成员方为约束对象,并不直接约束企业的权利义务,但是,实质上,对各成员方的要求最终都要落实到具体的企业和产业头上。所以,WTO 框架下贸易政策对产业政策的协调最终还会影响到国家在不同产业之间的发展趋向,甚至会深入产业内部,应该说 WTO 框架下贸易政策对产业政策的协调是全方位的。

---

① 沈木珠:《WTO 背景下国际经济法性质新析》,《江淮论坛》2004 年第 5 期。

（1）产业之间的政策

WTO针对不同产业所适用的贸易政策是有区别的,对于产业政策的协调是循序渐进的。在WTO的发展历史上,第一产业也就是农业的自由化进程是相当艰难的。在工业制造领域的贸易自由化显然要更快一些。例如,农产品的关税削减和国内补贴政策更多的是依赖《农业协定》单独做出限制,而工业制品在自由化过程中已并入了关贸总协定的总体减让承诺之中,至于国内补贴和出口补贴等内容也与世界自由化步伐相一致,这一点一直领先于农业。随着服务贸易和技术贸易的发展,第三产业和技术对产业的带动力备受瞩目,WTO达成的《服务贸易总协定》在境外消费、跨境交付、自然人流动和商业存在等诸多方面对服务贸易自由化做出了不同程度的开放要求。《与贸易有关的知识产权协定》对技术要素在产业政策中的商标权、专利权、版权等诸多领域进行了规范。应该说,WTO的法律体系是一部针对不同产业适用不同贸易政策的庞大法典。

（2）产业内部政策

WTO体系下的贸易政策深入产业内部,这一特点不仅表现在国家政策层面,也反映在产业细胞——企业参与经济的企业政策。以美国“虾和海龟案”为例,进口国为防止捕捞虾的作业造成海龟大量死亡,要求在捕捞虾的过程中安装“海龟排除装置”,引导海龟逃生。为证明参与贸易的虾是在安装上述装置的情况下捕捞的,要求出口商提供相关证书。应该说美国这一政策属于贸易政策范畴,但是该政策却深入渔业产业生产过程,给该产业生产者和贸易商增加特殊设备成本和认证成本,使出口国的这类产业在国际竞争中处于不利地位。

另外,WTO框架下的贸易政策深入企业内部,企业是商品生产、流通并参与进出口贸易、对外投资同时享受国家或地方各项政策的主要载体,是国民经济的主要增长引擎,也是WTO规则所涉及的经济贸易行为影响最直接的主体。以反倾销案件为例,WTO《反倾销协议》规定,反倾销主管机关可以对倾销确定过程中正常价值和出口价格进行公平比较,考虑影响价格的诸因素。同时,主管机关可以深入被诉方企业原料采购、生产、包装、销售、出口等各个环节进行实地核查,并要求企业提供真实、规范的财务资料,对不符合法律规定的情况予以剔除,或要求企业补充材料或采取主管机关认为合理的材料作为证据。如果裁定采取反倾销措施,对该产品生产企业及相关产业的经营将产生重要影响。所以,WTO虽然主要是以国家和政府为主要载体,但是,也深入产业和企业内部,充分发挥贸易政策对产业政策的促进、限制等诸多影响。

(二)WTO框架下各成员贸易政策与产业政策的协调途径

WTO框架下各成员贸易政策与产业政策的协调兼跨不同领域,其中多边、双边与单边共存,贸易领域与产业领域交叉,因此协调的路径并不是单一的。并不是任何一条途径都可以实现总体目标的,这一过程是统一的,各个途径之间是有机联系在一起的。

1. 国际层面的协调

在WTO框架下,各成员方在WTO的法律框架之下履行义务并享有权利,其产业政策在非常广泛的范围内受到WTO及其他成员方的监督与限制,具体而言,从以下几个方面进行协调:

(1)谈判达成承诺

在GATT/WTO形成之前,国家利用贸易政策并将其很好地组织起来,以实施对国内产业的有效保护。在国家之间,基于所保护产业利益的巨大差异,贸易政策的协调几乎是极为松散的,其原因就在于国家自主权。为了避免"以邻为壑",引发贸易战,贸易谈判在各个国家之间起着关键作用。WTO是一套被世界上绝大多数国家和地区所普遍接受的国际贸易行为准则,它通过谈判推动成员方达成协议并监督协议的执行,又对现行协议实施中的问题和未来贸易的新议题提供一轮又一轮的谈判,来促使成员达成具有共赢效果的规则。换句话讲,游戏规则是通过谈判自愿达成的,不遵守就得受到惩罚。这已经为WTO多年来的实践所证明。"谈判是多边贸易体系的驱动力量……WTO是一个永久的谈判论坛,在此可以讨论贸易问题,并可以在已经达成各种协议条款的背景下取得一致。"①

（2）贸易政策审议机制的监督与督促

WTO 在附件三中单独规定了贸易政策审议机制，即世界贸易组织成员集体对各成员的贸易政策及其对多边贸易体制的影响，定期进行全面审议。该机制类似于对 WTO 成员方国内政策体系的全面体检。

以 2006 年 WTO 首次对华贸易政策为例。审议过程中，在对中国加入 WTO 以来经济发展取得的成就和履行承诺取得的进展给予充分肯定的同时，成员们也对中国贸易体制中存在的一些问题提出了关注。这些问题集中在知识产权的执法力度、汇率未来改革的方向、贸易政策的透明度、国内标准与国际标准的关系、新的产业政策导向以及一些具体贸易政策的程序和管理等。为 WTO 审议各成员贸易政策并评估国际贸易环境的发展变化提供场所和机会，有助于增加多边贸易体制的透明度。同时，对中国在贸易政策制定和改进方面提供了意见和建议，督促中国履行 WTO 义务。中国全面回顾了四年多来在履行加入 WTO 承诺和改革开放方面取得的成就，并向 WTO 成员介绍了中国的宏观经济环境。同时对其贸易及相关政策法规进行解释和说明，增进与其他成员间相互了解，减少或避免贸易争端。

应该说，在贸易政策审议机制中，WTO 及成员之间建立了彼此监督和督促的固定机制。在固定审议之外，WTO 各专门委员会也会对各成员的产业政策与其"加入 WTO"承诺的执行情况进行监督。其他成员也可以通过"反向通报"的方式，将其认为违反 WTO 规则或有关成员"加入 WTO"承诺的情况通报给 WTO 相关机构。这些途径都构成对 WTO 成员贸易政策和产业政策的监督，尤其是将产业

---

① 伯纳德·霍克曼、迈克尔·考斯泰基著，刘平、洪晓东、许明德等译：《世界贸易体制的政治经济学——从关贸总协定到世界贸易组织》，法律出版社 1999 年版，第50 页。

政策置于 WTO 的监督之下,成为使产业政策在 WTO 多边贸易体制之下与贸易政策协调的重要途径。

(3)争端解决机制

WTO 争端解决机制克服了 GATT 时期争端解决机制的缺陷,通过迅速有效地解决成员方之间的贸易争端,使多边贸易协定的遵守和执行得到更大的保障。作为"乌拉圭回合"的成果之一,GATT1947 也被附入 GATT1994 之中,成为 WTO 文件的一部分。WTO 的争端解决机制曾被称为"皇冠上的珍珠",其对 WTO 诸多协议的实施和保障作用形成协调各成员间贸易摩擦的基本形式,其有效的执行机制更是增加了 WTO 法律框架对各成员的约束力。

2. 国家层面

国家是 WTO 的主要成员,也是主要责任载体。所以,WTO 的真正意义在于其对各成员方国家政策的制约。"在确定法律义务强制性的同时,世贸组织体制的管辖超出了传统的货物贸易进而扩大到服务贸易、知识产权保护和投资等广泛领域,初步显示出世贸组织驾驭全方位经济的能力。这还意味着世贸组织直接或间接地介入、干预、制约到传统上属于国内法范围的国内经济。随着时间的推移,世贸组织体制管辖的不仅局限于成员政府的行为,也要间接地制约国内的法人团体乃至自然人的行为。"①但是,各成员方国家政策包含两个方面,一个是对外政策,另一个是国内政策。事实上,这两个方面政策之间的区别随着产业全球化的发展也变得越来越模糊。所以,WTO 并不仅仅规范一国的对外贸易政策,相反是兼跨国内政策和对外政策,甚至是两者的融合。具体而言,WTO 在国家层面上对贸易政策和产业政策的协调主要通过下列途径进行:

(1)政策、法规与 WTO 规则的融合

WTO 作为国际法的重要条约之一,也成为各成员方法律渊源之

---

① 白树强:《世贸组织与国际贸易理论的新发展》,《国际贸易问题》1998 年第 10 期。

一。1996 年 WTO 新加坡部长级会议宣言指出,"各成员(国)将按照贸易自由化的目标去充分有效地实施世界贸易组织协定,将其放在优先考虑的地位";"实施 WTO 的各项规则,需要各国立法配合。各成员充分认识到,完成国内立法程序是它们刻不容缓的责任。每个成员都应当仔细研究所有现行法律或拟定中的法律、计划和措施,以保证它们与 WTO 规则完全一致"。因此,国内实施 WTO 法律要求很高的实效性,具有刚性义务的属性。①

但是,对于国内政策、法规与 WTO 的协调在国际上大多采用国内转化的方式,而很少采取直接适用的方式。直接适用通常是指国家根据法律将国际法包括条约在内视为本国法的一部分,直接给予它在本国国内适用的效力。国内转化是指国家通过自己的立法将国际法转变成为本国法,然后予以适用。② 但是,国家一般都担心直接适用会减弱政府在国际舞台上保证贸易政策或产业政策、实现该国国内及国际目标的能力,而且对其在国际行为选择的灵活性和自主性产生过强影响。所以,大多采用转化的方式。例如,1994 年 12 月 8 日,美国总统克林顿签署了《乌拉圭回合协定法》,批准了 GATT 乌拉圭回合谈判结果。该法具体规定:"在发生冲突时美国法律优先。乌拉圭回合协定的任何规定以及任何此种规定对任何人或情况的适用,如果与美国的任何法律不一致,即不具有效力。"WTO 只是要求各成员在保留自由裁量权的同时,有义务使其境内法律与 WTO 协定保持一致。因此 WTO 也倾向于转化的方式。正是因为转化方式的采用,需要 WTO 成员方国内采取立法行动促使政策、法规等与WTO 一致,这一途径成为各成员国内贸易政策与产业政策协调的外部压力和指导。

(2)多部门之间的协调

有人认为,WTO 法律的国内适用是指国内法院能否将条约作为

---

① 孔祥俊:《WTO 法律的国内适用》,人民法院出版社 2002 年版,第 147 页。
② 李鸣:《国际公法对 WTO 的作用》,《中外法学》2003 年第 2 期。

可以直接适用的国内法律渊源。[①] 但实际上,WTO 法律对其成员国内之适用更多的并不是以法院为载体,而是渗透到成员国家机关/机构对 WTO 规则和该成员"加入 WTO"承诺各个方面的实际履行。这些权利、义务、规定成为约束其国家相关机关行使职权调控经济贸易的重要标准。以中国"加入 WTO"农业承诺为例,对国内补贴的种类、数量和补贴途径等方面的规定,至少需要中国农业部、财政部、商务部、海关总署等诸多国家机关将 WTO 规则、中国"加入 WTO"承诺等内容与本部门职能、国家整体产业规划等相结合,协调不同机关在同一问题上的不同作用。否则,不仅国内产业政策起不到协调农业发展的作用,而且可能引起相关贸易争端。因此,WTO 框架下中国贸易政策与产业政策的协调绝不限于法院对 WTO 法律的适用和国内法适用问题,而是从实际出发,包括中国整体及各有关国家机关之间在法律框架中涉及贸易政策与产业政策协调的所有规范。

(3)机构设置与改革

因为 WTO 框架下贸易政策与产业政策协调需要多部门之间的协调,所以,有关机构设置和改革问题就成为 WTO 成员增加协调效率、减少协调内耗的重要途径。以日本为例,通商产业省(简称通产省,现改称为"经济产业省",以下均相同)是日本对外贸易的综合性主管机构。日本将 1925 年设置的商工省合并为贸易厅,并于 1949 年又将其改为通商产业省,之后随着经济形势发展的需要不断进行改组,1973 年经过大规模改组形成现在的机构。通产省不但负责制定对外贸易政策,还负责制定产业政策,同时负责协调国内产业政策与对外贸易政策之间的关系,把对外贸易管理作为政府干预经济活动、实现产业目标的一个重要组成部分。[②] 机构设置与改革一方面是基于一国国内经济政治体制改革的需要,另一方面也是基于国际

---

① 孔祥俊:《WTO 法律的国内适用》,人民法院出版社 2002 年版,第 71 页。

② 李明圆:《论日本产业政策与贸易政策的融合》,对外经济贸易大学出版社 2005 年版,第 4 页。

经济政治环境的变化。日本作为 WTO 的重要成员之一,其国家机构设置与改革离不开其适应 WTO 体制下贸易政策与产业政策协调的需要。实践证明,日本在贸易政策与产业政策协调问题上取得了不错成效,这一点从日本在世界经济贸易发展过程中的地位变化可以得到充分印证。

3. 国际层面与国内层面的衔接

WTO 框架下各成员贸易政策与产业政策的协调在国际和国内两个层面上是彼此互相作用、相互衔接的。从经济学上,国际贸易政策必须与国内鼓励政策结合起来。不同国家不同时期的贸易政策实际上都是国内鼓励扶持政策的延伸。贸易政策在产业发展的需求方面影响着一国经济贸易关系,而国内产业扶持政策大多影响产业的供给方,只有需求和供给两个方面共同作用,才能使目标产业在国际和国内两个市场范围内实现国家利益,同时也符合 WTO 之使命。

在国际与国内的衔接过程中,存在着双向运动的趋势。一方面,国际层面的 WTO 及其 WTO 成员之间会相互影响,这种影响会随着 WTO 的各种运行机制传递到某一成员国内,这一过程通常会使国内层面的各项立法及机构等随着国际层面的运动而做出调整。各成员依据 WTO 法律原则、相关规则和承诺减让表制定相关国内规则,力求不与 WTO 相抵触,或者直接将 WTO 规则移植入国内政策、法规之中,以实现国内政策、法规与 WTO 国际层面上的衔接;另一方面,WTO 在其国际层面运作过程中又会受到来自其成员国内层面的影响而做出反应。例如,在 WTO 争端解决机制中对个案审理的过程,是 WTO 对争端当事方相关贸易争端的审理和剖析,该案专家组或上诉机构做出的对 WTO 规则的解释,却成为 WTO 和其他成员方以后贸易争端的参考。这样,不同成员方通过个案的方式将各自国家特殊情况的规律性问题传输到 WTO 层面,影响 WTO 今后有关规则的解释和新规则的制定。WTO 立法及司法解释的发展历程中,发达国家国内立法的传统或发展需要常常成为 WTO 立法和司法解释的规则,最终纳入 WTO 的法律框架之中。例如,美国为了刺激高技术产业的发展,在 20 世纪 90 年代就一直适用的研发补贴,曾大力支持了美国高技术产业的发展,并形成了很强的国际竞争力。在乌拉圭回合中,美国力主将研发补贴中的有关竞争前开发补贴环节纳入到 WTO《补贴与反补贴协议》中的不可诉补贴类型,成功地将国内产业政策上升到 WTO 的国际贸易准则,将国内层面的产业政策与贸易政策问题与国际层面衔接起来。

目前,法学界将 WTO 各成员国内法纳入到国际经济法的研究范畴,就是基于 WTO 框架下国际层面和国内层面的衔接而产生的。从这一问题看,WTO 框架下各成员贸易政策与产业政策的协调,就成为一个复杂而又庞大的工程。多边、双边和单边协调并存,国际与国内衔接,这对任何国家乃至国际经济贸易秩序的影响将是全方位的、深远的。

三、WTO 框架下贸易政策与产业政策协调之局限性

(一)谈判机制的缺陷

国际贸易合作通过双边或多边的贸易协议乃至国际贸易规则,使贸易活动在既定的框架下进行。从各国产业利益和国家利益倾向分析,进行 WTO 谈判的初衷在于减少谈判成本,简化贸易环节,降低贸易障碍,形成一个有序的、稳定的国际贸易体系,从而实现有限资源在世界范围的合理和有效配置。事实上,多边谈判中,政府通过从国外市场准入中获利较多产业获得支持,抵消受到竞争威胁的利益损失较大产业的反对。因为在多边谈判中不可能使每一个国家的每一个产业都获利,一方在某一方面的所得意味着另一方在某一方面的所失,当然得失之间往往是由谈判的实力所造成的。因为,WTO 为了促使更多成员找到各自可以获得相对满意的产业利益,而通过跨议题谈判,即通过议题与议题相挂钩的方式进行多边贸易谈判。

当然,跨议题谈判起到了促进谈判的作用,甚至,"如果没有跨议题的挂钩,乌拉圭回合关于知识产权、农产品、纺织品和服装的协

议将会非常不同或者根本不会存在"①。其中,知识产权等协议的达成正是发展中国家为了换取发达国家在纺织品、农产品上的自由化而被迫做出妥协和让步。这意味着,在贸易谈判的过程中,实力强大的成员往往依赖跨议题来增加其威胁的力度。WTO 现在的趋势是,发达国家更是极力主张跨议题谈判。"与贸易有关的⋯⋯"议题更是层出不穷,如贸易与环保、贸易与人权、贸易与竞争等一系列新议题,无不以削弱发展中国家比较优势、增加非贸易保护壁垒的后果为代价。因此,WTO 在协调各成员贸易政策与产业政策问题时,其谈判机制上的缺陷与多边贸易谈判进程相伴而生。这一缺陷不仅使谈判实力较弱的发展中国家做出较大的产业利益牺牲,而且使全球产业利益不平衡发展,更加剧了对 WTO 生命力的威胁。

(二)WTO 规则本身的不完善性

WTO 法律体系相当庞大、复杂。正是因为它的庞大,所以其各部分之间的关系以及 WTO 与外部国际条约或各国国内法之间的关系就更加复杂。事实上,WTO 关于这些关系的处理并没有明确详细的法律规定。实践中存在的交叉问题以及各协定之间如何协调矛盾的问题,成为 WTO 的待解决问题,也成为不同成员间产业政策和贸易政策矛盾的根源之一。

即便是 WTO 同一附件之中的协议甚至同一协议内部,也存在模糊不清、错综复杂的问题。正如约翰·杰克逊所言,"大量的附属文本糅合在一起,它们之间的关系经常很不清楚⋯⋯协定的极端复杂性肯定会引起许多解释性问题"②。而且各种规则又设置了种种例外,而例外之间又含糊其辞、交叉重叠。虽然 WTO 的这些不完善之处可能是 WTO 在不同阶段因为谈判成员僵持不下和相互妥协的

① [美]伯纳德·霍克曼、迈克尔·考斯泰基著,刘平、洪晓东、许明德等译:《世界贸易体制的政治经济学——从关贸总协定到世界贸易组织》,法律出版社1999年版,第58页。
② John H. Jackson:*The World Trading System : Law and Policy of International Economic Relations*,Higher Education Press,1997,2nd ed. p.49.

客观形势所致,但是,客观上毕竟造成 WTO 协定"是一部处于不断发展中的宏大法典,有些规则比较成熟,有些规则则有一些试行性质,有些则尚待拟定出来"①。重要的是,WTO 规则的不完善性为各成员从事相应产业保护并上升为贸易保护提供了根据。一些国家在制定贸易政策时通过绕过世贸组织规则来保护国内产业和扶持出口,比如,以国内增值税替代关税来保护国内产业;以间接补助替代直接补助,扶持出口贸易;通过将政府贸易限制改为民间行业组织或相关国际组织标准规避 WTO 规则等。

---

① 赵维田:《WTO 司法机制的主要特征》,柳华文主编:《北大国家法与比较法评论》第 1 卷,北京大学出版社 2002 年版,第 129 页。

第三章　WTO 框架下中国贸易政策与产业政策协调的体制性与结构性问题分析

政策作为政府对经济及其他问题进行调整的规划、命令、指令、决策、目标、指南等一系列调控手段，从宏观上甚至可以将法律囊括其中，所以，政策从根本上仍属于制度的范畴。美国经济学家道格拉斯·诺斯认为，制度构成一种经济秩序，"是一整套规则，她遵循的要求和合乎伦理道德的行为规范，用以约束个人的行为"①。体制是维护制度运行的总政策。在这一总政策的约束下，需要相应的政策去贯彻体制的要求。任何一项政策，都是在制度框架下，按照体制的目标要求，规定其内容、形式，然后加以执行、评估等。政策在影响相关资源的分配和流向时，遵循目的和实际情况的不断变化使体制更新，进而促进制度变迁。贸易政策和产业政策从根本上也属于制度的范畴，从而也离不开 WTO 运行体制和中国特殊体制性问题的影响。中国长期以来在体制上的改革与创造对中国与经济有关的政策产生了深远的影响。

"结构"一词是指某个整体各个组成部分的搭配和排列状态。②所以，结构不仅指各部分之间的组合问题，而且表现为不同组成部分相对于整体和其他部分的地位问题。结构问题不仅仅是自然科学领

---

① ［美］道格拉斯·诺斯著，陈郁等译：《经济史中的结构和变迁》，上海三联书店 1991 年版，第 226 页。

② 苏东水：《产业经济学》，高等教育出版社 2000 年版，第 223 页。

域的概念,经济学领域、法学领域等诸多领域都突出表现出结构的问题。对结构问题的分析,便于认识事物整体特征,也便于了解整体所表现出来的具体问题,更重要的是从部分入手找到问题发生的原因及解决办法,从而使整体具有协调运动与发展的能力。贸易政策与产业政策具有各自的结构性特征和问题,这两者之间的结构性问题是影响两者能否协调发展的重要因素。因此,中国在 WTO 框架下所表现出来的体制性问题和结构性问题是影响贸易政策与产业政策进行协调的基础性和根本性问题。

第一节　WTO 框架下中国贸易政策与产业政策协调的体制性问题

一、制度变迁引发的贸易政策与产业政策协调的体制性问题

上层建筑变动要求以经济为基础,当经济条件或环境发生变化,贸易政策与产业政策都要进行不断调整和改革,两者之间的协调也是变动过程中需要考虑的因素,这些都是制度变迁的问题。所谓制度变迁,是指制度的转换、替代过程,是以一种效率更高的制度替代原有低效率的制度,从而对社会经济发展起着巨大的推动作用。制度变迁不是泛指制度的任何一种方向的变化,而是特指先进高效的制度取代落后低效的制度。所以,制度变迁与制度创新常常被交替使用,而且常常与体制改革过程相伴。

制度变迁的模式从不同角度看有不同的认识,从制度变迁的强度看,分为诱致性变迁和强制性变迁;从制度变迁的进度看,分为渐进式变迁和激进式变迁;从制度变迁的方式看,分为制度创新和制度移植等。除此之外,对制度变迁模式还可以存在多种不同的认识。

(一)以诱致性变迁和强制性变迁为例分析对政策协调的体制性要求

"诱致性制度变迁指的是现行制度安排的变更或替代,或者是

新制度安排的创造,他是由个人或一群人,在响应获利机会时自发倡导、组织和实行的。"①所以,诱致性制度变迁针对的是单个行为主体以预期利益的诱导和自身利益最大化为目的而进行的自发的、自下而上的制度变迁。这一制度变迁的过程虽然渐进、缓慢、成本高,而且有时还附带存在"搭便车"的现象,但是,这一制度变迁模式毕竟来源于经济行为参与者、实际利益和损害的承受者以及制度最终的约束或受益对象,因此是对政策与经济之间、不同政策之间协调性较为有利的一种模式。

"强制性制度变迁是由政府命令和法律引入与实行。"②在这一制度变迁模式中,政府处于政治力量和资源配置权力的优势地位,所以是一种以政府为主导、自上而下的制度变迁。这一制度变迁模式高效、快捷、成本低,而且可以一定程度上解决"搭便车"问题。因为制度变迁的主体——政府不是制度利益与损害的主要承受者,所以容易导致制度变迁与经济基础的不协调和政府部门权力分工的不协调。

理论上,制度变迁以上述两种模式的耦合为最佳,即基于个人或个人全体制度变迁活动与政府制度变迁活动的结合和协调,才会形成政策协调性的结果,这也正是政策协调的体制性要求。

(二)以公共选择和集体行动理论视角分析制度变迁供需问题,提出政策协调的体制性要求

公共选择理论起源于 20 世纪 60 年代初期,哈耶克、布坎南、图洛克和托里森是早期的开拓者。其目的是在于通过研究政治经济学、经济学和社会哲学之间的联系,发展一种交叉学科的研究框架,来促进"以个人自由为基础的社会秩序"。公共选择理论着重从利益集团冲突、权力体系对比和经济与政治之相互关系等角度分析制

---

① 〔美〕R. 科斯、A. 阿尔钦、D. 诺斯等著,陈昕主编:《财产权利与制度变迁——产权学派与新制度学派译文集》,上海人民出版社 1994 年版,第 392 页。
② 〔美〕R. 科斯、A. 阿尔钦、D. 诺斯等著,陈昕主编:《财产权利与制度变迁——产权学派与新制度学派译文集》,上海人民出版社 1994 年版,第 384 页。

度变迁的过程,研究(非市场)集体决策的政治过程,考虑政治市场上的政府、党派、选民和利益集团等活动者的行为。奥尔森的集体行动理论认为,理性的、自利的个人在集体行动时不会选择主动,集体行动通常很难实现;集体人数越多,产生集体行动越难。但是,集体行动的结果可能对个人有着重要的意义,这种意义超过了组织集体行动的成本,因此,利益集团和集体行动的出现是必然的。[①]

所以,在制度变迁过程中,公共选择理论和集体行动理论的发展为制度变迁提供了解释体制性问题的重要工具。国际贸易政策不仅是国与国之间相互作用的结果,更是各国国内政治经济因素综合作用的结果。这就衍生出了贸易政策的内生性,也就是说,贸易政策是不同利益集团在集体博弈过程中主动选择出来的,而且特定的贸易政策不可能公平地满足和实现所有需求者的利益,这取决于利益集团和政府在谈判中可支配力量的大小。例如,1846 年英国废除谷物法是英国棉纺资产阶级组成的反谷物法同盟利益表达和利益选择的结果;1930 年美国斯穆特—霍利关税法是美国不景气的农业集团利益表达和利益选择的结果;20 世纪 60 年代以来法国农产品贸易政策是法国农民利益表达和利益选择的结果;1979 年墨西哥放弃加入关税与贸易总协定是从保护贸易政策中获得巨大好处的工商业界利益表达和利益选择的结果。因此,从公共政策的角度来分析贸易政策形成过程,政府、利益集团等方面的影响和作用机制就形成了贸易政策与产业政策协调的体制性问题。

事实上,不同利益主体在政治领域都追求自身利益的最大化,也存在自身制度追求过程中的缺陷。例如,按照制度经济学的观点,公民个人是理性有限以及信息不完备的社会个体,由于对自己行为的预期因知识、认知能力、文化背景和所处利益的局限等因素影响和信息搜寻成本与回报等方面考虑,导致其在制度变迁过程中难免做出

---

　①　[美]曼瑟·奥尔森著,汪小英译:《经济学第二定律》,载盛洪主编:《现代制度经济学》(下卷),北京大学出版社 2003 年版,第 353 页。

不理性或不积极的决策;企业是参与市场活动最频繁的主体,也是贸易政策和产业政策等经济政策的主要实践者和利益承担者,但是企业与公民个人有着类似的情况,就是因其个体数目和利益竞争的原因而做出不合作或不理性的抉择;组织包括行业协会、消费者协会等非政府组织等在一定范围内囊括了多个个体,但是其所处行业差异在不同组织之间仍然存在利益纷争,同时组织内部也需要制度变迁预期利益分配和激励问题,否则组织也将形同虚设;政府或官员在组织和实施制度变迁时,不仅具有通过降低交易费用实现社会总产出最大化的动机,而且总是力图获取最大化的垄断租金。麦考切斯内认为,政府官员可能利用政府干预手段影响资源分配增加企业利润或造成企业利润损失,并以此为利诱或威胁造成"寻租"现象。① 所以,从贸易政策与产业政策的形成来看,不同政策部门和利益主体的利益表达和利益选择都存在差异,基于此形成的利益协调机制难免在协调过程中出现体制性问题。产业之间的利益权衡、贸易竞争能力上的差异反映在政策协调问题上就成为利益之争、利益表达之争。这种争议不仅仅是政治要考虑的问题,同时关系到国家或地方政策的经济效果,因此体制性问题使贸易政策与产业政策的协调问题变得更加复杂。

二、WTO 对中国贸易管理体制变迁的影响

在改革开放成为促进中国贸易管理体制进入新时代的重要内部推动力量的过程中,中国从 20 世纪 90 年代开始的恢复关贸总协定的历程和其后进行的加入 WTO 的努力,成为中国积极进行贸易管理体制改革的重要外部推动力量。中国借助贸易开放和 WTO 这一国际贸易组织的外在推动进行了中国贸易管理体制的改革。在这一过程中贸易政策的形成体制发生了重要变化,同时对产业政策也产

① 卢现祥:《论制度变迁中的制度供给过剩问题》,《经济问题》2000 年第 10 期。

生了深远的影响。

（一）WTO 的全球视野对中国贸易管理机构改革的推动

体制性问题首先要面对的就是机构问题,因为机构是政策形成的主要主体,也是政策在形成和调整过程中执行与其他政策协调的主要主体。因此,中国贸易政策与产业政策协调的体制性问题不可回避的就是中国贸易管理机构改革的问题。

20 世纪 90 年代以后,国际贸易领域发生了巨大的变化,关贸总协定"乌拉圭回合"谈判结束和世界贸易组织成立,使世界多边贸易秩序得以建立,贸易自由化在全球范围内得到强化。中国改革开放的发展也越来越需要融入经济全球化的浪潮之中。可是,中国的内外贸分离的贸易管理体制严重制约了这一过程。因为,WTO 在最惠国待遇和国民待遇为基本原则的基础上建立起多边互惠、内外统一的全球化贸易管理体制。因此,WTO 的全球化视野要求中国必须改革自己的贸易管理体制,以增强其适应性。所以 20 世纪中后期,也就是中国加入 WTO 谈判的最后阶段,中国开始进行贸易管理体制改革。中国于 2001 年 12 月 11 日正式成为 WTO 成员,这成为推动贸易管理体制改革的最重要的推动力量。2003 年 3 月,根据第十届全国人民代表大会第一次会议批准的国务院机构改革方案和《国务院关于机构设置的通知》,以对外贸易经济合作部、国内贸易局以及产业损害调查局为基础组建成立中华人民共和国商务部,最终将国内贸易与对外贸易统一起来,将国内与国际市场联系起来。

可以说,中国贸易管理体制改革的过程就是中国贸易政策与国际接轨的过程,是中国在由"自给自足"的政策协调机制向国际国内共同协调机制转变的过程,是中国从贸易管理机构改革开始"自上而下"式的政策协调机制的过程。

（二）WTO 对自由贸易的推动促进中国贸易主体的壮大

2002 年 5 月,中国相继出台了允许由公有制生产企业出资或控股成立国内销售公司,按外贸流通公司的标准和条件申请可获得外贸流通领域经营权。允许在以公有制经济为主体的前提下,非公有经济(包括自然人、私营企业)成分进入外贸流通领域,非公有制经济成分出资比例可达49%;允许科研院所和高新技术企业除自营出口自产产品外,代理出口拥有自主知识产权的非自产产品。目前,全国各类进出口企业已达3万余家,加上16万家已开业的外商投资企业,在全国范围内已基本形成了多元化外贸经营主体、多种所有制经济成分、多层次、多渠道的外贸经营格局。

加入 WTO 三年内,中国取消对外贸权的审批,对所有国内企业经营外贸业务实行登记制。在这以前,对外贸权的审批经历了一个由紧到松的过程,这一过程表明中国在根据"加入 WTO"承诺放开贸易权。2004 年《对外贸易法》对贸易主体改革做出明确规定,授予个人从事贸易经营权,并将外贸经营权由许可制改为登记制,并删除了对经营资格的条件限制。因此,中国基本上放开了对贸易主体的限制,这是在 WTO 推动下做出的贸易管理体制上的重大变革。

(三)WTO 中国贸易管理机构运行机制的影响

从理论上讲,政策及其协调是以政府干预为特征的,中国长期实行的以计划为特征的政府干预对市场的介入是深入的,因此,中国自改革开放以来一直致力于以减少政府干预、开放市场、促进竞争为特征的政府管理体制改革。但是这似乎与我们所强调的贸易政策与产业政策协调的政府干预的思想是相矛盾的,这正是这里要讨论的中国贸易管理体制中政府干预机制的影响问题。中国的政府干预机制在 WTO 框架下发生了重要改变,在这一改变过程中起决定作用的仍然是国际国内经济环境的变化,这要求政府干预机制也要遵循"不管黑猫白猫,抓住老鼠就是好猫"的道理。因为体制的灵活性,社会制度与经济发展的协调最终表现为选择政策不是固定模式的或一种特征的。

1. 运行方向市场化

中国在经济及政府体制改革过程中,逐渐努力将政府部门从企业微观管理领域彻底退出,由"运动员"彻底转变为"裁判员",这就是政府干预在认识上的市场化。这是政府努力将属于市场调节的内容还于市场,政府主要强化其服务职能,包括经济政策和经济信息咨询服务、经济决策和经济规划服务、综合协调服务、技术服务和员工培训服务、公共事务服务、监督服务等。中国按照加入 WTO 承诺,减少了许多行政审批等行政干预手段,例如原来从国外进口的产品有二千多种都要经过政府审批,加入 WTO 后只保留了三十多种。以后,要全部取消。取消工业品的进口数量限制。中国对十几个税号的产品保留着许可证等非关税措施,也将经过五年的过渡期后逐步取消。

2. 运行手段中性化

加入 WTO 要求政府职能部门按市场经济的规律,逐步取消补贴和不合理的政府支持措施,用经济和法律手段对经济贸易进行管理,减少直接的行政干预,维护国内外市场的公平竞争。按照 WTO 对专向性政府补贴的限制使用,要求对政府限制使用具有倾向性的补贴造成不同企业之间、不同产业之间竞争能力的优劣势差异。2004 年颁布的《中华人民共和国行政许可法》要求减少行政许可,把政府不该管的事交给企业、社会和中介组织。这就要求入世后政府干预经济的手段要趋于中性化。

3. 运行过程透明化

透明度原则是 WTO 的基本原则,要求建立其一系列贸易政策审查、通报和通告制度限制各成员政策制定和执行过程中的不透明现象,要求经贸政策符合国际规范。凡需要实施的政策法规都必须在指定的公开刊物或官方网站上公布并通知 WTO,未经公布的不予执行。在实施法律法规及其他措施之前提供草案,并提供一段可向有关主管机关提出意见的合理时间。中国长期以来在涉外税收、外汇管制、加工贸易等方面频繁调整政策,但政策制定程序往往缺乏透明度。一些政策的出台,事先未向企业披露,由于缺少信息渠道,有些企业甚至直到在经营中遇到了问题才得知有关政策、法规的改变。因此,中国加入 WTO 对中国政府干预过程的透明化提出了要求。

（四）WTO 框架下中国贸易救济机制的建立

中国在"加入 WTO"前后进行了一系列贸易救济法规体系的建设，基本构建起中国的贸易救济机制。以中国 2004 年《对外贸易法》为代表和最高层级的贸易救济法规，将贸易调查、贸易救济、贸易转移救济、产业预警和反规避等规定纷纷确定下来，虽然规定的非常简单，但是毕竟填补了中国法律上的空白，这是WTO 多边贸易管理体制的建设对中国贸易管理体制的又一重要影响。

从 WTO 对中国贸易管理体制的影响方面看，中国贸易管理体制经历的是以强制性制度变迁为变迁强度类型、以从 WTO 法律体制进行制度移植为主要变迁方式、以渐进式（例如逐渐开放的政策）为制度变迁进度类型为特征的制度变迁过程。作为发展中国家的政策制定者，考虑是否要进行以制度变迁为目的的改革不是看这种改革能否增加贸易量，能否促使贸易体制更加自由，或者能否加大国外市场的渗透，重要的是看这种改革能否改善国内的制度质量。贸易政策对产业政策的作用并不能单纯强调制度质量的好坏，因为制度质量的判断仍然在于对经济和社会的作用，所以贸易政策与产业政策协调的根本决定力量仍然在于这种协调对中国的经济发展及其对中国在世界上政治经济国际地位的积极意义等方面的作用。因此，对于中国在 WTO 框架下所进行的制度变迁，除了看到其对经济的推动作用，还要看到其在实践中的负面作用，分析这一体制改革过程中存在的不足，并在不断变迁的过程中解决问题，尤其是解决对政策协调有影响的体制性问题。

三、WTO 框架下中国贸易政策与产业政策协调的体制性问题

（一）贸易主体开放后的管理缺失造成产业政策与贸易政策的实施效果减损

"加入 WTO"前后中国进行了对贸易主体的开放性体制改革，这

一改革使中国企业如雨后春笋般迅速投入到国际贸易活动中。据国家统计局统计,1999 年企业单位为 162033 个,到 2006 年就达到 301961 个,仅仅七年的时间,翻了将近一倍。以浙江省为例,2004 年 1 月 1 日到 6 月 30 日,浙江省取得进出口资格的企业增加了 2594 家,而从 2004 年 7 月到 12 月,又猛增了 4285 家。2004 年浙江省新增有出口实绩的民营企业 1871 家,占浙江省新增出口企业的 72.7%,民营企业新增出口值达占浙江省出口增量的 56.4%。2004 年,浙江省民营企业出口首次超过国有企业,出口金额达 149.4 亿美元,比 2003 年增长了 88.2%,占到了全国浙江省民营企业总出口额的 21.5%。①

原则上,国际市场对中国出口产品的需求应以产品质量、价格、服务等诸多因素为条件予以确定,由于中国企业迅速涌入增长速度相对稳定的国际市场,造成企业规模普遍偏小、数量众多、质量不高、缺乏自主品牌并以价格竞争为主要竞争手段,结果中国出口企业拥堵、出口市场集中,最终出现供过于求的产能过剩现象。据调查,目前国内 600 种主要消费品和 300 种生产资料中,供过于求的分别占 71.7% 和 23%。其中,鞋、自行车、电风扇、灯具、打火机、彩电等产品出口居全球第一。

中国产业政策的出台在推动产业结构升级或合理化的过程中,遇到贸易主体体制放开后的这种特殊现象,往往会导致企业疯狂带动资源涌入某一领域,造成这一产业在短时间内迅速膨胀,被西方国家认为破坏了相对平衡的国际市场秩序,从而引发贸易摩擦。例如,2003 年中国对原产于韩国、日本等国的铜版纸产品展开反倾销调查,并征收反倾销税。中国在这一案件中并没有深入进行产业规模、产能以及有关中国产业竞争力等多方面的考察,没有考虑采取反倾销措施对于中国企业提高产业竞争力的利弊。结果,中国企业在反

---

① 杭言勇:《外贸经营权空置及浙江省民营企业出口方法的比较研究》,《国际贸易问题》2006 年第 2 期。

倾销税的保护之下进一步扩大生产,结果导致出口扩张、价格下跌。以美国市场为例,中国出口到美国的铜版纸产品占美国该产品进口总量由 2002 年的 48.3% 上升到 2005 年的 55.8%,于 2006 年 12 月被美国商务部征收了从 23.19% 到 99.65% 不等的反倾销税。

所以,贸易主体的开放虽然是中国贸易体制进一步自由化和市场化的表现,但是,对企业参与贸易行为不做行政性的资格限制,一味地放任企业自由发展,这样不仅会造成贸易秩序混乱招致贸易摩擦,而且会减损中国各项产业政策的实施效果。所以,中国贸易管理体制改革并不是仅仅放开管制就万事大吉,而应该做好事后监管和产业政策和贸易政策的协调工作。

(二)贸易管理机构与产业管理机构的协调工作重要又困难

中国贸易管理机构主要集中在商务部、进出口银行、海关等机构。这些机构作为国务院下属行政部门享有制定部门规章的权力,国务院享有制定与贸易有关的行政法规的权力,国务院和这些机构都享有制定具体贸易政策的权力。除此之外,国家立法机关享有制定贸易法律的权力。上述是国家一级的贸易管理体制。在中国,地方一级的贸易管理体制基本上延续了国家一级的体制特征,在机构设置和权力划分方面基本类似。

1. 商务部

中国贸易管理体制改革中,国家计委、国家经贸委、外经贸部等告别历史舞台,一个新的政府部门——商务部成为中国贸易管理的主要国家机关。中华人民共和国商务部依据与国内贸易、国际贸易相关联的业务职能和地域设置具体管理机构,下设的主要业务职能机构包括:办公厅、人事司、政研室、综合司、条法司、财务司、市场秩序司、市场建设司、商贸服务司、市场运行司、反垄断局、外贸司、服务贸易司、产业司、外资司、援外司、合作司、公平贸易局、产业调查局、国际司、世贸司、亚洲司、西亚非洲司、欧洲司、美大司、台港澳司、信息化司、外事司等。根据改革方案,商务部主管国内外贸易和国际经济合作,整合了国家经贸委的内贸管理、对外经济协调和重要工业品、原材料进出口计划组织实施等职能,国家计委的农产品进出口计划组织实施等职能,以及外经贸部的职能。概括起来说它主要的职责是,对内负责监管市场秩序,加强对市场秩序的管理;对外进行深化流通改革、制定流通政策、调研流通市场、开展国际经济合作、组织协调反倾销等贸易救济政策。从商务部的机构设置和职能看,主要集中在对外贸易关系与经济合作等职能,管理计划等职能多于服务职能,其中原来的机电产品进出口司、科技发展和技术贸易司涉及具体产业的贸易管理后调整为产业司,公平贸易局、产业调查局等机构会涉及与贸易秩序有关的产品及产业损害调查等工作。所以,商务部由基本上从无产业政策协调功能发展到开始由产业和贸易相分离的转变,迈出了商务部协调贸易政策与产业政策的第一步。但是,目前贸易政策主要集中在对市场秩序、流通环节的管理,其他职能仍延续了历史上的贸易关系领域,且行政计划的色彩仍然较为浓厚。

2. 进出口银行

成立于1994年的中国进出口银行,隶属于中华人民共和国国务院,是中国政府全资拥有的国家出口信用机构。中国进出口银行的资金主要来源于中国政府的财政拨款和中国进出口银行所发行的银行债券。中国进出口银行的国际信用评级与国家的主权信用评级相一致。目前,中国进出口银行在国内设有7家营业性分支机构和6个代表处,在国外设有两个代表处,并且与140家银行建立了代理行关系。

中国进出口银行的主要职责包括:贯彻执行国家产业政策、对外经济与贸易政策和金融政策,为扩大中国机电产品和高新技术产品出口、推动有比较优势和竞争优势的企业"走出去"、发展对外经济与贸易关系、促进对外经济技术合作与交流提供政策性金融支持。

从进出口银行的职能看,仅是产业政策与贸易政策的一个执行机构,并不具备政策协调作用。

3. 海关总署

海关总署执行中国进出口贸易的日常出入关管理职能,征收关税及其他附加费用包括由商务部裁决执行的征收反倾销税等附加关税。

上述三个主要的贸易管理机构共同隶属于国务院,彼此在行政级别上互不隶属、相互平等,且均没有对产业政策进行协调的职能。所以,中国在产业政策与贸易政策协调过程中存在协调机构缺失的问题。

中国产业管理机构在政府机构改革之后也发生了重要变化。中国的综合经济管理部门主要是国家计划委员会(后来改组为国家发展改革委员会)、国家经济贸易委员会(前身为国家经济委员会)、国家财政部和中国人民银行。还有具体管理一些产业的机构,如高技术产业政策主要由科技部制定、环保产业政策主要由国家环保总局制定、农业产业政策主要由农业部制定,其他还有技术标准局、商品检验与检疫局、专利与商标局、知识产权局等。

目前,商务部在参与贸易政策制定过程中,介入产业领域的主要是产业损害调查和贸易救济政策两个方面。真正执行产业政策协调的仍然是上述产业管理部门。这就使中国贸易政策与产业政策协调必然要面对政府机构协调的体制性问题。实践中,中国贸易政策与产业政策的协调也主要是通过商务部和其他有关政府机构联合发布政策的方式予以进行。但是各个部门之间同属国务院领导和管辖,彼此没有任何辖制或协调机制,除非以国务院名义。所以,各部门如果以各自权力和某一部门利益出发,某一政策的出台需要多个部门之间达成妥协和一致,有时可能使政策效果大打折扣,有时政策的合规性值得推敲,更不用说政策出台的时间和效率的问题了。所以,这种情况使中国贸易政策与产业政策的协调举步维艰。

(三)非政府机构的作用有待增强

在中国的贸易管理体制中,非政府组织的作用十分有限。这不仅表现为中国非政府组织的规模有限,也表现为非政府组织在政策法规制定调整方面、政府与企业之间协调方面的作用缺失。

非政府组织包括行业协会、各类公益组织和社会团体等,其中以行业协会为产业利益的主要作用组织。从 20 世纪 80 年代,国务院有关部门提出了"按行业组织、按行业管理、按行业规划"的原则,开始组建了跨地区、跨部门的行业协会,经批准成立了包括中国包装技术协会、中国食品工业协会等5家中国行业协会,介入中国贸易及产业管理体制。据统计,1991年,中国全国性行业协会为170多家,约占全国社团总数的11%;到1997年,全国性行业协会登记注册416家,约占当时全国社团总数的23%;截至目前,全国性行业协会已达700家,约占全国社团总数的40%;产业领域的全国性行业协会达到400多家,其中综合性协会15家,工业行业协会302家,商业物资流通协会67家,其他类协会74家。

但是,中国行业协会在中国贸易政策与产业政策协调体制中的作用非常有限,这源于中国行业协会的管理体制。中国的行业协会管理依据1998年国务院颁布的《社会团体登记管理条例》,并在此基础上建立起中国政府管理下的行业协会管理体制,表现在以下几个方面:第一,政府主管机关的双重管理。主要指在行业协会管理上实行由民政部登记监督和国务院有关部门作为业务主管单位的双重管理体制。综合性行业协会中原由国家经贸委作为业务主管单位的行业协会,现由国资委管理,包括中国工业经济联合会、中国机械工业联合会、中国包装技术协会等15家综合性协会和综合性协会代管的300多家全国性工商行业协会。原由国家计委作为业务主管单位的行业协会,现划转由国家发展改革委员会管理,包括中国交通运输协会等4家。原由外经贸部作为业务主管单位的行业协(商)会,现划转由商务部管理,包括中国纺织品进出口商会、中国轻工工艺进出口商会等13家。行业协会的产业与贸易分隔体制仍然存在。例如,全国性进出口商协会、承包工程协会、货代协会等仍属贸易管理体制,由商务部作为主管单位,而中国商业联合会及其代管的各全国性行业协会,中国物流联合会及其代管的部分原物资系统的行业协会则属国资委(原国家经贸委)等产业管理系统。行业协会本身分属不同产业管理机构和贸易管理机构的体制造成不同产业享受产业政策和贸易政策的利益分化,而且造成不同机构之间协调产业政策和贸易政策时的矛盾。第二,行业协会管理的政府模式。从组织结构问题上,现有行业协会由于设立和行政主管单位的影响,其领导机构的组成人员可分为三种情况,一是由政府工作人员或离退休人员组成;二是由企业家组成;三是由政府工作人员、企业家和专家共同组成。政府部门设立的行业协会占行业协会中的多数,而企业自发设立的较少,行业协会的领导人大多数由政府业务主管部门提名产生,所以行业协会的管理几乎完全是政府模式。第三,行业协会的作用以政府附属为特点。行业协会在中国并不是产业利益的代表,而是政府行使产业管理的另一种形式,因此,政府在促进行业协会发展时,更多地强调行业协会辅助政府执行各项政策的附属作用,缺乏独立性。第四,行业协会的企业构成缺乏合理性。政府管理为主的情况导致协会组成企业以国有企业集中为特点,外资企业和民营企业入会比例很低。

上述模式管理下的行业协会失去了产业或企业参与协会的积极性,立足产业自身发展问题进行政策协调的动力缺失,而且对产业的协调与管理缺乏市场调节的机制,一旦市场和产业情况发生变化(例如出现恶性价格竞争等),行业协会由于缺乏代表性,也无法起到应有的政府与企业之间的政策协调作用。

四、美日贸易管理体制下贸易政策与产业政策的协调机制比较及其对中国的启示

(一)美国贸易管理体制下贸易政策与产业政策的协调

1. 专门的贸易政策与产业政策的协调机构

美国贸易代表办公室(下述使用其英文简称 USTR)是美国专门协调贸易政策与产业政策的机构。贸易谈判代表是 USTR 的负责人,由总统和参议院任命、对国会负责、贸易谈判代表作为内阁成员,他是总统的首席贸易与投资政策顾问、谈判代表和发言人。贸易政策评估团(下述使用其英文简称 TPRG)和贸易政策工作委员会(下述使用其英文简称 TPRC)是 USTR 的具体执行机构。通过 TPRG 和 TPRC 实现跨部门之间贸易政策协调。当 TPRG 和 TPRC 在实现跨

部门之间贸易政策协调、解决分歧的时候,USTR 首先是将协调的事务交给这两个组织,当 TPRC 难以达成一致意见、或属于重大的贸易政策问题,则要提交到 TPRG 进行研究,如果 TPRG 也未协调一致的情况下,则由 USTR 解决,或最终将问题向总统提出。因此其在总统、国会、行政部门和私人部门之间,尤其是针对具体贸易管理机构和产业机构之间起到了重要的协调作用。所以,USTR 对贸易机构与产业机构之间的矛盾起到了调解作用。

TPRG 和 TPRC 是 USTR 的内设机构,均由 USTR 负责管理并担任主席。USTR 由 19 个联邦政府机构和办公室组成,属于次内阁层次的一种协调机制,负责制定和协调美国国际贸易政策及与贸易相关的投资政策。TPRG 与 TPRC 将其他主要贸易与产业管理机构当中部分领导囊括其中,前者主要包括其他机构中的副职官员,后者包括下一级别官员。被囊括进来的其他贸易与产业机构主要包括经济咨询委员会、环境质量委员会、农业部、商务部、国防部、能源部、卫生与人类服务部、内务部、司法部、劳工部、国务院、交通部、财政部、环保署、国际发展署、国家经济委员会、国家安全委员会、管理与预算办公室和美国国际贸易委员会。贸易机构与产业机构在专门机构中使贸易政策与产业政策的协调性得到强化。

2. 利益集团在协调机制中作用强大

关于利益集团对贸易政策形成影响的文献,至少可以追溯到 20 世纪 30 年代沙斯施奈德的《政治学、压力和关税》。在这部著作中,他对利益集团在 1929 ~ 1930 年美国《斯穆特—霍利法案》形成中的影响进行了研究,开创了研究美国利益集团作用的先河。20 世纪五六十年代公共选择理论产生以后,对利益集团影响贸易政策形成的研究逐渐增多,塔洛克(1967)就明确提出了关税是利益集团游说结果的观点。

美国的利益集团主要以产业为基础。实践中,因为企业或公司往往是产业的载体,其运作也与产业的发展密切相关,所以,美国的利益集团主要表现为以代表产业利益的企业组织、协会、联盟等形式。利益集团的组织形式包括固定组织和临时组织,前者如全国制造商协会、美国纺织工业协会、全国零售商协会等,后者如1996年美国三大产业中的进出口行业结成的产业游说联盟和就中国最惠国贸易地位问题临时成立的利益集团。除代表产业利益的企业组织之外,美国的利益集团中有更多代表其他利益的利益集团也成为影响美国产业政策与贸易政策的组织,如劳工集团和公共利益集团。20世纪七八十年代以来,美国劳工集团认为中国对美国的出口影响了美国人自身的就业,并以中国存在严重的人权问题为由主张抵制中国产品的进口。公共利益集团一般关注一些非经济性的问题,如控制生育问题、人权问题和技术安全问题等。

利益集团在实践中通过经济、政治和法律的多重途径影响政府政策协调问题。首先是经济途径。利益集团为政府提供有关产业发展和威胁等方面的经济调查、数据分析等方面的评估报告,为政府决策提供参考和意见。其次是政治途径。利益集团通过产业游说、政治捐献和选举等方式影响政治家或官员的政治生命,以此方式影响其决策。例如,就美中贸易关系问题,1996年包括通用、美孚、埃克森、波音等财富500强中55个产业巨头成立美中贸易特别联盟,通过全国制造商协会、美国商会、企业家圆桌会议、美中商会以及美国各行业协会等组织(如美国石油协会、制药协会、商务软件联盟等),对国会采取了"逐个州的地毯式草根游说"活动。[1] "在中国问题上游说的公司在不到一年的时间内,公司的'政治行动委员会'向参众议员捐款超过了2000多万美元。"[2]最后是法律途径。利益集团主要是通过向美国有关政府提出反倾销、反补贴和保障措施等方面的贸易救济寻求政府采取相关法律调查并采取制裁措施,以此方式维护产业利益。

---

[1] 孙哲、刘建华:《产业地理与结盟游说——考察美国对华贸易政策的新视角》,《世界经济与政治》2007年第6期。

[2] John Stauber and Sheldon Rampton, *Mandarins and Moguls Unite for China's Most-Favored Nation Initiative*, http://www.prwatch.org/prwissues/1997Q1/mfn.html.

在强大的企业和产业支持、专业人员的管理和咨询能力、自我管理和保护的凝聚力、对政策协调的参与性等众多传统因素影响下,美国的各种利益集团不仅规模巨大,而且对政府贸易政策和产业政策的影响也是深远的。例如在美国有超过 20000 家行业的、职业的和非营利的组织。所以,利益集团在美国贸易政策的制定过程是非正式的、十分重要的,并自我组织起来在"什么或哪个是好的贸易政策"的论辩中扮演不可替代的角色。

(二)日本贸易管理体制下贸易政策与产业政策的协调

1. 通产省将贸易政策制定权与产业政策制定权"集于一身"

通产省是制定产业政策的最主要的部门,通产省也是制定贸易政策的最主要的部门,同时负责协调国内产业政策与对外贸易政策之间的关系,把对外贸易管理作为政府干预经济活动、实现产业目标的一个重要组成部分。此外,还有内阁的"最高出口会议"附设在通产省的"产业特别出口会议",负责"最高出口会议"项下的具体问题,如按产业制定出口目标,研究为实现出口目标所需采取的各项对策,并推进和协调有关部门关于对策的实施。[①]

通产省中负责制定和实施产业政策的部门主要是通产省内部主管具体产业的"纵向职能"机构,称为"局",有基础产业局、机械情报局、生活产业局、重工业局、化学工业局、纤维杂货局、煤炭矿山局等,主要负责特定产业和物质的管理。在通产省所属的"纵向职能"机构中,因为局所管辖的产业范围太广,这些局又被细分为"课",具体掌管某一行业,例如,在重工业局下,就分别设有具体掌管钢铁、工业机械、电子工业、汽车、飞机、机车车辆等具体行业的课。

通产省中负责制定和实施贸易政策的部门主要是通产省内部具有综合业务性质的"横向职能"机构,具体有通商政策局和通商振兴局。通商政策局负责贸易政策的制定,通商振兴局则负责政策的实

---

① 李明圆:《论日本产业政策与贸易政策的融合》,对外经济贸易大学出版社 2005 年版,第 74 页。

施,根据已制定的对外贸易政策制定出具体的对策、方案与措施,同时负责进出口商品配额、许可证管理、贸易项下的外汇、出口检疫检查等。这些具有综合协调职能的部门在通产省内部主管产业的部门之间进行协调,按行业对贸易政策和产业政策进行全面规划和设计,和大臣官房(办公室)一起在决策过程中发挥领导作用。

通产省中,产业政策的纵向管理解决了产业的总体分类与具体分类的矛盾,将资源利用与分配问题解决于具体部门内部,降低了产业之间政策的矛盾与冲突。贸易政策的横向特征考虑到贸易手段管理的兼容性和与贸易政策的协调性。正是贸易管理的横向特征与产业管理的纵向特征,将贸易政策与产业政策的交叉特征体现于通产省一身,既考虑到产业需要,又考虑到贸易现实,是一种较为彻底的贸易政策与产业政策协调模式。

2. 政府主导型的"官民协调"机制

日本政府主导型协调机制表现为日本政府主动与产业和企业进行协调的管理传统和"行政指导"行为的协调手段。

日本政府与产业和企业的协调传统以政府诱导与扶植产业的"官民协调"体制关系密切。官民协调体制是指公共部门和私人企业通过委员会制度和恳谈会等机构就产业发展状况及应对策略直接进行协商和沟通。1964年10月,政府为调整设备投资,首先成立了由政府与民间代表参加的化学纤维工业协调恳谈会。12月又成立了石油化工协调恳谈会,对各企业集团重复投资显著的乙烯成套设备生产进行调整。1965年2月又成立了造纸设备投资问题恳谈会。

在日本的官民协调体制中仍是政府主导为特征、以通产省为中心的官民协调体制。通产省在行使职能时可以采取法律行为和基于"一般权威和一般信赖"的行政行为,日本称后者为行政指导。在日本,行政指导在产业政策中起到很大的作用,而且成功率极高,一般只有1%的企业不接受。民间企业会乐意接受通产省的行政指导,关键是在公共部门和私人企业之间存在一个在官僚体制的庇护下以产业界的"自主调整"为基础的"官民协调体制"。① 私人企业的发展战略和投资计划等必须交由通产省审查,通产省对此做出修改再返回给私人企业,但后者对是否接受通产省的修改意见享有最后决定权。

日本的官民协调体制当中离不开政府的行政性影响,但是这一体制却是以立足于产业、企业组织和学术考证并存的综合性体制。表现为通产省经常利用委员会制度,将政府部门、商人、学者和退休的政府官员组成私人部门委员会,向政府机构就不同的具体主题进行报告。最著名的私人部门委员会是产业结构委员会,该委员会通过感兴趣的人士和协调人员提供信息交流平台的方式,协助私人部门和公共部门就政策与现实情况的相互作用等问题达成一致意见。可见,"日本的产业政策使日本这个国家同时具有了资本主义和社会主义的优势……其成功的关键就在于企业领导和政府官员在大多数问题上能达成一致意见"②。

在政府主导型的"官民协调"机制中行业协会的作用功不可没,其成功地帮助政府与私人企业之间建立起协商与制衡并存的合作关系。行业协会帮助日本政府建立起自下而上的政策产生过程。行业协会拟定本行业的政策后交由专业公务人员审查,再由通产省通过委员会制度或恳谈会等形式与私人企业协商后由通产省以法规或法律的形式公布,在这一过程中,虽然行业协会与通产省是相互独立的组织和机构,但是实际的运作中往往通产省出台的政策却是二者协商后的政策。

日本的产业政策与贸易政策的协调机制更强调产业整体利益和对国家及公共利益的影响,因此,在这一利益驱动下政府、公共部门和行业协会的作用得到强化,彼此建立起以政府主导为特征的上下

---

① 雷玉琼:《日本公共部门与私人企业的合作研究——以产业政策体系为例》,《亚太经济》2005 年第 5 期。

② Cyril E. Black et al: *The Modernization of Japan and Russia*, New York Free Press, 1975, p. 288; p. 287.

协调的官民协调机制增强了政策在各主体之间的协调性和执行力。所以,美国经济学家查默斯·约翰逊在谈到日本政府管理经济模式的特点时说道:"在日本,国家的经济职能是和民营部门共同分担的。政府和民营企业共同改善了处理经济问题的种种方式方法,使市场为国家经济目标的实现发挥作用。"①

(三)美日贸易管理体制下贸易政策与产业政策的协调机制比较

日本和美国的贸易管理体制都强调将产业政策和贸易政策协调起来,注重在实施过程中将贸易手段与产业手段共同作为宏观经济政策配合使用,以发挥整体性作用。在贸易政策与产业政策的协调机制中,美国和日本利益集团对政策制定的影响力巨大,而且行业协会作为利益集团主要类型和代表参与政策制定的程度都比较深,这是保持这两个世界主要发达国家产业国际竞争力、并以此作为国家产业政策和贸易政策努力方向的重要推动力量。

但是两者在体制上的差异也是比较明显的。首先,美国贸易代表办公室作为专门的贸易政策与产业政策协调机构,位居于其他贸易管理机构和产业管理机构之上,但是其成员却囊括贸易机构和产业机构管理人员,通过在专门协调机构中进行组成人员意见协调的方式进行贸易政策与产业政策的协调。所以,美国在处理贸易政策与产业政策的矛盾与冲突时更强调机构分歧的协调性。日本没有专门的贸易政策与产业政策协调机构,而是从根本上将产业政策与贸易政策的制定机构"合二为一",集中于通产省内部。因为两种政策产生机构本身隶属于同一个行政机关,彼此的协调性产生于政策的前期,从起源上减少了产业政策与贸易政策的矛盾与冲突。其次,美国协调机制中利益集团的力量强大,而日本政府在协调机制中的主导地位更明显。在美国贸易政策与产业政策的协调过程中,政府受

---

① Chalmers. Johnson: *MITI and The Japanese Miracle*, Stanford University Press, 1982, p. 1.

利益集团的影响程度较深,在政策协调实践中各利益集团的经济及政治博弈结果往往就是政府政策的决策结果。在日本的政策协调机制中政府居于主导地位,协调中政府机构的"亲民"色彩与美国的"民主"色彩形成政府干预方向上的差别。日本在政府主导型的"官民协调"机制中,不仅政府对贸易的干预力度较大,而且不排除政府的行政指导介入,增加了主动性。相比之下,信奉自由市场经济的美国在实行政策协调时特别注意通过市场来对经济活动进行调节,表现出更多的被动性特征。

（四）对中国的启示

由于中国历史上长期忽视贸易尤其是国际贸易的重要地位,并且在国内经济管理中计划经济的长期影响和改革开放的时间尚短,所以,中国贸易政策及其管理体制建设长期处于国家政策及机构建设的次要地位,这成为制约中国贸易发展和国际经济贸易地位提高的重要原因。这一问题与美日等发达国家长期"贸易立国"的战略性贸易方针形成鲜明对比,因此,中国必须致力于贸易管理体制改革,建立贸易政策与产业政策的协调机制。

1. 建立贸易政策与产业政策的协调机构

中国贸易政策与产业政策分属于同级别的不同国家机关享有,彼此并没有法律上固定且有效的政策协调机制,因此要建立贸易政策与产业政策的专门协调机构,可考虑两种途径:第一,在国务院内部建立政策协调办公室,其位阶适当高于各部级单位,但为防止其权利过分夸大影响各部门作用,可只赋予其政策协调权利和责任,并享有对其他部门在政策协调过程中是否配合和成绩考核的投票权,至于经济利益和各部门利益、产业利益,该机构则不能享有;第二,提升商务部的政策协调功能。从美国商务部、贸易代表办公室等机构的作用,以及日本通产省的作用看,贸易管理机构的作用不仅体现国内经济贸易管理中的主要地位,而且在当今经济全球化下处于突出地位,并成为推动本国产业发展,减少国际产业摩擦,提升国际经济地位的重要机构。借鉴发达国家经验,发现自身管理机构体制的不足,中国有必要强化商务部的职能,改革商务部内部机构设置,减少行政性机构设置特征,增强经济性机构设置特征。

这两个途径既可以作为共同努力的长远目标,也可以分阶段选择阻力较小、成本较低的方法先施行。总而言之,中国必须强化贸易政策的重要地位,同时增强贸易政策与产业政策的协调性,从贸易机构的国家层面建立起贸易政策与产业政策的协调机制。

2. 培育以行业协会为主体的多元化政策协调机制

在贸易政策与产业政策的形成过程中,中国有关政策协调的通常做法是在某个部门或机构起草一个法律、规章或具体政策时,该部门或机构只是向相关部门或机构、专家学者以及受影响的一些公司企业咨询或发送草案征询意见。这种做法中,被征询对象的选择受制于政府选择,而且他们的征询意见在何种程度上影响政策的出台都没有法定、严格的程序保证。这种情况下政府的主导地位远甚于日本,甚至是一种不透明情况下的政府运作。结果只是造成政府与产业界以及其他机构之间的隔阂日甚,损害政策之间的协调性、政策与实践的协调性,并最终影响国家宏观调控职能的履行。因此,中国贸易政策与产业政策协调的体制性问题突出表现在中国以政府强制性制度变迁为主,诱致性制度变迁缺乏的问题。政府在信息、利益反馈和协调能力上的不足导致即便是强制性制度变迁也存在与实践的脱节。所以,中国需要大力培育诱致性制度变迁能力,培育代表个人、企业和产业等多元化利益主体,增强其对政策协调的"自下而上"的参与性。鉴于这些主体存在分散和"搭便车"的现象,可以培育各种非政府组织,如消费者协会、环保协会等代表个人利益和公共利益;行业协会等代表企业和产业利益等,培育以行业协会为主体的多元化政策协调机制,弥补政府在政策协调机制中制度供给与需求主体不均衡的缺陷,改善政府因行政权力分割造成制度不协调问题的发生。

3. 处理好制度移植和制度创新的关系

中国加入 WTO 后的贸易管理体制是以制度移植为主要特征

的,具体包括贸易主体开放、贸易管理机构开始与国际接轨、贸易自由度增强等方面的移植。但是,中国的制度移植仍以形式上和框架上的移植为表现,以向 WTO 进行法律移植和向西方主要国家进行制度移植为主要途径,因此,中国并没有深入分析研究并处理好制度移植与制度创新的关系。例如,西方国家对 WTO 贸易自由化的推动是以国内建立了强大的企业、产业乃至国家的安全保障体系。企业能强有力地应付竞争挑战并遵循一定竞争规则,国家和行业协会建立起竞争秩序规则和体系,这些恰恰是中国所缺乏的。虽然中国以加入 WTO 为标志建立起外因引致的制度变迁和国内改革开放的内因引致的制度变迁为一体的制度变迁体制,但是从目前中国有关贸易政策与产业政策协调的体制性问题观察,中国的制度移植仍然存在生硬、矛盾和诸多不协调之处。例如行业协会等参与政策制定的时候如何处理好其可能对国家或公共利益损害的问题等。因此,中国在考虑制度移植的同时,更要考虑制度创新的问题,做好体制性改革与中国的政治、经济和法律的契合,建立起国内贸易和产业的实质监督和激励、权利和义务并存、自律与监管并存、开放与竞争并存、进取与救济并存等均衡、协调的体制。

五、WTO 框架下非市场经济地位问题对中国贸易政策与产业政策的体制性影响

Voèlker(1985)认为,在国际多边贸易谈判中,取消了西方工业化国家之间国际贸易中的数量限制,但是没有取消与东欧等国家贸易的此种限制,在两大类贸易成员组之间造成了区别。[1] 张斌(2006)认为,WTO 多边贸易体制在市场经济国家、计划经济国家和转型经济国家设立了不同的体制性安排,对后两者通过特殊规则进行待遇上的歧视,尤其是针对中国制定了特定互惠的歧视性差别待

---

[1] Voèlker: "Importing From East-Bloc Countries: Common Rules and Remedies for the Partisea Concerned", (1985) 1 *Legal Issues of Integration*, pp. 99 – 115.

遇,并将其称为超出多边规则范围的承诺即"超规则(GATT/WTO-plus)"条款,并以此遏制中国这样在经济体制上对市场经济高度认同,但在政治体制和意识形态上依然与既有大国存在冲突的大国在多边贸易体制中的利益和行为。[①] 他们的发现证实,非市场经济地位问题在不同多边贸易体制参与成员中进行了分化,这种分化在具体的贸易待遇上存在差异,这种贸易体制上的分化形成困扰中国等WTO框架下非市场经济成员国内经济体制改革尤其是产业政策管理体制的外在压力。

(一)WTO框架下有关中国非市场经济地位的法律依据

"非市场经济"问题是与倾销、反倾销问题联系在一起,并通过实施反倾销贸易救济政策表现出来的。但是"非市场经济"作为专业术语,在WTO法律文件中并没有明确记载。在GATT1947中出现过"贸易被完全或实质上完全垄断的成员"的概念,在20世纪50年代早期,GATT缔约方认为GATT第6条规定的倾销概念不适用于苏维埃国家。在1955年GATT的注解(即现在的GATT1994附件1第6条第1款b项)中曾就这一问题做了如下说明:"应当承认,对于来自贸易全部或实质上全部被国家控制以及国内价格由国家规定的国家的进口,在为第1款的目的确定价格可比性时也许存在困难,在这种情况下,进口缔约方可能发现有必要考虑这种可能性,即与这种国家的国内价格进行严格的比较并不总是适当的。"这一关于特殊类型国家的产品在倾销确定过程中怀疑非市场经济的开端,作为GATT规则的一个重要部分对于它的创始人来说绝对没有料到会维持至少50年的时间。1961年GATT专家组报告就GATT第6条的实施问题进行了进一步发展,即当出口国不存在正常市场价值时,"出口至任何第三国的类似产品在正常贸易过程中的最高可比价格"和"原产国产品的生产成本加上合理的销售成本和利润"提供了

---

① 张斌:《多边贸易体制"非市场经济"制度安排的演进:双重博弈视角的考察》,《世界经济研究》2006年第1期。

"可裁量的同等的和可替代的标准"。在1963年到1968年的肯尼迪回合谈判中达成的《反倾销协议》,在该协议中完全放弃了在非市场经济国家寻找市场价格的方法。在乌拉圭回合基础上达成的多边货物贸易协议之一的《WTO反倾销协定》第2条第7款规定:"本条规定不得有损1994关贸总协定附件1第6条第1款(b)项的补充规定"。通过上述法规的规定可见,虽然WTO法律文件并没有明确提及"非市场经济"的措辞,但是,默认了各国这一现象,并允许对其他成员国中由于国家控制而影响倾销确定的价格问题时否认该出口国国内交易价格处于正常贸易过程中的交易价格,因此,可以在计算正常价值时将该出口国国内交易价格排除在外。

中国"加入WTO"议定书第15条关于"确定倾销的价格可比性"的第(a)(b)两项规定,包含以下4项规则:(1)当某一WTO成员对来自中国的进口产品提起反倾销调查时,若被调查的中国企业能够明确证明生产该同类产品的产业在制造、生产和销售该产品方面具备市场经济条件,则该WTO成员在确定价格可比性时,应当使用中国国内同类产品的价格或成本进行比较,若被调查的中国企业不能明确证明生产该同类产品的产业在制造、生产和销售该产品方面具备市场经济条件,那么,该WTO成员在确定价格可比性时,不使用中国国内同类产品的价格或成本进行比较,而选择其他某一市场经济国家国内同类产品的价格或成本进行比较。(2)当某一WTO成员的国内法证实中国是市场经济国家,则上述(a)项的规定即应终止;或者说,当某一WTO进口成员在国内立法中确认中国是市场经济国家,那么,对来自中国的进口产品提起反倾销调查时,在确定价格可比性时,使用中国国内同类产品的价格或成本进行比较,而不必选择替代国同类产品价格或成本进行对比。(3)当某一WTO进口成员的国内法证实中国某一特定产业或部门具备市场经济条件时,则(a)项中的非市场经济条款不得再对该产业或部门适用;或者说,当某一WTO成员对来自中国的进口产品提起反倾销调查时,若该成员国内立法或法规明确认可中国国内同类产品的产业或部门在其生产、制造和销售该产品方面具备市场经济条件,那么,在确定价格可比性时应使用中国国内同类产品的价格或成本进行比较,而不必选择其他市场经济国家同类产品的价格或成本进行对比。(4)无论如何,上述规定应在中国加入WTO之后15年终止。这就是说,中国在国家反倾销中的非市场经济地位,应在中国加入WTO之日起15年终止。

非市场经济地位国家的出口产品不被认为是在正常贸易过程中生产出来的,所以不能以其国内价格作为判断正常价值的基础,而原则上选择市场经济国家作为替代国,用其国内同类产品价格作为参考。替代国的选择一般要求必须是与非市场经济国家的经济发展水平具有可比性且是被调查产品的重要生产国。在以中国为反倾销对象国的案件当中,为中国选取的市场经济国家作为替代国的案件中,美国和德国都曾作为中国的替代国,选取这样的替代国同类产品而计算出来的正常价值通常都是远高于中国水平的。可见替代国选取制度的随意性导致中国出口产品在反倾销案件中被裁定倾销的几率大大增加。难怪Vermulst(1987)认为,在选择替代国时的"非常广泛的自由",其结果是使得这个重要的选择"将主要依赖完全不属于合理适用法律的因素"。[1] 也有人批评该方法是"以其灵活性通常将反倾销行为转化为纯粹的保护措施"[2]。所以,非市场经济地位通过对中国出口产品采取歧视性反倾销制裁的方式,对中国国内经济体制提出改革的压力。在这种体制上的国际协调压力下,中国被迫重新审视与非市场经济地位有关的贸易政策与产业政策协调问题的体制性问题。

---

① Edwin A. Vermulst: *Antidumping Law and Practie in the United States and the European Communities* , Elsevier North Holland, Amsterdam, 1987, p. 434.

② Yannopoulos, "EC External Commercial Policies and East-West Trade in Europe", *Journal of Common Marker Studies*, 1, September 1985, pp. 21–38.

（二）以美欧为例分析非市场经济地位问题对中国贸易政策与产业政策协调的影响

WTO 在非市场经济地位问题上的认可及中国在加入 WTO 承诺中有关这一问题的承诺，使得国际上很多国家制定有关针对非市场经济地位的规定，其中以美国和欧盟最为典型。美国和欧盟都较为明确地规定了非市场经济适用的标准，大体上它们的标准也类似，都规定了"一国一税"制度和"单独税率"制度来针对非市场经济地位的国家与企业在市场与非市场问题上的区别。"一国一税"制度是对于来自非市场经济地位国家的出口产品，不论出口商及其出口产品的实际倾销幅度如何，都一律被征收同一反倾销税率（通过对所有出口商出口价格的加权平均与替代国的正常价值相比较得出）。"单独税率"制度作为"一国一税"制度的例外情况，针对个别企业有证据证明其出口价格未受到国家官方影响或政府控制情况适用。

1. 美国在非市场经济地位问题上的隐蔽性更强

虽然 WTO 成员方中以美欧为代表主张对中国适用非市场经济地位，但是，美国往往是适用成员中花样繁多而且隐蔽性更强的一个。其中美国在"一国一税"制度和"单独税率"制度两种制度之外又规定了"市场导向产业"标准。

（1）"市场导向产业"标准是伴随所谓非市场经济地位国家进行的市场经济体制改革发展而来的。

美国《1930 年关税法》（1994 年修订版）第 773 条（c）段规定，在特定情况下可以采用市场经济方法确定来自非市场经济国家进口产品的正常价值。实践中美国创造了"市场导向产业"标准（即 MOI 测试），并在 1992 年中国输美氨基磺酸反倾销案初裁中首次适用。MOI 测试是指，如果经测试确定来自非市场经济国家的出口产品所处产业属于市场导向产业，美国商务部就可以采用市场经济方法确定该产品的正常价值，而可以放弃适用替代国方法来计算正常价值。如果部门产业率先发展为市场经济的话，如果仍以国家处于非市场经济为由整体适用统一反倾销税率是不合理的，美国这项有关非市场经济地位的改革与非市场经济地位国家不断进行的经济体制改革相关。

（2）"市场导向产业"在原则上与中国加入WTO承诺一致,在具体执行上与中国相关产业"擦肩而过"

中国加入WTO议定书第15条第（3）项规定:"当某一WTO进口成员的国内法证实中国某一特定产业或部门具备市场经济条件时,则（a）项中的非市场经济条款不得再对该产业或部门适用。"从中国加入WTO承诺和美国有关规定看,"市场导向产业"本身依据产业市场经济的情况而适用市场经济方法判断出口产品正常价值。这是对中国进行市场经济体制改革带给产业在反倾销待遇上的阶段性成果,通过产业市场经济地位带给企业出口产品的正常待遇。但是,遗憾的是在实践中MOI测试最终导致"市场导向产业"与中国相关产业"擦肩而过"。原因就在于市场导向产业测试标准的隐蔽性。该标准要求确定特定产业是否为市场导向产业时必须满足以下条件:调查产业在制定价格和确定产量方面政府没有实质性介入;生产涉案产品的产业应当以私有或者集体所有为特征;所有的主要投入,包括原材料、能源、土地和人工等投入,以及除了价值占涉案产品极小部分之外的所有投入都是根据市场决定的价格供应。

但是,与欧共体针对非市场经济国家市场待遇标准不同,MOI测试针对的是产业。因为,MOI测试要求如果中国企业要求其所处产业是市场导向产业,必须提供包括几乎产业所有生产企业的信息,即使美国商务部限制了被调查公司数目。由于中国在应诉实践中经常有部门企业不应诉或不提供或提供不出是否为市场经济状况的依据,所以,中国企业经常遭遇到两种尴尬的情况,一种是美国商务部从来没有在中国涉诉反倾销案件中赋予过中国涉诉产品所处产业市场导向产业地位,次次"擦肩而过";另一种情况是中国企业也常常在这种无望的"诱惑"下放弃申请市场导向产业的权利,甚至连过场都不愿意走。在这种情况下,美国"市场导向产业"的规定无疑是一个"空中楼阁",对中国企业来说,基本上是难以实现的目标,对美国来说,使中国加入 WTO 承诺的权利形同虚设。

2. 美国最新有关非市场经济地位问题的修订对中国贸易政策与产业政策的协调性提出更高要求

美欧在"单独税率"获得的条件上都做出了非常严格的限制,以美国为代表针对"单独税率"的审查程序进行了更加严格的限制。2005 年 4 月 5 日,美国商务部在针对各方对其"单独税率"政策修改意见的基础上发布公告,决定修改针对非市场经济国家反倾销调查政策。在针对非市场经济国家反倾销调查中,商务部过去仅考虑向美国出口涉案产品的出口商给予"单独税率",而不给予单纯的生产企业。在确定贸易商的倾销幅度时,商务部过去的做法是,根据该出口企业的出口价格与根据向其供货的不同生产企业的生产要素和替代国价格推算出正常价值,最终确定一个加权平均的统一税率;或者在抽样调查时对未被抽中的贸易商根据被抽样企业的倾销幅度加权平均(零税率和完全根据可获得事实裁定的税率除外)得出其倾销幅度。商务部对此类贸易商确定的单独税率适用于其此后向美国出口的所有涉案产品,而不管此类产品由哪个供应商供应。对此,部分美国国内企业提出批评,认为该政策使得一些企业公司通过获得最低或者较低倾销幅度的出口企业对美出口,从而规避了反倾销税。

商务部此次政策修改主要是确定出口商与生产企业"捆绑"式混合税率。在问卷答复或者"单独税率"申请中,出口商应当向商务部提供其在调查期间内向美国销售涉案产品的所有生产企业的名单和联系信息。对于非生产型出口商而言,出口商的"单独"现金押金率仅适用于调查期间内向其供应货物的生产企业供应的产品;对于符合"单独税率"要求同时也生产其在调查期间内向美国出口涉案产品的出口商而言,商务部确定的现金押金率仅适用于由该出口商生产和销售的涉案产品。根据商务部公告,上述两项政策改变适用于《联邦公报》公布之日后针对非市场经济国家发起的所有反倾销调查。商务部还指出,此类政策改变目前仅适用于反倾销调查。目前,商务部正在考虑是否将此实践改变延伸到反倾销税行政复审案件中。

出口商与生产企业"捆绑"式混合税率制度下,美国不会单纯将"单独税率"给予出口商而不论其供应商是谁,而是将与出口商有关的所有生产商捆绑起来,这样实际上在防范反倾销规避的同时将中国贸易管理与国内生产管理紧密联系起来。过去中国出口贸易商因国外反倾销而出口受阻,生产商便脱离该出口商通过其他未被征收反倾销税或税率较低的出口商继续从事贸易行为,现在这种情况将受到阻止。从此,产业政策领域关注的国内生产管理与贸易政策关注的贸易行为分离的情况因为"单独税率"的外在压力而发生改变,改变的方向对中国贸易政策与产业政策的协调性提出更高要求。

3. 美国贸易管理机关的强势成为非市场经济地位差异的主要原因

美国商务部是强大的贸易管理机关,其在贸易政策制定方面的权限增强是美国长期实施战略性贸易政策的反映。美国在世界上贸易强国中的霸主地位使美国有关非市场经济标准逐渐由国家标准向国际标准蔓延,而且常常起到为国际上其他国家包括欧盟在内的贸易伙伴和竞争对手提供标准、模式的作用。在其他国家中欧盟已经比较强大,但是,相对于美国细致、严格的非市场经济标准而言,欧盟往往规定非市场经济国家名单并辅之以适当从美国借鉴标准的方法。欧盟委员会毕竟是各主权国家联盟下产生的欧盟贸易管理机关,不同于美国贸易管理体制,前者的贸易管理权限受限于欧盟各成员的影响,而美国商务部的强势成为美国在非市场经济地位问题上国际主导地位的体制性原因。

(三)WTO框架下非市场经济地位问题对中国贸易政策与产业政策协调的影响

1. 非市场经济地位是 WTO 及西方国家对中国进行的体制性扩张

原则上"非市场经济"可能只是"市场经济"这一硬币的反面,两者的区别只是在相互对立的法律逻辑上。但是事实上,市场经济与非市场经济代表了 WTO 框架下被确定为两种不同类型的经济制度,并将这一区别通过具体待遇上的差别予以确定下来。这两种经济制度上的差别认识来源于德国以 Ordoliberal 为代表的经济思维学派。该学派坚持认为有两个基本经济形式:交换或"交易经济"和计划或"中央集权经济"。这两种类型由两个标准来区分:第一个标准,国营企业或私营企业主宰经济;第二个标准,所有权制度。[①] 所以,WTO 及其西方成员在特殊历史条件下,创制了"非市场经济"法律概念,并通过一定的管理机构和实施标准作为在政治经济权力背景下对中国体制变革或重建的要求。WTO 将其体制假定为"实质上的私人企业经济"[②],认为国家经济是一种越轨,所以其非市场经济规则体系"实际是以国营经济为前提来起草,不过是将市场经济这一前提置于脑中而已"[③]。可是,如果"市场经济"是建立在国家对经济的干预存在与否的基础上,那么无论是在历史上还是在当代它都是毫无意义的。正如邓小平所说过的,没有无市场的计划,也没有无计划的市场。在西方资本主义国家中,计划经济或国家控制经济也是普遍存在的,即使是美国或欧盟这样国家的公司也不能保证达到市场经济所要求的所有标准。与其说是仅仅为了判定一家公司在其出口价格方面是否以市场为基础来进行运作,还不如说是为了达到对各中国公司施加压力以使其以市场为导向,对中国政府施加压力以使其继续进行经济体制改革。因此,非市场经济并不只是市场经济的镜像而已,即不是在于中国是否简单地具备了市场经济所要求的基本特征,而是 WTO 及西方国家以反倾销制裁威胁强迫中国达到其在体制上的要求以满足其所需要的其他利益,对中国这样的

[①]　Kloten: "Zur Typenlehre der Wirtschafts-und Gesellschaftsordnungen", (1955) 7 Ordo 123, cited in Schmidt, "The Pubic Sector In a Market Economy", in Alan Peacock and Hans Willgerodt, *Germany's Social Market Economy: Origins and Evolution*(Macmillan for the Trade Policy Reasearch Centre, London, 1989), pp. 195 – 207.

[②]　M. M. Kostecki: *East-West Trade and the GATT System*, Martin's Press, New York, for the Trade Policy Research Centre, London, 1978, p. 35.

[③]　Ianni: "The International Treatment of State Trading", *Journal of World Trade Law*, 16, 6, November 1982, pp. 480 – 496.

非市场经济国家进行体制性扩张。

2. 非市场经济地位是中国遭遇制度性贸易摩擦的根源

制度性贸易摩擦是指由贸易各方制度不协调而引起的摩擦,它所体现的是不同国家贸易政策、法律制度、交易习惯等方面的冲突。随着国际问题国内化和国内问题国际化倾向的不断加强,中国与西方国家之间出现的大部分摩擦都是由两国不同的经济结构和不同的制度所造成的,也就是所谓的制度性贸易摩擦。以纺织品贸易摩擦为例,它既涉及相关企业,也牵涉到中国的汇率制度和知识产权保护体制。美国、欧盟等国家由于基本政治经济制度和中国有根本的不同,加上多年的偏见未除,对中国的制度问题不愿意给予足够的认识、理解和尊重,由此引发的贸易摩擦越来越普遍。对于中美双方来说,"非市场经济地位"问题不仅仅是一个经济问题,更是一个政治问题。由非市场经济地位标准所设定的框架在制度上对中国提出了要求,例如要求中国在货币是否可自由兑换或汇率随市场浮动等制度上改变。因此以非市场经济地位问题为根源,牵引出中国贸易管理体制、产业管理体制等方面的制度性摩擦,所以,非市场经济地位问题并不仅仅是反倾销等有关贸易救济政策所要考虑的问题,而是中国在 WTO 框架下所涉及的制度性贸易摩擦的根源。

3. 非市场经济地位问题介入中国微观和宏观产业政策领域

从 WTO 及美欧等国在非市场经济地位的具体标准看来,非市场经济地位标准涉及的范围相当广泛。它首先介入微观领域的企业公司治理、生产经营过程和财务会计制度等,例如,在欧共体 1997 年公布的非市场经济标准中规定:多数股份公司应属于真正的私人公司,而政府官员不应进入董事会或在关键管理岗位上任职;公司应当有权雇佣和解雇雇员,并有权决定薪水;公司通常应对其原材料和投入进行完全控制等。其次,它还介入到国家宏观产业政策领域,如公司设备建造处所在地应当从国家处进行租赁(其条件与市场经济国家中的条件相当)或者购买(例如,一项适当的合同租赁)。而且,对公司投入和原材料自主控制权的规定也对国家有关企业原材料进行优惠或限制的产业政策提出了要求。所以,非市场经济地位问题是涉及中国微观和宏观产业政策协调的突出体制性问题,其影响范围之广、程度之深都足以使中国考虑将与非市场经济地位有关的贸易政策与产业政策协调起来共同应对。

4. 非市场经济地位对中国的歧视性待遇以损失 WTO 总体福利水平为代价

多边贸易体制建立非市场经济地位之初,就是市场经济与非市场经济大国——美国与苏联等经济和政治对抗的开始。随着国际经济贸易的发展和经济全球化的推动,政治上的松动使所谓的非市场经济国家纷纷加入 WTO,中国也不例外。但是,潜在的政治上和经济上的歧视造成中国巨大的贸易摩擦损失,这是西方国家在制定和适用非市场经济标准的随意性和广泛的自由裁量权使然。反倾销是一柄“双刃剑”,仅仅出于对某一产业的保护,而造成对国家乃至国际产业发展的总体损害。随着双边贸易因反倾销而受阻的连锁反应,反倾销成为众多国家针对中国出口产品竞争能力扼杀的有效武器(包括众多发展中国家)。国际经济贸易关系已在很多方面难分彼此,在带给跨国投资和中国损失的同时,也带给国际经济贸易的受阻和 WTO 成员总体福利水平的下降。所以,非市场经济地位的影响超越了产业安全保障的意义,成为新时期国际经济、政治斗争的隐形武器。

5. 非市场经济地位的现实困难需要中国在协调贸易政策与产业政策问题上的阶段性、持久性努力

中国长期以来进行的市场经济体制改革使中国在反倾销方面的境遇已经有所好转,“单独税率”制度对“一国一税”制度的例外就是对西方国家考虑中国改革开放发展情况的反映。但是,非市场经济地位的现实困难需要中国在协调贸易政策与产业政策问题上的阶段性、持久性努力。首先,国际上对待中国非市场经济地位问题的分歧需要中国在国家市场经济地位取得上的长期努力,争取将承认中国

市场经济地位的国家范围进一步扩大;其次,微观领域企业"单独税率"的取得需要中国更深入地进行市场经济体制改革,培育企业完善的治理结构、财务会计制度等微观领域的改革,这是取得企业单独市场经济待遇的现实努力,将可以获得企业单独税率的数目逐渐扩大;最后,以产业领域作为今后需要突破的重点体制性任务。因为,西方尤其是美国"市场导向产业"和出口商与生产商"捆绑"式混合税率制度的发展对中国贸易政策与产业政策协调性要求更高,所以,中国今后要更加关注企业群体或产业层面上的体制性改革。例如,有关产业内部企业主体结构及数量分布、企业与产业有关生产与贸易的协调性等问题。在成熟的情况下,及时将获得单独税率较多的企业群申请获得"市场导向产业",从此,将国家有关贸易政策与产业政策的协调工作建立在企业现实性努力、产业延续性努力与国家长远性努力并存的阶段性、持久性努力框架之下。

第二节 WTO 框架下中国贸易政策与 产业政策协调的结构性问题

"结构"一词是指某个整体各个组成部分的搭配和排列状态。[①]所以,结构不仅指各部分之间的组合问题,还表现为不同组成部分相对于整体和其他部分的地位问题。结构问题不仅仅是自然科学领域的概念,还体现在经济学领域、法学领域等诸多领域。对结构问题的分析,便于认识事物整体特征,也便于了解整体所表现出来的具体问题,更重要的是从部分入手找到问题发生的原因及解决办法,使整体具有协调运动与发展的能力。贸易政策与产业政策具有各自的结构性特征和问题,但是这两者之间的结构性问题是影响到两者能否协调发展的重要因素。

---

① 苏东水:《产业经济学》,高等教育出版社 2000 年版,第 223 页。

一、贸易政策与产业政策的结构互动

从经济学的角度看,产业结构是指一国产业一定时期的结构状况,即各产业的比重、构成,并进一步延伸到产业组织结构、技术结构等方面。[1] 产业结构政策是以产业结构为适用对象的政策。1963年,日本产业结构审议会发表了《产业结构政策的方向和课题》的咨询报告,认为:"产业结构政策是为向最佳产业结构(即实现经济增长和填平同发达国家差距的最理想的产业结构)接近所需要的政策"[2]。董进宇认为:"产业结构政策关注的内容,一是产业组成,即一个国家或地区拥有哪些产业,实际上是社会资源在全国或地区的配置状态;一是产业发展水平,即各产业在国民经济中所占份额(比重);另一是产业间的技术经济联系,即产业间存在的相互依存、相互制约的关系"[3]。

贸易政策通过贸易手段影响世界和某一国家生产要素、产品在不同国家之间的分配和相互影响。贸易政策与产业政策之间的结构互动是明显而突出的。贸易政策与产业政策协调的结构性问题主要反映在贸易政策与产业政策的结构互动上。

(一)产业的开放性成为贸易政策与产业政策结构互动的桥梁

在开放经济条件下,一国产业间的平衡和各产业的发展是同国际产业结构密切相关的,由此而构成产业的开放性。国内产业将面对国际市场竞争,产业结构的调整必须放在国际环境中全盘考虑。[4]在这一角度看来,产业的开放性也可以是指产业结构的国际性,所以,与贸易政策相协调成为制约产业开放过程或国际化过程的重要途径。整体上的开放程度如何,也就是贸易结构中生产资源比例分

---

[1]　万解秋:《产业结构:约束与制导》,《江海学刊》1998年第1期。

[2]　刘李胜等:《中外支柱产业的振兴之路》,中国经济出版社1997年版,第21页。

[3]　董进宇主编:《宏观调控法学》,吉林大学出版社1997年版,第221页。

[4]　武海峰、牛勇平:《产业政策的国际性与中国产业结构调整》,《工业技术经济》2004年4月。

配的国际化程度如何。出口产业对国家乃至国际产业结构的形成和变动产生重要影响,所以,产业的开放性成为贸易政策与产业政策结构互动的桥梁。

(二)产业政策的结构层次制约贸易政策的结构层次

从根本上,产业结构决定贸易结构。一国贸易结构建立在本国产业结构的基础上,产业结构的状况决定了贸易结构层次的高低。[①] 应该说,产业结构是制约贸易结构状况的内在因素。一国产业结构层次,一方面是该国国内各产业在国家经济中的比重,贸易结构层次反映该国内部产业的优势比较;另一方面,一国产业结构层次也包括其在国际产业结构布局中的地位,国际贸易结构反映该国在国际产业竞争中的优劣势。产业政策在制定过程中必然出现结构层次,在不同产业发展需要情况下存在政策的结构性区分。产业政策的结构层次必然反映在一国贸易结构上。例如,如果一国产业在参与国际化过程中处于产业链的低价值阶段,这一状况相应会在贸易结构中反映出来,贸易结构层次也必然处于末端,在对国际贸易格局的影响中处于附属地位,随时会受到国际产业变动的制约。

(三)产业政策的结构变动因素成为贸易政策作用于产业政策的重要领域

伍海华等曾将产业政策的结构变动因素进行总结,其中主要包括自然资源禀赋、劳动力、技术、资金、消费者偏好、国际国内环境等诸多因素。事实上,众多因素之间彼此相互关联、相互影响,贸易政策对产业政策的影响不仅仅局限于其中一个因素,而是对众多因素的综合考量。例如,资源缺乏可以通过贸易得以改善,虽然产业政策的调整会受到资源短缺的制约,但是可以通过贸易改善本国资源禀赋缺憾。同时,劳动力与技术进步的作用可以缓解资源约束,通过劳动力素质提高与技术进步的共同作用,研究开发替代资源或达到资

---

① 李永、刘鹏:《贸易自由化、产业结构升级与经济发展》,立信会计出版社2005年版,第32页。

源的合理节约使用;劳动力如有技术进步条件帮助,会成为凝结资金的重要核心,因为资金供给的目的就是使资金保值、增值,只有劳动力和其他资金使用方向的技术附加值提高,才会使资金具有高回报率。可见,劳动力和技术进步成为影响产业政策结构变动的核心因素、根本因素。贸易政策中如果以劳动力素质提高和技术进步为国际资源配置的主要方向,就可以促进产业政策在结构上进行高级化和合理化调整。WTO 框架下的贸易政策几乎涵盖了所有产业政策的结构变动因素,重要的是 WTO 框架下各国产业政策和贸易政策的共同发展方向是重视有关核心因素的各种政策手段的运用,将提高产业竞争力的中性政策作为鼓励运用的政策。所以,产业政策的结构变动因素成为贸易政策作用于产业政策的重要领域。

二、中国贸易政策与产业政策协调的结构性问题

新中国建立以来,产业政策一直是国家经济发展政策中的重点,中国自 2001 年 12 月 11 日加入 WTO 以来所经历的产业压力远甚于以前。这一点是国际贸易规则对 WTO 成员的制约所造成的,同时,与中国的特殊国情、产业政策的结构性问题和产业政策与贸易政策的结构性障碍不无关系。

(一)从贸易结构分析中国贸易政策与产业政策协调的结构性问题

1. 工业制成品出口数量增长迅速,忽略技术升级的贸易政策制约产业政策的结构调整

在 1980~2007 年间,中国贸易结构有两次重要变动趋势。在第一次变动中,初级产品从 1990 年的 25.6% 下降到 1995 年的 14.4%,工业制成品从 74.4% 上升到 85.6%。从 1996 年至 2007 年开始第二次变动的趋势中,中国以农业为主的第一产业增长速度逐年下降,1996 年出口比重为 14.5%,到 2007 年下降为 5%;以工业制成品为代表的第二产业 1996 年出口比重为 18.3%,2007 年上升为 95%。这说明中国出口商品结构中,第一产业与第二产业由早期各占半壁江山的局

（单位：%）

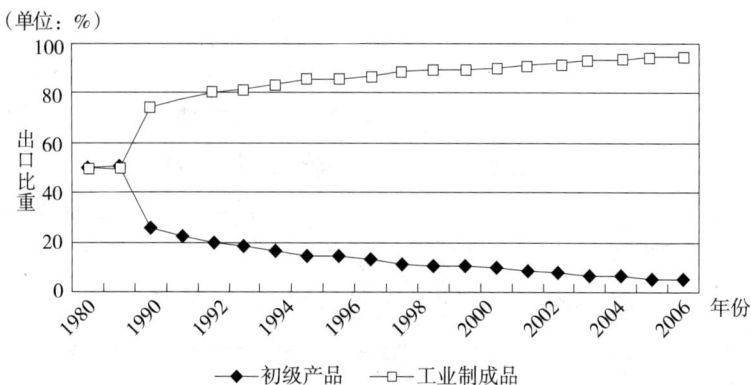

图 3-1 中国初级产品出口额和工业制成品出口额占出口
总额比重变动趋势（1980～2007 年）

面,转变为第二产业居于绝对主导地位的格局。

但是,问题和机遇并存:首先,制成品出口中劳动密集型仍占重要
部分。这说明中国在劳动力方面的比较优势仍然是比较明显的。如
果中国的劳动密集型产品仍然以简单加工或组装方式生产的话,给国
民经济带来的增长幅度仍然会比较小。如果中国对劳动力这一要素
进行政策上的倾斜,加强教育、培训和福利待遇等的支持,那么中国劳
动密集型产品出口就会带动中国整体贸易结构改善、促进出口产品国
际竞争力的提高、形成中国贸易上的动态比较优势;其次,高技术产品
的主导地位不稳固。高技术产品出口虽然有 18% 的出口增幅,但是,
高技术产品进口却从 1995 年的 29% 上升到 2004 年的 43%,增幅达
14%,比其他技术级别产品的进口增幅高很多。所以,中国出口产品
技术级别的提高是以高技术产品进口为依托,说明中国缺乏自主创新
和自主知识产权产品。虽然技术产品出口上升,但是大多依赖中间产
品进口,而且中间产品以技术或核心技术产品以进口为主。中国进出
口商品贸易结构中的问题反映出,中国产业政策必须以产业结构的核
心因素——技术为扶持重点,培育本土具有自主知识产权的技术,改
变中国出口产品的技术级别依赖国外技术产品进口的局面,提高中国
的本土化研发能力,提高中国对国外技术的消化吸收和创新能力。

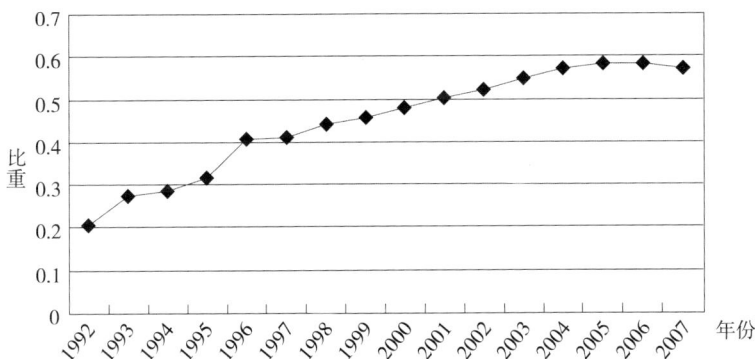

图 3 - 2　外商投资企业出口总额占中国出口总额比重趋势变化
资料来源:历年中国统计年鉴。

2. 以外资为主体的产业政策导致贸易结构不均衡

如图 3 - 2 所示，在中国出口贸易结构中，不同贸易主体在出口贸易结构中的变化清晰可见。在 2000 年之前，外资企业占中国出口贸易结构中的次要地位，但是其增长趋势非常明显。1992 年外资企业出口总额达 173.56 亿美元，占中国出口总额的 20.43%，2000 年外资企业出口总额达 1194.41 亿美元，占中国出口总额的 47.93%，几乎占据了中国出口贸易结构的半壁江山。从 2001 年开始，外资企业出口总额达到 1332.18 亿美元，占中国出口总额的 50.06%，到 2007 年外资企业出口总额达到 6953.71 亿美元，占中国出口总额的 57.10%，外资企业始终位居中国出口贸易结构的第一。

外商投资企业在中国贸易结构中的地位变迁和长期以来的领先地位与中国长期以来以吸引外资为导向的产业政策不无关系。早在 1989 年 2 月，中国政府颁布了《中国产业政策大纲》。之后，国务院又颁布了《国务院关于当前产业政策要点的决定》，便开始以吸引外资带动经济增长的产业政策。但由于 1989 年的政治风波，直到 1994 年，《90 年代国家产业政策纲要》的出台才取代《中国产业政策大纲》。该纲要首先选择具体的产业部门作为引进外资的主导产业予以扶持。相对于《中国产业政策大纲》，该纲要中，外商投资对中国产业的带动力量更加集中，主要集中于机械电子、石油化工和汽车制造业。由于外资企业主要以出口为主，所以1994年到1996年，外资企业出口迅猛，从1994年占中国出口贸易总额的28.69%上升到1996年的40.72%，上升了12.03%。

世界贸易组织成立前后，中国开始为加入该组织进行各项准备，对于引进外资也做出了相应的政策调整。1995年，国家颁布了《指导外商投资方向暂行规定》和《外商投资产业指导目录》，在总结《90年代国家产业政策纲要》经验的基础上，开始通过《指导目录》的方式对外资的产业投向进行宏观调控。该目录在1997年、1998年和2002年分别进行了三次修订，成为中国外资政策中的"主要风景线"。但是，2002年之后中国成为WTO成员，与贸易有关的投资政策也囊括在WTO多边贸易体制规范范围之内。2002年新《目录》将外商投资产业分为鼓励、允许、限制和禁止四种类型，共371个条目。鼓励类由186条增加到262条，限制类由112条减少到75条，该目录直到2004年才开始实行。在上述外资政策影响下，中国外资政策由单纯追求外资数量转向对外商投资方向的关注。所以，从1997年开始，外商投资企业出口增长速度开始放缓，但增长趋势并没有改变。在新目录实行之后，从2005年开始，外商投资企业出口首次出现下降趋势，这一趋势一直持续到2007年。

综上所述，外商投资企业在中国出口贸易结构中的地位变迁背后离不开中国相关产业政策的影响，在这一系列政策的背后不仅受到中国整体改革开放政策的影响，也体现出中国对待外资问题更加趋于理性，也受到WTO的多边贸易体制的影响。但是，中国产业政策注重对外资的引进，对外资长期以来的各种超优惠待遇造成不同贸易主体间竞争差距的拉大，形成以外资为主体的贸易主体结构。外商在中国投资的目的是享受中国的各种优惠待遇，并没有实现对中国国内产业结构整体升级和产业竞争力的根本性提高。所以，今后中国的外资政策调整任务仍然任重道远。

3. 加工贸易政策与产业政策协调的结构性问题

（单位：亿美元）

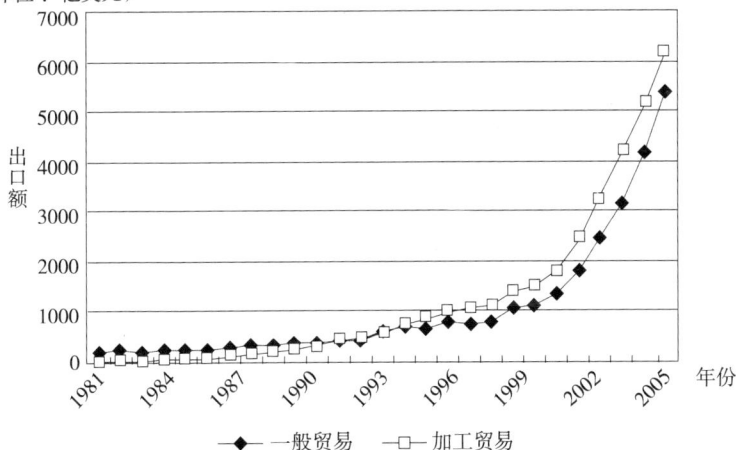

图 3-3　中国一般贸易与加工贸易出口额对比（1981~2007 年）

　　如图 3-3 所示,1987 年以前,中国的加工贸易方式出口还处于起步阶段,一般以来料加工为主,以简单加工和劳动密集型加工为主,而且加工地点也多集中于经济特区。从 1988 年至 1995 年,加工贸易出口增长迅速,并逐渐从以来料加工为主转变为以进料加工为主,贸易发生的地域范围也逐渐从东南沿海向内陆地区转移,加工贸易开始与一般贸易方式在中国出口总额中分庭抗礼。从 1996 年至今,加工贸易出口逐渐超过一般贸易出口,成为中国主要出口贸易方式。2007 年一般贸易出口为 5384.57 亿美元,加工贸易出口额达到 6175.60 亿美元,比 1981 年加工贸易出口额增长了 545 倍。

　　加工贸易出口增长如此迅速,离不开中国对加工贸易的各项产业政策。例如,《国务院办公厅转发国家经贸委等部门关于进一步完善加工贸易银行保证金台账制度意见的通知》(国办发〔1999〕35号)规定,海关对保税进口料件深加工结转实行保税监管,外管部门允许深加工结转以外汇结算,并办理进出口付汇。这一政策虽然对加工贸易进口料件及加工费免税,但是对国产料件进项税计入成本,不能退税,同时,对深加工结转货物征税。这一政策在一定程度上促进了加工贸易发展,尤其是进料加工贸易发展,但是却不利于加工贸易的国内增值,而且也不利于加工贸易的结构升级。

国内配套水平低是造成加工贸易未能深入带动国内产业发展的直接原因,为了矫正进料加工贸易对国内产业结构带动力度的不足,中国产业政策开始对投资政策中的增值百分比要求予以限制。例如,1994年国务院批准了原国家计委会同国家经贸委、原机械工业部等有关部门制定的《汽车工业产业政策》。该产业政策存在明显的国产化要求,对汽车加工贸易进口依据国产零部件配套水平给予不同的关税待遇。具体而言,该政策规定凡是达到一定国产化标准的,可享受不同的优惠税率。具体而言,零部件100%进口,国产化率为0时,关税为50%;国产化率达到40%,关税为30%;国产化率60%,关税为24%;国产化率80%,关税为20%。整车项目的开发要求企业必须以40%的国产零部件为底线,如果低于这一标准,零部件将按照整车缴纳关税。由此可见,当时的贸易政策正是在这一方面为产业结构升级提供了方便。

但是,加入WTO之后,中国产业政策必须受到WTO相关规则和中国有关贸易政策的加入WTO承诺的约束,加工贸易进口一般情况下要以全球公平竞争采购为主要方式,而国产化要求是违反WTO国民待遇原则和某些具体协议规定的。所以,中国在加入WTO之后进行的一系列与加工贸易相关的政策大体都要依据中国加入WTO承诺和WTO基本原则以及相关协议进行调整。政策取向不仅要鼓励加工贸易由劳动密集型产业向资本和技术密集型产业转移,不仅要鼓励在高新技术产业中由劳动密集型环节向资本和技术等高附加值环节转移,更要鼓励在已形成竞争力的劳动密集型产业中由低附加值环节向高附加值环节转移,提高和巩固高新技术环节的自主创新能力(比如织布印染企业中的高技术印染环节)。三是对禁止类的高耗能和高污染"行业",要依据"产品"类别进行技术标准细分,避免搞一刀切,全部禁止。比如,在纸制品行业中,有些纸浆生产企业采用国际先进技术减低能耗，力求环保，并非高耗能和高污染企业，这类企业可以鼓励发展。所以，加入 WTO 后，中国加工贸易增值率出现缓慢下降，这是因为单纯依赖加工贸易促进经济增长、尤其是实现产业结构升级的作用已经不再明显。所以，加工贸易政策变化导致与产业政策协调的结构性问题。

2007 年 7 月 23 日，商务部、海关总署联合发布了新一批加工贸易限制类目录，并于 2007 年 8 月 23 日正式实施。此次限制目录共包含 2247 个十位海关编码，其中新增 1853 个，占全部海关编码的 15%，主要涉及塑料原料及制品、纺织纱线、布匹、家具、金属粗加工产品等劳动密集型行业。就在加工贸易限制目录发布 1 个月前，财政部等部门发布了《关于调低部分商品出口退税率的通知》，规定自 2007 年 7 月 1 日起，对部分商品下调出口退税率，调整的 2831 项商品约占海关税则中商品总数的 37%。由此可见，中国有关加工贸易方式已经着重从贸易政策与产业政策协调角度出发，把调控的重点集中在"两高一资"和低附加值的劳动密集型产业。如果说出口退税率的调整旨在限制一般贸易，那么此次出台的限制目录将对占据我国外贸半壁江山的加工贸易产生结构性的影响。

（二）从贸易条件分析中国贸易政策与产业政策协调的结构性问题

贸易条件问题一般从同类产品在进出口价格上的差异来反映。一般认为，如果进口价格低于同类出口产品价格，则认为贸易条件良好；如果进口价格高于同类出口产品价格，则认为贸易条件恶化。[1]中国价格贸易条件指数在 20 世纪 90 年代以来一直在不断恶化。以 1981 年为基期，指数为 100 计算，1990 年下降为 96.72，2000 年降到 69.75，2004 年再降到 62.82。2001 年中国在净出口额最大的 20 个

---

[1]　李刚、李俊：《推动以质取胜战略的深化与升级》，《外贸调研》2006 年 12 月 11 日。

产业中,出口价格高于进口价格类型的产业大多是纺织、服装、玩具等劳动力密集型产业。虽然表面上看似乎可以说明中国在这些产业中具有竞争优势,贸易条件良好,但是,苑涛(2005)认为,中国这类产品主要是因为占领世界低端市场,可能是因为廉价从国外采购布料或半成品,经过加工后再出售,所以在贸易统计上显示出的出口价格相对较高的情况。① 2001 年中国在净出口额最大的 20 个产业中,进口价格高于出口价格的产业类型大多是资本密集或技术密集型产业,如高技术产业中的自动数据处理设备、无线电发送和接收设备、视频设备等。虽然中国在资本密集和技术密集的中高技术产业中的增长比较明显,但是从贸易条件结构上看是不容乐观的。这说明中国这类产业的增长的自主技术含量水平低,较多的贸易利益是被国外产业获得。杨正位在对 1994～2000 年中国价格贸易条件②的数据分析之后发现,1994～1997 年中国价格贸易条件都在 100 以上,说明中国贸易价格条件有所改善,1998～2000 年价格贸易条件恶化,三年的价格贸易条件指数分别是 96.8、98.4 和 91.6。美国斯坦福大学刘遵义教授(1999)发现,由中国香港转口向美国出口的中国货物转口加价约 25%,但经中国香港转口到中国的美国货物加价仅 6%,间接证明了中国贸易条件的不利,说明中国外贸增长方式的粗放。③

根据加入 WTO 和国际经济形势的要求,我国新一轮产业结构调整的核心是提高产业的国际竞争力,继续完成工业化,引导各产业向深加工方向发展,实现多样化效益和深加工效益。这一过程反映中国贸易政策与产业政策结构问题的相关性。在 WTO 框架下中国贸易政策和产业政策的协调存在着结构性问题,但是,随着国际经济联系日益走向法制化,协调结构性问题要在 WTO 所允许的游戏规

① 苑涛:《中国对外贸易竞争优势研究》,中国财政经济出版社 2005 年版,第 227 页。
② 价格贸易条件 =(出口价格指数÷进口价格指数)×100。
③ 刘遵义、冯国钊:《中美贸易中的利益分配》,中经网,www.cei.gov.cn。

则范围内进行,这是中国在协调过程中需要加以注意的。

三、从外国对华贸易摩擦透视中国贸易政策与产业政策协调的结构性问题

在经济全球化的今天,一国贸易问题的国际化使得国与国之间贸易问题日益深化。贸易问题不仅仅是贸易利益分配问题,而成为各国产业竞争力的国际较量,各国国内产业政策的国际外延。换句话讲,贸易摩擦问题所反映出来的不仅是国与国之间某一产品的贸易利益之争,也是摩擦当事方之间国内产业政策的国际摩擦,甚至是世界经济贸易竞争的集中反映。所以,探索中国产业政策的结构问题不能脱离开全球背景,其中贸易摩擦成为在国际上观察中国产业政策结构性问题的最佳角度。

(一)从外国对华贸易摩擦的类型分析中国贸易政策对产业政策协调的结构性因素

贸易摩擦的主要表现就是贸易国之间贸易政策的冲突,所以,贸易政策与产业政策的协调必然受到贸易摩擦的影响。贸易摩擦从结构上表现为不同摩擦类型共存的现象。当前,国际贸易摩擦主要集中于数量限制型贸易摩擦、国内鼓励措施型贸易摩擦、价格型贸易摩擦和技术性贸易壁垒型贸易摩擦。从外国对华贸易摩擦的实践中看,贸易摩擦的产业分布表现出不同产业类型的结构性差异,即不同国际竞争力状况的产业在参与国际贸易过程中给其他国家同类产业的影响是不同的,因此,基于产业竞争的本能反应和国家经济管理职能的主观能动,不同国家产业政策势必会做出结构性调整。

1. 强或较强国际竞争优势产业政策应考虑数量限制型贸易摩擦的影响

在中国16大类制造业产业中,具有强国际竞争力的产业只有"纺织业、服装业"。其产品的贸易竞争力指数一直保持在0.9以上,而且有逐渐增大的倾向。从中国贸易摩擦的实践看,中国遭受数

量限制型贸易摩擦影响最大的产业类型是纺织业和服装产业。2005年1至4月份,中国对美纺织品的出口增长了70%,对欧盟增长了45%,欧美方面认为这对他们本土纺织业造成了很大的冲击,于是引发了欧美国家对我国纺织品的出口限制。此次贸易摩擦中,中国有大约20种纺织品被美方设定限额。

数量限制型贸易摩擦根源于GATT1994第11条第1款规定的普遍取消数量限制原则,即除关税、国内税或其他费用外,不得禁止或限制进出口,无论这种禁止或限制采取配额、进出口许可或其他形式的措施。数量限制型贸易摩擦根源于进口产品的强大竞争威胁和给进口方造成的产业损害。纺织品服装贸易自由化要求取消数量限制措施保护,但是,针对来自中国该类产品的强大国际竞争优势造成短时间内出口数量剧增的情况,进口方仍然对该类产业采取数量限制措施以达到紧急保护的目的。因此,这一产业类型的产业政策应考虑数量限制型贸易摩擦的影响。

2. 较强国际竞争优势产业政策应考虑国内鼓励措施型贸易摩擦的影响

一般情况下,对于一国内部具有一定发展潜力的产业类型,该国政府一般会采取国内扶持政策,采取税收、金融等一系列优惠政策进行鼓励生产和贸易,进一步培育该产业的国内竞争优势,最终发展成为具有较强国际竞争优势的产业。中国从1994年开始将汽车产业作为国家最先明确予以突出鼓励发展的产业类型,并制定了《汽车工业产业政策》,并在"加入WTO"后重新制定了《汽车产业发展政策》及其《构成整车特征的汽车零部件进口管理办法》等政策,培育以汽车产业为代表的较强国际竞争优势产业。中国原来竞争力较弱的产业类型在国家产业政策鼓励和扶持之下逐渐发展成为具有较强国际竞争优势的产业,其他国家的同类产业感受到了竞争压力,并对中国开始了针对中国国内鼓励措施的贸易摩擦。以欧美为代表,国际上针对中国强大的竞争优势培育速度感到威胁,欧美认为中国汽车产业政策的实质增值要求①对国产汽车零部件产业的扶持,具有明显的"排外"色彩,而两度向 WTO 提出针对中国国内鼓励措施的贸易争端要求。所以,中国具有较强国际竞争优势的产业将面临更进一步的国内鼓励措施型贸易摩擦压力,而这一类型的产业政策必须考虑国内鼓励措施型贸易摩擦的影响。

3. 较弱国际竞争优势/较弱国际竞争劣势产业政策应考虑价格型贸易摩擦的影响

从全球贸易摩擦情况看,倾销与反倾销贸易摩擦成为针对采取价格竞争策略产业的主要手段。从外国对华贸易摩擦情况分析,从 1995 年 1 月 1 日到 2007 年 12 月 31 日,全球发起的反倾销案件 3210 起,针对中国的案件是 569 起,约占总数的 18.6%。中国涉案产品主要集中于钢铁、化工、机电设备产业领域,而这些产业大多是中国较弱国际竞争劣势产业和较弱国际竞争优势产业。中国针对较弱国际竞争劣势产业和较弱国际竞争优势产业采取低价型国际竞争策略。但是,产品的低价竞争手段给进口方同类产业造成的竞争压力,使得进口方考察出口方是否存在低于产品正常价值的价格歧视性竞争。因此,倾销与反倾销引发的贸易摩擦是价格型贸易摩擦。所以,较弱国际竞争优势/较弱国际竞争劣势产业政策应考虑价格型贸易摩擦的影响。

4. 较强国际竞争劣势产业政策应考虑技术性贸易壁垒型贸易摩擦的影响

中国处于较强国际竞争劣势产业主要包括如油籽和动植物食用油产品、矿物燃料、农业肥料、皮革产品、纸制品、光学设备等。② 鉴于这些产业的产品在国际上一般不会形成数量和价格上的强劲优

———————

① 实质增值要求是指根据构成产品的进口原料或国内原料与产品本身的价值比来确定产品的待遇。在欧美诉中国汽车产业政策案中是指按汽车总成状况或进口零部件的价格总和达到该车型整车总价格的 60% 及以上的情形规定为进口整车,必须按整车税率缴纳关税,而不能按进口零部件缴纳关税。
② 苑涛:《中国对外贸易竞争优势研究》,中国财政经济出版社 2005 年版,第 210~211 页。

势,WTO 基于对非贸易利益的关注和相应支持,使得很多国家在环保和健康安全等合法理由的掩护之下选择技术性贸易壁垒形式设置贸易限制。根据商务部科技司 2003 年 6 月的调查,按海关税则分类的 21 类产品统计,受技术性贸易壁垒影响最多的出口第一类(活动物及动物)、第二类(植物)、第三类(动植物油脂)和第四类(食品饮料烟草)产品的企业,比例分别为 91.5%、90.1%、89.0% 和 88.2%;其次是第八类(皮革及其制品)、第十二类(鞋帽伞杖、羽毛人造花等制品)、第十三类(机电产品)、第十四类(纸制品)等比例分别为 81.9%、80.9%、80.0%、80%。所以,中国在农业等较强国际竞争劣势产业领域所遭受的技术性贸易壁垒型贸易摩擦形势严峻,这就导致中国这些类型的产业政策要受到影响。

(二)从外国对华贸易摩擦的国别特征透视中国产业政策的结构性问题

中国同其他发展中国家和发达国家之间存在不同的贸易关系,这是由中国的经济贸易发展现状及其与其他国家的相对地位差异所造成的。外国对华贸易摩擦突出表现出发展中国家和发达国家与中国贸易摩擦的差异,这背后与中国产业结构及其在国际产业分工中的贸易地位有着怎样的关系呢?

1. 中国与发达国家的互补性贸易关系

曾卡将美国从其贸易伙伴进口数额最大的前 20 项商品与它出口到该国数额最多的前 20 项商品进行比较。这两个产品清单中如果重复的商品较多,那么两国就呈现出竞争型贸易结构;如果重复的产品较少,那么两国就呈现出互补型贸易结构。通过比较发现,美国与加拿大、日本及欧盟之间的贸易关系最具竞争性,与中国、巴西及印度之间的贸易关系最具互补性。相反,当贸易结构呈互补性时,国内利益将存在更大的分歧,出口产业的势力强大,制裁国缺乏与进口产品相竞争的产业,从而降低因为贸易摩擦而带来的贸易制裁威胁的可信性。以中美贸易关系为例,中国出口到美国的商品大多是美国国内企业不再生产的商品。因此,美国国内不仅不存在与进口相竞争的产业,反而有很多企业从中国进口中获利,并进而逐渐依赖于中国进口商品。因此,当美国对中国在知识产权问题上威胁进行制裁时,出口产业(即关心知识产权保护的音乐、录像及计算机产业)是唯一支持进行贸易制裁的势力。在其他种类的产业中,使用进口产品的产业一直反对对中国进行贸易制裁(即使在中国没有做出任何让步的情况下也是如此)。从图3-4中可见,中国对与其存在互补性贸易关系的美国在贸易摩擦中针对美国采取贸易制裁威胁的妥协程度是比较低的,这一点与另一个发展中国家——印度的情况是类似的。

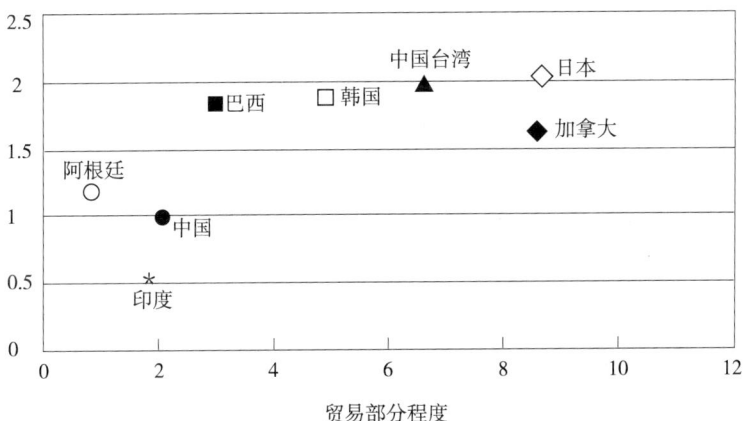

图3-4　贸易结构与美国主要贸易伙伴对美经贸压力的妥协程度

该图是曾卡利用来源于美国商业部所发布的 *Foreign Trade Highlights*(1996)的数据所得。

世界产业转移的浪潮促使发达国家把相当一部分发展成熟的产业转移至发展中国家,转而展开具有领先地位和高额回报率的产业发展。这也是促使发达国家与发展中国家形成互补性贸易竞争关系的另外一个原因。在互补性贸易竞争关系下,发展中国家与发达国家之间的贸易竞争程度下降,发展中国家对于发达国家的产品出口给发达国家造成的影响程度下降,相反,发达国家之间的贸易竞争关系则较为突出,尤其反映在资本和技术密集型产业领域的竞争。在这种局面下,发达国家针对发展中国家出口产品的贸易政策出发点很大程度上并不是基于单纯的国内产业利益保护,或者出于贸易保护的政治经济地位或者出于对健康、环保或安全等高技术性能和环保指标的追求。

2. 中国与发展中国家的竞争性贸易关系

阎成海①发现,中国同另外一个发展中大国——印度的进出口商品呈竞争性关系。从1985年到2000年,两国具有比较优势的商品多为低附加值的劳动密集型产业,如纺织品服装产业等,具有比较劣势的商品多为高附加值的资本、技术密集型产业,如机电产业等。所以,中国同印度具有比较优势和比较劣势相同的产品结构类型。根据Kotan,Z. & Sayan(2002)②的研究成果显示,中国同土耳其的出口产品在欧盟市场上存在着较强的价格替代弹性,无论是在纺织品服装产业还是在技术密集产业都存在着很强的贸易竞争关系。原因就在于发展阶段相似的国家能够生产相似产品,一个国家价格的提高将导致其市场份额被其他国家取代,一个国家价格的降低也将导致取代其他国家的市场份额。另外,美国在非洲等地加大区域性贸易合作,于2000年10月1日生效的美国与非洲撒哈拉沙漠以南的48个非洲国家签署的《非洲增长与机遇法案》(AGOA),给予包括南非在内的许多发展中国家贸易优惠,这也形成了中国同南非等国家在资源和劳动密集型产业的贸易竞争关系。

近二十年来,东亚地区以日本为领头雁,四小龙为身,东盟其他成员为尾,形成了比较密切的类似齿轮咬合的"联动机制":劳动密集型产品的生产和出口从日本转移到韩国、新加坡、中国台湾等新型工业国,然后又转向了印度尼西亚、马来西亚、菲律宾、泰国等东盟国家,最后转移至中国。史智宇(2003)③发现,中国与东盟国家在美国

① 阎成海:《从贸易结构看中国与印度经济间的竞争关系》,《世界经济》2003年第1期。

② Kotan, Z. & Sayan, S. : "A Comparative Investigation of the Price Competitiveness of Turkish and Southeast Asian Exports in the European Union Market, 1990 - 1997", *Emerging Markets Finance and Trade*, 38 (4)(2002), p.71.

③ 史智宇:《出口相似度与贸易竞争:中国与东盟的比较研究》,《财贸经济》2003年第9期。

等市场上的竞争减弱,受到北美自由贸易区的影响,美国对墨西哥这一自由贸易区范围内的国家的优惠待遇使中国同墨西哥的出口相似度指数在不断升高。而且中国与南亚国家如印度等国家的竞争也在增强。所以,中国和东盟国家由于在国际分工中存在着相似的出口结构,这就意味着这些国家之间会有激烈的贸易竞争。① 从中国与东盟五国制造品出口市场的行业相对竞争指数观察(如表 3 - 1 所示),我国对东盟国家的相对竞争指数基本上都与 1 比较接近,根据该指数的意义,双方在制造品出口市场的竞争是相当激烈的。由于存在着这样的出口竞争,亚洲国家的相似出口商品大量充斥国际市场,导致同类商品供给增加,从而使这些出口商品的价格下降,致使我国比较优势产品的出口价格指数呈恶化之势。随着竞争的加剧,我国的比较优势在这一过程中被逐渐削弱。而且当两国的比较优势一致时,这两个国家都应致力于生产能使它们获得最高利润的同一类产品。由于这两国的经济结构相同,每个国家都应能很容易地用本国产品替代进口产品。正是因为发展中国家彼此之间的产业结构相似、具有明显的可替代性,所以,发展中国家之间的贸易竞争将有进一步加剧的趋势。

表 3 - 1　中国与东盟五国制造品出口市场的行业相对竞争指数

国家＼年份	1994	1996	1997	1998	1999	2000	2001
新加坡	1.000	1.010	1.014	1.019	1.023	1.030	1.046
泰　国	1.138	1.182	1.194	1.177	1.190	1.167	1.190
印度尼西亚	1.596	1.640	2.016	1.940	1.622	1.544	1.570
马来西亚	1.118	1.114	1.129	1.108	1.099	1.097	1.106
菲律宾	1.876	1.001	0.987	0.966	0.955	0.962	0.972

资料来源:潘青友:《中国与东盟贸易互补合贸易竞争分析》,《国际贸易问题》2004 年第 7 期。

---

① 根据相对竞争指数,可以衡量国际贸易中两个不同国家出口同一产品在国际市场上的相对竞争力。相对竞争指数大于 1,说明本国相对于他国具有竞争优势;小于 1 则说明具有比较劣势;两国的相对竞争指数越接近于 1,则说明两国的竞争越为激烈。

3. 从外国对华贸易摩擦的国别特征透视中国产业政策的结构性问题

（1）在对华技术性贸易壁垒和服务贸易类型的摩擦中发达国家占主要地位

对中国出口企业设置技术性贸易壁垒的国家主要是欧盟、美国、日本和韩国。其中，40%的企业受到欧盟限制，27%受到美国限制，25%受到日本限制，8%受到韩国限制。其中欧盟、美国和日本实施的技术性贸易壁垒对中国出口造成的损失占总损失的95%。其中欧盟所占份额最大，为41%，日本和美国分别占30%和24%。[①] 对于发达国家而言，其更多关注的是对其国家主导产业利益具有更大威胁的其他国家的相关产业政策和贸易政策，如美国在2004年发表的《国别贸易评估报告》中所称，"中国服务行业是最受国家管制和保护的行业之一"。说明新时期，随着美国在服务贸易领域占据其贸易利益的重要地位之后，有关服务贸易的政策摩擦才是其更关注的领域。除此之外，以美国为首的发达国家对中国的贸易摩擦，已经不仅仅关注某一产品的待遇问题，而是上升到关注中国宏观经济政策、产业政策和贸易政策层次上的问题，例如人民币汇率问题，中国的非市场经济管理问题、知识产权制度和中国有关高技术产业和其他某一产业领域政策问题的摩擦。

（2）在对华价格型贸易摩擦中，发展中国家占主要地位

美国学者托马斯丁·普鲁萨（2005）[②]也发现高收入经合组织国家的曾经的全球反倾销主角地位发生了变化，由占全球反倾销总数的100%（1980～1984年），降到41%（1995～1999年）。而反倾销使用国正在向低收入国家转移，这类型国家由反倾销的零利用到占全球反倾销总数的20%（2000～2002年），意味着反倾销正在从富

---

① 孙敬水：《技术性贸易壁垒的经济分析》，中国物资出版社2005年版，第429页。

② ［美］托马斯丁·普鲁萨著，桑秀国译：《国际贸易中愈演愈烈的反倾销问题》，《世界经济》2005年4月。

国向穷国有系统地转移。其中,韩国、墨西哥、巴西、土耳其、秘鲁、哥伦比亚、印度、印度尼西亚、尼加拉瓜等国家都榜上有名。对于美国和欧盟这类国家,在对待反倾销的问题上是件"麻烦事",其很大程度上并不是出于经济或产业利益的维护(因为对于其有重大经济意义的产业在高技术产业和服务贸易),而是为了保护本国政治上重要的产业,所以这些发达国家才想保留反倾销手段的使用。所以,在对华价格型贸易摩擦中,发展中国家因为竞争型贸易关系而处于主要地位。

表 3 – 2 主要发展中国家与主要发达国家对华反倾销案件与出口比重

项目		1995	1996	1997	1998	1999	2000	2001	2002	2003	2004	2005	2006
主要发展中国家	案件比重(%)	50	52.4	58.3	63.3	42.2	46.7	64.4	54.9	55.9	50	63.5	71.4
	出口比重(%)	6.7	7.1	7.4	6.2	6.6	7.4	7.6	7.9	7.7	8.4	8.5	9.6
	AD 值①	7.5	7.3	7.4	6.2	6.6	7.4	7.6	7.9	7.7	8.4	8.5	9.6
主要发达国家	案件比重(%)	37.5	38.1	25	10	46.7	44.4	28.8	31.4	28.8	40	26.9	28.6
	出口比重(%)	31.6	32.9	33.1	38.4	39.7	38.9	38.4	39.0	40.3	41.8	43.2	42.8
	AD 值	1.19	1.16	0.76	0.26	1.18	1.14	0.75	0.81	0.71	0.96	0.62	0.67

资料来源:王谨:《发展中国家对华反倾销的影响与动因——与发达国家的比较》,《国际贸易问题》2008 年第 8 期。

---

① AD 值是指反倾销指控指数,其公式为:$AD = (Xc/Xw)/(Vc/Vw)$。其中,AD:发展中国家或发达国家对华反倾销指控指数;Xc:某年发展中国家或发达国家对华反倾销立案调查数;Xw:某年全球对华反倾销立案调查数;Vc:某年中国对发展中国家或发达国家出口贸易额;Vw:某年中国对全球出口贸易额。该指数的平均值为1,若大于1,说明中国在与发展中国家的贸易中被反倾销指控的强度要大,或者说相对于中国对发展中国家的出口贸易额在中国出口贸易总额中的地位,受其反倾销的影响更加严重。该指数若小于1,则中国受发展中国家反倾销程度相对于发展中国家的出口贸易额较少。资料来源:王谨:《发展中国家对华反倾销的影响与动因——与发达国家的比较》,《国际贸易问题》2008 年第 8 期。

如表 3‒2 所示,中国对主要发展中国家出口占中国出口贸易总额的比重年均 8.3%,而同期对主要发达国家出口年均比重是41.8%,尽管中国对发展中国家出口贸易大大低于发达国家的出口,但与之相对应的各时期发展中国家对华反倾销案件比重却明显高于发达国家,所占比重平均 62.9%,2006 年高达 71.4%,期间除 1999、2002、2004 年度外,其他年份呈逐年上升趋势,平均增长速度为6.8%,而同期对发展中国家的出口贸易年均增长速度仅为 3.6%;同期发达国家对华反倾销案件比重变化比较平稳,平均比重为37.1%,2002 年以后基本呈下降趋势,2006 年对华反倾销比重降到28.6%,远低于发展中国家 71.4% 的水平。2007 年在国外对华启动的 60 起反倾销调查中,由发达成员启动的有 24 起,占比 40.0%;由发展中成员启动的有 36 起,占比 60.0%。这说明,相对于发达国家来说,发展中国家对中国反倾销的严重程度日趋上升。

(三)从外国对华贸易摩擦分析中国贸易政策与产业政策协调的结构性调整

1. 贸易摩擦的多样性满足不同产业竞争的需要

随着国际产业竞争关系的日益复杂化,外国对华贸易摩擦的种类也令人眼花缭乱。除了传统关税及配额等贸易保护政策手段的运用之外,众多非关税贸易壁垒成了满足不同产业竞争需要的武器。基于价格优势产生产业竞争,更倾向于反倾销等贸易政策的运用,而基于技术优势而产生的产业竞争,更倾向于技术性贸易壁垒措施。在国际产业格局逐渐在发达国家和发展中国家进行产业分工的局面下,发展中国家之间产业相似度的日益提高更加剧了彼此在同类产品和产业之间的竞争。发展中国家在国际产业分工共同的低端市场竞争,使彼此之间的贸易摩擦不仅使贸易利益的获得空间更加缩小,而且也影响到彼此在国际上为寻求共同利益而进行合作的诸多方面。所以,中国在应对不同国家贸易摩擦的时候,要更多关注贸易摩擦背后的产业竞争需要,寻求产业政策的有的放矢,从不同产业领域入手缓解产业竞争压力。这样,一方面能缓解外部贸易摩擦带来的利益损失;另一方面修炼了内功,提升了内部产业竞争力,从而改善中国在全球的总体产业和贸易地位。

2. 产业政策与贸易政策的协调势在必行

中国产业政策上长期以来依赖产能扩张和价格优势,使得中国长期以来的经济增长依赖占领低端国际市场和对资源的超前使用。目前,国际产业格局日益分化,众多发展中国家共同分享一块蛋糕的结果必然加剧中国同其他发展中国家间的竞争,而中国同发达国家的产业分化并没有带来发达国家在技术贸易、服务贸易和知识产权领域的让步,更有甚者,发达国家更是将贸易摩擦的矛头直指中国的政策层面。中国在发展中国家和发达国家之间疲于应付。因此,中国作为 WTO 这一崭新的国际经济贸易竞争舞台的新手,非常有必要苦练内功和外功,一方面要加紧国内产业政策的结构性问题的调整与改善,另一方面要深入研究 WTO 及 WTO 其他成员的产业政策和贸易政策,做好产业政策和贸易政策的协调发展,从而改善贸易关系上的被动,使产业竞争力的提高与国际贸易地位的改善相得益彰。

3. 产业政策与贸易政策在高度化与合理化方面的双重协调

在众多发展中国家更加关注产业政策的高度化(即产业结构升级问题)的情况下,中国一方面要重视这一问题,另一方面也要关注产业政策的合理化问题。产业政策的合理化不仅要关注产业与产业之间的协调能力,而且还要关注产业竞争力的可持续提高的问题,将资源的使用和环境的保护作为产业政策和贸易政策在合理化问题上的契合点,实现国民经济的整体提高。这样才会使中国在 WTO 框架下既可以避免来自发达国家环保、公共健康等贸易壁垒的限制,而且可以与发展中国家在同类型产业和产品之间形成差异化竞争优势,缓解中国同其他发展中国家贸易摩擦压力,改善中国的贸易关系状况。因此,中国在产业政策与贸易政策的协调问题上应在高度化和合理化两方面进行双重协调。

第四章　WTO框架下中国基础产业贸易政策与产业政策的协调

　　产业在发展过程中的结构性问题实质上就是不同产业在总体结构中的地位和相互作用问题。随着生产力的发展，初级产业或称第一产业的发展速度要明显低于其他产业，其他产业对于经济增长的贡献也要高于初级产业。很多国家一直以来致力于产业结构高级化的过程，而这一过程的重要检验指标就是初级产业相对于其他产业的比重下降。由于资源的有限性，在不同产业间的资源分配构成产业发展的结构性特征。大部分国家都期望将有限的资源投入到对经济增长带动作用最为重大的产业领域。正是顺应这一发展潮流，国际分工在经济发展水平不同的国家之间对不同产业的生产进行分配，发达国家在资本密集和技术密集的产业领域的突出发展似乎也印证了产业结构理论的认识。但是，事实还存在令人疑惑的一面，发达国家在对初级产业的保护程度上远远高于发展中国家。在世界多边贸易自由化发展的道路上，初级产业的自由化步伐是最为缓慢的，在这一领域的贸易摩擦的解决也是最为困难的。

　　在WTO的法律框架下，货物贸易协议是最为丰富和复杂的协议门类。纵观WTO货物贸易协议当中对于有关贸易自由化进程的安排，《农业协议》和《纺织品与服装协议》领域的自由化程度始终慢于其他产业领域，在GATT1994的全面协调之下，无论是在关税领域，还是非关税领域，两个协议都做了相对特殊的规定。这不仅使世界在不同产业的贸易竞争和贸易政策协调中存在人为的产业倾向性,而且也使得 WTO 的多边货物贸易协议之间的协调问题变得更加扑朔迷离。衣食温饱是人类发展的基本需求,是其他产业存在与发展的基础,是多边贸易体制中的基础门类。因此,将与此有关的农业和纺织服装业合称为基础产业。

第一节　WTO 框架下中国农业贸易政策与产业政策的协调

WTO 框架下农业产业的特殊地位通过《农业协议》得以确立,并随着不断进行的 WTO 谈判而发展。但是,WTO 各成员对待农业问题存在巨大分歧,农产品贸易格局的逐步变化,使各成员在处理农业贸易政策和产业政策协调的问题上举步维艰。

一、WTO 框架下国际农业贸易政策与产业政策的协调趋势

(一)发达国家的农业保护与发展中国家的农业牺牲形成鲜明对照

大多数发达国家基于农业的特殊性,在历史上长期对农业实施保护政策,其目的无外乎:用合理的价格供给给消费者安全、可靠、充足的食品,确保农业生产者有满意、公平的收入和生活水平,以及促进地区发展和环境保护。[①] 而且众多农业产业组织在发达国家经济政治舞台上的影响力,也迫使发达国家政府通过制定农业贸易政策来保护本国农业产业。例如,美国在 WTO 成立后的 1996 年颁布了《1996 年联邦农业完善与修改法》,制定了一系列国内农业支持措施来补贴农业发展,又于 2001 年颁布《2002 年农场安全与农村投资法案》等,制定了众多农业保护计划和农业出口促进计划。欧盟在 1999 年到 2000 年针对不同农产品制定了各自的产业政策,并采取

_____

① [英]A. J. 雷纳、D. 科尔曼著,唐忠、孔祥智译:《农业经济学前沿问题》,北京腾图电子出版社、中国税务出版社 2000 年版,第 16 页。

各种贸易政策,例如关税政策和农业生产保险计划,对农业产业予以促进。1999年日本国会通过了《食品·农业·农村基本法》等法律政策,在WTO框架下对农业的产业政策和贸易政策进行了大规模的调整。

但是,发展中国家由于财政的拮据和对产业结构高级化的追求,牺牲农业发展而保全工业生产,不断采取对农业征税,减低农产品价格,抬高工业品价格,以农业支持工业发展。对农业支持的缺乏,在农业基础设施和科研等方面的投入严重不足,降低了发展中国家农业发展的可持续性,造成发展中国家初级产品出口中贸易条件的恶化。发展中国家在产业的结构性调整中对农业的牺牲与发达国家多年来在农业上的大量支持和促进政策形成了强烈的反差,进而导致发展中国家和发达国家在农产品贸易地位的重大差距。

(二)以提高科技能力、增强农产品国际竞争力为方向

WTO框架下各成员对农业的支持越来越受到国际层次上贸易政策的约束,对产业政策要求趋于中性化,即避免对国际贸易的扭曲作用,注重农业生产力的根本性改善。所以,WTO对提高科技能力、增强农产品国际竞争力等产业政策予以贸易限制上的豁免。在此背景下,WTO各成员一系列的农业产业政策突出以发展农业科技、从根本上提高农产品国际竞争力的调整为方向。如美国2002年农业法案对特定作物提供技术援助;以按需支出的灵活拨款方式改变固定拨款方式来支持农业研究、州立农业实验站研究、推广教育等计划;扩大研究示范区,增设研究计划,由原来的20个优先研究和推广示范区增加到现在的24个,等等。

除对农业科技研发的投入之外,国际上普遍开始重视农民本身的技术培训。欧盟国家的农业教育占农业预算总额的20%~25%。英、法、德等国对农民的教育、培训,从基础教育到职业教育、技术推广、进修深造等,都有一套完整的体系。英国的农业培训是各产业中唯一得到政府资助的项目,每年有30%的农业劳动者参加各种不同类型的农业培训。① 日本于 21 世纪初制定了有利于年轻人从事农业的政策,5 年内培养新一代农民 9600 万人,向他们提供资金并集中在一些土地上从事农业生产,使他们每年劳动 2000 小时,收入高达 1000 万日元。这些国家的农业产业政策开始将更多的国内支持转向增强农业生产能力,这一转变一方面增强了市场机制的作用空间,另一方面完善了政府职能,成为 WTO 框架下各成员农业产业政策与贸易政策协调的突出特点。

(三)以服务促贸易、以贸易带动产业发展

农产品以自然资源禀赋为特征,在贸易中越来越多地受到技术性贸易壁垒的制约。发达国家除了在技术上进行深化之外,更多地为农业企业和产品提供各种服务,选择一条以服务促贸易、以贸易带动产业发展的道路。(1)对技术的服务。如美国 2002 年农业法案中的很多内容将发挥政府的服务职能作为新型贸易政策的落脚点。美国设立生物技术和农业贸易项目,致力于解决不断增加的美国农业生物技术产品商业出口的市场准入、规章和促销问题。通过对有关组织包括出口商,甚至包括外国政府官员、科学家和贸易官员有关生物技术推广的教育和培训,来减少生物技术产品促销、食品安全等方面的贸易障碍。(2)对开拓市场的服务。以美国为例,首先,对品牌促销的支持。政府设立市场准入项目,其中 25% 的资金用于品牌产品的促销;其次,设立新兴市场项目。支持美国公共和私人组织在新兴市场的开发,以促进美国农产品在这些国家和地区的出口;最后,对样品促销的支持。支持美国企业将高质量产品样品进行市场推广,促进外国进口商对美国农产品品质的了解。(3)提供信息服务。成立海外农业事务局,以直接提供资金和信息的方式援助美国农产品的海外推广。由美国农业部建立庞大的信息网,广泛搜集各国最新农产品供求信息,并免费提供给美国出口商。同时美国农业

---

① 丁国杰、朱允荣:《欧盟三国农民教育培训的经验》,《世界农业》2004 年第 8 期,第 51~53 页。

部制定长期农业贸易战略,识别出口增长机会,协调国内产业政策,以消除海外市场贸易壁垒。

应该说,WTO所鼓励的降低政府直接干预贸易秩序、避免扭曲贸易的思想在当今国际上已经呈现效果,很多成员方政府在农业产业政策的制定当中越来越注意政府间接作用和服务职能的发挥,通过为农产品贸易提供各种有效的服务来促进农产品市场开拓和贸易发展,以此带动农业的产业发展。

(四)关注环保等非贸易利益在协调中的地位

WTO对非贸易利益的关注,已经成为WTO在追求贸易自由化道路上无法回避的问题。无论是环保、健康还是社会公平等诸多方面的问题,已经成为各成员在协调农业产业政策和贸易政策时要考虑的问题。如美国在2002年农业法中,要求增加现行农业环境计划资金,扩大耕地休耕计划,将1956年农业法中的"土地银行"计划进一步发展,由自愿退耕发展到带有一定国家强制性的休耕计划。对美国国会预算办公室和农业部等部门规定较为严格的休耕任务,如今后10年比2002年4月基期增加15亿美元的休耕支出。农业部每年尽最大努力登记25万英亩休耕计划等;增加商品信贷资金57亿美元支持环境质量促进计划和野生栖息地促进计划等。同时,加大对农村环境治理力度,即调整农村水和废物处理计划。撤销法定的水和废物处理设备赠予上限,设定商品信贷公司3.6亿美元的法定资金投入计划,用于农村水和废物处理。政府每年拨款5100万美元用以支持小社区在环境标准方面的研究行动;加强病虫害控制,授权农业部长对批准各行政机关采取官方控制手段防止危害人类及动植物健康的病虫害。

(五)降低农业产业政策对贸易的扭曲程度,主要途径是减少价格补贴等黄箱补贴政策的运用

价格支持的主要目标是保证农场主或农业生产者不受国际和国内农产品价格剧烈变动的负面影响,使农业生产保持比较稳定的市场环境而由政府承担价格变动的风险和损失。价格支持对生产和贸易的扭曲影响,一般将其归结为黄箱政策。在 WTO 的影响下,当前的农业产业政策逐渐减少对生产和贸易扭曲作用较大的价格支持政策。以美国为例,在《2002 年农业安全及农业投资法》中,制定了直接支付政策以取代 1996 年农业法中的生产弹性合同。虽然直接支付政策也是基于历史产量和生产面积,但其不受当前产量和市场价格的影响。所以,在向 WTO 通报的农业产业政策中,美国将其划分为与产量无关的补贴,并归结到绿箱政策中。

二、WTO 框架下中国农业贸易政策与产业政策的协调障碍

"工业反哺农业"和"城市带动农村"是世界很多国家现代化发展的一般规律。但是,中国从 1958 年对农业征收农业税开始,一直实行以"农业支持工业"的发展道路,通过农产品价格和工业品之间的"剪刀差"①,支持了工业,牺牲了农业。这不仅制约了中国农业"加入 WTO"谈判利益的获得,而且使中国在 WTO 框架下享有一定利益的同时,也承受着来自 WTO 和其他成员方对中国贸易政策的特殊限制,这些限制成为制约中国农业贸易政策与产业政策协调的重要障碍。

(一)禁止使用出口补贴的贸易政策

1. 出口补贴在《农业协议》中的特殊性

因为出口补贴直接适用于农产品出口,所以相比其他国内补贴来讲,对贸易的扭曲作用更甚。WTO 对《农业协议》中的出口补贴的态度主要体现在第 8 条、第 9 条和第 3 条。第 8 条规定:"每一成员均不得以除符合本协议和其减让表中列明的承诺以外的其他方式提供出口补贴。"第 3 条规定:"一成员不得对其减让表第四部分第 2 节中列明的农产品或产品组提供超过其中所列预算支出和数量承诺水平的第 9.1 条所列的出口补贴,也不得对其减让表该节未列明的

---

① 所谓工农业之间的"价格剪刀差",就是工业产品价格越来越高于其价值,农产品价格越来越低于其价值,像一把剪刀一样,工农业产品比价差额越来越大。

任何农产品提供此种补贴。"第9条第1款列举了各成员应受到削减承诺约束的出口补贴类型：①政府或代理机构视出口实绩向企业、行业、农产品生产者、农产品生产者合作社或其他协会，或者法定销售机构提供的各种直接补贴，包括实物支付；②政府或其代理机构为出口而销售或处理非商业性农产品库存，价格低于向国内市场中同类产品购买者收取的可比价格；③政府资助农产品的出口，无论是否源自公共账户支出，包括出口农产品征税过程中提供的支付；④为减少农产品出口的营销成本而提供的补贴（可普遍获得的出口促销和咨询服务除外），包括处理、升级和其他加工成本补贴以及国际运输成本和运费补贴等；⑤政府提供或授权提供的出口装运货物的国内运输和装货费用，条件比在国内装运货物更加优惠；⑥视出口产品中含农产品的情况而对该产品提供的补贴。

总之，WTO对《农业协议》中的出口补贴虽然总体上采取反对的态度，但并不禁止。对于在基期（1986～1990年）内未接受出口补贴的农产品，今后不得提供出口补贴；对于在基期内已接受出口补贴的农产品，允许有关国家继续对其提供出口补贴，但要求在协议所列举和各自承诺范围内承担削减的义务。但是，对于发展中国家的出口补贴削减问题，《农业协议》在第9条第4款予以了例外规定，即发展中国家对为减少出口农产品的营销成本而提供补贴，包括处理、升级、其他加工成本以及国际运输成本和运费；对出口农产品的国内运输、运费提供优惠，发展中国家可以免于削减，但这些不得以规避出口削减承诺的方式实施。

2. 中外在出口补贴政策问题上的强烈反差

鉴于出口补贴政策对农业发展尤其是对国外市场利用的重要性，发达国家不仅力争将其在《农业协议》中确立特殊地位，而且在各自农业贸易政策对产业政策协调的实践中更是予以充分利用。根据WTO秘书处2002年的统计数据，在基期内对农产品提供第9.1条所列之出口补贴的WTO成员方共有25个，所涉及产品达428种。也就是说，在《农业协议》生效后，这些成员方只要遵守削减承诺，可继续保留对相关产品的出口补贴政策。

从实际执行情况看,根据彭廷军(2001)的研究报告分析,在众多实施出口补贴的 WTO 成员方中,欧盟补贴额最高,达 58.43 亿美元,占 89.9%;其次为瑞士和美国,分别补贴 2.92 亿美元和 1.47 亿美元,各占 4.5% 和 2.3%,而其他国家所占比重为 3.3%。可见实施出口补贴政策促进农业产业发展的多数是发达国家。从这些国家出口补贴政策所适用的农产品类型来看,以奶制品、肉类、粮、棉为主。

WTO 对于发达国家在出口补贴问题上虽然做出了削减要求,但是,因为这些国家的出口补贴政策所涉及的产品和金额基数太大,所以,即便是削减仍然对发达国家的农产品出口形成相当大的推动。

中国从 1990 年开始逐步取消农产品出口补贴,并且也曾对外宣布不再恢复使用出口补贴。然而中国某些主要农作物的国内价格高于国际市场价格,所以中国在加入 WTO 谈判过程中处于不利地位。在中国《加入 WTO 议定书》第 12 条第 1 段中,中国承诺"应实施中国货物贸易承诺和减让表中包含的规定,以及议定书具体规定的《农产品协议》的条款,在这方面,中国不得对农产品维持或采取任何出口补贴";在中国《加入 WTO 工作组报告书》第 234 段中,中国承诺"不迟于加入之日,中国对农产品将不维持或采用任何出口补贴"。中国就农产品出口补贴政策问题上的加入 WTO 承诺使中国失去了运用这一重要贸易政策手段促进农业产业发展的机会。从这一角度来看,中国甚至失去了其他发展中国家所享有的特殊待遇。这为中国进行农业贸易政策和产业政策的协调工作时设置了重大障碍,中国在政策协调时必须回避使用出口补贴政策,这对于本来就缺乏国际竞争力的农产品贸易无异于"雪上加霜"。

(二)农产品市场准入政策对中国农业产业政策的限制

WTO《农业协议》中的市场准入规则是通过禁止使用除关税以外的其他非关税进口限制措施,对现有的非关税壁垒措施转化成相应的关税等值①(即关税化),约束和削减关税水平来减少农业贸易领域现存的关税和非关税措施,增加农产品市场准入机会,以促进农产品贸易自由化的实现。

1. 关税化的"编外人员"

乌拉圭回合在《农业协议》中选择"关税化"的方法,增加了GATT对各成员的约束力度,增加农产品贸易壁垒的透明度和可预期性要求。因此,乌拉圭回合《农业协定》规定,各成员不得维持、采取或重新使用已经被要求转换为普通关税的任何非关税措施,完成农产品非关税措施的关税化要求。此举是竞争日趋激烈的农产品贸易保护领域中的自由化需求,也是当时取得农产品贸易谈判成果的权宜之计。

对于中国来讲,作为后来加入 WTO 的成员,中国在法律上并不享有实施关税化的权利,况且在基期内中国农产品总体价格水平并不高于国际市场价格水平,计算关税等值的意义不大。所以中国农产品基本上在加入 WTO 的农业承诺中成为了关税化的"编外人员",相反,这一方法却成为发达国家和部分发展中国家保护农产品的一种政策选择。

2. 中国在农产品特殊保障措施方面的权利缺失

农产品特殊保障措施规定于《农业协定》第 5 条,内容是 WTO成员在将非关税措施转化为普通关税(即非关税措施关税化)并在减让表中用特殊保障条款表明为减让对象的农产品,允许该成员在该产品进口数量突增或者进口价格剧跌达到规定的水平时,征收一定的附加关税,以保护国内相关产业。农产品特殊保障措施条款的制定是因为一些国家对"关税化"造成对农产品扶持政策空间逐渐削减的担忧。为此,提出制定"关税化"条款的交易条件——订立"农产品特殊保障措施"。对原来保护程度很高的农产品贸易予以

---

① 关税等值的具体计算公式是:$T = (Pd-Pw)/Pw \times 100\%$。其中 T 为关税等值(从价税),Pd 为相关产品的国内价格,Pw 为国际市场参考价格。

特殊保护,防止在非关税措施关税化后会受到巨大冲击。

但是,对于中国农产品来说,因为中国没有关税化的产品,即在中国"加入 WTO"的关税减让承诺表中没有标注"关税化"产品,所以农产品特殊保障措施这一贸易政策手段,对农业产业保护的作用是无法得到发挥的。所以,在法律上中国就不能运用该农产品特殊保障措施。在此种情况下,对于国外农产品大量进口造成中国国内农业严重损害时,中国只能采取 WTO《保障措施协议》规定的措施或其他贸易救济措施,而在农产品特殊保障措施方面出现农业产业保护的权利缺失。

3. 加入 WTO 后中国农产品市场准入问题

加入 WTO 后中国对农产品的市场准入政策,主要反映在关税减让和关税配额两个方面。

(1)关税减让趋势

如表 4-1 所示,中国加入 WTO 后逐渐降低农产品关税壁垒,2002 年开始逐年下降,但从 2005 年开始,总体下降趋势趋于平缓,农产品关税保护的状况也较为稳定。

表 4-1 中国农产品关税减让后的平均水平 （单位:%）

年份	关税总水平	农产品平均水平
2000	15.6	21.3
2001	14.0	19.9
2002	12.7	18.5
2003	11.5	17.4
2004	10.6	15.8
2005	10.1	15.5
2006	10.1	15.5
2007	10.1	15.5
2008	10.0	15.1

资料来源:《中国加入 WTO 议定书》。

（2）中国农产品关税配额管理状况

根据中国加入 WTO 承诺,中国加入 WTO 后将按照 WTO《农业协议》的要求取消数量限制,但在一定时间内保留对小麦、大米、玉米、棉花、豆油、食糖、羊毛等重要农产品实行关税配额管理。配额内关税为 1% ~10%,配额外关税税率为 10% ~65%。问题是对于粮、棉、油、糖、毛产品,国家一直作为关系国计民生的重要农产品,按要求要转化为关税配额管理。对于具体的关税配额管理而言,很多国家有四五种管理方法,对中国来讲,不仅没有其他国家较长的过渡期研究适用更有利的方法,而且,WTO《农业协议》在有关关税配额的管理与分配问题上,并无明确规定,成员方对这一问题还必须遵循《WTO 协定》下关于关税配额管理的一般规则,主要是 GATT1994 第13 条(数量限制的非歧视管理)和《进口许可程序协议》。

对于中国农产品来讲,关税配额的贸易政策方式对农产品的保护作用已经非常有限,其中部分农产品的管理方式也局限于"先来先领"等相对简单的适用方法,调控方法很有限。因此,从总体看,中国农产品在市场准入方面承受着较大的国际竞争压力,中国在农业产业保护的政策协调过程中必然受到来自贸易政策实施空间显著缩小的掣肘,农产品面临国外农产品强烈竞争的局面是必然出现的。

（三）国内支持政策对中国农业产业政策的贸易限制

在农业问题上,WTO 不仅关注其成员贸易政策所影响的国际农产品利益分配,鉴于各成员内部农业产业政策的国际延续性,而明显地将触角伸到其成员内部产业支持政策上。尤其是当各国国内支持政策已经致力于将支持的深层次目的定位于贸易自由化与其国内政策的有效结合,通过对国内农业的保护性支持补偿自由化给农业生产造成的利益损失,使其更有效地融入国际贸易市场。

WTO 在国内支持政策方面对于农业和其他非农业部门的限制是不同的,对于非农业部门严格按照 WTO《补贴与反补贴措施协议》

执行,对于农业则按照《农业协议》的规定执行。相对而言,农业方面的国内支持政策是相对宽松的。按照对生产和贸易的扭曲程度的不同,《农业协议》中的国内支持政策划分为不同类别,学术界形象地将其划分为"黄箱"政策、"蓝箱"政策和"绿箱"政策。《农业协议》是对国内支持采取分类管理的办法,对于限制和扭曲贸易的"黄箱"政策采取限制和逐渐削减的态度;对贸易无扭曲作用或扭曲作用较小的"绿箱"政策和"蓝箱"政策采取支持和允许的态度。所以,中国农业产业政策的贸易限制主要集中在黄箱政策。

黄箱政策的特点是将产量目标与农民的收入目标"挂钩",政府可以直接通过对农民收入的控制(即对机会成本的补偿和农业公共品的购买)来达到政府产量的目标。黄箱政策主要包括以下政策措施:①价格支持;②营销贷款;③按产品种植面积补贴;④牲畜数量补贴;⑤种子、肥料、灌溉等投入补贴;⑥对贷款的补贴。

黄箱政策作为《农业协议》的重点规制对象规定,凡基期"黄箱"支持水平超过微量水平者,均需按综合支持量①进行削减,未超过的,今后则以该微量水平为限。中国对粮、棉等农产品的政府保护价低于国际市场价格,因此针对特定产品的黄箱政策基本为负值。与其说是支持,不如说是剥夺。② 与此同时,中国对非特定农产品的投资补贴和投入品补贴也相当有限,年均水平仅为 294 亿元,不到农业生产总值的 1.5%,详见表 4-2。所以,中国的基期黄箱政策水平远远低于微量水平,因此,在国内支持的承诺表中,中国的基期综合支持量为零,最终承诺水平也为零。

---

① 综合支持量:按照《农业协议》第 1 条第 1 款规定,综合支持量是指:"给基本农产品生产者生产某种特定农产品提供的,或者给全体农业生产者生产非特定农产品提供的年度支持措施的货币价值。"综合支持总量为正表示农业得到了正保护,正值越大,说明对农业的支持和保护程度越高;综合支持总量为负表示农业得到了负保护,说明政府对农业的剥夺大于对农业的支持。

② 龚宇:《WTO 农产品贸易法律制度研究》,厦门大学出版社 2005 年版,第 272 页。

表4-2 中国对非特定农产品的"黄箱"支持情况（1996~1998年）

年份	投资补贴（亿元）	投入品补贴（亿元）	农产品总产值	支持比重
1996	14.60	265.59	19560	1.4
1997	15.35	245.24	20664	1.3
1998	8.80	332.42	21234	1.6
三年平均	12.94	281.08	20489	1.4

资料来源：Communication from China，Supporting Table DS：9，19 July 2001，WT/ ACC/ CHN/ 38/Rev. 3.

不仅如此，有关微量水平的免除条件，中国也是处于不利的境地。《农业协议》第6条第4款规定，在计算某一特定农产品综合支持量时，如果计算结果不超过该产品生产总值的5%（发展中国家为10%），则计算结果不必计入综合支持量，该特定农产品可免除减让。依据《农业协议》第6条第2款规定，发展中国家用以鼓励农业和农村发展的措施：普遍获得的投资补贴；中低收入或资源贫乏的生产者可以获得的农业投入补贴；鼓励发展中国家生产者不生产违禁麻醉作物而提供的支持等，上述为鼓励农业和农村发展所提供的直接或间接的援助措施，发展中国家也可以免于减让。这些特殊和差别待遇为发展中国家成员提供了较大的余地，以促进其农业产业发展，成为农业产业政策的重要空间。但是，中国虽然属于发展中国家，但是由于加入WTO谈判的诸多阻碍，出于综合考虑，中国最终承诺的微量支持水平为8.5%。基于同样的原因，对于发展中国家用以鼓励农业和农村发展的发展性支持措施，我国实际上不能享受。

总之，中国只能在8.5%的空间内使用"黄箱"政策，一旦"黄箱"支持空间已满，则无权按特殊和差别待遇继续进行定向农业投入补贴。这与发达国家也可以在黄箱政策范围内进行农业投入补贴没有实质区别，只是"黄箱"政策的空间比发达国家多3.5个百分点而已。

三、WTO 框架下中国农业贸易政策与产业政策的协调空间

中国面对加入 WTO 带给农产品以及农业发展的巨大压力,不得不思考农业产业政策与贸易政策的协调问题,中国一改多年来对农业剥夺而支持工业发展的政策,开始借鉴其他 WTO 成员保护和支持农业发展的经验,探索一条 WTO 所允许的符合中国现实国情的农业政策的协调之路。

(一)打出口补贴政策的"擦边球",发挥出口促进政策对农业产业政策的协调作用

鉴于《农业协议》在针对出口补贴的法律规定的发展程度和空间,很多国家还打出口补贴政策的"擦边球",虽然客观上促进了农产品出口,却可以跳出出口补贴——削减承诺的约束。从这一角度来讲,中国虽然在加入 WTO 承诺中放弃了利用农产品出口补贴政策来促进农业产业发展,但是,如果深入分析和研究 WTO 和《农业协议》有关出口补贴的规定,仍然可以找到属于出口促进政策但却不是出口补贴政策的空间,在这一范围内大力发挥农业贸易政策对产业政策的协调作用。

《农业协议》虽然对出口补贴进行了规定,但对"出口补贴"的定义却规定的较为简单,即"视出口实绩而给予的补贴,包括本协议第9 条所列的出口补贴"。所以,出口补贴的确定前提是"补贴"的确定,然后是补贴是否"视出口实绩而给予"。问题是对于"补贴"和"视出口实绩而给予",《农业协议》均未予以明确解释。在加拿大"奶制品案"中,就涉及《农业协议》中有关出口补贴的问题。该案中为确定加拿大争议措施是否属于出口补贴,需要确定的"补贴"问题,上诉机构直接引用了 WTO《补贴与反补贴措施协议》中有关补贴的定义。另外,在美国"外国销售公司案"中,上诉机构在解释何为"视出口实绩而给予"时,也引用了《补贴与反补贴措施协议》的相关规定,指出《农业协议》中"视出口实绩而给予"的要求与《补贴与反补贴措施协议》中的相同要求,没有理由做出不同的解释。因此,利

用《补贴与反补贴措施协议》中的出口补贴要件来理解《农业协议》中的出口补贴概念是合乎时宜的。① 所以,在解释《农业协议》的出口补贴的构成要件时,有必要结合《补贴与反补贴措施协议》的相关规定。因此,《农业协议》中出口补贴的构成要件可归纳为以下四点:第一,补贴利益的存在。张玉卿(2004)将这一要件称为"直接补贴(包括实物支付的存在)";第二,由政府或公共机构提供的财政资助;第三,向厂商或产业等提供;第四,以出口实绩为条件。上述四个要件共同满足,才可以认定为属于出口补贴政策。从法律上讲,如果使用的出口促进政策构成上述四个要件,则可以认定其出口补贴的性质,如果有一个要件缺乏则不构成出口补贴。中国承诺不施行任何出口补贴政策,但是,如果中国施行的农产品贸易政策缺乏上述任何一个要件,就不算违反承诺和WTO规则。所以,中国在出口促进政策上的突破口首先在出口补贴构成要件的反利用上。

1. 厂商支付对价而获得的支持

出口补贴构成的第一个要件——"补贴利益的存在",结合《农业协议》第9条第1款所列举的各项出口补贴类型,可以认为,补贴利益是指因为政府或公共机构的支持,使厂商获得在市场条件下所无法获得的利益,这一利益可能是直接的现金支付,也可能是实物支付。在加拿大"奶制品案"中,上诉机构认为,单纯存在的支付并不表明接受支付者的经济意义,因为补贴是指经济资源从提供者向接受者转移时没有取得完全对价。根据《补贴与反补贴措施协议》第1条第1款规定,补贴产生于授予者通过财政资助给予接受者无法在市场条件下取得的利益之情形,若接受者支付了全部的对价换取实物支付,则不存在补贴。

从这一角度来看,补贴必须是接受者未支付对价而获得其他市场竞争者在市场条件下所无法获得的利益。但是如果补贴接受者支

---

① United States-Tax Treatment for "Foreign Sales Corporations", *Report of the Appellate Body*, 24 February 2000, WT/DS108/AB/R, p. 141.

付了对价,则另当别论。例如,美国广泛实行的食品援助计划中,通常是以对其他国家的食物援助换取较低的支付而接受援助者以收益用在当地农业、经济、教育和基础设施等方面的对价。虽然《农业协议》第 10 条防止利用非商业性交易包括粮食援助等形式规避《农业协议》对出口补贴的限制,但是,因为补贴接受者支付了相应对价而得以排除在出口补贴的范围之外。中国目前虽然承诺不实行农产品出口补贴政策,但是如果中国各级政府在支持农业生产的优惠政策适用时,可考虑附加一定的条件,要求接受者或由接受者主动付出回报(可以理解为对价),如此便可免除补贴的嫌疑,显然也更谈不上出口补贴了。例如,中国奶制品生产企业——内蒙古蒙牛集团实行的为贫困地区学生免费送一年牛奶的计划,如果政府基于企业在公益事业上的付出或其他方面的对价而考虑提供给企业的有关奶源供应或其他方面的优惠,就不能定性为补贴,也就更谈不上出口补贴。

2. 可普遍获得的农产品出口促销和服务政策

可普遍获得的农产品出口促销和服务政策的突出特点就是不具有对部分农业生产者和农产品加工企业的倾向性,并且不重点扶持某一类农产品的出口,不构成对某一类农产品的贸易扭曲。所以,《农业协议》第 9 条第 1 款第 4 项中规定要求削减的"为减少农产品出口的营销成本而提供的补贴,包括处理、升级和其他加工成本补贴以及国际运输成本和运费补贴等"出口补贴类型中,将"可普遍获得的出口促销和咨询服务"排除在外。也就是说,这一类政府或公共机构农产品支持政策不属于出口补贴范畴,免于削减。所以这一类政策可以成为农业产业政策与贸易政策协调的可利用空间。

由此可见,中国完全可以利用这一 WTO 法律规定的出口补贴例外空间,大力协调中国农业产业政策和贸易政策,促进中国相关农产品尤其是品牌产品在国际上的影响力,为农产品生产企业和农业合作组织等提供国外市场的促销、技术、信息、咨询甚至是帮助化解市场贸易壁垒等方面的财政和金融支持。要注意支持"可普遍获得"性,即不以行政强制性限制具体获得支持的农产品种类和企业,而是制定中性的获得标准,凡符合标准均可获得,或通过市场化竞争模式获得支持,如招投标等方式,目的是减低贸易扭曲性的嫌疑,不违反加入WTO承诺,可以起到促进中国农产品出口的客观效果。

　　3. 不以出口实绩为条件的出口支持政策

　　中国承诺"不维持或采用任何出口补贴"。出口补贴的最主要特征就是"视出口实绩而给予的补贴",即以出口实绩为条件而给予的补贴。如果中国所实行的出口支持措施与出口实绩不相关联,其获得与否不以出口实绩为条件,那么是不算违反规则的。

　　"以出口实绩为条件"在《补贴与反补贴措施协议》中包括两种情况,即有法律上的和事实上的区分。法律上的"以出口实绩为条件"是基于相关法律、政策等明文规定而得出的认定;事实上的"以出口实绩为条件"是以补贴给予是以接受的客观事实情况考察为条件。在美国"外国销售公司案"中,专家组认定其是在法律上以出口实绩为条件的补贴,即出口补贴。事实上以出口实绩为条件,显然是在法律上没有做出明确的出口条件限制,但是在事实上补贴接受者只有以出口为导向进行生产或销售才可以获得政府支持,是政府的出口导向的意图(无论明示或暗示)与企业获得补贴的结果有机结合。在加拿大"飞机案"中上诉机构指出,补贴的给予不必以产品的出口为条件,只要受益企业是因其出口导向而获得补贴,且给予补贴的机构期望这些企业保持这种出口导向,就足以符合条件了。受益企业实际业务中是否增加出口并不重要,"澳大利亚皮革案"中,受益企业只有一家符合获益条件的企业,而这家企业主要针对国际市场,所以澳大利亚政府对其皮革生产的优惠贷款就被认定为出口补贴。

　　所以,中国在适用出口支持政策时,应考虑要回避以法律上和事实上的出口实绩作为获得支持的条件。无论企业是否以出口为导向,出口数量和金额等的多少与获得支持无关,那么就可以回避出口补贴的禁止性限制。例如,传统出口信贷政策。这一政策以政府提供贴息贷款的方式给本国出口商或外国进口商或进口银行,以减少出口的风险。如果从经济活动的风险性角度认识,出口信贷只是商业企业对于防范国际贸易风险而选择具有政府担保性质的手段。鉴于国际上很多国家,尤其是以美国为首的发达国家普遍采取这一政策和《农业协议》的谈判在出口信贷纪律方面的迟迟不出台,政府对农产品出口信贷的支持政策被广泛使用。这些政策的考虑和借鉴对中国实施不以出口实绩为条件的出口支持政策有一定的意义。

4. 针对农业行业协会或服务机构的海外拓展服务而提供的支持

WTO《农业协议》中的出口补贴是由政府或公共机构提供给农产品厂商或产业的。其最担心的是由于政府或公共机构的干预而扭曲私人贸易领域的农产品供给。但是,如果政府或公共机构并不直接通过政府补贴的方式介入企业农产品生产,而是以农业行业协会和服务机构为对象进行资金、技术、信息和服务方面的支持,必然间接地对农产品厂商或企业产生积极的影响。例如,美国、加拿大、新西兰等国家的奶制品出口的生产,政府的色彩很大程度上在减弱。曾经具有政府影响色彩的牛奶管理机构在加入 WTO 后贸易争端影响下,也在进行着产业政策制定方面的调整,降低政府出口导向色彩,增加社会服务职能。行业协会和众多技术服务机构的海外市场开拓大大拓展了这些国家农产品的出口,但却很难以出口补贴为其定性。这一转变进一步增强了市场调节的力度,同时发达国家农业公共政策的制定通过行业协会和服务机构在政府和企业之间起到很好的上下衔接作用,进一步影响政府在 WTO 多轮农业谈判中的选择。

相反,中国当前农业产业结构政策与贸易政策协调的模式是以政府为主导,主要凭借行政手段实行主动协调。在协调的全过程中,政府行为又带有浓厚的计划色彩。这一问题直接影响中国在农产品出口补贴政策方面的协调空间。在加拿大"奶制品案"中,上诉机构对政府影响在判断出口补贴中的作用有充分的认识,其从布莱克法律词典中引用对"政府"的解释,认为,政府的实质是具有有效权力

"管理、控制或监督"个人,或通过行使合法权利限制个人行为;政府机构是得到授权行使政府职能的机构。此时对"个人"的理解包括私人企业。由此可见,政府对私人企业的有效管理和控制即便是通过政府机构来行使职能也是难以摆脱行政色彩的。所以,农产品行业协会既不同于政府机关,也不同于一般的农业中介组织,具有经济性、中间性、民间性、服务性及权威性。如果政府将行业协会这一具有中性色彩的机构或非商业性机构的作用充分发挥,政府给予这些机构财政或金融上的诸多支持,保持在人才供给包括科技、管理、财会、市场拓展等方面的优先地位,大力吸收农业院校、农业技术开发部门、法律服务机构等相关行业的精英,加快农产品行业协会的发展,那么间接受益的仍然是企业,而政府也可以摆脱行政协调的色彩。

(二)黄箱政策的合理使用

黄箱补贴政策主要关注对农产品价格的短期影响,对农业生产力的提高不明显。该政策中,政府对农产品价格市场的参与程度显然重于其他种类的国内支持政策。所以,中国在黄箱政策使用空间仍然很大的情况下,还要注意以下方面的政策调整:

1. 要充分利用黄箱政策中中国所普遍缺少的种类

2005年2月,美国农业部经济研究局发表题为《中国新的农业补贴》的研究报告,对我国2004年以来的农业政策调整情况进行了系统分析。报告认为,从2004年开始,中国农业在政策取向上进入了以对农民直接补贴逐渐取代世代沿袭的农业税的新时代。报告指出,新政策反映了中国已经认识到农业是需要扶持的行业。报告将政策性支持分为五类,即粮食补贴,折合14亿美元;减收农业税,折合50亿~70亿美元;种子补贴,折合1.93亿美元;农机补贴,折合500万美元以及农村基础设施支出,折合181亿美元。基本符合我国农业政策调整情况。报告分析了2004年农村信用社增加农民贷款的力度,指出中国2004年前9个月农村信用社新增对农民贷款234亿美元,较2003年同期增长了27.8%,主要用于农资购买和再生产投资,如打井、牲畜和肥料购买、果园和温室建设等。政策性银行也增加了对农产品加工企业的贷款支持力度,中国农业发展银行于2002年启动了"龙头企业"贷款扶持项目,2003年又新增贷款400亿元。所以,中国黄箱政策补贴也开始关注金融、信贷等领域对农业产业的发展。这是中国在加入WTO之后以及将来对农业在黄箱政策支持种类方面所要注意的问题,即充分考虑WTO《农业协议》中列举的黄箱政策种类中利用较少的补贴,例如营销贷款补贴和依照产品种植面积、牲畜数量等方面的补贴,借鉴国际经验大力扶植中国农业产业发展。

2. 逐渐减少历史上对农业的负面政策

农业税费收入对农业产业发展的抑制作用是造成中国农业落后于其他产业发展的重要原因。所以,中国农业产业政策在加入WTO后鉴于贸易政策的限制,要注意从基础做起,在财政上减少对农业的剥夺和歧视。例如,中国在加入WTO后一直致力于为农民"减负"的政策推行,从开始的农业特产税等部分省市地区的试点展开,到2006年1月1日正式废止。到2007年全面实行农村义务教育,免除农村中小学学杂费。之后的农业黄箱政策要致力于对农业生产能力的全面提高,这其中也包括对农业基础设施投入的细致化,即不仅投入在大型水利等基础设施建设上,也要增加到有关农业产业化经营等方面,如生产、加工、机械、流通等诸多方面的生产能力提高上。

3. 采取恰当的补贴方法

将黄箱补贴中大量投入到农业生产流通环节和集中城镇消费者对农产品消费补贴上的间接补贴和价格补贴,转化为主要以农业生产者为受益对象的直接补贴,抑制补贴资金的间接环节流失。另外还要注意黄箱补贴的补贴范围问题。过去,中国虽然存在一定程度上的黄箱补贴,但是存在过于普遍的特点,表现在涉及农业生产流通领域的多环节,几乎涉及农产品生产与流通的全过程。这种补贴虽然普及,但是补贴过于分散会影响补贴的力度和补贴对农业生产者的激励作用。所以,应注意加强补贴的集中效应和对具体农业具体产业部门的补贴力度,关注中国加入 WTO 后国际竞争压力较大的产业和对中国农业总体产业竞争力提高的产业领域。

(三)绿箱和蓝箱政策的历史缺失为中国农业国内支持政策提供了广阔空间

绿箱政策泛指通过纳税人而不是消费者来改变农业状况的各种农业支持政策。其经济意义在于通过全社会的投入来提高农业的综合生产力水平,以降低农民的机会成本。生产与否、生产多少都与绿箱政策无直接关系,因此不会对贸易产生扭曲,是 WTO 对其成员所鼓励使用的促进农业产业发展的国内支持政策。

中国的绿箱政策主要集中在前两项当中,其他类型如与生产脱钩的收入支持、收入保险、农业生产者退休补贴、结构调整补贴等则刚刚起步。按照 WTO 口径,我国目前使用的"绿箱"政策只有 6 项,分别是一般农业服务、粮食安全储备、粮食援助补贴、自然灾害救济、农业环境保护计划和地区援助补贴。这些补贴大部分用于大江大河治理、城市防洪等水利项目,支持农业的效应不明显。因此,根据我国农业发展和补贴的现状,今后要将我国"绿箱"政策的重点放在增加农业科技投入、增加农业基础设施建设投入、增强农村环境和生态投入等几个方面,既不违背 WTO 的规定,又可以间接地增强我国农业整体竞争力。

中国 2004 年对农村基础设施的投入总计达到了 1500 亿元人民币(折合 181 亿美元),重点改善灌溉设施、乡村道路、沼气设施、小水电、草场围栏、科研和农业高科技园区的建设。历史上农村基础设施建设经费只有 30% 左右真正用于农业,大部分被挪作他用。因此,中国绿箱政策应针对实施中的问题做出调整。

1. 增加政府为农业服务的主动性支持,减少被动监督和惩罚的色彩

在《农产品质量安全法》中规定:农产品生产企业和农民专业合作经济组织,应当自行或者委托检测机构对农产品质量安全状况进行检测;经检测不符合农产品质量安全标准的农产品,不得销售;农

产品质量安全检测应当充分利用现有的符合条件的检测机构;从事农产品质量安全检测的机构,必须具备相应的检测条件和能力,由省级以上人民政府农业行政主管部门或者其授权的部门考核合格。中国农产品在国际上遭遇绿色贸易壁垒的情况日益严重,中国加强对农产品质量检测等质量安全工作是非常必要的。但是,中国农产品生产者和企业在这方面的经济投入一直占很小比例,甚至不投入。自行或委托检测机构检测是一种较为被动的做法,实践中易流于形式。而且农产品质量安全检测机构在中国是较为缺乏的,政府若从根本上增加农产品质量监管,应增强对农产品质量检测机构的建设投入和支持,对农产品生产企业和农民专业合作组织从事农产品质量检测活动进行财政支持,缓解其经济压力,增强其对农产品质量负责的主动性。

政府如果依赖后续的农产品监管工作,如国务院农业行政主管部门和省、自治区、直辖市人民政府农业行政主管部门应当定期对可能危及农产品质量安全的农药、兽药、饲料和饲料添加剂、肥料等农业投入品进行监督抽查,并公布抽查结果,虽然能起到一定的威慑作用,但却不是持久提高农产品国际竞争力的做法。所以,中国政府应借鉴其他农产品出口大国的经验,从国内农产品产业支持的根本出发,加大服务职能的有效性,增强农民对农产品质量关注的主动性,减轻农业生产者在这方面的经济压力,从根本上提高中国农产品的国际竞争力。

2. 将过于宏观和原则化的鼓励和支持措施予以具体、明确,制定具有可操作性的规定

以 2003 年 3 月 1 日实施的《农业法》为例,其中对国家引导、支持社会主体投入农业的措施规定不具体,如第 40 条第 1 款虽然提出了"税收、价格、信贷"等支持措施,但具体的支持内容仍不明确;第 2 款"鼓励和支持"这一用语的具体内容也缺乏可操作性;缺乏对 WTO《农业协议》中有关农业补贴制度的国内适用。中国可以将农业补贴政策的法制化明确于《农业法》中,将经过实践推行证明行之有效

的补贴种类和方式法律化,并在符合 WTO 农业规则要求的前提下,参考各国的立法经验,将一些具有前瞻性、更能体现国家扶持、保护农业发展的补贴种类予以法制化,并应注意规范的可操作性。

3. 深入探索促进和保障农业生产、降低农业生产风险、提高农业产业升级的新措施

农业保险是现代各国分散农业生产经营中的各类风险,保障农业生产经营者收入水平的有效制度,也是国家弥补农业生产弱质性的重要干预手段。西方很多国家制定了农业收入保险和收入安全网计划,降低农业生产者对自然风险的顾虑。中国近二十年来,在局部地区试点推行政策性农业保险,取得了初步的经验,下一步需要法律做出相应的可操作性规定。但《农业法》仅在第 46 条规定了国家扶持农业保险的原则性职责、农业保险的模式和农业保险实行自愿原则等内容,对其他大量的操作性制度未予以规定。已有的农业保险模式选择也存在与实践脱节的重大缺陷,而对农业保险实行自愿原则的规定,未考虑到中国农业和农民现状,缺乏现实的可操作性。鉴于此,国家对农业保险的模式选择;各类农业保险主体的结构、基本的权利义务、体系设置及基本的运作规则;投保人基本的权利和义务,农业保险合同的基本条款、订立、履行、终止和解释;国家对农业保险的支持措施的主要内容;农业保险的基本险种或其确定;农业保险理赔;农业保险监管及法律责任等内容都要进行深入地研究和规范,制定切实有效的措施,做好政策法规对农业产业的促进和保障工作。

4. 关注劳动密集型农业的支持,着力提高中国农产品的国际竞争力

中国自然资源优势的逐渐减弱和人口数量的居高不下,对于农产品贸易的影响是直接的,即中国在土地等自然资源优势农产品的国际贸易状况和在劳动力资源优势农产品的国际贸易状况是呈现鲜明对比的。以价格竞争力为指标,如果同类农产品的国际市场价格水平与国内市场价格水平的比值系数大于 1,说明国际价格高于国

内价格,本国产品在国际市场具有一定竞争力,反之则说明竞争力较弱。表4－3、4－4、4－5反映了中国与国际市场农产品价格的比较情况。

表4－3　中国与国际市场主要农产品价格比较（单位:元/千克）

品种	年份	国际价格	中国价格	比价系数	中国比国际高（%）
小麦	2001 2002	0.89 1.08	1.11 1.06	0.80 1.02	24.7 －1.8
玉米	2001 2002	0.74 0.82	1.13 1.02	0.65 0.80	52.7 24.4
大米	2001 2002	1.27 1.46	1.54 1.48	0.82 0.99	21.3 1.4
大豆	2001 2002	1.50 1.67	2.07 2.11	0.72 0.79	38.0 26.3
豆油	2001 2002	2.93 3.79	4.93 5.12	0.59 0.74	68.3 35.1
花生油	2001 2002	5.62 5.74	7.20 6.87	0.78 0.84	28.1 19.7

注:这些价格不包括海运费、保险费、损耗、关税、增值税、港口卸装费等。
资料来源:《中国农村经济形势分析与预测(2002～2003 年)》,社会科学文献出版社 2003 年版,第 57 页。邹琪:《反补贴与中国产业安全》,上海财经大学出版社 2006 年版。

表4－4　中国与美国水果价格的比较　（单位:元/吨）

品种	中国	美国
甜橙	1350	1675
柑橘	676	2877
柠檬	1650	3714
鲜食苹果	1000	3110
加工用苹果	—	810

资料来源:同表4－3。

表 4 - 5　畜产品价格的国际比较　　　（单位:元/千克）

品种	国内价格	国际价格
猪肉	10.89	48.17
牛肉	14.63	33.25
冻鸡	8.63	—

资料来源:同表 4 - 3。

　　通过上述三个表格数据的比较发现,对于传统自然资源优势产品,如小麦、玉米、大豆等产品,中国并不具有国际竞争的价格优势,相反,在水果、畜产品等劳动密集型农产品上具有明显的价格优势。根据许统生(2004)针对中国 1995～1998 年贸易竞争力指数的计算,中国农产品在总体竞争力呈现下降趋势的状况下,在蔬菜、水果、茶、烟草、蜂蜜、肉、蛋、饮料等领域的贸易竞争力水平的下降幅度是较低的。[①] 可见,对于中国来讲,出口劳动密集型农产品是具有较强的国际竞争力的。所以,出于发挥竞争优势的战略需要,中国在农业产业政策中应以具有优势的农产品为主要支持重点,保持这些产品在中国农产品贸易领域的竞争优势,提高这些产品的科技含量和环保指标,保护中国农产品贸易利益,带动农业产业国际竞争力的总体提高。

第二节　WTO 框架下中国纺织业贸易
政策与产业政策的协调

　　截至 2008 年 8 月,中国纺织服装制造业企业达到 14132 个,其中亏损企业数目在 3466 个,亏损总额达到 303 亿元。这一问题与国际市场上有关纺织服装业的供求状况及其他国家纺织服装业贸易政策等存在重要关系。不仅如此,中国纺织服装业国内产业状况并不

---

　　① 许统生:《开放中的贸易保护准则与实证分析》,经济管理出版社 2004 年版,第 93 页。

十分乐观,企业数量增长快,而效益增长和产品质量增长较慢,这在客观上造成中国纺织服装业国内竞争加剧和国际市场价格恶性竞争。在这种现象的背后,中国纺织服装业的产业政策扶持作用和 2005 年后中国对国际纺织服装产品贸易自由化的乐观估计起着重要作用。

一是实行以数量增长为主要目标的扶持政策。中国在“九五”期间,出台纺织品出口配额政策,赋予纺织企业“两纱两布”自营出口权工作由试点转向正式审批,不再限定纺织企业的数量。纺织品出口配额分配主要向纺织自营出口企业倾斜。

二是财政补贴政策的运用促使纺织生产能力提高并促进出口。国家对于列入国家压锭计划的棉纺织企业,每压缩淘汰落后棉纺锭一万锭,给予财政补贴 300 万元,由中央、地方财政各承担 150 万元。全国禁止无证生产和在国内销售棉纺织细纱机,严格限制进口棉纺织细纱机。为了鼓励纺机出口,国家实行了出口信贷和全额退税优惠政策。而且,从 1999 年起,纺织品出口退税率统一提高到 13%,并将逐步提高到 17%,全面促进纺织服装产品出口。

三是金融补贴政策发展纺织服装业。为了提高纺织业总体水平,提高产品竞争力,国家将纺织行业列为国家重点支持行业,1999 年有 115 个企业被列为国债贴息的技术改造企业,总投资 147 亿元人民币,银行贷款 97 亿元。国家继续向国有大中型棉纺织企业使用倾斜性银行呆账、坏账补贴政策,用于企业兼并破产核销银行呆账、坏账。

四是原料采购补贴以支持纺织服装产品贸易。1998 年实行新疆棉花“以产顶进”政策,对经过批准从事进料加工的纺织企业,使用新疆棉花顶替进口棉花生产的出口产品继续实行零税率政策。在 2001 年后,由于国际棉价的整体下跌,中国国内棉价相对上涨,纺织服装企业面临原料成本上涨和产品国际价格下降的双重打击,国家财政扶持企业采购棉花原料,平抑棉价,确保纺织服装出口。

一、WTO 框架下中国纺织品与服装产业政策与贸易政策协调问题分析

WTO 在纺织品与服装贸易方面的巨大成就,就是通过十年过渡期之后,从 2005 年 1 月 1 日开始实现全球纺织品与服装贸易的一体化,其中发达国家必须降低在该领域的贸易限制措施,打开市场大门,参与到全球市场当中,自由调节纺织品与服装贸易的供给和需求。所以,对于发展中国家,尤其是像中国这样的纺织品与服装大国,纺织与服装业应是受益最多的产业。但是,事实上,WTO 在贸易自由化努力的过程中仍然没有改变国际经济贸易关系的复杂性问题,WTO 的特殊谈判机制——"双边谈判、多边受益"的机制导致中国在加入 WTO 谈判中做出了针对中国的特殊保障措施。

(一)特殊保障措施构成 WTO 框架下中国纺织品与服装产业政策与贸易政策的协调障碍

所谓特殊保障措施,就是许多 WTO 成员担心中国加入 WTO 后出口会猛增,因此提出对中国继续适用"保障措施",并以"特殊保障措施"的形式体现在中国《加入 WTO 议定书》和中国《加入 WTO 工作组报告书》中。这些措施主要包括两种:一是专门针对中国纺织品限制措施。根据中国《加入 WTO 工作组报告书》第 242 段,规定直至 2008 年 12 月 31 日,进口方在认定中国出口的纺织品与服装产品产生"市场扰乱"的情况下,对中国已经取消配额限制的产品重新进行数量限制。至今,世界上许多国家包括美国、欧盟、韩国、日本、加拿大、印度等国纷纷根据此条款进行了国内立法。二是特殊保障措施。中国《加入 WTO 议定书》第 16 条"特定产品过渡性保障机制"规定,直至 2013 年,如果中国产品的出口造成或威胁造成"市场扰乱",进口方可对中国产品采取限制措施。由此埋下了单独针对中国纺织品出口的一颗"地雷"。

2005 年 1 月 26、27 日,全球纺织品公平贸易联盟(GAFTT)在华盛顿召开第三届国际纺织品会议。会议发表的公报除继续宣扬中国

将在一体化后垄断全球纺织品贸易外,还号召有关各方采取行动,对中国纺织品有效采取特别限制措施。GAFTT 的成员在会上表示,建立永久性特保机制的目标应该纳入多哈回合贸易谈判中,包括世贸组织第 496 号文件(要求监控纺织品配额取消的经济影响)和第 497 号文件(要求建立永久性、全球化的保障措施机制),避免全球纺织品贸易遭到垄断。2005 年 4 月间,欧盟以中国纺织品对欧出口激增为由,以中国《加入 WTO 工作组报告书》第 242 段条款为根据,公布《对华纺织品特限措施行动指南》,宣布对从中国进口的九类纺织品发起"特别保障调查",5 月份又提出对 T 恤和麻纱两类产品的"紧急特保"。接着,美国政府于同年 5 月 13 日和 18 日也以一季度中国输往美国纺织品激增,导致美国的 19 家纺织厂关闭、2.6 万个工作岗位消失为由,宣布对中国棉质裤子、棉织衬衫、内衣裤、男式儿童纯棉和合成纤维梭织衬衫、合成纤维裤子、合成纤维针织裤子和精梳纯棉纱线等七类纺织品的进口增幅限制在 7.5% 以内。除了欧美对我纺织品实行限额外,也引发了土耳其、墨西哥、阿根廷、哥伦比亚、秘鲁等国指控中国纺织品售价过低,对我国部分纺织品制定了贸易限制措施。例如,土耳其为制约中国纺织品的大量进口,早在 2004 年 12 月 31 日就特别颁布了《关于特定纺织品进口监控和保障措施条例》,该条例规定对我国 42 类纺织品进口设限,并从 2006 年起,还将扩大范围对另 44 类纺织品实施配额限制措施。此外,2005 年 7 月 26 日和 8 月 1 日,哥伦比亚和南非分别宣布对中国的纺织品服装产品进口实施保障措施。而且,2004 年 3 月美国、土耳其和墨西哥通过纺织服装行业协会发布《伊斯坦布尔宣言》,对中国纺织品贸易施压,要求 WTO 对中国纺织品服装出口继续实施配额管理,直到 2007 年 12 月 31 日。总体而言,中国纺织品与服装贸易在全球纺织业贸易一体化之后并没有收到预想的乐观局势,相反中国的纺织业却遭到了历史上最激烈的贸易摩擦威胁,如此来势汹汹的贸易摩擦一方面是中国在 WTO 特殊成员的特殊待遇所造成的,另一方面是由中国在纺织品与服装贸易政策和产业政策协调过程中的问题所引起。

因此,剖析纺织品与服装特殊保障措施的本质,找寻中国的国际、国内因素是中国改善这一状况的重要途径。

(二)中国纺织品与服装特殊保障措施剖析

1. "市场扰乱"是该措施实施的核心因素

中国《加入 WTO 工作组报告书》第 242 段规定,如果某一 WTO 成员认为来自中国的纺织品和服装产品,由于市场扰乱,正在威胁这种产品贸易的有序发展时,可以要求与中国磋商,以期减轻或消除市场扰乱;磋商应提供证明数据:一是市场扰乱的存在或威胁;二是在该市场扰乱中原产于中国产品的作用。重要的是该条中并没有明确市场扰乱的定义,这为其他国家针对中国纺织与服装产品频繁适用特殊保障措施留下了条件缺口。例如,美国《1974 年贸易法案》第 406 条将"市场扰乱"纳入国内法制。可是,当一进口产品正在以绝对或相对的方式快速增长,并构成国内同类或直接竞争产品受到的实质损害或实质损害威胁的一个重要原因,则市场扰乱成立。这与 GATT/WTO 有关纺织品与服装贸易特殊保障措施的实施条件对市场扰乱的要求是有出入的。按照 GATT/WTO 的意思,市场扰乱应以对国内生产者造成严重损害或存在造成严重损害威胁为根据。而且上述损害必须不是由于诸如技术变化或消费者偏好而造成的进口数量增长。美国的市场扰乱是以实质损害或实质损害威胁为条件,将市场扰乱作为该损害的一个重要原因即可,非主要或直接存在因果关系的原因。较低的标准难以摆脱美国等贸易强国对中国施加贸易压力的因素,所以,市场扰乱成为中国特殊保障措施贸易摩擦叠起的重要原因。

2. 制约数量增长型进口威胁的紧急措施

纺织品特殊保障措施要求采取措施的成员方必须证明某个产品的进口数量正在增加,以至于对生产同类或相似产品的国内产业造成了严重损害或存在造成严重损害的实际威胁。对于造成严重损害或损害威胁是否归咎于一个或多个成员方应在以下基础上确定:来自该成员方或多个成员中的每一个成员的进口出现实际的或迫近的剧烈与实质性的增加;与其他来源的进口、市场份额及在商业交易的可比阶段进口和国内价格相比的水平;这些因素中的任何一个或几个均未必具有决定作用。由此可见,从法律规定而言,纺织品特殊保障措施主要是针对数量增长型进口威胁而采取的紧急进口限制措施。不仅如此,针对的进口数量增长必须是出现"剧烈、实质性"的增加,而不是一般性的进口增加。

以 2005 年欧美对中国纺织品特殊保障措施实施前夕的中国出口纺织品数量增长情况为例,美国商务部公布的统计数字显示,2005年第一季度中国出口到美国市场的棉布衬衫为 8448 万件,比去年同期上涨了 1258%,棉布裤子 7899 万条,比去年增长了 1521%。从总体而言,2005 年头三个月从中国进口的纺织服装产品总量比去年同期猛增了 62%。可见,对于中国纺织品采取特殊保障措施是西方发达国家抑制中国纺织品与服装产品出口数量过快增长的紧急限制措施。

3. 中国在该措施中的不利地位

(1)特保措施的实施标准降低

实施"特定产品过渡性保障措施"的前提标准为"市场扰乱"或"贸易转移",比一般保障措施的实施标准要低。1960 年,GATT 缔约方全体在第 17 次会议上达成了"市场扰乱"的定义。其中第 2 款强调造成市场扰乱的"产品售价应大都低于进口国质量相当的相同产品的现行价格",而我国加入 WTO 的特保措施只强调"在认定市场扰乱时,应考虑客观因素,包括进口数量、进口产品对相同或竞争产品在价格方面的影响,以及该进口产品对生产相同或直接竞争产品的国内行业的影响",而不强调价格要低于国内价格。显然,标准更易满足。

从涉及损害的情况看,以美国针对中国适用特保措施的实践看,特保措施的实施标准也降低。美国贸易法第 421 条规定:"当与国内产业生产的相似或直接竞争的(中国)进口产品迅速增加,不论是绝对的或相对的,以致构成对国内产业实质性损害或实质性损害威胁的重要原因时,就存在着市场扰乱。"可见,第 421 条款是根据"实质性损害或实质性损害威胁"的标准来认定"市场扰乱"。在 1930 年关税法中,将"实质性损害"定义为"非无关紧要的、非本质上的或非不重要的损害";美国 1974 年贸易法第 406 条本身并没有对"实质性损害"下定义,但其立法历史将其与第 201 条款中的"严重"损害做了对比,它认为"市场扰乱"的检验标准要比第 201 条款中"严重损害"检验标准较易达到。以美国国际贸易委员会审理的四起特保措施案①看,在确定美国国内产业是否受到实质性损害及其威胁的问题上,有以下标准:第一,确立"较小损害程度"原则,即相对于一般保障措施的"严重损害"较小。其中首先考虑生产设备闲置情况、企业无力赚取合理利润和失业或半失业情况;第二,以 5 年调查期间的后期为主要判别标准,即只要调查期间后 2 ~ 3 年美国国内产业总体情况较好,则通常就不认为国内产业受到损害,反之,就很可能被认为受到损害;"严重损害"则不然,根据 WTO《保障措施协议》第 4 条第 2 款第 1 项,所谓严重损害即"一国产业状况的重大全面减损"。首先,从产业损害事实考察。主管机关应评估影响该产业状况的所有有关的客观和可量化的因素,特别是有关产品按绝对值和相对值计算的进口增加的比率和数量、增加的进口所占的国内市场份额、销售水平、产量、生产率、设备利用率和亏损就业的变化。在评估损害时,"欧盟诉阿根廷鞋类进口保障措施案"中,上诉机构肯定了专家组的裁决,判定以上八项因素必须全部予以考虑。阿根廷因为未评估生产率和设备利用率而被认定违反了《保障措施》。其次,从进口增长与产业损害的因果关系考察。在"欧盟诉美国对进口麦麸采取保障措施案"中,专家组认为"严重损害不能归因于除进口增长以外的其他因素,即进口增长本身必须足以引起严重损害的

---

① 这四起案件分别是:2003 年 12 月 4 日美国对中国球墨铸铁供水配件案;2003 年 7 月美国对中国针织布、手套、胸罩和服装案;2002 年 10 月美国对中国制动器案;2002 年 3 月美国对中国钢铁案。

后果"。专家组的解释是:如果严重损害是由包括进口增长在内的一系列因素引起的,而不是证明由进口增长本身就足以引起严重损害,在这种情况下,一成员不能采取紧急保障措施。相比较而言,特保措施实质损害的法律条件和实践应用都低于一般保障措施。

(2)"贸易转移"条款导致特保措施的实施条件进一步降低

中国《加入 WTO 议定书》的第 16 条第 8 款规定,"如果一个 WTO 成员方认为,按第 2、3 或 7 款采取的行动,造成或威胁造成对其市场的重大贸易转移",可以采取如市场扰乱的双边磋商,以及采取提高关税或限制进口等保障行动。在中国《加入 WTO 工作组报告书》第 247 段把"贸易转移"定义为"由于中国或另一 WTO 成员国依本议定书第 16 条第 2、3、7 款采取行动,导致该项中国产品对一个 WTO 成员进口数量的增加"。比如说,如果中国产品进入美国造成市场扰乱,中国采取了自愿出口限制措施,或美国依法采取了保障措施限制中国产品进口,或采取临时保障措施,致使受到阻止的产品如果出口到其他国家的数量迅速增加,就是贸易转移。而以贸易转移为根据采取保障措施不需证明该转移对进口国相关产业造成实质性损害,只需要按照"客观标准",证明该国市场份额的变化等,就可以采取保障措施。采取该措施的标准比"市场扰乱"进一步降低。

因此,由于"贸易转移"所引发的特保措施会在许多国家之间形成"多米诺骨牌效应",一国对原产于中国的产品实施特保措施,会使中国产品遭到若干国家的纷纷效仿,损失不可估量。

(3)报复权利被削弱

依照中国《加入 WTO 议定书》第 16 条第 6 款规定:"凡保障措施是因为进口的相对增长而采取的,若该措施超过 2 年,则中国有权对采取该措施的 WTO 成员的贸易,暂停大体相等的关税减让或 GATT1994 年的义务。然而,凡措施是因为进口的绝对增加采取,若该措施实施超过 3 年,中国有权对采取该措施的 WTO 成员的贸易,暂停大体相等的关税减让或 GATT1994 的义务。"由此可见,中国只能在特保措施实施超过 2 年或 3 年以上,才能进行报复。而且,中国

《加入 WTO 工作组报告书》第 246 条第(f)节规定:"保障措施能够延长,只要进口国的主管机关认定阻止或补救市场扰乱需要。"

然而,根据《保障措施协定》,"如果进口方采取保障措施是因为进口的绝对增长,并且该保障措施是由于进口的绝对增长而采取的","针对采取保障措施的成员中止 GATT1994 项下实质相等的减让或其他义务不得在保障措施有效的前 3 年内行使"。因此,如果是由于进口的相对增长,WTO《保障措施协议》中的出口国可以马上进行报复。依据中国《加入 WTO 议定书》和中国《加入 WTO 工作组报告书》规定,对中国出口的产品实施保障措施,中国在 2~3 年内不能采取报复措施,而且进口国可以突破 WTO 协议规定的保障措施最长 8 年的限制,一旦因为"市场扰乱"对中国产品进行限制,可以长期实施。可见,中国在之后的五年时间的报复力度将明显降低。

(4)中国纺织品特殊保障措施是 WTO 基本原则的违反特例

WTO 基本原则是贯穿 WTO 法律框架的主线,尤其是非歧视原则和自由贸易原则。非歧视原则要求世界贸易组织成员对另一成员不得采取任何对其他成员方所不适用的优惠或限制措施。纺织品特殊保障措施在 2005 年以后正常应一视同仁地予以取消,相反,在 WTO 众多成员当中,中国却成为了非歧视原则的例外成员,其他成员可以只针对中国采取纺织品特殊保障措施。WTO 自由贸易原则要求以市场竞争规则为贸易秩序,反对以行政权力干预取代市场为调节手段的进出口贸易。中国纺织品与服装贸易"物美价廉"的市场优势在 WTO 框架下遭遇到其他国家强制性贸易限制措施的压力,这事实上是违反 WTO 自由贸易竞争原则的。

(三)中国纺织品与服装特殊保障措施贸易争端的原因分析

1. 对国际进口市场的巨大压力

2005 年 1 月 1 日纺织品与服装全球一体化后,美国对中国取消配额的 103 个类别产品出口美国的数量激增,1~4 月,中国纺织品出口额 312 亿美元,同比增长了 18.4%。其中,中国对美纺织品出口增长了 70%,对欧盟出口增长 39 亿美元,增长了 45%。美国全国纺织业协会副主席米西·布兰森说:"美国政府这样做是完全必要的,因为这关系到美国数百万纺织服装工人的命运。"他说:"现在美国50万个工作机会危在旦夕,全国1300家纺织服装工厂有倒闭的危险。2005年1月1日以来,美国已经有17家纺织厂倒闭。显然工作机会流失是我们最关切的问题。"《华盛顿邮报》援引政府数据报道说,上个月又有7600名纺织业工人失去工作,2005以来,美国纺织服装业已经损失了17200个工作。美国业内人士把纺织服装业受到的冲击归咎于中国进口产品的不公平竞争。中国纺织品如此快速的出口增长,使其他国家产生对中国纺织服装业的恐慌,这是中国纺织品与服装特殊保障措施贸易争端的重要原因。

2. 中国纺织品与服装出口市场占有状况加剧了国际矛盾

以美国市场为例,美国是世界上最大的纺织品消费市场,对美国市场的争夺成为许多纺织品出口国竞争的主要角逐。在2005年以前约有100多个国家向美国市场出口服装,在2005年以后纺织品配额取消后,就减少了一半。根据预测,在十年之后,对美国纺织品服装出口国将减少到12个左右。中国从2002年开始就超过墨西哥成为输美纺织品服装市场的第一大国,详见表4-6。因此,其他出口国将失去美国市场,对于墨西哥等纺织品出口大国而言,市场的激烈竞争也会引起对中国的强烈反感。因此,2004年3月美国、土耳其和墨西哥通过纺织服装行业协会发布《伊斯坦布尔宣言》,对中国纺织品贸易施压,要求WTO对中国纺织品服装出口继续实施配额管理,直到2007年12月31日。出于对2005年后全面取消纺织品配额的恐惧,法国纺织工业联盟以及服装工业联盟极力推动欧盟、中东欧和北非地中海区域等47个国家组成"纺织品自由贸易区",提高该联盟区域对外的竞争力,避免亚洲纺织品大肆入侵,共同阻挡中国产品。由此可见,对于进口市场的占有使世界上不同供应商之间的竞争变得日益激烈,中国在纺织品与服装国际市场上的过快增长势必加剧同其他纺织品与服装供应国之间的矛盾,引发全球性对华纺织品与服装特殊保障措施的贸易争端。

表4-6 2002年美国进口纺织品服装市场主要供应国市场份额
（按进口金额统计）

国家和地区	市场份额（%）	国家和地区	市场份额（%）
中国大陆	12.11	印度尼西亚	3.25
墨西哥	11.94	泰国	3.05
中国香港	5.59	中国台湾	3.06
加拿大	4.43	多米尼加	3.01
印度	4.15	孟加拉	2.76
韩国	3.99	巴基斯坦	2.75
洪都拉斯	3.38	土耳其	2.32

资料来源：美国商务部。

3. 对衰退产业采取贸易保护政策的政治效应

纺织业不景气在一些发达国家是长期以来产业政策的结果。以美国为例，长期以来在高技术产业的产业结构调整政策和高技术产品出口扩张的战略性贸易政策的倾斜下，美国一直促使劳动密集型产业的海外拓展，使纺织服装业这样的劳动密集型产业长期以来处于衰退的发展态势。2001年美国纺织工业的总营业额为473.35亿美元，大约比2000年下降了8%，较1996年减少了22%。美国的纺织与服装就业持续下降。2001年纺织工业就业人口减少了5.3万人，下跌10%；服装业就业减少了6.76万人，下跌10.7%。根据美国政府统计，美国产的针织布、胸罩及服装等产品早已呈现衰退态势，而这些情况均发生在中国加入WTO之前。

但是，对于美国政府而言，纺织服装业毕竟是容纳就业的重要途径，过快的失业率增长态势必然加剧美国的社会矛盾，影响美国的社会稳定和美国政府的政治威信，甚至会影响美国联邦及各州的领导选举。例如，2003年7月7日，美国纺织制造商协会（ATMI）等多家全国性组织和协会致信美国总统布什，信中指出，如果政府不在2004年年中之前采取措施，美国纺织业将面临新一轮的关厂和裁员浪潮，这也有悖于总统先生在2001年12月6日所做关于"本届政府将计划帮助美国纺织业摆脱困境"的承诺。因此,美国政界纷纷将纺织服装业的衰退问题归咎于中国产品出口的快速增长,并夸大其危害,进而采取特殊保障措施,以缓解国内社会和政治矛盾。

4. 欧美区域一体化政策的推进手段

欧美区域一体化发展是欧美对华挑起纺织品服装贸易争端背后的政治因素。美国长期以来致力于同北美、中美洲和非洲地区的区域贸易合作,在纺织品贸易领域尤其如此。例如,在《美国与中美洲四国自由贸易协定》中规定,凡符合原产地规则的纺织服装产品自2004年1月1日起取消进口关税和配额。在2000年达成的《非洲增长与机遇法案》中,规定凡符合条件的国家在8年内可以免税向美国出口4650种商品,其中大部分为纺织品与服装。美国在纺织品服装领域的区域合作一直是美国在WTO成立后的纺织品服装贸易策略之一。美国对中国纺织品服装展开贸易摩擦主要目的在于推进区域贸易一体化战略,创造经济和政治上的支持。欧盟对华纺织品服装贸易争端也离不开其为了《欧洲宪法》在其成员国内部公决寻求外部的经济和政治支持。将各成员纺织品及服装产业"不景气"的责任归咎为中国纺织品服装出口的快速增长,以减少各成员对欧洲经济政治一体化预期的失望程度。

5. 中国纺织服装产品的价格因素是导致数量急剧增长的重要因素

中国纺织服装产品虽然具有较强的国际竞争力,但是其背后支撑的因素令人堪忧。首先是中国纺织服装产品的中低档市场定位。中国纺织服装产品在出口产品中,中低档占绝大部分,所以价格上的优势空间是远远小于高档产品的。其次,中国纺织服装产品的品牌缺失使产品的利润被国外品牌剥夺。以2005年我国服装出口为例,一般贸易方式出口819.13亿美元,同比上升24.28%;进料加工贸易出口199.59亿美元,同比上升12.68%;来料加工贸易方式出口107.09亿美元,同比增长1.31%。这些数据说明我国服装出口额中加工贸易的比重虽然在下降,但仍然占有相当大比重。服装产业加工贸易的主要优势在于容易获取的廉价劳动力,但发展中国家在这个生产阶段存在激烈的竞争。这意味着劳动密集型服装的价格与从发达国家进口的先进技术的价格比越来越低。即作为外国服装经销商的"加工车间",加工贸易的主要份额使中国出口的纺织服装出口企业只能从中赚取一些微薄的加工费,或只能拿到 10% 的利润,35% 的利润被外国品牌所有者拿去了。这些品牌的所有者多数是美国、法国、意大利等纺织服装品牌大国。除此之外,55% 的利润被设计环节和销售环节(包括运输商、批发商、零售商)以及广告商拿去。所以中国纺织服装产品为了市场价格优势的保持,不得不将价格压到非常低的地步。再次,中国国内纺织服装产业的过度竞争导致价格持续下降。加入 WTO 后中国纺织服装产业配额限制的逐步取消本身具有市场扩张效应,进而造成纺织服装企业之间的竞争加剧。配额是对市场供应量的控制,在需求不变的情况下,受到配额限制的产品的价格一般保持一个高于均衡价格的水平上。一旦取消配额,由此产生的市场扩张将使价格回归到均衡价格。因此,2002 年后中国部分纺织服装产品取消配额后,价格大幅下降,出口量激增,详见表 4 - 7。所以,在中国纺织品服装产品价格持续走低趋势下,出口数量急剧增长是不可避免的。

表 4 - 7 2002 年中国部分取消配额产品的输美量、价变化

项目	出口量	与上年同比(%)	出口单价(美元)	与上年同比(%)
针织布(公斤)	7011453	219.75	4.50	- 57.97
棉制胸罩(打)	2795042	33.04	25.37	- 2.90
棉制服装(打)	1371398	523.64	48.17	- 44.27
化纤制胸罩(打)	7784987	618.04	28.12	- 53.30
化纤制服装(打)	800498	571.18	69.98	- 43.10

资料来源:美国商务部。

二、中国纺织服装业贸易政策与产业政策的调整

2005 年外国对华实施纺织品特殊保障措施,这给中国纺织服装业带来的冲击是巨大的。首先,没有纺织品与服装产品出口所提供的持续贸易顺差,中国的进口规模和档次就难以提高。那些建立在进口设备和元器件基础上的出口也难以迅速发展。因此,任何损害中国纺织品服装产品出口的政策措施实际上都会最终危及中国扩大进口的能力,危及中国履行开放市场的能力,损害中国贸易持续稳定发展。其次,与纺织品及服装出口相关的整体产业链的损失。如纺织产业链中游的聚酯涤纶环节,中国纺织工业协会副会长许坤元在特保措施实施后说:"预计今年将是聚酯涤纶行业非常困难的一年。"由于织造、染整、成衣等下游环节长期在国际市场走低价路线,加之欧盟、美国的特保措施不断,影响国内纺织企业生产数量,导致企业对上游原料需求减少,因此特保措施的贸易摩擦波及到整个纺织行业,无论是服装加工企业还是上游的原料供应商都受到了影响。最大的问题莫过于特保措施所造成的中国社会压力的增大。时任商务部部长的薄熙来曾指出,欧美对中国的纺织品设限,致使我国工厂开工严重不足、不敢接订单、库存大量积压,给中国带来了直接的损失,其中对纺织工人的就业影响最为严重,纺织业是劳动密集型产业,涉及直接就业人口约 1900 万人,间接从业人员超过 1 亿人,而且纺织业就业者有相当一部分人来自中国低收入家庭。而且,出口企业 3.5 万家,从业者约 630 万人,每出口 1.5 万美元,就涉及一人就业。欧美对我们的产品设限,实际已经影响到中国 20 亿美元的出口和 16 万人的就业。所以,纺织服装业贸易争端的负面影响较大,其妥善解决意义重大。

中国与欧美纺织品服装特殊保障措施贸易争端最终是以中国分别与欧盟和美国进行双边协调的方式解决的。2005 年 6 月 11 日,时任中国商务部部长薄熙来和欧盟贸易委员会主席曼德尔森签署了《中华人民共和国与欧盟委员会关于中国部分输欧纺织品备忘录》。

中国同美国自2005年6月17日起,展开了7场不同形式的谈判,谈判期长达150天,最终于2005年11月8日由时任中国商务部部长薄熙来和美国贸易代表波特曼在英国伦敦签署了《纺织品和服装贸易的谅解备忘录》。

争端解决的主要途径分为以下两个方面:第一,中国实行纺织品服装的自愿出口限制。例如,在中欧纺织品《备忘录》中,中方承诺,从2005年6月11日至2007年12月31日,在每年8%至12.5%的增幅内,自主限制棉布、套头衫、T恤衫、女式衬衫、裤子、连衣裙、胸衣、桌布、床单、亚麻纱等10类纺织品的对欧出口;第二,欧美限制使用纺织品特殊保障措施。欧盟放弃对上述中国纺织品并尽量克制对中国其他纺织品采取特殊保障措施,并从2008年1月1日起完全开放中国的纺织品服装出口。

(一)中国纺织服装业贸易政策调整

为了迅速解决贸易摩擦,同时也适当调整中国纺织服装产业的出口问题,中国在此后进行了一系列贸易政策的调整。

1. 出口关税政策的交错变化

2005年1月1日,我国对六大类31种纺织品采取从量税计征方式加征出口关税,正是在全球纺织品一体化后,政府主动采取的调节纺织品出口的一项措施。2005年5月20日,我国宣布从2005年6月1日起对74种原征收出口关税的纺织品,再次调高税率,并新增加一种征税产品,意在自主控制纺织品服装的出口数量,缓解欧美等国纺织品服装进口压力。欧美依然采取了单边限制措施,美国连续两次对华纺织品出口设限,欧盟也采取紧急特殊保障措施。所以,在与欧美等国进行争端解决的过程中,中国也采取了非常之举。2005年5月30日,国务院关税税则委员会决定自2005年6月1日起取消对81项纺织品征收出口关税。此番取消征税,距离上次宣布调高关税仅仅10天,其原因是美国对中国出口产品采取了特保措施,如实施进口数量限制,所以中国不得不将这些加征出口关税的产品从征税目录中排除,以免中国企业遭受国内外双重打击。而且,中国此举也是利用出口关税政策的交错变化向贸易争端方表示强硬的态度,以示对贸易争端解决的单边协调的反感,显示出中国商务外交的策略。

2. 出口许可管理政策的变化

2005 年 3 月 1 日,商务部 2005 年第 3 号令《纺织品出口自动许可暂行办法》正式施行。暂行办法对列入商务部、海关总署《纺织品出口自动许可目录》的 200 多个编号的纺织品通过《纺织品出口自动许可证》实施出口自动许可管理,包括衬衫、内衣、裤子、童装等。办法规定,出口经营者在办理海关出口报关手续前,须向发证机构提出自动许可申请,并提供纺织品出口自动许可证申请表和货物出口合同。《纺织品出口自动许可暂行办法》的实施就是为了在全球纺织品贸易一体化后加强对纺织品出口的统计分析和监测,及时向出口经营者发布纺织品出口预警信息,避免出现该类商品出口量增价跌的现象,缓和国内纺织品企业的国际贸易环境,以保证我国纺织品出口健康、有序发展。

3. 出口信息服务和风险防范政策

商务部还通过各级纺织协会为企业提供各种服务,例如,及时发布出口信息,引导企业有序出口,鼓励行业自律;加强对中国纺织企业的风险提示,防止在纺织部门的投资过热和重复投资;鼓励企业在海外投资,为企业同外国合作、参与经济全球化提供便利和政策支持。

4. 加强中国纺织品服装贸易的区域合作

鉴于欧美对纺织品服装贸易的区域合作所做的努力,在北美、中美和非洲及欧盟东扩后一些国家所获得的纺织品服装贸易的优惠待遇,中国考虑加强中国纺织品服装贸易的区域合作,增加在这些国家和地区的纺织品服装贸易投资。所以,中国加强同亚洲东盟国家的双边及多边贸易合作,发布在亚非拉地区开展纺织服装加工贸易投资的国别指导目录。为此,中国先后对 25 个非洲最不发达国家部分输华商品实行免关税政策,同时发布在亚非拉地区开展纺织服装加工贸易投资的国别指导目录。通过加强中国纺织服装贸易的区域合作，一方面享受欧美的纺织品服装贸易的优惠待遇，另一方面减少中国纺织品服装出口数量的国家压力。

（二）中国纺织服装业产业政策的调整方向

中国在经历了纺织品特殊保障措施争端后，在运用贸易政策解决贸易争端方面积累了重要经验。但是，贸易摩擦的背后因素离不开中国国内纺织品服装产业政策问题，因此中国纺织品服装产业政策同样要经历重要的调整。

1. 产业内品牌及文化优势的培育

中国纺织品服装产业的长期中低档出口战略不应是中国长远出口战略，培养中国纺织品知名品牌，在设计风格等方面体现中国文化，是中国将来要致力的纺织品服装产业政策调整方向。2007年国际时装周在北京的成功举办，正是中国朝着这一目标努力的一种外在表现。中国加大在纺织品服装产品优质、高档、环保等原材料研发的支持、在纺织品服装设计人才及院校、机构等的培养和支持力度的加强、对具有自主品牌建设企业的奖项设立和国外市场拓展的激励机制的建立等产业政策都将为中国纺织品服装品牌和文化优势的培育提供帮助。

2. 产业内部生产秩序的建立

中国纺织品服装产业遭遇特殊保障措施的直接原因，就是出口数量的激烈增长。事实上，中国国内纺织品服装产业的小、多、乱的状况是导致生产无序化状况的一个因素。2004年1～7月中国纺织行业基本建设投资增幅高达132.7%，是2003年同期增速的1.5倍；纺织服装出口企业一年内增长27.8%，达3.84万家。投资过热导致出口秩序混乱和出口产品数量激增。这不仅增加贸易摩擦风险，而且导致国内企业无序竞争和利润空间缩小。对于企业的这种非理性竞争行为，国家产业政策的制定机关应制定享受国家纺织品服装产业优惠政策的企业规模和经营业绩条件。这种具有中性色彩的政府补贴政策是WTO所允许的。具体执行企业登记注册及管理政策的工商行政管理机关和地方政府应调整地区局部利益的思维方式，从国家宏观整体利益出发，适当考虑对纺织服装行业的产能扩张进行制约，减少新增企业的数量。

第五章 WTO 框架下中国幼稚产业贸易 政策与产业政策的协调

在 WTO 框架下,在关税领域和众多非关税领域都有了更加细致的规定,对各成员在以产业促进为目的的贸易政策法规领域做出了更为严格的限制。况且,随着 WTO 成立以来进行的关税和非关税领域的多轮谈判,依靠传统的贸易限制手段促进产业发展的空间越来越小,反映在幼稚产业领域,这种趋势就更加明显。

第一节 WTO 框架下中国幼稚产业贸易 政策与产业政策协调的法律依据 及新趋势

一、WTO 框架下幼稚产业贸易政策与产业政策协调的法律依据

GATT 幼稚产业保护条款的基本概念是,发展中国家基于经济发展的需要,可以援引第 18 条 A 节修改或撤销关税减让,或援引第 18 条 C 节实施数量限制,但因此受到影响的国家可以获得补偿或进行报复。基于 GATT 第 18 条建立的幼稚产业保护内容所指的幼稚产业是指:建立一项新的产业;在现有产业中建立新的生产部门;现有产业的实质性改造;只供应相对较小比例的国内需求的现有产业的实质性扩大;因战争或自然灾害而遭受破坏或实质性损害的产业的重建。可见,在 GATT 幼稚产业保护条款中对幼稚产业的定义采取了与经济学领域不同的定义方法,前者采取了列举的方法,而后者

则采取了幼稚产业内在特征的定义方法。显然,WTO 框架下对幼稚产业倾向于较窄的范围界定,表现出 WTO 对幼稚产业保护的贸易限制后果的防范心理。

不仅如此,WTO 对于该条款的适用条件也做了严格的限定。首先,适用的成员范围较窄。该条款适用于经济处于初步发展阶段,特别是经济只能维持低生活水平并处于发展初期阶段的成员,即适用于刚开始发展的成员和为纠正过分依赖初级生产而经济正处于工业化过程中的成员;其次,该条款的适用目的明确。该条款需遵循为实施旨在提高人民总体生活水平的经济发展计划和政策以及避免初级产品出口受到另一成员所采取措施的严重影响;然后,该条款的适用手段有限。采取幼稚产业保护措施的成员只要此类措施能够实现目标,即在合理的情况下,可以在其关税结构方面保持足够的灵活性或实施无歧视的数量限制措施(即以非关税或金额方式提出的贸易限制措施的总和);最后,该条款的适用程序复杂且难度很大。欲采取措施的成员在其他措施无法达到适用目的的情况下,向其他成员说明特殊困难及准备采取的措施,如果不能达成协议,则将事项提交WTO 相关贸易理事会。即使其他成员反对这一措施的适用,该成员仍然可以采取措施,但受影响的成员可以采取报复措施。在 GATT/WTO 的争端实践中,有关 GATT 第 18 条的幼稚产业保护条款的适用实践并不多见,在 GATT 时代,共有 9 个国家获准实施进口限制;自 WTO 成立以来,第 18 条的关税减让手段尚未被援引过,第 18 条中的非关税限制措施只在 WTO 的一起争端中被引用过。①

因此,单纯以 GATT 第18 条这一幼稚产业保护条款对幼稚产业提供特别保护,对于 WTO 成员而言具有较高的难度。随着各成员在经济发展领域当中产业发展的重要性和国际上的各种贸易限制措

---

① WTO, Committee on Trade and Development: *"Implementation of Special and Differential Treatment Provisions in WTO Agreements and decisions"*, WT/ COMTD/ W/ 77, 25 October 2000, pp. 10 – 11.

施的兴起,各成员并没有因为 GATT 第 18 条而限制自己的幼稚产业保护措施,虽然没有专门在 WTO 中以幼稚产业保护为由提出特别保护措施的请求,但是在各成员的实际政策法规的制定过程中从未停止过对幼稚产业贸易保护政策和法规的尝试。

二、WTO 框架下幼稚产业贸易政策与产业政策协调的新趋势

幼稚产业保护成为各成员经济发展当中的重要扶持内容,所以,各成员纷纷跳出 GATT 第 18 条这一幼稚产业保护条款的束缚,并不冠以幼稚产业名义,对于具有国家经济发展潜力和国家相关产业发展带动能力的幼稚产业类型,纷纷采取各种各样的贸易实施手段予以促进。

1. 贸易政策与产业政策的协调性增强

产业政策是政府运用宏观调控手段对被保护产业提供资金、信贷、补贴等产业支持手段以扶持相关产业的优先发展。贸易政策传统意义上是以关税和非关税实施手段为表现形式。而当今社会中,对幼稚产业发展政策而言,贸易政策与产业政策的关系愈加紧密,彼此的协调也更加重要。1998 年,日本与欧共体分别与加拿大就其在汽车制造方面所采取的措施发生争端并诉诸 WTO 争端解决机构。所争议的加拿大措施主要是:加拿大依据汽车协定和汽车协定的修改条例,如果合格的汽车制造商要获得免税资格,其在加拿大当地的生产(包括某些情况下的零部件生产)必须达到最低的加拿大增值额,并且与在加拿大的汽车销售维持最低的销售比率。加拿大政府根据汽车协定的规定,自 1995 年开始,向没有满足汽车协定和修改条例的个别制造商授予特别豁免令,授予一些不满足条件的汽车制造商免税进口汽车的资格。所有的豁免令都含有增值要求和制造要求。该项政策作为加拿大对其汽车产业的扶植政策,将产业政策与贸易政策有机结合起来,以实现其与美国紧密的汽车产业在加拿大的增值目的,进而使加拿大汽车产业在美国的扶持之下达到快速发

展的目的。当然这一目的的实现源于美加之间有关汽车产业领域的多年合作历史,但是在 WTO 框架下,加拿大不得不将明显的国别优惠变成具有一定隐蔽性的依产品增值比例为限制条件的优惠。该案最后被 WTO 争端解决机构裁决违反最惠国待遇原则。该案表现出在 WTO 时代,各成员对产业发展政策的关注使得产业政策越来越多地与贸易政策紧密地结合起来,而且结合的方式也越来越隐蔽。

2. 以产业政策为基础,以贸易政策为保障

对于幼稚产业的贸易保护并不是盲目的,如果幼稚产业选择错误,不仅浪费国际有限资源,而且耽误应当予以保护的产业类型的发展。因此,对于幼稚产业的确定是幼稚产业相关贸易政策的实施前提,而这一工作需要依赖产业政策的作用。

穆勒认为,幼稚产业经过一定时间的贸易保护后会具有成本优势,从而可与外国同行业竞争。巴斯塔布尔认为,"判断一种产业是否属于幼稚产业",不仅要看将来是否具竞争优势,"还要看该产业的预期利润是否大于保护成本"。经济学家坎普则在综合了以上两人的标准后提出新的界定标准,认为如果一个产业能够产生外部经济效应,那么该产业的发展就会对其他某些产业或社会带来额外的好处,这样的产业是幼稚产业。对于成本优势、竞争优势及外部经济效应等问题,则是产业政策在制定过程中要考虑的因素,如果产业政策考虑到这些因素而后确定幼稚产业的类型,贸易政策法规的适用才具有了针对性。以中国汽车产业为例。首先,中国汽车产业目前处于竞争劣势,以中国汽车零部件企业为例,其批量生产的发动机只相当于国际 20 世纪 90 年代的水平,2001 年中国进口的各类型汽车发动机为 246087 台,大大超过汽车进口数量。2005 年中国商务部发布的《中国汽车产业国际竞争力评价研究》说,"中国汽车产业国际竞争力极弱,远远落后于美国、日本和德国等汽车产业强国,综合竞争力分别是美国的 41.7%,日本的 42.4%,和德国的 47.3%"。其次,汽车产业产值高,其较高的产值主要来源于汽车的需求弹性大、价位高、技术含量高和附加值高。2002 年中国汽车工业产值占

当年GDP的6.7%,拉动2002年经济增长2.09个百分点。再次,汽车产业的产业关联度高,其不仅对石油、机械、化工、纺织等上游行业有着重要的带动作用,而且对金融、保险、修配、咨询、教育、广告、旅游等众多行业也有着积极的影响作用。最后,中国汽车产业正处在不断的发展过程中,中国汽车产业生产规模2001年居世界第7位,到2005年已跃居世界第5位。中国的汽车产业存在广阔的市场发展潜力,随着国民经济的发展,汽车消费需求快速增长。1995年12月全社会汽车保有量刚过1000万辆,2004年12月已增加到2709万辆。所以,以汽车产业为例,中国幼稚产业的确定考虑更多的是产业指标体系的完善,使幼稚产业确定更具准确性,有助于相关产业的贸易政策法规的制定和实施。

以WTO争端解决机构受理的美国与澳大利亚"汽车皮革补贴案"为例,澳大利亚哈尔公司及其母公司澳大利亚皮革控股有限公司是澳大利亚唯一生产和出口汽车皮革的公司,其生产的皮革主要用做汽车坐垫、车门配件等。作为澳大利亚对汽车产品出口促进计划的内容之一,澳大利亚与该两个公司签订了一份拨款合同和贷款合同,分别提供三次总计3000万澳元的贷款。可见,汽车产业影响程度之深、贸易政策法规涉及范围之广。所以,对幼稚产业的保护不单纯是贸易政策或产业政策各自所唱的独角戏,而是两者的协调。

3. 贸易政策法规的制定越来越关注技术性要求

随着科学技术的快速发展,对于技术性指标的要求往往成为各国之间贸易往来当中较为合理的贸易限制理由。所以,各国纷纷利用技术性指标的名目之多之复杂来达到贸易限制的目的。以美国为例,目前美国各种非官方标准机构达400多个,美国官方制定的技术性法规和标准有5万多个,各种非官方标准机构、专业学会和行业协会制定的标准也有5万多个。美国很少采用国际标准机构制定的标准,如美国在要求进出口商品满足ISO9000系列标准之外,还附加了许多其他条件。如销往美国的通信、广播设备必须符合美国政府制定的安全标准、辐射标准、通信规程标准、互联标准,还必须由美国保险商实验室等权威机构认证方可在美国市场销售。以日本为例,对于出口到日本的化妆品,首先要与日本的化妆品成分标准、添加剂标准、药理标准的要求相一致。在日本市场上销售的商品在包装、标签等方面内容规定复杂、手续繁多,限制了外国化妆品在日本市场的开拓,这些措施成为日本化妆品产业的重要贸易保护手段。

第二节　以汽车产业为例分析中国幼稚产业贸易政策与产业政策协调的发展与问题

中国汽车产业目前处于竞争劣势,2005 年中国商务部发布的《中国汽车产业国际竞争力评价研究》说,"中国汽车产业国际竞争力极弱,远远落后于美国、日本和德国等汽车产业强国,综合竞争力分别是美国的 41.7%,日本的 42.4%,和德国的 47.3%"。但是,中国 2002 年汽车工业产值占当年 GDP 的 6.7%,拉动 2002 年经济增长 2.09 个百分点。这说明中国汽车产业产值高,其较高的产值主要来源于汽车的需求弹性大、价位高、技术含量高、附加值高。而且汽车产业的产业关联度高,其不仅对石油、机械、化工、纺织等上游行业有着重要的带动作用,而且对金融、保险、修配、咨询、教育、广告、旅游等众多行业也有着积极的影响作用。所以,以汽车产业为例分析中国幼稚产业政策与贸易政策的协调具有一定的代表性。

一、1994 年汽车产业政策与 WTO 规则及中国加入 WTO 承诺的矛盾

1994 年国务院批准了原国家计委会同国家经贸委、原机械工业部等有关部门制定的《汽车工业产业政策》。实施该政策的初衷主要针对 20 世纪 80 年代末 90 年代初中国正处于起步和发展阶段的汽车工业。当时的中国汽车产业行业发展混乱、产品落后、缺乏新产品的研发能力,更重要的是当时的中国汽车产业没有系统、专门的产

业政策予以全面、长期的协调。因此,1994 年的《汽车工业产业政策》在当时是汽车发展所不可或缺的产业政策。

（一）1994 年汽车产业政策与 WTO 规则及中国加入 WTO 承诺的比较

随着中国加入 WTO,中国的《汽车工业产业政策》受到 WTO 有关规则的检验,经检验发现该产业政策与 WTO 有关规则存在着严重背离。

1. 该产业政策存在明显的国产化要求

该政策规定,凡是达到一定国产化标准的,可享受不同的优惠税率。具体而言,零部件 100% 进口,国产化率为 0 时,关税为 50%;国产化率达到 40%,关税为 30%;国产化率 60%,关税为 24%;国产化率 80%,关税为 20%。整车项目的开发要求企业必须以 40% 的国产零部件为底线,如果低于这一标准,零部件将按照整车缴纳关税。虽然这一政策的初衷是以促进中国国内汽车产业在发展初期受到国家政策的保护,并因此积蓄发展实力,缩小同国际汽车产业发展实力之间的差距。但是,国产化政策不是市场竞争规则所允许使用的方法,更是 WTO 反对的促进产业发展的手段,因为其违反了 WTO 一贯遵循的公平竞争原则和非歧视原则。

中国加入 WTO,承诺要放宽外商投资限制,取消对外资企业贸易和外汇平衡的要求,以及取消对当地含量、购买本国货物、技术转让、中国进行研究开发和产成品出口的一些实际要求。

2. 该产业政策对汽车产业设置了高额关税壁垒保护

以《汽车工业产业政策》实施期间的 1998 年为例,中国小排量轿车整车税率高达 80%,大排量的轿车关税高达 100%。载货汽车和客车的关税税率则是 30% 到 70% 不等。零部件进口平均关税 35%。除此之外对进口车还征收其他税费,如进口汽车消费税、车辆购置费,其征收额度都比国产车高出一倍左右。依照中国加入 WTO 承诺,中国到 2006 年 7 月 1 日,轿车关税要逐步降至 25%;客车降至 25%,载货汽车关税最低降至 15%,汽车零部件关税从 2001～2005

年间降至10%。对于曾经的高额关税壁垒保护,中国汽车产业的依赖性不得不降低,而且必须为产业发展选择新的贸易政策。《汽车工业产业政策》的指导性已越来越不符合汽车产业发展的现实进程了。

3. 该产业政策对汽车产业设置了高度非关税壁垒保护

在进口管理方面,国家对汽车产业实施了大量相互交叉的非关税措施,主要包括进口计划、外汇管制、外贸经营权审批、进口商品分类经营和进口审批等;在数量限制方面,主要措施有配额、许可证进口控制等。《汽车工业产业政策》中明确规定,每年进口汽车数量和品种必须报经国务院批准;禁止以贸易方式和接受捐赠方式进口旧汽车和旧摩托;限定大连新港、天津新港、上海港、黄埔港、满洲里、深圳黄岗6个口岸为整车进口口岸。加入WTO后,汽车产业的非关税措施不断减少,但在我国仍然是非关税壁垒最多的行业之一。2000年我国实行配额许可证的144个产品中,汽车产品约占60%,有70多种。而在2002年实行进口配额管理的8种商品中,汽车产业整整占了一半,有4种。另外,所有进口车辆必须经由国家海关总署批准,持有国家进出口商品检验局的《许可证》,才能申领机动车牌照。

依照加入WTO承诺,中国需要开放汽车产业领域的非关税壁垒。(1)逐年增加进口配额。汽车及零部件的进口配额以加入WTO当年的60亿元为基数,逐年递增15%;(2)逐年取消进口许可证限制。2001年开始取消进口配额和许可证限制。2001年取消对雪地行走专用车及高尔夫球车的进口配额和许可证限制;(3)2003年取消对柴油功率大于132.9kw、汽油排量小于等于0.5l发动机的进口配额和许可证限制;2005年1月1日取消进口配额和进口许可证限制;(4)其他一些壁垒的放开。放开发动机合资企业的股本比例限制,允许外方控股逐年放开地方政府审批合资企业的权限;加入WTO后第1年放宽到6000万美元,第3年放宽到5亿美元,第5年放宽到15亿美元;从加入WTO第3年起,放开对合资企业生产车型的限制。

（二）高贸易保护政策对中国汽车产业的影响

高贸易保护在我国汽车产业发展过程中也引起了诸多问题。第一，高关税保护使得中国国内汽车市场价格偏高；第二，高贸易保护造成汽车生产厂家较多且较为分散，生产链条短，企业生产规模小，产业集中度低下，生产成本较高，汽车产品竞争力很差；第三，贸易保护有时还会掩盖一国产业间的结构矛盾，不利于产业结构的优化和调整。同时也不利于吸收和利用最新的科技成果，阻碍受保护行业的科技进步。汽车企业缺乏创新动力，技术进步缓慢，无法适应当今高速发展的市场步伐；第四，独资企业进入难度增加。市场开放程度低，更让跨国公司转让的技术落后车型更新速度减慢，制约合资企业的研究开发；第五，高贸易保护还产生了许多其他问题，这些问题都或多或少带有一些中国特色：比如由于地方和部门利益的驱动，中国有20多个省份有自己的汽车企业，各地政府又会对当地的汽车实行地方保护，不仅汽车产业规模经济难以达到发展需要，而且国家对产业的宏观调控政策也难以落实，导致汽车产业政策和贸易政策的协调更加困难。

因此，无论对汽车产业进行贸易保护时采取什么政策，一个至关重要的问题就是必须注意综合经济效应。由于这些幼稚产业的综合经济效应具有不确定性，因而在对这类产业进行保护时，一定要谨慎运用保护政策。保护政策的不恰当运用会对本国造成严重伤害，一方面使资源不能合理得到配置，另一方面使资源的产业间流动缺乏效率，损害本国消费者利益。我国对幼稚产业过度保护或保护手段的不利选择，都会使以汽车产业为代表的中国幼稚产业在国际上丧失竞争力，国家越保护它，它的竞争力越差，整个产业也越弱。之后，国家又往往要增加保护，造成恶性循环。

二、WTO 框架下中国汽车产业政策与贸易政策的协调

加入 WTO 之后，中国汽车产业发展的外部环境和竞争条件发生了根本变化。首先，随着汽车产业全球化程度不断提高，全球汽车

生产组织方式正在发生根本的变化,以"零部件全球采购"为特征的全球性汽车分工大格局正在形成。对零部件供应越来越多的按照QSPT 原则(质量、服务、价格、技术)进行全球采购,不再局限于集团内部利益。零部件企业也可借机将自己的产品向全球整车市场推广销售。全球性的采购已导致零部件企业从整车企业中愈来愈多地独立出来;其次,2006 年 7 月 1 日以后,中国整车进口关税将由80% ~100% 降为25%,零部件进口关税将由30% ~50% 降至10%,再加上全部取消汽车进口配额,依靠关税和非关税壁垒等措施对我国汽车产业进行长期保护是不现实的;再次,随着中国逐步融入 WTO 经济一体化,我国汽车产业的国际化程度不断提高,汽车企业对国外汽车公司的资金、技术乃至管理存在较高依赖性。

(一)2004 年汽车产业政策与 WTO 规则的融合

鉴于汽车产业关系到汽车生产企业、投资者和广大消费者的切身利益,又是中国加入 WTO 最具争议的产业,1994 年《汽车工业产业政策》不能适应新时期汽车产业政策发展的总体需要,所以,经国务院批准,国家发展改革委员会于 2004 年 6 月 1 日正式颁布实施了《汽车产业发展政策》。《汽车产业发展政策》代替《汽车工业产业政策》成为中国加入 WTO 后对汽车产业发展的重要政策性文件。

《汽车工业产业政策》共 13 章 61 条,而《汽车产业发展政策》共13 章 78 条,后者新增了产品开发、商标品牌、营销网络、准入管理等章节,对投资管理、进口管理等都进行了比较大的充实和修改。因此,新的汽车产业政策从过去主要依赖国产化要求以及高关税和高度非关税壁垒保护为主要贸易保护手段,转变为主要依赖市场调节手段如技术性法规和产品质量认证制度。例如,第 5 章准入管理中,要求制定道路机动车辆安全、环保、节能、防盗等方面技术规范的强制性要求,所有道路机动车辆执行统一制定的技术规范。依照由国家发展改革委和国家质检总局联合发布的《道路机动车辆生产企业及产品公告》的规定,公告内产品必须标识中国强制性认证(3C)标志。将政策重点从制造环节向服务贸易领域延伸,同时也使政策的覆盖范围扩展到了汽车的投资、生产、销售等领域。

（二）进口管理体制的变革使汽车产业贸易限制体制更加自由化

根据中国加入 WTO 承诺,中国逐步取消对汽车的进口许可证限制。自 2005 年 1 月 1 日取消进口配额和进口许可证限制。新的汽车产业政策在进口管理环节主要涉及关税申报的管理内容,防止整车和零部件关税征收方面造成的税收流失,禁止以贸易方式和接受捐赠方式进口汽车、零部件或以废旧钢铁名义进口汽车及汽车零部件偷逃国家税款。但是对于具体的进口管理制度,新的产业政策为了保证与中国加入 WTO 承诺的有效接轨,以及具体贸易法规及政策的有效落实,共同构成新型汽车产业发展政策法规体系,商务部颁布《汽车产品自动进口许可证签发管理实施细则》。该实施细则于 2004 年 12 月 17 日发布,2005 年 1 月 1 日起施行。作为新的进口汽车管理办法,该《细则》的出台,标志着曾经炒卖到十几万元的进口汽车配额许可证将一去不复返。中国根据加入 WTO 的承诺取消进口汽车配额制度之后,进口汽车的管理将由配额制改成签发制,由非自动进口许可改为自动进口许可,从而取消数量限制。

（三）汽车贸易政策开始从注重出口数量增长发展到注重汽车产业国际竞争力水平的提高

2006 年,在中国汽车零部件出口产品中,汽车轮胎的出口金额占 21.45%,居首位,其次是汽车电子电器及仪表、未列名零部件、车轮及零件,占比均在 10% 以上。而非驱动桥及零件、悬挂减震器、转向系统及其零件、变速箱总成、驱动桥总成出口额很少,占比均在 1% 以下。中国汽车零部件产品集中于低端产品,虽已超越德国,位居日本之后,成为对美第二大汽车零部件出口国,却不能算作第二强国。在美国高端汽车零部件进口市场（墨西哥和加拿大除外）中,我国所处位置与在美国总体进口市场中所处位置极不相称:安全气囊装置方面,我国处于第 12 位,而德国位居首位,日本处于第 2 位;转向系统方面,我国处于第 8 位,德国第 2 位,日本位居首位;变速箱方面,我国处于第 11 位,德国第 2 位,日本位居首位。所以,中国长期以来鼓励通过进口零部件而发展汽车整车出口的贸易政策要进行调整,由单纯追求出口数量增长发展到汽车产业国际竞争力水平的提高。例如,从 2007 年 7 月 1 日起,我国对 2831 项商品的出口退税率进行调整,其中包括 14 种汽车零部件产品(6 种挂车及半挂车产品,以及汽车用片簧及簧片、车辆用座椅调角器等 8 种零部件),均为低附加值产品。政策调整后,上述产品在出口时享受的出口退税率有不同幅度的降低,这说明国家不鼓励低附加值产品的出口。但为减少顺差、完善产品出口结构,国家仍有可能继续加强对低附加值产品出口的限制,出口成本也将持续增加。

(四)技术性法规体系成为汽车产业发展的主要贸易限制手段

技术性法规具有隐蔽性,成为国际通行的产业发展的主要贸易限制手段。当然,技术性法规的制定按照 WTO 的要求,不能构成对贸易的变相限制和在不同国家之间构成不必要的贸易歧视。在此基础上,技术性法规一般而言对于一国产品的技术性指标规定较高,不仅可以提高产品对消费者的安全性保障,还可以提高产品的国际竞争力。对于这种产业发展的贸易手段,中国在汽车产业领域进行了大力的发展,制定了一系列技术性法规。

1. 产品质量性能方面的规定

(1)《道路车辆外廓尺寸、轴荷及质量限值》为强制性国家标准,2004 年 10 月 1 日实施。本标准分别对汽车、挂车和汽车列车等不同车辆产品的外廓尺寸、轴荷及总质量提出了限值要求。其中尤其是强调排放标准要达到国家标准,防止污染加剧。这标志着重型机动车进入国家标准新时代。(2)GB7258—2004《机动车安全运行技术条件》2004 年 10 月 1 日起在全国范围内实施。该标准是强制性国家标准,也是我国机动车安全技术管理的最基本技术标准。(3)《汽车加速行驶车外噪声限值及测量方法》规定了新生产汽车加速行驶车外噪声的限值及新生产汽车加速行驶车外噪声的测量方法。2004 年 12 月 7 日国家环保总局发布的《关于实施汽车国家第 2 阶段排放标准噪声限制的公告》要求,2005 年 1 月 1 日以后生产的汽车,应符合该标准第 2 阶段噪声限值。(4) GB/T 13594—2003《机动车和挂车防抱制动性能和试验方法》规定了装备防爆制动系统(ABS)的车辆所要求的制动性能和试验方法。

2. 产品标识方面的规定

GB 16735—2004《道路车辆、车辆识别代号(VIN)》于 2004 年 10 月 1 日起实施。车辆识别代号(VIN)是车辆制造商在车辆生产时指定的一组字码,目的是为了在全世界范围内识别某一辆车的特定信息。制定该标准的目的是适应国际上建立统一的道路车辆识别代号体系的要求,同时也规范在国内生产和使用的车辆产品。GB 16737—2004《道路车辆、世界制造厂识别代号(WMI)》于 2004 年 9 月 1 日实施。本标准规定了世界制造厂识别代号的内容与构成,以便在世界范围内建立道路车辆制造厂的识别体系。

3. 产品认证方面的规定

中国国家认证认可监督管理委员会、中国质量认证中心《关于汽车产品、摩托车产品、摩托车发动机产品强制性认证实施规则换版的通知》2004 年 9 月 20 日发布。该《通知》规定经认证已获得 CCC 认证证书的机动车辆生产企业,其产品必须于 2004 年 9 月 20 日起、2005 年 3 月 1 日前完成 CCC 证书变更工作,否则不能生产、销售和出口。国家发展改革委员会、公安部《关于规范机动车整车出厂合格证明管理的通知》2004 年 12 月 13 日发布。该《通知》规定,从 2005 年 5 月 1 日起,所有免予经过检测线的轿车产品在出厂时,均须随车配发符合规定的新式合格证。到 2005 年 9 月 1 日,所有的机动车辆产品出厂时均配发合格证。对于违反《通知》规定的机动车生产企业,将被撤销其有关产品、停止产品申报直至撤销车辆产品的生产许可,并不予注册登记。《通知》还要求,自 2005 年 10 月 1 日起,机动车生产企业应向国家发展改革委员会指定的合格证信息管理工作机构,传送所配发的全部合格证的基本信息,建立合格证信息管理系统。

（五）汽车贸易政策正式以贸易政策的明确形式与汽车产业政策共同纳入中国汽车产业发展促进政策体系

改革开放以来,我国汽车贸易得到一定的发展,但是,由于长期以来重生产、轻流通,使我国汽车贸易体系建设滞后于生产发展。汽车贸易规模化、集约化水平低,管理方式、经营模式及理念落后,体系不完善,消费者权益难以得到保护。《汽车贸易政策》经商务部部务会审议通过,自 2005 年 8 月 10 日起施行。该政策以建立统一、开放、竞争、有序的汽车市场,创造公平竞争的汽车市场环境,到 2010 年,建立起与国际接轨并具有竞争优势的现代汽车贸易体系,拥有一批具有竞争实力的汽车贸易企业,以实现贸易额有较大幅度增长、贸易水平显著提高、对外贸易能力明显增强、实现汽车贸易与汽车工业的协调发展为目标。该政策的主要内容涉及对汽车销售、二手车流通、汽车配件流通、汽车报废与报废汽车回收、汽车对外贸易等方面的汽车国内贸易和对外贸易秩序进行了规范,从一定程度上填补了汽车贸易领域有关贸易秩序方面的法规和政策空白。《汽车贸易政策》将 WTO 贸易救济措施明确与汽车产业保障体系相结合,规定国务院商务主管部门依法对汽车产业实施反倾销、反补贴和保障措施,组织有关行业协会建立和完善汽车产业损害预警系统,并开展汽车产业竞争力调查研究工作。另外,汽车贸易政策还存在许多的其他补充性办法,如《汽车品牌销售管理办法》和《二手车流通管理办法》等的相继出台,与《汽车贸易政策》共同构成了汽车产业发展促进政策体系,形成贸易政策对汽车产业政策进行协调的有益尝试。

三、WTO 框架下中国汽车产业贸易政策与产业政策协调的问题

（一）中国汽车贸易政策法规忽略对产业发展的作用

汽车产业政策的范围已经越来越多地深入到贸易领域,例如,从汽车市场的准入管理、零部件企业参与市场、汽车营销网络、与贸易有关的投资领域、进口管理、汽车消费管理和汽车服务贸易等多方面

介入贸易领域。从某种角度而言,汽车产业政策与汽车贸易政策之间的关系越来越紧密。汽车贸易政策是汽车产业政策的重要保障,汽车产业发展是汽车贸易政策所追求的目标。可是,中国汽车产业政策的制定显然领先于汽车贸易政策,不仅在制定时间上早于汽车贸易政策,而且在制定的广度和力度方面也重于汽车贸易政策。在汽车产业发展的诸多方面,并没有将WTO有关规则和原则精神运用到贸易对产业发展的作用上来。

(二)中国汽车贸易政策影响产业发展的范围较窄

《汽车贸易政策》作为主要的汽车贸易政策类型,是一部具有一定综合性的政策,但是该政策对汽车贸易的涵盖范围较窄。按照该政策的规定,汽车贸易是指新车销售、二手车流通、汽车配件流通、汽车报废和汽车报废回收、汽车品牌销售以及汽车对外贸易等方面内容。事实上,按照WTO的法律体系,贸易及与贸易有关的各种类型的经济行为几乎都可以囊括在内。例如,《与贸易有关的投资协定》对于有关货物贸易的投资措施都囊括在内,在汽车贸易日益全球化的今天,贸易与投资的界限越来越模糊,中国的汽车市场非常广阔,世界著名汽车品牌如通用、大众、戴姆勒—克莱斯勒和丰田都已"盯上"了这块"蛋糕",并已开始行动。有关投资合作、汽车零部件和整车企业之间的贸易往来,并不仅仅是汽车销售到报废这一流通环节所涵盖的。中国有关汽车产业的新贸易政策的出台,对这些跨国公司的投资战略和中国汽车生产企业有着重要影响。又如,WTO有关技术性贸易壁垒的规定,对技术性法规及认证制度等方面做出了较为具体的约束,汽车贸易政策如何运用技术性贸易壁垒手段约束汽车市场的稳定和安全,同时防止技术性法规制定的非科学性和不必要的贸易限制等问题出现,这些应该成为汽车贸易政策所囊括的范围。在WTO纷繁复杂的法律框架之下,汽车贸易政策具有将该WTO规则和精神结合到汽车贸易中的责任,而不仅仅是从市场角度对有关销售和流通领域进行一定原则性的约束。遗憾的是,中国新出台的汽车贸易政策所涵盖的范围过于关注市场中的流通领域,而对贸易本身的广阔领域没有深入。

（三）中国汽车贸易政策法规的实施手段对产业发展的影响有限

国际上许多国家运用贸易手段来促进产业发展,并且取得较好的产业促进作用,其中汽车产业在日本和韩国等贸易政策中是普遍受到政策倾斜的产业类型。WTO 对各成员产业发展的促进政策并没有做出禁止,而是要求以不违反 WTO 有关贸易政策和法规为限。换句话讲,WTO 成员在不违反 WTO 规则和各自加入 WTO 承诺的前提下,利用贸易政策促进产业发展是完全可取的。所以,中国对于汽车贸易政策的运用可以不必过于谨慎和形式化,担心违反 WTO 规则而被诉诸争端解决机构。只要在法律允许的前提下,可以大胆使用贸易手段促进汽车产业的发展。不是仅仅盯住汽车流通领域的市场秩序问题,而是充分发挥贸易手段对产业发展的影响力。例如,汽车产业的研究开发补贴的使用、技术性法规和技术性标准的使用、利用原产地规则规范汽车进出口市场、对汽车环保产业的大力支持等手段促进汽车产业发展。

（四）零部件企业与整车企业的矛盾并未得到彻底解决

中国的零部件生产企业只是整车企业提供零部件设计的简单加工厂,不仅如此,企业的市场竞争地位过度地受到整车企业采购力度的影响,企业的市场份额和讨价还价能力相当弱。在这种情况下,中国的零部件企业很难与整车企业建立战略联盟关系。在汽车市场的激烈竞争之下,零部件生产的落后将直接导致中国汽车产业整体竞争水平增长速度的放缓。全球咨询公司 PAC 集团的一项调查数据显示,2008 年,通用、丰田、福特三家顶级汽车制造商在华零配件采购额将比原先预期的数字减少 80 亿美元,到 2010 年,这三家汽车制造商将总共比预期减少 160 亿美元的在华采购量。这些跨国公司在中国采购零部件的数量仍会继续增加,但增速已明显放缓,原因是中国缺乏能达到质量要求且价格低廉的本地供应商,因此,作为外资汽车公司的国内采购理智决定则是慎重选择在华国内零部件配套企业。

在新的汽车产业政策中有关零部件及其相关产业的规定,只是规定"汽车零部件企业要适应国际产业发展趋势,积极参与主机厂的产品开发工作"、"对能为多个独立的汽车整车生产企业配套和进入国际汽车零部件采购体系的零部件生产企业,国家在技术引进、技术改造、融资以及兼并重组等方面予以优先扶持。汽车整车生产企业应逐步采用电子商务、网上采购方式面向社会采购零部件"。这些政策对于零部件企业与整车企业的矛盾解决有一定的作用,但是对于该问题的彻底解决则是远远不够的。这一问题的解决必须以零部件企业与整车企业的利益联合为基础,以提高零部件整体研发水平为保证。新的产业政策并没有在这些方面制定切实可行的产业促进政策。

(五)零部件企业在产品技术竞争中受到外资的强大压力

在当前经济形势下,外资在加速向中国转移步伐,外资将利用其先进技术和配套体系取得更多优势,目前外资企业已经在国内主机厂配套中取得上风,如东风本田的 130 余家国内一级供应商中,纯中资的零部件企业只有 30 家。目前已经在高压共轨等发动机关键技术领域形成垄断。据统计,外资在中国汽车零部件市场已经占到60% 以上的份额,而在轿车零部件行业,有专家估计已达 80% 以上。此外,在汽车电子等高新技术产品以及发动机、变速箱等核心零部件等关键领域,外资控制的市场份额甚至高达 90%。此外,在轿车自动变速箱、ABS 防抱死系统和汽车电子技术等领域,核心技术也被外方掌控,关键元器件依然依靠进口,国内研究没有突破性转变。在我国汽车排放标准升级为国家 III 标准的过程中,由于国内零部件技术的研发难以追上新法规实施步伐,外资企业在零部件关键系统加强了垄断地位。由于外资零部件系统价格偏高,带来国产汽车发动机和整车成本上升幅度较大,如新排放标准的柴油汽车每台单价就上升 2 万元。在关键的汽车高压共轨系统领域,目前主要供应商是博世、日本电装、德尔福等外国厂家,其中,博世占据了 60% 以上的市场份额,形成垄断地位。国内众多企业虽然也在开发共轨系统,但是均未达到稳定质量要求,这一核心技术还被外方牢牢控制。当前我国零部件产业结构变化正在呈现新特点:除了掌控关键部件技术和为中外合资企业供货优先权外,外资比重增加和独资的趋向明显。据中国汽车工业协会资料显示,外资企业效益最好,外资控股企业的销售收入利润率达到8.2%,明显高于国内民营企业的6.8%和国有企业的5.9%。在2007年零部件百强企业中,外商独资企业数量17家,实现利润37亿元,业务收入389亿元。以博世为例,博世目前在中国投资了18家公司,形成了从研发、生产、销售到服务的完整产业链,投资企业几乎全是独资或控股,唯一50%对50%的合资企业——联合电子,也已控制了51%的董事会决议权。在其他外资零部件企业,这一趋势也十分明显。由此可见,内企抗衡外企的出路在于加大对研发的投入,目前我国零部件企业平均研发投入只占销售收入1.4%,远低于国际平均的6.6%。此外,内资企业需要占据与主机厂的配套先机,改变完全受制于主机厂的从属地位。

(六)零部件企业研发投入不足形成政策调整需求

统计显示,2000年以后,零部件产业在整个汽车工业中的比重逐年增加。2005年,国内汽车零部件产业实现工业总产值3838亿元,占整个汽车工业总产值的35%。此外,零部件出口近五年来也呈快速增长势头,2005年出口总值达85亿美元。虽然我国已基本形成了为国内汽车配套的完整体系,但缺乏轿车主要组成和关键部件的核心技术,其配套市场还主要被外方掌控。同时,零部件企业普遍缺乏自主研发能力和研发设施,与主机厂同步开发能力尤为薄弱。另外,受主机厂降价、原材料和动能涨价、物流成本过高、工资上涨等因素影响,零部件厂的经营环境日趋严峻,我国零部件低成本优势正在受到冲击。中国汽车工业协会副秘书长沈宁吾在中欧国际工商学院"第四届中国汽车产业高峰论坛"上指出,零部件产业在国内汽车工业中的地位一直处于上升态势,不过,国内零部件产业研发资金投入依然处于较低水平。我国汽车零部件企业的年开发投入一般为销售收入的 1% ~1.5% ,而发达国家为 3% ~5% ,甚至达到 10% 。零部件工业的投资应为整车企业的 1.2 ~1.5 倍,而我国只有 0.3 倍以下。如此小的投入,限制了企业的开发和研发。

第三节　从 2006 年中国汽车产业政策贸易摩擦透视中国汽车产业政策的问题

一、2006 年中国汽车产业政策贸易摩擦

2006 年 3 月 30 日,欧盟和美国先后向中国驻 WTO 大使孙振宇发出正式信函,同时向 WTO 争端解决机构 DSB 提出申诉,要求就中国对汽车零部件的进口措施进行磋商。这些措施包括(但不限于)以下①:

1.《汽车产业发展政策》(国家发展和改革委员会第 8 号文,2004 年 5 月 21 日颁布,2004 年 6 月 1 日实施);

2.《构成整车特征的汽车零部件进口管理办法》(海关总署、国家发展和改革委员会、财政部、商务部令第 125 号,2005 年 4 月 1 日起正式实施);

3.《进口汽车零部件构成整车特征核定规则》(海关总署第 4 号公告,自 2005 年 4 月日起施行);

以及对上述文件的任何修订、替换、补充以及执行上述文件的具体措施或者其他相关的措施。

欧盟和美国认为,依据上述措施的规定,进口汽车零部件用于组装整车并在中国销售,如果超过措施中规定的最低限度(占整车价值 60%),将被要求征收与进口整车相同的关税。欧盟认为这些措施与中国依据 WTO 各有关协定和中国加入 WTO 承诺不符,使得其根据中国加入 WTO 承诺所应获得的利益丧失或者减损。

---

① 资料来源:www.wto.org。

此次欧美与中国的汽车产业政策贸易争端,实际上就是对中国产业政策和贸易政策协调问题的警钟,方式是其他 WTO 成员针对中国的产业政策问题诉诸 WTO 的争端解决机构,利用有关贸易协定来解决该问题。

二、从贸易摩擦透视中国汽车产业政策的问题

在欧美对华汽车产业政策贸易摩擦中,因为汽车产业零部件和整车关系问题所引发的问题涉及 WTO 多项内容,其中涉及的焦点问题主要有以下几个方面:

(一)有关国民待遇的问题

国民待遇,是指对其他成员方的产品、服务或服务提供者及知识产权所有者和持有者所提供的待遇,不低于本国同类产品、服务或服务提供者及知识产权所有者和持有者所享有的待遇。在该案中,欧美认为中国对进口汽车零部件的征税只针对进口汽车零部件,依照进口零部件在整车中所占的比例不同分别适用整车关税和零部件关税,而对国内同类产品则无同样要求,因此,认为中国汽车产业系列政策法规中的有关规定违反了 WTO 的国民待遇原则。有关国民待遇原则的适用问题存在几个关键点:

1. 同类产品之间待遇的比较

在该案中,国民待遇问题主要针对的是汽车整车产品和零部件产品关税待遇问题。依中国加入 WTO 承诺,中国到 2006 年 7 月 1 日,汽车整车关税税率为 25% ;汽车零部件关税税率为 10% 。显然,汽车整车产品和零部件产品是典型的非同类产品。但是,将二者纳入同类产品范畴的问题就是组装车问题。组装车问题是指进口或引进汽车时,汽车以完全拆散或半拆散的状态进入,之后再把汽车的全部零、部件组装成整车出售。组装车在国际上简称 KD（Knocked Down）,一般有三种形式:CKD、SKD、DKD。CKD 为全散件组装;SKD 是半散件组装,一部分总成是现成的;而 DKD 几乎就是车身大总成,装上 4 个轮子就是整车。在组装车情况下,汽车整车产品与零部件

产品之间就涉及同类产品问题。《汽车产业发展政策》、《构成整车特征的汽车零部件进口管理办法》和《进口汽车零部件构成整车特征核定规则》等汽车政策规定,一定状态下进口散件构成整车特征的按整车关税税率缴纳关税并履行其他进口手续。换句话说,中国对进口汽车散件采取的措施就是,按散件占汽车整车价值的百分比确定是否与整车为同类产品实施相同待遇。有关组装车问题,WTO争端解决实践中是存在先例的,如印度尼西亚影响"汽车工业措施案"。在该案中,就涉及组装车问题。当时,印尼整车进口的关税是200%,所以整车的进口量很小,事实上所有的欧洲进口车都是由散件在印尼装配的。由此产生的问题是,散件进口是否是另一成员相同产品的进口呢?因为只有同类产品之间,才涉及待遇的比较问题。在这一问题上,专家组注意到,进口的散件最终用途与整车相同且由于这些车的国产化率很低造成其大部分散件在最终产品中没有改变。散件中绝大多数部件不仅与最终产品最相近似而且在物理特性上相同,其唯一的区别是散件是没有装配的,整车是装配完成的。专家组认为,仅凭未装配完成这一事实不能确定它们是不相同的产品。"日本酒类税案"的上诉机构认为在确定产品是否同类产品时应注重关税税目标准的重要性,根据《关税协调制度一般解释规则》,"任何一个项目下的产品都包括完整的产品或未完成的产品,只要未完成或未装配的物件与整个产品或未完成的产品特征基本相同"。所以,在印尼"汽车工业措施案"中,专家组认为,对组装的和未组装产品间关系的确定方法在本案中很有意义。为避免整车200%的税收,欧共体和美国的汽车生产商向印尼装运了实质上完全的散件,这实际上是"装在箱子里的车"。专家组因此认为,他们可以被视为与整车具有最近似的特征,即与争端产品构成相同产品。

2. 所涉及的待遇范围问题

国民待遇的规定主要体现在 GATT 第 3 条及其附件的第 3 条注释中,其根本目标是避免使用国内税和管理措施中的保护主义。具体地说,是确保国内措施不以对国内生产提供保护的方式适用于进口产品或国内产品,削弱最惠国待遇和约束关税的实际效力和价值。为此目的,该条要求对与国内产品是同类产品的进口产品提供平等的竞争条件。进口产品一旦通关,即应按对待国内同类产品的方式对待进口产品,否则会被认定为给予国内同类产品保护。所以,对于国民待遇而言,其所涉及的待遇范围是进口国国内税及其他管理措施,即涉及进口产品通关后与国内同类产品的待遇比较问题。所以,国民待遇问题显然不涉及一个成员的海关征收的关税和其他费用。① 但是,关税是否是国内税,却并不是轻松可以界定的。在GATT1947 的附件1 注释和补充规定中,关于第3 条的注释规定,对于适用于进口产品和同类国产品的任何国内税或其他国内费用或本条第1 款所指类型的任何法律、法规或规定,如在进口时或在进口口岸对进口产品征收或执行,则仍应被视为国内税或其他国内费用或第1 款所指类型的法律、法规或规定,并因此应遵守第3 条的规定。关税显然是在进口或在进口口岸对进口产品征收的,对其仍然可以被视为国内税或其他国内费用。所以,在欧美联手控告"中国汽车产业政策案"中,认为中国对进口汽车散件在一定条件下适用整车关税问题,在国民待遇的待遇范围方面,是可以被纳入考虑范围的。

3. 待遇标准问题

一般认为,国民待遇原则要求成员对从其他成员进口的产品提供不低于其对国内产品提供的待遇。但是,从原则角度认识,国民待遇的待遇标准并不是这样。因为,国民待遇原则保护的不是严格意义上待遇的同样性或贸易效果的一致性,而是保护在进口产品与国产品之间的竞争关系,保障的是竞争机会的有效平等。在进口产品与国产品之间贸易效果上的差别的不明显并不能得出未违反国民待遇原则的结论。况且,GATT1994 第3 条保护的不是对特定贸易效

---

① 韩立余编著:《世界贸易组织(WTO)案例分析》,中国人民大学出版社 2002年版,第155 页。朱榄叶:《中国没有违反 GATT 对国民待遇的要求》,《WTO 经济导刊》2006 年第 5 期。

果的期望,而是对进口产品与国产品之间平等竞争关系的预期。所以,对于国民待遇原则的待遇标准问题,不能认为对进口产品以不低于国产品的待遇即为履行国民待遇原则义务。根据中国《加入 WTO 工作组报告书》第 93 段的解释,"对于有关汽车零部件关税待遇的问题,中国代表承认未对汽车的成套散件和半成套散件设立关税税号。如果中国设立此类税号,则关税将不超过 10%"。对于中国这一承诺,GATT1994 第 2 条第 1 款(a)、(b)两项均做出了约束性要求。(a)项规定,每一成员对其他成员方的贸易所给予的待遇不得低于本协定所附有关减让表中有关部分所规定的待遇。(b)项规定,与任何成员相关的减让表第一部分中所述的、属其他成员方领土的产品,在进口至相关的领土时,在遵守该减让表中所列条款、条件或限制的前提下,应免征超过其中所列和所规定的普通关税的部分。另外,《关于解释 1994 年关税与贸易总协定第 2 条第 1 款(b)项的谅解》中第 4 项规定,如一税号以往为一减让的对象,则记录在有关减让表中的"其他税费"的水平不得高于该项减让首次并入该减让表之时所获得的水平。所以,WTO 实行的是约束关税制度,即一方面允许使用关税手段进行国际贸易的管理;另一方面,关税制度也要受到 WTO 义务的约束。一成员在做出关税减让的承诺后不能再进一步提高,成员有义务不超出减让表所列的水平征收关税或其他费用。所以,中国在《加入 WTO 工作组报告书》中的承诺给其他成员就中国汽车散件进口关税待遇方面的预期是对中国有约束力的。对这一问题的重大变动会引起其他成员对进口产品和国产品竞争条件的关注。

(二)有关当地含量限制的问题

欧美在"中国汽车产业政策案"中认为,中国汽车产业政策违反了 WTO《与贸易有关的投资措施协定》(以下简称 TRIMs 协定)第 2 条的规定以及协定附件说明性清单中的第 1 条和第 2 条规定中的"当地含量限制"的规定。TRIMs 协定第 2 条规定,本协定附件列出一份与 GATT1994 第 3 条第 4 款规定的国民待遇义务和 GATT1994

第 11 条第 1 款规定的普遍取消数量限制义务不一致的 TRIMs 例示清单。该例示清单中,第 1 条规定,与 GATT1994 第 3 条第 4 款规定的国民待遇义务不一致的 TRIMs 措施包括根据国内法律或根据行政裁定属强制性或可执行的措施,或为获得一项利益而必须遵守的措施,且该措施要求企业购买或使用国产品或自任何国内来源的产品,无论按照特定产品、产品数量或价值规定,还是按照其当地生产在数量或价值上所占比例规定。欧美认为,中国汽车产业政策对汽车进口零部件的关税水平依据其在整车价值中所占比例选择适用零部件关税还是整车关税,具有浓厚的"地方保护主义色彩",因为,这迫使汽车制造商从中国本土生产商那里采购汽车零部件,实际上等于变相规定了零部件"国产化比例",这违反了国民待遇原则对投资措施的限制性要求。对这一问题的认识,需要从以下几个方面入手:

1. 中国汽车产业政策对零部件与整车关系的规定是否属于与贸易有关的投资措施

与贸易有关的投资措施在 TRIMs 协定中并没有明确的定义,只是提出对"某些投资措施可能产生贸易限制作用和扭曲作用"的约束要求。在印尼"影响汽车工业措施案"中[①],专家组认为,广义的"投资措施"一词表明 TRIMs 协定并不只是针对外国投资采取的措施。TRIMs 协定基本上是旨在调整和提供外国投资一个公平的活动场所,那么与国内税有关的措施就不能不被解释为与贸易有关的投资措施。国内税优惠只是 TRIMs 协定当地含量限制相关的很多优惠中的一种。专家组看不出一项国内措施为什么不调整外国投资。在具体的判断方法上,专家组采取从政策措施的目的角度的分析来判断是否属于与贸易有关的投资措施。专家组列举了印尼汽车计划中的"目的"条款,得出这些计划的总的目的是鼓励当地生产力的发展。所采取的一系列措施目的是具有投资目的和投资特征并提及投

---

① 陈佩虹、张弼、李雪梅:《汽车贸易争端典型案例评析与产业发展启示》,机械工业出版社 2005 年版,第 175～176 页。

资计划,因而这些措施必然对这些部门(包括机动车和零部件)的投资有重大影响。所以最终认定印尼汽车工业措施属于与贸易有关的投资措施。具体到中国汽车产业措施中,一系列有关汽车零部件和整车关系的规定,是以《汽车产业发展政策》为基础而制定出来的。该政策第1章"政策目标"中的第一条规定,坚持发挥市场配置资源的基础性作用与政府宏观调控相结合的原则,创造公平竞争和统一的市场环境,健全汽车产业的法制化管理体系。但是在之后的各条当中出现对国内汽车产业生产力发展的倾向性目标,如"在2010年前使我国成为世界主要汽车制造国,汽车产品满足国内市场大部分需求并批量进入国际市场";"2010年汽车生产企业要形成若干驰名的汽车、摩托车和零部件产品品牌";"培育一批有比较优势的零部件企业实现规模生产并进入国际汽车零部件采购体系,积极参与国际竞争";在第11章进口管理中第五十二条规定,"国家支持汽车生产企业努力提高汽车产品本地化生产能力,带动汽车零部件企业技术进步,发展汽车制造业"。但是对于其他有关零部件和整车关系的规定或办法,例如《构成整车特征的汽车零部件进口管理办法》和《进口汽车零部件构成整车特征核定规则》等规定,只是海关管理和执行过程中的操作性规定,不涉及政策目标的规定,所以不易确定政策目标。但是,从《汽车产业发展政策》的政策目标看,中国汽车产业政策和为落实该政策而制定的其他涉及零部件和整车关系的规定,可以认定是与贸易有关的投资措施。

2. 该措施是否属于当地含量限制规定

对于是否属于当地含量限制规定,TRIMs规定,首先,以采取措施的成员对于某法律或行政规则项下义务性或强制性措施的执行或某种利益或优惠的给予是否与某项要求的满足为条件;其次,该项条件要求企业购买或使用国产品或自任何国内来源的产品,无论按照特定产品、产品数量或价值规定,还是按照其当地生产在数量或价值上所占比例。满足上述两个条件,才可以认定措施是否属于当地含量限制规定。对于《汽车产业发展政策》和与其相关的其他规定并没有针对国产汽车及零部件生产企业单独给予的超过进口同类产品的利益或优惠。但是,对于汽车零部件关税的明确分类和约束使得汽车过去的全套散件和半散件进口按零部件 10% 的税率缴纳关税的优惠将不存在。构成整车特征的零部件进口要按照整车 25% 的税率缴纳关税。在这一问题上,《汽车产业发展政策》并没有明确区别国产品与进口产品待遇上的不同。但是,在《构成整车特征的汽车零部件进口管理办法》中,有关零部件和整车问题的规定却区别进口产品与国内汽车及零部件生产企业进行规定。该办法第 21、22、23 条规定,进口汽车零部件构成整车特征的特殊条件,除了组装车的进口类型以外,还对汽车组成状况或进口零部件的价格总和达到该车型整车总价格的 60% 及以上的情形规定为必须按整车税率缴纳关税。第 24 条规定,国内汽车及零部件生产企业,对进口零部件(不含总成、分总成)及生产零部件用的毛坯件进行实质性加工的,所生产的配套零部件视为国产件。显然对国产汽车及零部件企业采用实质性改变标准确定零部件和整车关系。在《进口汽车零部件构成整车特征核定规则》中,对国产汽车和零部件生产企业同样采取不同于进口汽车零部件企业的规定。适用进口汽车零部件实质性改变标准的原则如下:以税则归类改变为基本标准。税则归类改变不能反映实质性改变的,以从价百分比、制造或者加工工序等为补充标准。当关键件或分总成中的进口件价格比率超过 60% 时,则该关键件或分总成按进口件计算。显然,对于进口件和国产件的不同待遇有可能使汽车生产企业在选择零部件时考虑采用国产件比率,进而对汽车进口零部件企业来说,在中国当地生产汽车零部件是比较优惠的考虑,对于跨国汽车生产企业来说,其对优惠关税的偏爱会使其考虑在中国投资或与中国企业合资从事汽车零部件生产。从这一角度来看,中国汽车产业政策中涉及零部件和整车关系的规定属于当地含量限制规定。

(三)有关适用 WTO 一般例外原则获得豁免的问题

WTO 一般例外原则的立法渊源是 GATT 第 20 条,是对

GATT1994 其他条款所包含的实体法义务的有限度的和有条件的例外。它的设置,是肯定 WTO 成员的特定贸易限制措施的"合法性",对 WTO 成员在特定情形下违反 WTO 其他条款的国内措施的"免责"。TRIMs 协定第 3 条规定:"GATT1994 项下的所有例外均应酌情适用于本协定的规定。"对于中国汽车产业政策而言,如果属于 GATT 第 20 条的例外情形之一的话,即使单纯就措施而言有违 WTO 其他条款的规定,却可以获得免责的待遇。所以,有必要审查涉诉的中国汽车产业政策与 WTO 一般例外原则的关系。

与涉诉的中国汽车产业政策有关的 WTO 一般例外原则规定是 GATT 第 20 条第 4 款,该款规定:"为保证与本协定规定不相抵触的法律或规章得到遵守所必需的措施,包括与海关执法、根据第 2 条第 4 款和第 17 条实行有关垄断、保护专利权、商标和版权以及防止欺诈行为有关的措施。"结合第 20 条前言的规定,"此类措施的实施不在相同情形的国家之间构成任意或不合理歧视的手段或构成对国际贸易的变相限制"的前提条件下,可以实施第 4 款所规定措施,并且获得免责。

中国汽车产业政策是否可以因为 GATT 第 20 条第 4 款获得例外,前提必须要求是为保证与 WTO 不相抵触的法律或规章得到遵守所必需的措施。那么中国涉诉的汽车产业政策主要是有关零部件和整车关系规定的政策,这些政策都是以执行中国《汽车产业发展政策》为目的的,这一点可以从《构成整车特征的汽车零部件进口管理办法》和《进口汽车零部件构成整车特征核定规则》等规定的发布公告中可以确认。但是关键是这些办法或规则是否是《汽车产业发展政策》所必需的措施呢? 在 WTO"韩国牛肉零售体制案"中上诉机构认为[1],从文字意义上说,"所必需的"所指的"必要性"在语意上有一定的范围,在这一范围中,一端是"不可缺少",另一端是"有助于"。而第 20 条中的"所必需的"显然更偏向于"不可缺少"的一

---

① 陈卫东:《WTO 例外条款解读》,对外经济贸易大学出版社 2002 年版,第 240 ~ 241 页。

端。而且要考虑有关措施对国际贸易产生的限制作用,即该措施对进口产品的限制作用,如果对进口产品的限制作用越低,越容易被接受为"所必需的"。所以需要考虑是否存在比该措施对贸易的限制作用更小的替代措施,如果存在这样的替代措施,而且该措施也是合理获得的,那么有关措施就是不符合"所必需的"标准的。中国涉诉的汽车产业政策主要是关于汽车和零部件的有关规定是否是执行《汽车产业发展政策》所必需的呢? 从海关管理进出口贸易等方面考虑,《汽车产业发展政策》不能规定的非常细致,海关对于构成一定标准情况下的汽车零部件进口规定按整车关税进口是执行《汽车产业发展政策》所必要的,是运用贸易手段促进产业发展中最为直接和有效的管理手段,是中国行政机关行使职权的合理体现。那么是否存在同一目的之下的可以合理获得的其他替代措施呢? 这一点显然是需要对方举出证据的。对于中方来讲,对零部件和整车关系的规定是保证《汽车产业发展政策》所必需的。但是,更重要的是,获得 GATT 第 20 条第 4 款的免责,还要符合第 20 条前言的规定,即"此类措施的实施不在相同情形的国家之间构成任意或不合理歧视的手段或构成对国际贸易的变相限制"。在这一问题上,中国汽车产业政策从本国政策制定的出发点上,是出于防止一些汽车生产厂商通过将汽车"化整为零"的方式规避关税征收,从事实上看,对中国汽车产业进口状况而言,汽车零部件进口增长幅度均高于整车进口增长幅度。这对于中国经济的影响是负面的,所以,中国将汽车零部件进口门槛提高,有益于中国关税征收的管理。但是,重要的是中国该政策不能在同类产品的国产商和进口商之间造成不合理歧视或对国际贸易造成变相限制。换句话说,从主观上,中国汽车产业政策以防止关税流失为目的是正当的,但是从客观上,中国在汽车零部件按照整车关税来缴纳,产品类别的认定上与国产品之间存在着一定差异,而这一差异会被认为是在情形相同的即产品情况相同的条件下所存在的不合理歧视,进而可能被怀疑是在事实上对国际贸易变相限制的措施。

第四节 对 WTO 框架下中国幼稚
产业贸易政策与产业政策
协调的思考

**一、WTO 框架下中国幼稚产业贸易政策与产业政策的协调
应是 WTO 统一多边贸易体制的体现**

世界贸易组织不仅要处理货物贸易问题,还要处理服务贸易和
与贸易有关的知识产权问题。如货物贸易协议涵盖技术性贸易壁
垒、进口许可证程序、海关估价、原产地、反倾销、反补贴、保障措施等
一系列贸易领域,其协调与监督的范围远大于关贸总协定。更重要
的是,WTO 体制就是要约束以前制度的分散性。在《建立 WTO 协
定》前言中写道:"决定制定一个统一的更有活力和持久的多边贸易
制度,包括 GATT、过去自由化努力的结果以及乌拉圭回合谈判达成
的结果。"所以,WTO 框架下以汽车产业为代表的中国幼稚产业贸易
政策对汽车产业政策的协调应是 WTO 统一的多边贸易体制的体
现,其制定和实施要兼顾到 WTO 统一的多边贸易体制的管理,是各
种贸易手段的协调运用,更是在 WTO 争端解决机制下的多边贸易
协议的有机调节。

**二、WTO 框架下中国幼稚产业贸易政策与产业政策的协调
应注意 WTO 基本原则的研究与应用**

WTO 是一个涉及内容复杂、范围宽泛的法律框架。作为一个如
此庞杂的经济贸易法律机制,WTO 各协定之间需要一些能维持其有
效运行的基本规定,而这些规定是贯穿于 WTO 各协定之中的,是整
个多边贸易体制的基础,而这就是 WTO 的基本原则。所以,有关幼
稚产业发展政策的制定,必须考察 WTO 框架下贸易政策对其的协
调和限制作用,而 WTO 基本原则的限制则是最根本的涉及范围最
为广泛的约束。所以,加强对 WTO 基本原则及其在具体政策制定

过程的应用研究,对于中国这位加入 WTO 不久的成员来讲更加具有深远的现实意义。

三、中国幼稚产业贸易政策与产业政策的协调应注重贸易政策对产业政策实施效果的促进作用

以汽车产业为例,商务部颁布的《汽车贸易政策》自 2005 年 8 月 10 日起实行。该汽车贸易政策还有许多的其他补充性办法,如《汽车品牌销售管理办法》和《二手车流通管理办法》等的相继出台,与《汽车贸易政策》共同构成了汽车产业发展促进政策体系。对汽车市场的流通、销售和售后服务、消费者权益保护等领域进行了规范,使汽车产业的发展得到一定的保障。但是,汽车贸易政策并不是仅仅关注流通领域,汽车贸易政策与汽车产业政策之间的界限不应该过于分明,两者的目的其实都是共同的,都是为了汽车产业的发展,提高汽车产业及汽车市场的良性健康发展。更重要的是,汽车贸易政策作为与 WTO 框架联系最直接和顺畅的政策,必须将 WTO 框架的基本原则和对产业政策的调节和约束表达出来。在当今世界,贸易政策领域的范围已几乎无所不包,而 WTO 又是世界上最大且最有影响力的国际经济贸易组织,其强有力的争端解决机制一般情况下不会放过争端当事方所涉及的贸易政策领域。所以,汽车贸易政策既不能因为惧怕引起争端而束缚手脚,放松对汽车产业政策的影响,也不能像“铁路警察,各管一段”,将其视为与汽车产业政策完全两回事的规定。因此,为了促进汽车产业的健康有序发展,为了给汽车产业的发展创造良好的国际国内贸易环境,汽车贸易政策应注重对汽车产业政策的促进作用和约束作用。

第六章 WTO 框架下中国高技术产业贸易政策及产业政策的协调

高技术产业问题源于高技术问题。"高技术"（High Technology 或 High-Tech）一词源于 20 世纪 60 年代的美国。1971 年美国科学院在其《技术与国际贸易》一书中正式提出"高技术"的概念，用于表达在经济上能够取得重大效益的尖端技术。目前，国际上一般公认的高技术领域主要包括信息技术、生物技术、新材料技术、新能源技术、空间技术、海洋技术等。1995 年 9 月，中共中央通过的关于制定国民经济和社会发展"九五"计划和 2010 年远景目标的建议中，将电子信息、生物、新材料、新能源、航空、航天、海洋等方面，列为重点开发的高技术领域。

第一节 WTO 框架下对高技术产业政策的限制

一、WTO 对高技术产业问题的关注

虽然任何经济行为都具有一定的风险，但是高技术产业的发展存在高于一般产业的风险。首先，高技术产业存在研发风险。由于高技术产业所涉足的都是当前科学和经济领域前沿，确定何种研究项目、该项目的可获利性和可开发性都需确认。即便如此，具有超前性的技术研究的成功率极低。以美国为例，美国高技术企业的成功率通常只有 15% ~ 20%，有 60% 以上受挫，20% 以上完全破产，有些领域内，高技术项目的成功率甚至在

3%以下。① 其次,高技术产业存在竞争风险。对于高技术产业而言,对高技术的研发权利是平等的,不同企业、不同国家并非同时进步,最先研发成功并投入使用和推广的才能获取最大利益。否则,随着高技术更新换代速度的加快,被淘汰的不仅是技术本身,还包括整个技术应用的设备、人才、企业乃至产业本身。因此,高技术产业的竞争压力和风险更是高于其他产业。最后,高技术产业存在投入风险。高技术产业的发展周期较长,收益过程缓慢,导致其投资具有特殊性。只有到高技术产业的产品已经打开市场并能较长时间维护其市场份额的时候,才使其高技术企业出现盈余,在此之前将长期处于高投入且投入明显高于收益的状态。即便如此,在此之后维持技术的发展及领先地位和市场的进一步开拓仍然需要资金的大量投入。所以,投入成为制约高技术产业发展的重要因素,一旦出现投入短缺,将有可能前功尽弃。

基于高技术产业的特殊性和重要性,在 WTO 及其前身 GATT 的发展史上,各成员方及其总体在对高技术产业政策上做出了不懈的努力,其中最集中的体现是对于高技术产业补贴政策和反补贴手段的规定。20 世纪 60 年代末,电子工业的飞速发展使得各国通过向其国内企业提供不同形式的补贴来加速其发展。法国仅 1967 年就从国家预算中拨出 9000 万美元专门向电子工业提供低息贷款;联邦德国则提供 900 万美元无息贷款;英国为刺激国内计算机工业发展专门制定政府优惠采购政策,补贴额约占计算机成本费用的 40%。英国对航天工业的补贴额占工业总支出的 50%。② 不仅如此,各国对一定时期内的高技术产业的促进政策不仅力度逐渐攀比竞争,而且政策种类也五花八门。除了低息或无息贷款外,各种财政和技术援助、出口补贴、生产补贴、工资补贴、减免税优惠等层出不穷。如此

---

① 陈琪:《企业科技进步与经济增长研究》,中国经济出版社 2000 年版,第 77 页。

② 王贵国:《世界贸易组织法》,法律出版社 2003 年版,第 383 页。

种种政策对促进高技术产业发展起到了一定的作用,但是却使高技术产业本身的良性发展和国际经济贸易秩序陷入了困境。

1947 年缔结的关贸总协定对补贴问题并没有规定任何强制性的义务。只是在第 16 条规定:"任何缔约方如果给予或维持任何补贴,包括任何形式的收入支持或价格支持在内,以直接或间接增加从它的领土输出某种产品或减少向它的领土输入某种产品,它应将该项补贴的性质和范围、该项补贴对输出、输入的产品数量预计可能产生的影响以及该项补贴的必要性,书面通知缔约方全体。"该项规定只是规定了各缔约方通报其补贴政策的义务。另外在第 6 条规定了可以征收反补贴税。但是,对于何种情况下的补贴合法或违法、如何补贴等则是立法空白。在之后的发展当中,各国的有关补贴与反补贴的贸易政策纠纷不断。随着高技术产业的国际竞争的加剧,贸易争端的升级也促使各国期望就补贴政策的规范化制定国际协定来协调各国法律和贸易政策。其中,美国在对高技术产业促进政策的国际化方面影响最大。在乌拉圭回合谈判后期,美国正处于克林顿政府执政期间,认为政府在高技术产业发展过程中应发挥直接作用,主张"有管理的贸易",通过政府的支持性政策来创造本国在高技术产业领域中的比较优势。因此,美国在乌拉圭回合中对有关高技术产业政策制定中发挥了重要作用。在原来的《补贴与反补贴措施协议》(草案)中,美国改变了原来的立场,主张扩大不可诉补贴的范围,增加对研究与开发的政府资助比例,最终确定了《补贴与反补贴措施协议》第 8 条第 2 款有关研发补贴的规定,而且明确规定研发补贴属不可诉补贴。克林顿政府在该项规定中将研发补贴的范围不仅限于"工业研究"①,而且将"基础研究"②和"竞

---

① 工业研究是指对发现新知识的有计划探求或关键性调查,目的在于此类知识可用于开发新产品、新工艺或新的服务,或对现有产品、或服务进行重大改进。见《补贴与反补贴措施协议》注释28。

② Richard R. Rivers & John D. Greenwald: "the Negotiation of a Code on Subsidies and Countervailing Measures: Bridging Fundamental Policy Differences", *Law and Policy in International Business press*, Vol. 11, 1979, p. 1447.

争前开发活动"①也纳入到研发补贴的范围中。美国要求将基础研究增加进去主要是处于美国政府一直以来施行的对美国大学和其他研究机构所从事的研究活动的广泛支持,事实上,美国高技术产业的世界领先地位是离不开这些部门的研发功劳的。对于企业来说,竞争前开发活动的研发风险更是其难以逾越的瓶颈,诸多企业因为竞争前开发活动中的努力无法转化为最终的成果或商业性使用而对此活动望而生畏。美国政府的该项努力实际上扩大了政府在竞争前开发活动阶段对企业的支持,增加高技术领域的研究投入。

二、WTO 对高技术产业政策的限制

鉴于国际竞争对高科技领域的关注,WTO 在乌拉圭回合谈判阶段对高技术产业的关注并非一味地予以政策上的维护,还必须顾及到该产业与其他产业在资源配置上的竞争关系,以及高技术产业发展强国和弱国之间势力的相对均衡。因此,WTO 对高技术产业政策规定了若干限制条件,以此相对公平周到地考虑到各方面的问题。

第一,明确补贴的定义和条件。根据《补贴与反补贴措施协议》第 1 条规定,补贴是指一成员领土内存在的由政府或任何公共机构提供的财政资助或存在任何形式的收入或价格支持,从而使接受者获得利益的行为。其中对于财政资助而言,还应满足如下条件:(1)涉及政府进行的资金的直接转移(如赠款、贷款和投股)、潜在的资金或债务的直接转移(如贷款担保);(2)放弃或未征收在其他情况下应征收的政府税收(如税收抵免之类的财政鼓励);(3)政府提供除一般基础设施外的货物或服务,或购买货物;(4)政府向一筹资机构付款,或委托或指示一私营机构履行以上三项列举的一种或多种通常应属于政府的职能,且此种做法与政府通常采用的做法并无实质差别。通过协议对补贴定义的明确,可见产业政策促进产业发展呈现出如下特点:(1)政策主体不仅包括政府,也包括政府委托或

---

① 《补贴与反补贴措施协议》第 8 条第 2 款。

指示的私营机构。（2）政策的核心意义在于赋予接受者相对于其他竞争者或产业类型的利益或优势。（3）政策的形式多样,包括财政资助,其中不乏财政手段和金融手段的综合,还包括任何形式的收入及价格支持。

第二,确立专向性标准衡量补贴的合法性。在 WTO 的法律体系中,只有专向性补贴受到约束和限制。专向性补贴仅限于授予机关管辖范围内的企业或产业、或一组企业或产业的补贴。正是因为专门针对某个产业或企业的补贴会导致资源的非市场调节,会带来市场的扭曲作用,所以 WTO 既要保护各成员国相关国内产业免受其他成员专向性补贴的损害,同时又不能过分干涉各成员国政府一定职权范围内对经济的宏观调控,运用经济手段为产业发展发挥促进作用。因此,专向性标准体现了 WTO 在公平与自由竞争之间的平衡,在"政府干预商业事务的性质和程度以及其他政府对该干预查究的权利之间的平衡"①。对于专向性标准衡量下的补贴并不是不可以规定获得补贴的条件,但是,要求这些条件必须是"客观的"、"中立的"、"自动获得的",即这些标准或条件并非使某些企业获得优惠,而是规定获得优惠的条件具有经济性质并且水平适用（如雇员的数量或企业的大小）。

第三,反对以出口补贴为主的产业政策。在《补贴与反补贴措施协议》第 3 条规定了禁止性补贴,凡是符合禁止性补贴规定的补贴类型,不论是否给进口国造成严重损害,即判定为违约。其中禁止性补贴以出口补贴为主。出口补贴是指法律上或事实上视出口实绩为唯一条件或多种其他条件之一而给予的补贴。

第四,"可诉补贴"领域——产业政策的较大发挥空间。虽然专向性标准对补贴进行了重要筛选,但是判定专向性补贴是否最终违法还要受到"可诉补贴"的拷问。如果是专向性补贴,但申诉方没有

---

① Richard Rosecrane："The Rise of the Virtual Stare"，*Foreign Affairs*，July/August,1996. 转引自柳卸林:《知识经济导论》,经济管理出版社 1998 年版,第 6 页。

充足的证据证明该补贴对其造成不利影响,那么该项补贴又会在合法的限度内使用。因此,可诉补贴是一个"口袋规定",没有具体使用方向和手段的限制,为产业政策提供了较大的发挥空间。但是,WTO 对可诉补贴给其他成员造成的不利影响做了明确的规定,包括三个方面:(1)损害另一成员的国内产业;(2)使其他成员在GATT1994 项下直接或间接获得的利益丧失或减损,特别是在GATT1994 第 2 条下约束减让的利益;(3)严重损害另一成员的利益。另外,对严重损害另一成员的利益,WTO 也规定明确的限定:(1)任何超过产品从价总额 5%的补贴应被视为导致严重损害,而不必考虑受影响方的实际损失。而受补贴产品的从价总额"应按接受补贴公司在被给予补贴之前可获得销售数据的最近十二个月的总销售额计算"。假如接受补贴的公司尚处于投产阶段,则补贴额超过投资总额的 15%即被视为构成严重损害。(2)任何目的在于弥补一个产业或企业经营亏损的补贴均被视为构成严重损害。产业政策以不干涉市场经济运行规律为限,企业或产业出现亏损是市场经济的自然现象,不以政策的强行挽救为生存依靠。因此,此种补贴视为对另一成员的严重损害。但是如果是为了避免严重的社会问题而给予此种补贴不构成严重损害,条件并非是经常性或重复性给予的。这也是 WTO 出于公平与自由之间的平衡考虑。(3)政府免除企业的直接债务,包括提供赠款用以偿还债务,构成严重损害。

第五,规定研发补贴的具体限制条件。研发补贴是 WTO 框架中最集中体现 WTO 对高技术产业的促进作用的措施。但是,如果有关成员国借研发补贴之名义行单纯向企业提供补贴政策之实,不论补贴是否实实在在落实到科学研究基础之上,那么,研发补贴促进科学技术进步的初衷将付之东流,同时也使高技术产业政策形同虚设。为防止出现此问题,WTO 在研发补贴问题上规定具体的限制条件,规定政府对研究与开发方面的援助仅限于:(1)人事成本(研究活动中专门雇佣的研究人员、技术人员和其他辅助人员);(2)专门和永久(在商业基础上处理时除外)用于研究活动的仪器、设备、土地和建筑物的成本;(3)专门用于研究活动的咨询和等效服务的费用,包括外购研究成果、技术知识、专利等费用;(4)因研究活动而直接发生的额外间接成本;(5)因研究活动而直接发生的其他日常费用(如材料、供应品和同类物品的费用)。WTO不仅在补贴使用方向上进行了限制,而且对具体数额也做了明确的限定,规定该援助涵盖不超过工业研究成本的75%或竞争前开发活动成本的50%。

综上所述,WTO框架下高技术产业政策是以研发补贴与不可诉补贴为主要促进手段,是以不违反禁止性补贴和符合专向性标准条件的多种促进政策的总和。

第二节 中国高技术产业贸易政策与
产业政策的协调——以中美
集成电路退税政策案为例

一、中美集成电路退税政策案的产生背景

信息产业是中国高技术产业政策的重要领域,之所以发生中美有关集成电路退税政策案,与中国信息产业的发展和进出口贸易情况有着不可分割的联系。

第一,信息产品出口在中国出口产品结构中地位的影响。在1997～2005年间,中国整个高技术产品出口高速增长,出口额年均增幅高达44.91%。8大类高技术产品[1]出口额年均增幅均超过10%,增幅居前的是计算机与通信和电子技术,分别达到了50.31%和45.04%。这两类产品的出口占到高技术产品出口的90%以上。由此可见,中国信息产品的出口对于中国高技术产品的国际地位乃至中国进出口商品结构的平衡有着重要影响。

第二,贸易逆差的增加带来的发展压力。2002年计算机与通信

---

[1]　主要包括:计算机与通信技术、生命科学技术、电子技术、计算机集成制造、航空航天技术、光电技术、生物技术、材料技术。

产品的贸易顺差增加迅猛,从 2001 年的 126.42 亿美元增加到 262.64 亿美元,增幅高达 107.8％。电子技术、计算机集成制造技术是造成中国高技术产品贸易逆差的主要来源,2002 年这两类产品的逆差分别是 274.15 亿美元、75.53 亿美元。贸易逆差的主要原因在于在有关电子技术和集成电路制造技术领域中,中国仍然以依赖进口为主,电子技术类产品的巨大逆差和计算机与通信产品的巨大顺差在一定程度上反映了中国高技术产业仍是以加工和组装为主的发展模式。这一点对于中国政府来说,必须培育中国具有自主知识产权的电子和集成电路技术的发展。

　　第三,以市场换技术战略的受挫使中国不得不另寻出路。中国在引进国外技术问题上曾经一度使用“以市场换技术”的战略,即中国在较高的外资准入制度下以放宽外资准入制度并提供基于土地、税收等方面的优惠为条件换取国外高技术的投入,以带动中国高技术领域整体技术水平的提高。但是,中国从 2001 年 12 月 11 日加入 WTO 起将全面遵守《与贸易有关的投资措施协议》(英文简称 TRIMs),中国要开放技术市场,减少或取消对技术转让的要求,保障平等对待国外投资者在中国的所有商业活动。因此,中国高技术产业的技术供应或者需要需按照商业条件从国外获得,或者需要独立进行研究和开发,这显然增加了中国高技术产业在研发上的压力和产品的生产成本。所以,中国对高技术产业的促进政策不得不开始另寻出路。

　　第四,研发投入不足构成中国高技术产业的发展瓶颈。根据 2005 年《金融时报》一份由英国贸工部所做的“国际研发报告”的统计数据,从 2004 年到 2005 年,欧洲国家在研发方面的投资增加了 2％;日本增加了 4％;美国和亚洲国家增加了 7％。而中国的研发投入经费在 2004 年仅为 1843 亿元,占 GDP 比重的 1.35％。若按照“九五”期间研发投入经费支出占 GDO 比重年均增加 0.08 个百分点的速度来计算,中国 2007 年才能达到 1.5％,与欧、美、日等发达国家存在较大的差距。研发投入对于中国高技术产业发展和参与国际竞争构成重要的发展障碍。

第五,中国信息产品"加入 WTO"承诺使中国在产业政策上的权利空间显著缩小。中国高技术产品除了制造业产品外还包括软件,而工业制成品的关税税率逐年降低,从 2003 年的 11.3% 一直降到 2008 年的 10%。中国的信息技术产品更快地进入到贸易自由化状态中。中国自加入 WTO 之日起,中国加入《信息技术协定》(英文简称 ITA),将逐步取消中国减让表中所列的所有信息技术产品的关税。此外,自加入时起,中国将取消 ITA 产品的所有其他税费。从中国加入 ITA 之后到 2005 年 1 月 1 日,中国高技术产品要实现零关税。自此,中国信息技术产品依赖对国外进口产品征收的关税和其他税费的优越发展条件将不复存在,中国高技术产业政策不能再依赖市场准入政策的旧例来保护国内产品,开始探询针对中国信息技术产品本身的优惠政策。但是,中国在出口补贴方面的加入 WTO 承诺又进一步限制了中国在高技术产业政策方面的权利范围。中国在《加入 WTO 工作组报告书》中承诺:"自加入时起,中国将取消与《SCMA 协定》不符的任何此类补贴。"所要取消的主要是指两类补贴:(1)向某些亏损的国有企业提供的补贴和依据出口实绩向出口企业提供的补贴;(2)取消中国其他属《SCMA 协定》附录一所列的补贴即 12 种出口补贴。中国长期以来对这些补贴的依赖已久,突然取消带给中国政府在高技术产品竞争领域的出口压力很大。因此,中国在高技术产业政策的权利空间被进一步缩减。

综上所述,中国在高技术产品领域尤其是信息技术产品领域的现状和产业政策空间的巨大变化带给中国政府和产业发展的压力是前所未有的;同时,国际上面对中国高技术产品的出口强劲势头必然有所关注,如果中国政府在高技术产业政策方面的任何变化影响到其他 WTO 成员方的利益或预期,都会带来贸易摩擦的风险。

二、通过中美集成电路退税政策案透视中国高技术产业政策

(一)基本案情

2004 年 3 月,美国政府就中国对集成电路出口退税政策问题向 WTO 争端解决机构提出申诉。同时,要求与中国政府就此问题进行磋商。该案主要起因于中国 2000 年 6 月以来国务院颁布的一系列鼓励软件和集成电路产业发展的法规和政策:(1)《财政部、国家税务总局、海关总署关于鼓励软件产业和集成电路产业发展有关税收政策问题的通知》(2000 年 9 月 22 日"25 号文件");(2)《信息产业部关于集成电路设计企业及产品认定管理办法》(2002 年 3 月 7 日"86 号文件");(3)《财政部、国家税务总局关于进一步鼓励软件产业和集成电路产业发展税收政策的通知》(2002 年 10 月 10 日"70 号文件");(4)《财政部、国家税务总局关于部分国内设计国外流片加工的集成电路产品进口税收政策的通知》(2002 年 10 月 25 日"140 号文件");(5)《国家税务总局关于享受税收优惠集成电路产品名录(第一批)的通知》(2003 年 12 月 23 日"1384 号文件")。

中美集成电路退税政策案中美方的观点主要集中在两个方面:第一,2000 年 6 月的"18 号文件"规定:"对增值税一般纳税人销售其自产的集成电路产品(含单晶硅片),2010 年前按 17% 的法定税率征收增值税,对实际税负超过 6% 的部分即征即退,由企业用于研究开发新的集成电路和扩大再生产。"同时,2002 年 10 月的"70 号文件"的进一步规定也成了诉讼理由,即"自 2002 年 1 月 1 日起至 2010 年 12 月 31 日,对增值税一般纳税人销售其自产的集成电路产品(含单晶硅片),按 17% 的税率征收增值税后,对其增值税实际税负超过 3% 的部分实行即征即退政策,所退税款由企业用于扩大再生产和研究开发集成电路产品。"第二,2000 年 6 月的"18 号文件"第 48 条规定:"境内集成电路设计企业设计的集成电路,如在境内确实无法生产,可在国外生产芯片,其加工合同(包括规格、数量)经

行业主管部门认定后,进口时按优惠暂定税率征收关税。"2002 年 10 月的"140 号文件"第一项规定:"国内设计并具有自主知识产权的集成电路产品,因国内无法生产,到国外流片、加工,其进口环节增值税超过 6% 的部分实行即征即退。"

美方基于上述两条规定,以 GATT 第 1 条(关于最惠国待遇的规定)、第 3 条(关于国民待遇的规定),中国《加入 WTO 议定书》(WT/L/432)以及 GATS 第 17 条(关于国民待遇的规定)向 WTO 争端解决机构提出申诉,并向中国提出磋商请求。经过激烈的磋商过程,2004 年 7 月 14 日,中国与美国在日内瓦签署了"中美关于中国集成电路增值税问题的谅解备忘录",随后,美国表示撤回在 WTO 争端解决机构的申诉,该案以中美双方磋商解决告终。谅解备忘录的主要内容为:(1)中方将于 2004 年 11 月 1 日前修改有关规定,调整国产集成电路产品增值税退税政策,取消"即征即退"的规定,2005 年 4 月 1 日起正式实施;(2)谅解备忘录签署前享受上述政策的企业及产品可继续执行"即征即退"政策直至 2005 年 4 月 1 日;(3)中方将于 2004 年 9 月 1 日前宣布取消国内设计国外加工复进口的集成电路产品的增值税退税政策,2004 年 10 月 1 日起正式实施;(4)谅解备忘录不影响中国和美国在 WTO 项下的权利和义务。

(二)WTO 框架下对中国集成电路退税政策的分析

有关该案的争论,在学术界意见不一。周汉民教授认为该案以 WTO 最惠国待遇原则和国民待遇原则为诉讼理由是准确的。[①] 而马里博士和梅新育博士认为该案涉及的中国国内有关集成电路产品厂商的税收优惠问题,属于补贴问题,不属于 WTO 最惠国待遇原则和国民待遇原则中所提到的"国内税"问题,因此,建议从补贴问题上进行研究。[②] 因此,有关中美集成电路退税政策案的争论首先围

---

① 周汉民主编:《中国外贸救济与外贸调查制度》,上海交通大学出版社 2005 年版,第 84 页。
② 马里、梅新育:《我国产业发展政策的潜在贸易争端风险》,《国际贸易》2006 年第 1 期。

绕着 WTO 非歧视原则(包括最惠国待遇原则和国民待遇原则)和《补贴与反补贴措施协议》的适用问题而展开。

非歧视原则即最惠国待遇原则和国民待遇原则,是整个 WTO 体系的基石,并且是 WTO 贸易制度的支柱之一。这一点在 WTO 的整体框架中是不容忽视的。WTO 协定与它所取代的 GATT 制度有着根本的不同。虽然,WTO 协定是 GATT1947 和包括《反补贴守则》在内东京回合达成的诸多协议和构成的其他协议和谅解的继承性条约,但是从根本上,WTO 与 GATT 的法律框架是完全不同的。WTO 是一项单一承诺,由全体成员作为"一揽子"承诺予以接受。由 GATT1994 与附件 1A 中的其他货物贸易协议(包括《补贴与反补贴措施协议》)之间的关系是一体的。对于 GATT 第 1 条(关于最惠国待遇的规定)、第 3 条(关于国民待遇的规定)是 WTO 的基本原则,除合法理由外必须与其他货物贸易协议共同适用的规定。GATT 第 3 条第 8 款(b)规定:"本条的规定不阻止仅给予国内生产者的补贴的支付,包括以与本条规定相一致的方式实施的国内税费所得收入中产生的对国内生产者的支付和政府购买国产品所实行的补贴。"从上述规定可见,WTO 非歧视原则对于 WTO 成员方的国内补贴问题在一定范围内予以合法地位。那么,至于具体的合法性判断却需要根据《补贴与反补贴措施协议》的规定进行进一步的审查。

那么,该案中国针对集成电路产品的税收优惠到底是否如马里博士和梅新育博士所言不属非歧视原则中所提到的"国内税"问题,而仅仅是"补贴"问题呢?依 GATT1947 第 3 条规定:"1. 各成员认为,国内税和其他国内费用,影响产品的国内销售、许诺销售、购买、运输、经销或使用的法令、规章和要求,以及对产品的混合、加工或使用须符合特定数量或比例要求的国内数量限制规章,在对进口产品或国内产品实施时,不应用来对国内生产提供保护。2. 一成员领土的产品进口到另一成员领土时,不应对它直接或间接征收高于对国内同类产品所直接或间接征收的国内税或其他国内费用。同时,成员不应对进口产品或国内产品采用其他与本条第 1 款规定的原则有抵触的办法来实施国内税或其他国内费用。"依《补贴与反补贴措施协议》第1条规定,"补贴"是指一成员(政府)领土内,存在由政府或任何公共机构提供的财政资助。其中放弃或未征收在其他情况下应征收的政府税收显然属补贴类型之一。而政府税收一般包括直接税和间接税两种。依《补贴与反补贴措施协议》注释58的规定,直接税是指对工资、利润、租金、专利权使用费及其他形式的收入所征收的税,及对不动产所有权征收的税。间接税是指对销售税、消费税、营业税、增值税、特许税、印花税、转让税、存货税、设备税、边境税以及除直接税和进口费用外的所有税。对于直接税优惠和间接税优惠是否构成补贴,《补贴与反补贴措施协议》采取了区别对待。对于直接税的减免,不论减免多少都构成补贴,对间接税的减免则要视减免程度不同判断是否构成补贴。该案中涉及集成电路产品增值税减免问题,显然属于间接税优惠问题。所以,要视减免程度不同判断是否为补贴。但可以明确一点,即该案所涉及的增值税减免问题首先属于"国内税"问题,至于是否属补贴问题则有待确定。

总之,补贴不一定违背非歧视原则,在合法条件下的补贴是《补贴与反补贴措施协议》所允许的,但是如果在合法的补贴中找不到依据,同时又构成对非歧视原则的违反的,则是WTO所不允许的。在中美集成电路退税政策案中,中国对集成电路产品的退税政策是否属于合法补贴而得到《补贴与反补贴措施协议》的豁免,需要逐步予以确认。

第一,中国对集成电路产品的退税政策是否属于禁止性补贴。禁止性补贴是指包括出口补贴和进口替代补贴在内的为《补贴与反补贴措施协议》所禁止的补贴类型。对于禁止性补贴,一经确认并必须予以撤销,否则申诉国可征收反补贴税。涉及间接税减免的出口补贴问题规定于《补贴与反补贴措施协议》附件1——"出口补贴例示清单"第(g)项。该项规定,"对于出口产品的生产和分销,间接税的免除或减免超过对于销售供国内消费的同类产品的生产和分销所征收的间接税"属于应予以禁止的间接税减免。换句话说,如果对于出口产品间接税的减免数额不超过对销售供国内消费的同类产品的间接税数额,不是该项所禁止的补贴类型。况且,GATT1994 附件9——《注释与补充规定》中规定,免征某项出口产品的关税,免征相同产品供内销时必须缴纳的国内税,或退还与所缴纳数量相当的关税或国内税,不能视为一种补贴。在该案中,中国对集成电路产品的退税政策由于以下几个原因而不是禁止性补贴:(1)中国针对集成电路产品的退税政策适用于供国内销售的集成电路产品,并非针对出口产品而言。例如 2000 年 9 月的"25 号文件"规定,"企业自营出口或委托、销售给出口企业出口的集成电路产品,不适用增值税即征即退办法";(2)中国《加入 WTO 议定书》承诺自加入 WTO 起取消所有《补贴与反补贴措施协议》第 3 条范围内的禁止性补贴;(3)中国的出口退税率未超过增值税税率,即出口退税的金额不超过该产品实际所含的间接税金额,不属于禁止性补贴中的出口补贴。

第二,中国对集成电路产品的退税政策是否属于可诉补贴。《补贴与反补贴措施协议》规定,如果补贴对其他成员的利益造成不利影响即构成可诉补贴。其中对于"不利影响"《补贴与反补贴措施协议》规定了三种情况:(1)损害另一成员的国内产业;(2)使其他成员在 GATT1994 项下直接或间接获得了利益的丧失或减损;(3)严重侵害另一成员的利益。对于第三种情况,协议第 6 条进行了详细的规定,只有四种情况下的侵害才可以被视为"严重侵害另一成员的利益"。包括:(1)对一产品从价补贴的总额超过 5%;(2)用以弥补一产业承受的经营亏损的补贴;(3)用以弥补一企业承受的经营亏损的补贴,但仅为长期解决办法提供时间和避免严重社会问题而给予该企业的非经常性的和不能对该企业重复的一次性措施除外;(4)直接债务免除,即免除政府持有的债务,及用以偿债的赠款。对于四种严重侵害类型,只有第一种即是否是对产品的从价补贴总额超过 5% 与该案有关,其他三种类型显然不符合该案情况。

2002 年 10 月的"70 号文件"中规定:"自 2002 年 1 月 1 日起至 2010 年 12 月 31 日,对增值税一般纳税人销售其自产的集成电路产品(含单晶硅片),按 17% 的税率征收增值税后,对其增值税实际税负超过 3% 的部分实行即征即退政策。"依《补贴与反补贴措施协议》附件 4 规定,受补贴产品的从价总额"应按接受补贴公司在被给予补贴之前可获得销售数据的最近十二个月的总销售额计算"。假如接受补贴的公司尚处于投产阶段,则补贴额超过投资总额的 15% 即被视为构成严重损害。而该案中退税依据的是增值税实际税负的 3%,并非接受补贴公司的总销售额基础上计算出的实际税负,而"实际税负"与"增值税实际税负"是两个不同的计税基础,结论显然是前者低于后者 5% 的比例。因此,不构成严重侵害美方的利益。至于是否损害美方的国内产业或导致美方在 GATT1994 项下直接或间接获得利益的丧失或减损等问题,因为美方在调查期内并不存在损害现象即无事实依据而不可采信。

第三,中国对集成电路产品的退税政策是否属于不可诉补贴。依马里博士和梅新育博士观点,认为,"我国有关文件中明确规定,国内集成电路产品退还的税款只能由企业用于集成电路产品的研究开发,因此,我国现行国产集成电路产品增值税退税措施属于不可诉补贴"。其主要依据即是《补贴与反补贴措施协议》第 8 条中对公司进行研究活动的援助或对高等教育机构或研究机构与公司签约进行研究活动的援助。中国对集成电路产品的退税政策是否属于不可诉补贴,将决定该案中方诉讼的成败。因为不可诉补贴是 WTO 对其成员方国内补贴政策的适度许可,在规定范围内予以放行的补贴类型,其不受 WTO 争端解决机制的约束,又称为"绿灯补贴"。但是,可惜的是中国在该项问题上规定的补贴并不是《补贴与反补贴措施协议》第 8 条意义上严格的"研发补贴"类型。WTO 在研发补贴问题上规定具体的限制条件,规定政府对研究与开发方面的援助仅限于:(1)人事成本(研究活动中专门雇佣的研究人员、技术人员和其他辅助人员);(2)专门和永久(在商业基础上处理时除外)用于研究活动的仪器、设备、土地和建筑物的成本;(3)专门用于研究活动的咨询和等效服务的费用,包括外购研究成果、技术知识、专利等费用;

（4）因研究活动而直接发生的额外间接成本；（5）因研究活动而直接发生的其他日常费用（如材料、供应品和同类物品的费用）。WTO不仅在补贴使用方向上进行了限制，而且在具体数额上也做了明确的限定，规定该援助涵盖不超过工业研究成本的 75% 或竞争前开发活动成本的 50%。因此，可以确认 WTO 所允许的研发补贴并不是名义上或形式上针对企业用于集成电路产品的研究开发，而是实质上需要严格制约因素和实践保障的研究开发活动。中国在该问题上没有充足的证据表明符合研发补贴的规定，因此，中国对集成电路产品的退税政策不属于不可诉补贴。

综上所述，中国对集成电路产品的退税政策不适用《补贴与反补贴措施协议》中有关补贴的规定，美方针对中国集成电路产品的退税政策选择放弃适用《补贴与反补贴措施协议》是出于对 WTO 规则的深入研究而得来的。

但是，美方主张中国对集成电路产品的退税政策构成对国民待遇原则和最惠国待遇原则的违反是否有合法依据呢？首先，GATT第 3 条所反映的国民待遇问题表现出 WTO 国民待遇原则广泛而又根本的目的在于避免国内税和管理措施中的保护主义。具体而言，是确保国内措施不以对国内生产提供保护的方式适用于进口或国内产品，也就是说，进口产品一旦通关，即应按对待国内同类产品的方式对待进口产品，否则会对国内产品提供间接保护。因此，国民待遇原则要求 WTO 成员对与国内产品相关的进口产品提供平等的竞争条件。在中美集成电路产品退税政策案中，中国仅仅针对国内市场中的中国产集成电路产品退还增值税的做法在国产集成电路产品和进口其他国家同类产品之间构成了歧视。在这一问题上，马里博士和梅新育博士认为，该退税优惠同样适用于在华外资企业生产的同类产品，因此不构成对外国企业的损害。笔者认为不妥。因为在WTO 法律体系中，对另一成员的损害与对"在华外资企业"的损害是完全不同的两个概念，前者基于另一成员的企业或产业，而后者则属于中国企业，对中国企业的退税优惠对另一成员的损害是不能将在华外资企业作为比较对象的。其次,GATT 第 1 条所反映的最惠国待遇问题要求 WTO 成员对授予产自或运往任何国家的任何产品内的任何优势、利益、特权或豁免,立即、无条件地授予产自或运往所有其他成员的同类产品。中国在集成电路产品退税政策中倾向于对企业自主设计或国内设计并具有自主知识产权的集成电路产品如在境内确实无法生产,可在国外生产芯片,可获优惠税率或者到国外流片、加工,其进口环节增值税超过 6% 的部分实行即征即退的政策。该政策在事实上使进口优惠限于与中国集成电路企业有着加工协作关系或关联关系的国家或企业,表面上依据产品本身实行退税优惠,事实上却出现了因为产地的不同而带来的对不同成员进口产品内差别待遇。

总而言之,通过中美集成电路产品退税政策案可以发现,中国高技术产业政策仍以税收优惠等传统财政手段为主,在实践中未能充分利用 WTO 规则对产业促进机制的协调作用,又忽略对 WTO 基本知识的深入研究,反映在具体措施中即出现种种纰漏,引发贸易摩擦。但是,贸易摩擦带给中国并非仅仅是损失或国际竞争上的压力,更大的收益是引起中央和地方各级政府对产业政策调整的关注和研究,这才是最难能可贵的。

第三节 中国高技术产业贸易政策与产业政策协调的必要性分析

一、中国高技术产业发展面临的国际国内压力

(一)中国高技术产业发展面临的国际压力

1996 年美国人洛索克恩在《虚拟国家的兴起》一文中提出,随着全球经济一体化进程的加快和生产要素流动性的增强,实际将分化为两类国家:有头没有身子的国家和一些有身子没有头的国家。"头"是指本国从事研发、设计、融资和管理的实体,"身子"则是指遍布世界各地的制造、加工的分公司。澳大利亚、加拿大一直在强化其头的功能,而中国将是 21 世纪没头有身子国家的典型代表,中国将

难以掌握自己的工业发展命运。不论洛索克恩的观点是否过于极端，但是，21 世纪的中国在经济全球化过程中的地位如何在很大程度上取决于高技术产业在国际上的竞争力。可是，如图 6－1 所示，中国高技术产业增加值率与其他主要国家相比处于相对较低的水平，仅为 23.9%，与美国相差 17.3%。中国在高技术产业出口占制造业出口的比重的国际比较中位列第 5 位，比美国低 4.2%，这说明中国在跨国公司的技术垄断性下很难具有自主研发产品和建立高技术产业的能力，相反却只能从事劳动密集型的组装工作，最终导致外国资本对中国技术领域的占领，使得中国在高技术领域乃至整体国际分工和谈判地位的扭曲，丧失发展主动权。

（单位：%）

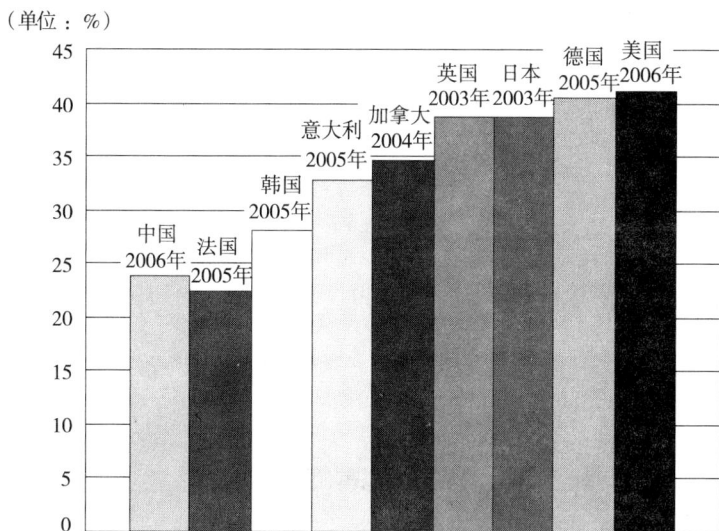

图 6－1　部分国家高技术产业的增加值率

资料来源：中国数据来自国家统计局等编《中国高技术产业统计年鉴》2007 年；其他国家数据来自 OECD《结构分析数据库 2007》。

（二）中国高技术产业发展面临的国内压力

因为中国高技术产品技术含量低，核心部件依赖进口，因此高技术产业平均利润率低。不仅如此，如图 6－2 所示，从高技术产业企业类型发展规模来看,三资企业的规模始终最高,2006 年高技术产业增加值实现 6466 亿元,国有企业较低,为 1270 亿元,两类企业的规模 2001 年都有较大提高,增加值分别是 2001 年的 4.59 倍和 1.69 倍。不过,其他内资企业也呈现较快的增长,只是从总体来看,三资企业仍然占据高技术产业增加值的主要部分,因此,中国高技术产业发展仍然未彻底走出"为他人做嫁衣裳"的发展轨迹,国有企业和其他内资企业仍然需要面对三资企业的竞争压力,国家在高技术产业发展的国内盈利问题上也将继续承受较大的国内压力。

(单位:亿元)

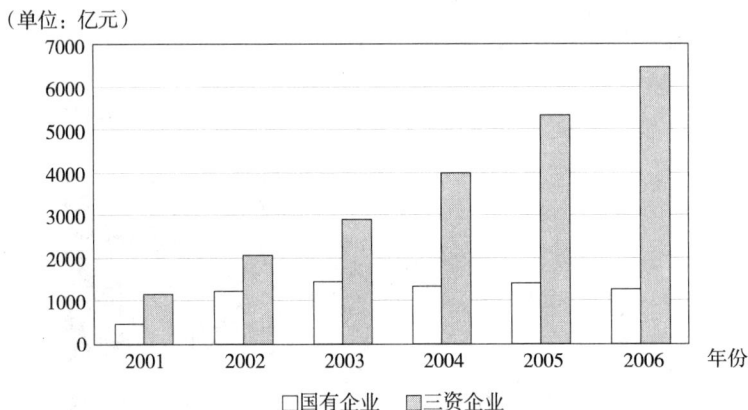

图 6-2　高技术产业增加值按企业类型分布(2000～2005 年)
资料来源:中华人民共和国科学技术部网站。

二、中国高技术产业缺乏完善的培育机制

(一)R&D 经费投入的不足

R&D 经费投入占 GDP 的比重是国际上通用的衡量一个国家或地区技术创新所处发展阶段的主要指标。R&D 经费投入占 GDP 的比重小于 1% 为使用技术阶段,大于 1% 小于 2% 为改造技术阶段,大于 2% 为创造技术阶段。① 使用技术阶段表现为技术创新以生产

---

① 吴林海:《中国科技园区域创新能力论》,中国经济出版社 2000 年版,第 126 页。

中引入外来生产技术为技术创新的基本方式;改进技术阶段表现为技术创新以在引进技术的同时具有改进技术的能力;创造技术阶段的国家或地区拥有一流的产品和工艺设计能力,具有雄厚的研究开发实力。2007 年我国高技术产业 R&D 强度(R&D 经费占工业总产值的比重)为 1.05%,同年全部制造业的 R&D 强度仅为 0.54%。根据 OECD 最新统计数据显示,美国、加拿大、英国和日本高技术产业的 R&D 强度都在 10% 以上,德国和法国也在 8% 左右,而韩国和意大利高技术产业的 R&D 强度也在 4.5% 以上。相比之下,我国高技术产业的研发投入强度明显不足。中国高技术产业存在着重大的资金投入不足,这一点严重制约着高技术的培育和各项培育手段的完善。

（二）R&D 经费投入对高技术产业结构问题的忽视

从各国不同高技术产业 R&D 强度的比较来看(如表 6－1 所示),除美国各类高技术产业都具有较高研发强度外,其他国家的高技术产业在不同行业的分布都存在明显差异,其原因在于不同国家在不

表 6－1　各国高技术产业 R&D 强度比

产业类型 \ 国别 年份	中国 2006	美国 2003	日本 2003	德国 2005	法国 2002	英国 2003	意大利 2005	韩国 2005
制造业	3.4	8.5	10.1	7.6	8.9	7.2	2.4	8.0
高技术产业	5.7	29.0	25.7	20.9	31.6	27.6	13.0	19.5
医药制造业	4.7	20.7	23.8	23.6	31.3	51.8	5.9	5.1
航空航天器制造业	14.9	30.8	12.5	28.3	40.7	31.4	53.5	26.9
电子及通讯设备制造业	6.4	26.9	15.2	28.5	40.7	27.5	17.6	23.0
电子计算机及办公设备制造业	3.8	33.0	95.7	14.3	23.6	2.5	7.4	14.7
医疗设备及仪器仪表制造业	5.2	42.1	32.7	13.1	18.6	7.2	6.8	7.3

注:R&D 强度按 R&D 经费占工业增加值的百分比计算。

资料来源:《中国高技术统计年鉴》2007 年和 2008 年。

同高技术产业的研发强度有所不同。加拿大以电子与通信设备制造业为研发重点,英国立足医药制造业,日本重视计算机和办公设备制造业。由此看来,我国在高技术产业发展资金有限的前提下,对航空航天领域的支持远高于民用技术的投入,尤其是医药产业和信息产业的发展,而这些产业对于中国实现藏富于民、拉动内需等目标的实现有着重要意义。

(三)培育主体结构不合理

中国长期以来存在政府主导型高技术培育体制的问题,这是社会主义国家计划经济体制下的产物。这一体制可以集中国民财力于紧要项目的研制,缩短创新时间,例如中国的"两弹一星"伟大工程的完成就是受益于此体制。但是,过分强调政府投入的地位和作用,不仅增加国家财政压力,而且忽视了企业的创新积极性,导致国家与市场联系滞后和企业对市场创新需求麻木之间的矛盾。从中国R&D经费培育主体结构来看,中国 R&D 活动投入的结构已经开始关注这一问题。其中政府作为培育主体在 R&D 活动中支出比重呈逐年下降趋势,从 1999 年最高的 32.39% 下降到 2007 年的22.14% 。与此相反,企业逐渐成为 R&D 经费支出的主体,1998 年其占比已经过半,到2007 年提高到67.44% ,占绝对优势。

但是,中国 R&D 活动投入结构的问题也是较为突出的。第一,产学研脱节。如表 6 - 2 所示,科研机构和高等院校这两个重要科研主体的资金来源主要是政府拨款,从 1996 年至 2007 年呈现显著增长趋势。以高等院校为例,2007 年比 1996 年增长了 1239% ,可见,政府扶持在科研机构和高等院校科研投入中的重要作用。但是,市场和企业对技术的急需与产、学、研究机构的合作关系密切,这一点非常有助于研究成果转化为科技产品。从中国科研机构科研活动的资金来源看,企业资金基本呈现缓慢下降趋势,偶见上升且不明显。高等学校筹资结构中,企业资金呈现上升趋势,但远不如政府拨款,从1997 年至2007 年增长了496% 。所以,中国不同科研主体筹资结构中存在明显的产、学、研究机构脱节,尤其是产学脱节的问题,说明

表 6-2 中国不同科研主体筹资结构 （单位:亿元）

年份	科研机构			高等学校			大中型工业企业		
	政府拨款	企业资金	银行贷款	政府拨款	企业资金	银行贷款	政府拨款	企业资金	银行贷款
1996	—	—	—	25.8	—	0.8	—	—	—
1997	220.7	—	48.8	36.5	—	0.7	—	—	—
1998	244.7	78.1	63.9	41.1	36.8	—	—	—	—
1999	377.4	37.7	10.7	49.2	53.2	0.5	—	—	—
2000	377.4	37.7	10.7	97.5	55.5	1.4	43.2	744.4	97.3
2001	434.9	25.4	8.6	109.8	72.5	1	41.1	880.4	95.6
2002	498.0	36.3	11.9	137.3	89.6	1.3	53.7	1020.3	99.9
2003	535.0	47.1	11.3	164.8	112.6	1.5	51.8	1339.6	156.5
2004	596.1	49.8	9.1	210.6	148.8	1.6	64.8	1832.5	155.3
2005	763.4	56.2	12.7	251.5	172.9	0.3	81.9	2358.6	169.4
2006	835.5	52.7	11.5	287.8	197.4	0.1	105.4	2892.4	253.7
2007	1041.7	54.3	10.2	345.4	219.2	—	144.3	3826.1	267.6

资料来源:中经网统计数据库。

企业与科研机构、高等学校的研究合作亟待加强。第二,金融服务滞后。如表 6-3 所示,从中国 R&D 经费培育主体结构来看,银行贷款占科技经费筹集额的比重从 1998 年的 13.26% 下降到 2007 年的 4.99%,呈现逐年下降趋势。从中国不同科研主体筹资结构中发现,除大中型工业企业筹资结构中银行贷款小幅上升外,高等院校和科研机构筹资结构中银行贷款支出下降明显。以科研机构为例,1997 年银行贷款额为 48.8 亿元,到 2007 年下降到 10.2 亿元,下降幅度达到 79.11%。上述足以说明中国科研主体的金融扶持严重滞后,这对于中国科研活动的抗风险能力和持续性都存在负面影响。

表6-3　　中国R&D经费培育主体结构

年份	科技经费筹集额(亿元)	政府拨款		企业资金		银行贷款	
		总额(亿元)	占科技经费筹集额的比重(%)	总额(亿元)	占科技经费筹集额的比重(%)	总额(亿元)	占科技经费筹集额的比重(%)
1998	1289.8	353.8	27.43	655.1	50.79	171	13.26
1999	1460.6	473	32.39	745.9	51.07	123	8.42
2000	2346.7	593.4	25.29	1296.4	55.24	196.2	8.36
2001	2589.4	656.4	25.35	1458.4	56.32	190.8	7.37
2002	2938	776.2	26.42	1676.7	57.07	201.9	6.87
2003	3459.1	839.3	24.26	2053.5	59.37	259.3	7.50
2004	4328.3	985.2	22.77	2771.2	64.03	265.0	6.12
2005	5250.8	1213.1	23.10	3440.3	65.52	276.5	5.27
2006	6196.7	1367.8	22.07	4106.9	66.28	374.3	6.04
2007	7695.2	1703.6	22.14	5189.5	67.44	384.3	4.99

资料来源:历年《中国统计年鉴》。

(四)R&D经费投入的研究结构问题

企业研究开发投入不仅关系到企业自身产品竞争力,也关系到国家在国际贸易中的主动地位。凝结高技术含量的产品存在与其他国家和企业产品差异化特征,因此鉴于进口方国内同类产业同类竞争性降低,又处于国家或社会公共利益需求,对于这一类产品提出反倾销调查或被采取最终反倾销措施的几率会大大降低,因此,企业研究开发投入对于降低企业招致国外反倾销具有积极作用。国家对于企业研究开发投入的补贴及其结构也关系到这一问题,研究与开发投入对于工业产业升级、国际竞争力等具有重要意义,尤其是基础研究对增强产业可持续性发展能力意义重大。如果一个国家或地区的产业升级主要依赖研究与开发在后期如实验发展阶段的投入所带动,虽然短期内会有所提高,但是难以摆脱对外来基础研究成果的依赖,并缺乏根本性再创造能力,因此丧失长远的竞争实力。在实践中,政府往往采用对于企业与高等学校或研究开发机构的联合研发合同予以各种优惠政策,或对于企业从事这方面工作而予以补贴等,这些在基础研究上投入无疑将企业竞争力提高由依赖于外来技术引进或简单技术改进转化为纯粹的知识产权,可以保持企业竞争力具有可持续性发展,从而从长远降低受到国外反倾销的负面影响。

(单位:亿元)

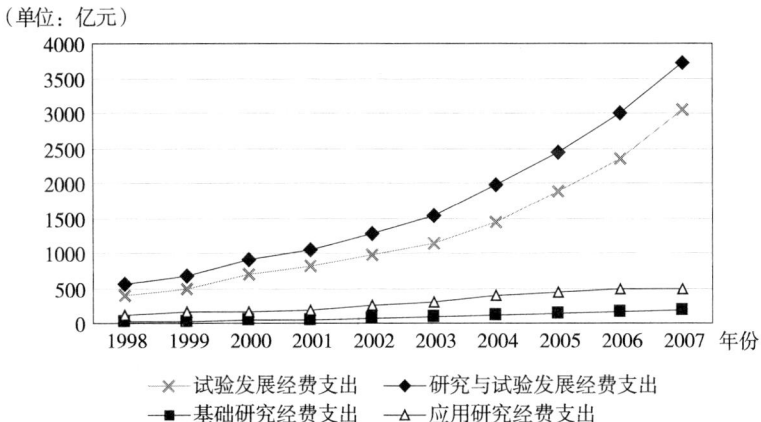

图6-3　中国高技术产业研究与试验发展经费等
各项支出总额(1998～2007年)

资料来源:中经网统计数据库。

从中国高技术产业研究与试验发展经费支出结构看,十年来,中国R&D经费支出逐年上升,从1998年551.1亿元上升到2007年的3710.2亿元,增长了573.2%,其中各项基础结构均有不同程度的增长。但是,从支出结构变化看,试验发展经费支出由1998年的397.5亿元增长到2007年的3042.8亿元,占R&D支出总额的比重由72.13%上升为82.01%。而其他两项支出虽然从总额上都有增长,但占R&D支出总额的比重却都存在下降趋势,其中基础研究支出比重从5.24%下降到4.70%,应用研究经费支出比重从22.60%下降到13.28%。所以,中国研究与实验发展经费支出存在着严重的轻基础研究、重实验发展及应用研究的问题,整体研究与实验发展经费支出重后期接近市场阶段,忽略基础研究阶段,而这恰恰是保证

企业具备可持续性创新能力的源泉。因此,增加基础性研究投入成
为保证中国企业在基础性技术研发的国际地位,成为影响中国国际
产业分工地位的长远引擎。

(五)中国大中型工业企业 R&D 主要支出结构导致企业产品技
术优势缺乏独立性、稳定性和可持续性

如表 6 - 4 所示,中国大中型工业企业 R&D 经费支出幅度总体
处于增长态势,从 2000 年的 353.4 亿元增长到 2007 年的 2112.5 亿
元,增幅达 497.7%。这说明中国工业企业对于科学研究与开发投
入热情和力度均大幅提高。但是,从 R&D 主要支出结构来看,中国
大中型工业企业中技术引进经费支出远远高于消化吸收经费支出,
平均每年差距都在 293.04 亿元。同时引进外来技术经费支出远高
于购买国内技术支出,差距每年在 15.96 亿元。从占中国大中型工
业企业 R&D 支出比重看,技术引进支出比重占绝对优势,但呈逐年
下降趋势,2000 年占 69.44%, 到 2007 年就下降到 21.42%,下降幅

表6-4 中国大中型工业企业 R&D 主要支出结构

年份	R&D 支出(亿元)	技术引进		消化吸收		购买国内技术	
		总额(亿元)	占R&D支出的比重(%)	总额(亿元)	占R&D支出的比重(%)	总额(亿元)	占R&D支出的比重(%)
2000	353.4	245.4	69.44	18.2	5.15	26.4	7.47
2001	442.3	285.9	64.64	19.6	4.43	36.3	8.21
2002	560.2	372.5	66.494	25.7	4.59	42.9	7.66
2003	720.8	405.4	56.24	27.1	3.76	54.3	7.53
2004	954.4	367.9	38.55	54.0	5.66	69.9	7.32
2005	1250.3	296.8	23.74	69.4	5.55	83.4	6.67
2006	1630.2	320.4	19.65	81.9	5.02	87.4	5.36
2007	2112.5	452.5	21.42	106.6	5.05	129.6	6.13

资料来源:《中国统计年鉴》(2001~2008 年)。

度达 69. 15% 。这表明中国在加入 WTO 之后"以市场换技术"战略
向自主研发、培育企业自主知识产权的道路转变。但是,企业用于消
化吸收和购买国内技术的经费支出总额在增长,但比重却在不断下
降。这说明企业目前自主研发的前期基础工作还较为艰难,同时与
国内其他科研机构和高等院校等科研合作情况仍有待改善。总之,
中国大中型工业企业虽然开始向自主研发改变,但从目前看,以技术
带动工业企业发展主要依赖从国外引进技术,本土技术力量支持力
度受限于消化吸收经费支出不足和国内技术研究开发力量不足的制
约,工业企业产品技术优势的独立性、稳定性和可持续性均受到影响。

三、中国高技术产品转化机制的不足

美国学者曼斯菲尔德认为:"一项发明,当它被首次应用时,可
以称之为技术创新。"澳大利亚学者唐纳德·瓦茨认为,技术创新是
企业对发明或研究成果进行开发并最后通过销售而创造利润的过
程。OECD 认为,技术创新指新产品的产生及其在市场上的商业化,
以及新工艺的产生及其在生产过程中应用的过程。由此可见,高技
术产业发展的重要环节之一就是高技术转化成高技术产品。只有使
科技成果迅速转化为现实的商品,才能切实起到提高生产力水平的
目的。为加快科研成果的转化,美国政府采取了一系列政策措施,包
括:加快技术推广服务;加快民用科技机构的发展研究,国家实验室
进一步对民用部门开放;强化官民之间的信息交流,帮助中小企业获
得尖端科技并继续对中小企业发展高技术产业提供帮助。英国政府
制定有效的财务税收措施,刺激企业发展高技术产品,支持科技人员
将成果转化为生产力。法国政府规定科技人员自办高新技术企业可
享受偿还期 15 ~ 50 年的 20 万 ~ 30 万法郎无息贷款,同时鼓励科技
人员向企业流动,流动两年以上者可享受 1 年的工资奖励。日本对
高技术项目提供低息贷款,通过将国有实验室的研究设备低价提供
给企业使用,将国有基础技术专利无偿或低价向民间转让等措施,加
强对最新科研成果向企业和产业部门的转化过程的资助,成功地推

动了日本高技术产业的发展。

相对于发达国家而言,中国过度地忽略了现有高技术研究成果的转化和应用。以中国 2007 年的科技成果为例,全国共登记科技成果 34170 项,其中 1/3 的科技成果没有得到应用。科技成果未能应用的主要原因是:缺乏应用阶段的资金投入(22.2%)、尚未进行工业性实验(12.6%)、无接产单位(8.4%)、技术不配套(5.3%)等。每个研发机构年均只获得 0.09 项发明专利,97% 机构的科技成果年均应用量不超过 10 项。由于产出效率低,也使得科技成果转化率低。相比发达国家,我国科技进步与创新对国民经济增长的贡献率偏低。目前,我国科技进步与创新对国民经济增长的贡献率仅为39% 左右,而创新型国家的一个共同特征是科技进步对经济增长的贡献率高达 70% 左右。这说明国家在高技术产业促进机制方面忽视了高技术成果向高技术产品的转化阶段,割裂了研究机构和应用企业的关联,将投入众多资金和人力的高技术成果束之高阁,造成了巨大浪费。

高技术产业的发展除了立足于高技术的培育机制和转化机制之外,还存在高技术产业的形成机制。高技术产业是使用高技术生产高技术产品的各种资源的集群。高技术产业应具备的条件是:产品的技术性能复杂,科技人员在职工中的比重大,设备、生产工艺建立在尖端技术的基础上,工业增长率和劳动生产率高。高技术也只有形成产业化,才能产生巨大的经济社会效益。高技术产业的形成机制包括三个过程:资金集群、技术集群和企业集群。高技术产业化过程也就是规模经济日趋成熟的过程,上述三种过程说明高技术产业形成了巨大的规模经济优势。高技术产业的形成机制就是促进资金、技术和企业集群的过程,最终形成产业集群,即高技术企业及其相关配套机构和设施在一定范围内的集合。

首先,高技术产业发展依赖技术的集群。弗尔德曼的研究表明,创新活动具有在那种产业研究与开发活动、大学研究活动和熟练劳动力富集的区域聚集成群的空间倾向性。美国的"硅谷"内集聚了著名的斯坦福大学、加州贝克利分校、圣克拉拉大学等著名学府。英国到 20 世纪 80 年代,46 所大学办了近 20 个科学园,并成立了科学园协会,使大学的科研成果产业化。日本从 20 世纪 60 年代开始就计划环绕日本列岛兴建一大批高新技术研究和生产制造密集的"技术城"。最具有代表性的是位于东京东北 60 公里处的筑波科学城和位于本州中部的关西多核心科学城。印度使高等教育机构成为研究和经济发展的巨大国内资源。印度的信息技术产业园区就设在班加罗尔,在班加罗尔的周围有 25 个工程学院,并吸引了包括西门子、飞利浦、朗讯、摩托罗拉、思科、爱立信、索尼等大型跨国集团的聚集,班加罗尔成为印度最先进的高技术地区。通过他国的成功经验可以发现,实现高技术产业促进机制的技术集群过程的有效办法是围绕高等院校和科研机构建立高技术产业园区,借助大学与科研机构的技术力量实现技术集群,从而培育大学与产业之间的联系,加快高技术产业的形成和发展,提高产业的技术水平,鼓励研究与开发活动对经济的可持续支持。但是,中国的高技术产业园区的发展速度并不慢,高技术产业园区的基建投资从 1995 年的 181.1 亿元增加到 2002 年的 951.2 亿元,年平均增长率达到 60.74%。高技术园区的新建区累计开发面积从 1995 年的 202.1 平方公里扩展到 2002 年的 549.3 平方公里,年均增长率达到 49.6%。但是,除北京、上海、广州等地的高技术园区与大学或科研机构的联系较为紧密之外,大多数地区的高技术园区项目较为盲目,并没有较多的技术支撑,更不要说达到技术集群的程度,这样严重制约了中国高技术产业的形成与发展。

其次,资金集群是中国高技术发展的保障。根据国外经验,科研成果转化为应用所需投入的资金应 10 倍于研究开发的费用,才能使高技术成果转化为商品。中国传统的财政支持体系已不能适应高技术产业的资金集群的需要。除财政手段之外的重要手段就是金融手段。但是,商业性金融机构的运作基础是市场机制,市场机制强调的是效率和收益,因而那些风险大、成本高的高技术项目都存在投入大、回报期长的特点,因此很难筹集到足够的信贷资金。在国外,风险投资成为高技术产业发展的"金融发动机"。以美国的硅谷为例,美国约有600多家风险投资机构,其中大约有一半在硅谷,包括与硅谷成功有重大联系的斯坦福大学也积极参与风险投资,定期将一部分外界的捐款投入到风险投资活动中。除风险投资之外,促进高技术产业资金集群的另一有效途径是吸引国外资金和研发中心的进驻。例如,世界主要的信息产业巨头纷纷在印度投资设厂。IBM 斥资1亿美元设立实验室,思科在印度有2亿美元的扩张计划,麻省理工学院也投入10亿美元在班加罗尔建立亚洲媒体实验室。微软、英特尔、西门子、惠普、康柏等数十家跨国公司已把部分软件开发工作移至印度。最后,影响中国高技术产业资金集群的重要因素是风险与收益的责权利不均衡造成的。以银行信贷资金为例,如果以银行资金来支持高技术产业发展,且获得银行资金的高技术企业获得成功,那么提供资金的银行除了得到正常的贷款利息之外,得不到任何额外的风险收益,几乎全部风险收益归高技术企业所有;相反,如果高技术企业发展失败,则银行要承担几乎全部的贷款风险。正是这种责权利的不均衡造成中国高技术产业发展在资金集群过程中的重要障碍。

最后,企业集群是中国高技术产业发展的最终表现。德国经济学家韦伯认为,由于把生产按某种规模积聚到同一地点进行而带来生产和销售方面的利益增长或成本节约,而且多个企业在某一局部的空间聚集容易导致经济性。多个高技术企业的集群可以使单个企业可以更有效地利用产业资源(包括原材料、人力资源、信息资源)以及共享制度环境资源和基础设施资源。然而,中国高技术产业形成中的企业集群突出表现在三种缺乏上:第一,缺乏合作。高技术产业集群并不是一系列高技术企业的简单堆积,而是有一定内在联系的有机结合。企业的集聚在诸多方面形成规模优势,比如技术的合作、资金的合作、供应商的合作等。高技术产业形成除企业之间的合作之外,还包括企业与大学和科研院所的合作以及企业与各种配套服务机构之间的合作,多元主体的有机配合和支持是高技术产业形成企业集群的必要条件;第二,缺乏竞争。高技术产业发展也必须置于市场经济规律约束之下,企业之间在技术、资金或经营问题上必然存在竞争,在企业集群的过程中竞争与合作并存。因此,企业集群为了与其他企业集群和参与国际市场竞争,必须保持总体竞争水平的提高,因此,集群内也存在兼并、重组、破产等一系列现象;第三,缺乏整体保障机制。高技术企业集群多数是同类产品或同类技术要素企业的集聚,在共同利益上存在着来自外界乃至国际市场的竞争压力和贸易摩擦风险。因此,高技术企业集群在抗击外来贸易争端时往往显得措手不及,贸易利益损失不菲,这一点在中国企业所面临的倾销与反倾销等纠纷中已屡见不鲜。

第四节　WTO框架下中国高技术产业政策的调整

　　WTO在国际法领域建立起对各成员方国内产业政策的协调机制,任何一个WTO成员的国内政策、法规不仅仅是其国内问题,经济贸易的普遍联系、贸易摩擦的有效解决要求WTO成员政府在履行其对经济贸易的协调作用时,必须在WTO的框架范围内进行有机的调整。否则,不仅引起诉讼,更会带来其在世界多边贸易体系中的被动和损失。在这一点上,政府干预机制的科学调整是中国高技术产业促进机制调整的首要环节。

一、专向性标准要求政府干预的"中立、客观"性

　　专向性标准要求一国既要保护国内产业免受不公平外国竞争的影响,同时又必须承认各国政府都有权为其产业提供经济利益,因此,在国际贸易竞争的压力下,专向性标准可以帮助政府避免采用对资源配置过度扭曲的政策法规,避免在实践中滑入贸易保护和贸易伙伴报复的境地。具体而言,专向性标准要求政府干预保持"中立、

客观"性,这在WTO法律体系当中是允许的。在高技术产业政策调整问题上,高技术产业集群程度影响政府干预的"中立、客观"性。政府在实施产业政策调整时,如果只有几个企业或个别产业类型成为重点对象,那么对利益的分配问题就会影响政府干预的"中立、客观"性。产业集群的程度同样影响政府干预的"中立、客观"性。如果一项产业促进政策所授予利益的大部分由5个产业所组成的群体享有,而另一项产业政策所授予的利益的大部分由2个产业所组成的群体享有,很显然前者被确定为专向性补贴的可能性要大于后者。所以,产业集群程度越高,对专向性补贴的违反就越容易。所以,政府干预在高技术产业促进机制问题上的"中立、客观"性问题上受到高技术产业集群程度的影响。

二、地区补贴的限制性使用要求政策调整进一步受到限制

中国高技术产业发展也要走地区集聚的道路,通过高技术产业的地区集聚实现高技术企业的规模经济和产业的整体发展。但是,政府在地区集聚问题上的政策法规在WTO法律体系中非常容易导致对资源配置的扭曲,违反WTO对地区补贴规定的限制性要求。因此,中国高技术产业政策调整必须要处理好地区补贴限制条件下政府干预合法使用的问题。

(一)WTO对地区补贴规定的限制

地区补贴同样是WTO法律体系中的一项不可诉补贴,但是,WTO的地区补贴却并非是与高技术产业发展有直接联系的补贴。WTO成员内部各地区之间的经济发展不平衡,导致各成员不能完全依照WTO所设定的市场调节机制促进经济发展。因此,出于对社会利益的公平考虑,WTO制定了地区补贴规则,授权其成员国可以向某一部分的地区或者小于授予机关管辖范围的地理区域内提供补贴,而该补贴是相对于全国或其他地区所不能获得的。但是,WTO对地区补贴的适用规定了严格的限制条件,主要包括以下两点:第一,地区补贴是限于对落后地区的补贴。对于落后地区的要求或限

定并不是因临时情况而产生的,而是包括经济发展指标衡量下在法律、法规或其他官方文件中明确说明的。例如,人均收入或人均家庭收入或人均国内生产总值,均不得高于相关成员方平均水平的85%;失业率必须至少相当于相关成员平均水平的110%。该标准并按三年期来衡量;第二,中性和客观性的要求。地区补贴要求不超出为消除或减少地区差异的适当的不偏袒某些地区的标准。要求依据受援地区的不同发展水平而有所差别。例如,四川和西藏同为落后地区补贴的对象,经济发展水平上前者高于后者,如果对二者制定相同的补贴幅度或前者高于后者,则并非对中性和客观性要求的遵守。另外,地区补贴要求在某一地区内的补贴应注意足够广泛和平均,以避免使某些企业主要使用或给予它们不成比例的大量补贴。

(二)地区资源禀赋差异与中国高技术产业地区集聚的结合

虽然 WTO 对地区补贴提出严格的限制条件,但是,对条件的合理合法利用是 WTO 规则允许和鼓励的。中国在自然资源禀赋上存在很大的地区差异,尤其是某些高技术产业类型的许多珍贵原材料位于经济发展落后地区。例如生物种类多样性的落后地区,对生化产业发展而言有着重要影响;西藏独特的高原气候和悠久的藏药历史对中国医药产业发展也存在积极的意义。由此可见,中国对落后地区的补贴要注意对地区资源禀赋差异的认识,在不违反"中立、客观"性的要求下适度考虑将地区资源禀赋差异与中国高技术产业地区集聚进行有机的结合,这不失为中国高技术产业集聚政策的可用空间。

值得注意的是,中国在高技术产业政策中还突出存在专向性补贴与地区补贴的双重违反现象。对于诸如此类的产业政策有必要依据 WTO 规则重新进行审视和调整。例如,可以考虑取消高技术产业开发区政策,将企业的规模或职工数量或对社会的贡献作为享受优惠的标准,这些具有"中立、客观"性的优惠政策是 WTO 所允许的。如果为了刺激高技术产业的集群,可以降低公司企业注册的资本金要求,以企业与社会和高等院校和科研院所等的连接作为政策倾斜的对象,这些都可以使具有专向性的补贴政策转向普遍性,避免了不必要的诉讼，也在客观上起到了促进高技术企业长远发展的作用。

三、研发补贴的充分、切实使用

研发补贴是 WTO 法律体系中的不可诉补贴，是 WTO 最予以鼓励和提倡使用的，同时也是高技术产业发展的最根本手段和途径。因此，对研发补贴的充分、切实使用是中国高技术产业促进机制调整的根本手段。

首先，研发补贴在中国的使用阶段要提前。既然研发补贴包括基础研究、工业研究和竞争前开发活动等在内的多个阶段，而中国向来比较忽视基础研究和竞争前开发活动研究，这不仅制约了中国高技术产业的持续稳定发展，而且补贴环节的不恰当还会给中国带来不必要的贸易摩擦。所以，中国高技术产业所使用的研发补贴应将使用阶段提前，着重对基础研究和竞争前开发活动进行援助。

其次，研发补贴应注重对高技术产业或企业孵化器的作用。研发补贴对公司研究活动或对高等教育机构与公司签约进行研究活动进行援助，都是侧重对科技创新及其转化行为的援助。但是最需要的还是直接关乎科技成果产生和转化的技术条件、人才、设备、场地、服务等具有孵化功能的环节。中国高技术产业政策并非仅仅授权企业注重研发投入，而是应积极创造对高技术产业或企业具有孵化功能的促进手段，从根本上实现研发补贴对高技术产业的创新孵育作用。

最后，研发补贴的实施要落实到具体规则的执行当中。中美集成电路退税政策案提示，研发补贴并不仅是"由企业用于集成电路产品的研究开发"如此简单，其中包含着对公司研究活动或对高等教育机构与公司签约进行研究活动的确认，而且具体的补贴项目、数额等都需要有相应的会计或财务证据，并有具体额度的限制和监督。因此，对研发补贴的认识和运用绝非表面化，否则，不仅使研发补贴付之东流，而且容易引发贸易摩擦。

四、建立以间接援助手段为主、以直接援助手段为辅的产业政策体系

中国仍然以税收优惠这一直接优惠手段来促进高技术产业发展。但是,从WTO有关规则和中国高技术产业贸易摩擦的实践当中发现,直接的援助手段包括税收优惠、贷款优惠、资源使用优惠等都容易违反WTO规则,引起诸多贸易摩擦。对于高技术产业或企业而言,直接的税收优惠不一定必然导致高技术产业的迅速发展,相反,对直接优惠的单纯追求反而限制了对企业核心竞争力和自主知识产权的追求,使企业仅仅追求数量的增长和从形式上获得优惠,而不问优惠是否最终用于企业高技术培育、高技术产品转化和高技术产业形成等方面的发展。间接援助手段则不然,例如,美国的信息高速公路公司计划投资4000亿美元,其中政府只投资300亿美元,其余绝大部分投资是政府以规划目标、制定标准、修订法案的办法引导私营大企业通过竞争分摊。政府的间接引导作用客观上要比直接提供税收优惠来得切实可行。另外,WTO允许对公司或公司与高等院校或科研院所的签约活动进行援助,但是并没有限定援助一定是税收优惠。如果政府加大对高等院校或科研院所与公司企业的教育培训投入、实习基地建设或各种就业、社会保障机制等方面的支持或优惠,都会在客观上对高技术产业发展提供发展动力。至于高技术企业和产业发展所面临的资金瓶颈,直接援助手段也不是根本办法。相反,如果政府转而考虑培育健康完善的市场竞争环境,例如,培育高技术企业上市发展环境、降低创业板上市的资金条件限制,加强对融资机制的服务功能建设,培育风险投资和信用担保机制的完善,这些才是中国高技术产业促进机制的根本手段。可喜的是,2006年2月14日,国务院发布的《实施国家中长期科学和技术发展规划纲要若干配套政策的通知》在间接援助手段方面制定了规划,要求加强政策性金融对自主创新的支持,在政策允许范围内,对高新技术企业发展所需的核心技术和关键设备的进出口提供融资支持。中国农业

发展银行对农业科技成果转化和产业化实施倾斜支持政策,建立财政性资金采购自主创新产品制度。

综上所述,中国高技术产业促进机制在中国"加入 WTO"之后已不仅仅是中国自己的国内政策问题,WTO 体系下各成员都可以对中国高技术产业政策违反 WTO 规则或侵害其他成员方利益的情况予以申诉。所以,中国高技术产业政策一定要经历 WTO 规则的检验,并走出一条与中国相关贸易政策相协调的发展道路。

第七章　WTO 框架下中国环保产业贸易政策与产业政策的协调

　　环境与贸易的关系源于环境要素对有关国家产品竞争力的直接影响。如果环境要素丰富的国家生产成本较低，产品相对具有竞争力，该国在国际上能吸引他国投资和生产。如果实行不同环境保护强度或环境标准的国家间存在着自由贸易，那些实行低标准国家的产业由于其外部成本内部化的差异，将导致本国产业所承受的环境成本相对较低(Leonard,1988；Knutsen,1995)。[1] 处于发达国家高环境标准下的产业在利益的驱动下，为了继续保持竞争地位，有向标准低的发展中国家转移的趋势。这一点在环境敏感型产业中尤为明显，这一"产业转移"使得发展中国家竞相成为污染产业的避难所(Cropper and Oates,1992)。[2] 傅京燕(2004)指出，随着发达国家贸易保护的加强，环境管制作为一种新的非关税壁垒会被频繁采用，即所谓的"绿色壁垒"[3]；从静态看，环境规制对市场准入将产生直接影响，对国际竞争力的影响则是间接的。但无论如何，贸易政策因为环境保护而带来世界产业利益分配的问题已经无法回避。各国政府，特别是发达国家在国际贸易中通过贸易限制措施期望达到环境保护的目标，引发贸易措施对环境问题的影响。这一问题直接将贸易政

---

　　① 周珂等：《突破绿色壁垒方略——企业环保法治的理论与实践》，化学工业出版社 2004 年版，第 153 页。

　　② 赵玉焕：《贸易与环境》，对外经济贸易大学出版社 2004 年版，第 32 页。

　　③ 任建兰：《基于全球化背景下的贸易与环境》，商务印书馆 2003 年版，第 131 页。

策介入环境保护问题。事实上,环境保护问题的意义还远不止于此。

环保产业是环境保护和发展经济之间最密切的结合点。20 世纪 90 年代以来,世界各国越来越重视环境问题,环保产品和服务的市场规模也越来越大。据统计,1992 年全球环保产业的市场规模约为 2500 亿美元,2006 年已增至 8000 亿美元,年均增长率近 8%,远远超过全球的经济增长率。预计到 2015 年全球环保产业的规模将是现在的三倍,可达 2.4 万亿美元。因此,环保产业是各国竞相发展的“朝阳产业”。但是,在市场经济蓬勃发展的今天,环境保护不仅可能成为企业参与市场竞争的障碍,而且也可能成为市场竞争的优势之一。从这一角度看,采用环境保护技术的企业相对于那些仍然采取传统技术并造成污染的企业来说,无疑具有了竞争优势(Slater and Angel,2000)[①]。所以,从国家水平上,环境保护促进国家竞争力提高的途径是催生环保企业和环保产业的发展(Sorsa,1994)[②]。

由此可见,环境保护成为环保产业诞生的起源,也是增强企业及其产品国际竞争力的原因。同时,环保产业是环境保护的技术保障和物质基础,是适应市场经济条件下环境保护发展的新兴产业,其目的在于解决日益严重的环境问题并使其成为新的经济增长点。因此,环保产业从产生起就是公益性与私利性的集合。环保产业的社会公益性决定了该产业必须依靠政府政策法律的支持,其私利性决定除了社会公益普遍受益之外,参与产业化经营的企业及职工个人都会从中获得经济收益。因此,在环保产业的政策框架中,政府的基础作用体现在促使、引导企业积极并科学地进入环保市场,挖掘市场利益的同时改善环境状况。因此,一国贸易政策和产业政策作为直接的政策类型,因为环境保护而纷纷介入环保产业,环保产业也成为促进一国国际竞争力的经济发展引擎。环保产业发展水平的国际不

---

① 叶汝求:《环境与贸易》,中国环境科学出版社 2001 年版,第 16 页。

② Soras, P.: "Competitiveness and Environment Standards: Some Exploratory Results", *Policy research working paper* 1249, *World Bank*, 1994.

平衡和国际竞争的存在,促使贸易政策和产业政策在这一产业领域的协调问题成为一个有必要深入研究的课题。

除此之外,对于贸易政策与产业政策的协调方式,仍然存在不同的观点。一方面,担心贸易的自由化引发发达国家与发展中国家环保状况和环保产业发展的不均衡。全球性与区域性的贸易自由化不是环境恶化的根本原因,采用贸易限制手段解决环境问题只会造成进一步的扭曲;另一方面的观点认为,基于比较优势的国际专业化分工能够促进全球资源的有效配置和合理利用。贸易自由化还能推动各国之间清洁技术的传播,有利于环境保护。这是一种比较乐观的认识,当然目的是进一步开放市场,推动自由贸易。Hudson(1992)认为如果环境的外部性能完全内部化,那么自由贸易将是配置自然资源的唯一有效方式。① 前一种观点提出贸易限制手段的一定作用,但不是根本途径。后一种观点中,贸易限制手段的对立面——贸易自由化能推动环保技术传播,促进资源的全球配置。但是现实情况是,污染产业的转移一方面对发达国家环境条件有所改善,而另一方面却存在更深层次的不利影响:首先是发展中国家在较低环境标准条件下生产的产品会因为发达国家较高的环境标准而被拒之门外;其次,发展中国家将有限的资金忙于治理环境污染的时候,发达国家却在产业转移的同时,将更多的资金和技术投入到改进环保技术、进一步提高环保标准、设置更严格的绿色贸易壁垒之中。发展中国家在发展环保产业时又不得不花大价钱从发达国家引进技术和设备。所以,这将进一步拉大发达国家和发展中国家在成本和收益上的差距。由此看来,环保产业在无法回避贸易政策影响的同时,似乎又陷入了贸易政策、至少是自由贸易政策所无法解决的矛盾境地。所以,有必要探寻一条出路,化解上述难题。环保产业的国际问题的

---

① Hudson S. : "Trade, Environment and the Pursuit of Sustainable Development In Low", P (ed) *International Trade and the Environment, World Bank: Discussion Paper,* 1992, No. 159.

解决,还是需要最终在环保产业的产业政策上努力,只不过环保产业在国际贸易的背景下,又必然要受到国际贸易政策尤其是世界贸易组织的影响。所以,环保产业政策与贸易政策在 WTO 框架下的协调就成为探索解决问题的一条捷径。

第一节　WTO 贸易规则介入环保产业政策问题的出路探寻

一、GATT/WTO 框架下贸易限制规则在环境保护问题上的两难处境

世界贸易组织的规则是多边贸易法律体制,其以维护多边贸易自由化为主要任务。但是,随着贸易的不断深化,在实践中,与环境保护有关的争端不断冲击世界贸易组织的法律体系,使得世界贸易组织的贸易自由化目标不断受到冲击和考验。可见,WTO 虽然在将贸易政策介入环保产业政策的态度上已经明确,但是,实践中却始终处于协调这一问题的两难处境中。

(一)从争端解决实践看 WTO 的两难处境

GATT 时代以"金枪鱼案"和"鲱鱼和鲑鱼案"为代表,标志着关贸总协定在贸易自由化道路上开始受到环境保护的压力和考验。在 GATT 时代的争端中,根据 GATT 第 20 条(b)款和(g)款,海豚或者鲱鱼和鲑鱼是否是可资用竭的自然资源或者濒临灭绝等问题是被诉国采取贸易限制措施的基本前提。同时,贸易限制措施是否是保护该自然资源或动植物生命与健康所必需的也是其获得合法性的必要条件。然而,在争端解决的过程中,专家小组的意见使人们清楚地看到环境保护的实体权利在贸易自由化权势下的无力。专家小组认为,贸易限制措施的"首要目的旨在"保护该自然资源可以推论出该措施的"必需"性或"至关重要"性。如果仅仅是与可资用竭的自然资源"有关"而已,则不是"必需"或"至关重要"的措施,不符合第 20 条的适用条件。由此可见,在 GATT 时代的争端解决实践中,加重援

引第 20 条的成员方的援引责任,由此确保贸易自由化目标的实现,可见其对贸易自由化的追求仍然优先于环境保护目标。

在 WTO 时代的争端中,虽然在环境保护与贸易自由化的权衡之中有了一定的调整,但是仍然显露出 WTO 在处理与环境保护有关的贸易措施时无法回避对贸易自由化的倾向性。在"汽油标准案"和"虾海龟案"中,有关"可资用竭的自然资源"的认定更加明确,在该问题的认定方面反映了 WTO 时代对环境保护的重视。在这两案的上诉阶段,上诉机构否定专家组的观点,分别认定像汽油和海龟这样的自然资源是"可资用竭的自然资源",同时认为,在对 WTO 协议中的"可资用竭的自然资源"的用词进行解释时,应遵循"与时俱进"的原则,即必须参照当代国际社会的社会关注即环境保护来解释这一措辞。因此,无论是有生命的或是无生命的物种,都可以因为人类的活动在某种情况下是可以耗尽、穷竭或消亡的。这一重要发展充分表现了 WTO 在贸易与环境的关系上有了"可持续发展"的思想,认识到"以保护和维护环境的方式来促进生产和贸易"。

但是,WTO 并没有完全摆脱贸易自由化目标和环境保护之间的矛盾带给它的两难境地。这一点在"汽油标准案"中上诉机构对专家组报告的部分否定内容上充分反映了出来。在对 GATT 第 20 条的解释上,上诉机构认为,应充分承认第 20 条所赋予援引方的保护环境的权利,这是 WTO 成员方的一项肯定性权利。但是,在实体条件上,GATT 第 20 条的(b)款和(g)款的条件符合只是赋予援引方适用第 20 条的初步合法性,但是能否获得最终的合法性必须经过第 20 条前言的检验,即"缔约方采用或加强以下措施,对情况相同的各国,实施的措施不能构成武断的或不合理的差别待遇,或构成对国际贸易的变相限制",否则即为违法。在"汽油标准案"的实践中,虽然美国的《汽油条例》是以环境保护为目的,获得了初步合法性,却因为没有在进口炼油商和国产炼油商之间存在差别待遇的正当理由,构成武断的或不正当的歧视,失去了最终的合法性。因此,可以认定 WTO 在环境保护和贸易自由化之间做了痛苦的周旋,最终又回到了起点。

无论是 GATT 时代还是 WTO 时代的与环境保护有关的案例,都面临一个无法回避的问题,在适用 GATT 第 20 条(b)款和(g)款规定时,出现明显的倾向性,暴露了 GATT/WTO 在处理贸易自由化和环境保护二者关系时处于两难境地。

(二)从多哈回合谈判看 WTO 两难处境

2001 年 11 月多哈会议授权在总理事会下成立了"贸易与环境委员会"(CTE),开始贸易与环境议题的谈判。在谈判中,以发达国家和发展中国家为主要分水岭的谈判分歧使 WTO 在保护环境与贸易自由化之间再次陷入两难境地。

欧盟认为,无论是世界贸易组织的环境规则,还是多边环境协议的规定,任何缔约方都应严格遵守,即使多边贸易环境规则与自由贸易原则相抵触,也应得到 WTO 争端解决机制的保护。同时,应确保生态标记体系的建设得到 WTO 非歧视性的保护,用于保护环境和消费者利益。美国基本赞成欧盟的意见,但是美国担心欧盟实行的封闭的生态标记体系可能成为贸易保护主义的伪装,所以建议确立全新的透明的生态标记程序,确定生态标记适用的商品种类。以印度为代表的发展中成员认为,保证发展中国家出口产品有更大的市场准入是符合 WTO 协定所确定目标的关键。发达国家的环境措施往往是针对发展中国家的出口获利部门的。他们强调,在制定和实施环境措施上,发达国家应考虑到发展中国家对发展金融和贸易的特别需求,并且保证不设置贸易壁垒。

由此可见,欧美等发达国家在环境保护和贸易自由化之间显然倾向于环境保护,其推动环境产品与服务贸易自由化的主要目的是为了其国内利益,发挥其比较优势。发达国家成员一般认为,环境保护和促进可持续发展是全球的正确方向。环境措施已日益成为一种市场现实。他们也意识到这些环境措施可能危害到发展中国家的市场准入,但他们坚持认为,解决办法不应是降低标准。但是,并不能就此认定欧美就是完全的环保主义者。原因在于以欧美为代表的发达国家在环保科技和环保体系建设方面有着发展中国家无法比拟的优势。仅以环境标志体系建设为例,德国第一个制定出"蓝色天使计划"的环境标志制度,除此之外,加拿大有"环境选择方案"、日本有"生态标志制度"、北欧四国有"白天鹅制度"、美国有"绿色标签制度"、法国有"NF 环境制度"、欧盟有"EU 制度"等。环境标志制度的实施目的虽然是鼓励使用对环境友好的技术产品,有利于环境保护,但是,它的实施不仅需要雄厚的技术和资金的支持,还需要企业的综合竞争力和产品的科技含量做支撑。这些竞争条件都是发展中国家所不具备的,很容易被迅速开放的市场冲击。如果 WTO 在环境保护的问题上完全采纳欧美等发达国家的意见,则使得发展中国家的经济和贸易成为世界环境状况恶化的"替罪羊"。同时,发展中国家的贸易地位将发生重大改变,完全处于被动地位,其产品有可能因为"绿色贸易壁垒"而被"合法地"排挤出国际市场。因此,发展中国家和发达国家在环境保护和贸易自由化问题上存在尖锐的矛盾,使得WTO 在贸易与环境的问题上再次陷入两难境地。

二、WTO 贸易规则介入环保产业政策问题的出路探寻

WTO 环境规则无论在争端解决实践中,还是在多哈回合的谈判中都使 WTO 陷入环境保护和贸易自由化的两难境地,而该问题在保护环境的世界大趋势下又是 WTO 一个无法回避的课题。因此,有必要寻求 WTO 环境规则在贸易与环境问题上的出路,达成新一轮贸易与环境谈判的成果。

(一)坚持 WTO 是贸易组织的原则

既然 WTO 在环境争端和实体权利的问题上表现出两难的困境,说明 WTO 在贸易与环境问题上存在着如下缺陷:首先,WTO 的法律体系几乎都是规范贸易发展的,无论是货物贸易协定,还是与贸易有关的知识产权协定、服务贸易协定以及诸边贸易协定,都是明确国际贸易的市场开放,削减贸易的关税壁垒和非关税壁垒,促进产品在各成员方的市场准入。在 WTO 的法律体系当中,至今仍然没有关于环境保护的专门协定。严格来讲,WTO 在规范环境保护方面处

于"无法可依"的地步。因此,WTO在贸易与环境的问题上显然倾向于贸易自由化,对于环境保护则显得力不从心。其次,在世界贸易组织中,以欧美等为代表的发达国家并不是以促进环境保护为其根本出发点,而是借助环保问题打贸易保护的主意。从某种角度来说,发达国家彼此之间和对发展中国家在环境保护问题上的态度是存在差异的。发达国家认为环境保护是第一位的,可持续发展胜于贸易发展。由于WTO的决策机制无法解决两大阵营之间的分歧,使贸易与环境问题的解决出现困难,因而要解决贸易与环境问题必须明确WTO是贸易组织的性质,是一个以贸易发展为主要管辖范围、以贸易措施为主要调节手段的国际组织。在环境保护这一经济、政治、社会和生态规律等众多因素形成的问题前,不能对WTO施以过多责任,对WTO的能与不能应有所区分。

（二）适用多层次环境保护政策化解发达国家与发展中国家在环保产业贸易发展问题上的两难处境

在贸易与环境问题上,发达国家一直主张严格的环境保护策略,主张实行与环境有关的贸易措施来帮助环境状况的改善,而且发达国家与发展中国家应该承担相同的国际责任。但是,发展中国家认为,这是发达国家在享受完破坏环境所带来的经济增长之后,将责任平摊给尚无力与发达国家共同承担的发展中国家头上,因此要求对发展中国家适用优惠待遇。

发达国家的实践已经充分证明,发达国家与发展中国家采用多层次环境保护措施在现实中是可行的。美国在《北美贸易协定》以及随后的《北美环境合作协议》中就发达国家与发展中国家之间的贸易与环境问题的协调做了重要尝试,对WTO多哈回合解决两者之间的两难处境有一定的借鉴意义。《北美环境合作协议》承认缔约国之间在自然禀赋、气候和地理条件、经济、技术能力和公共设施方面的差异,尤其是承认发达国家（美国和加拿大）与发展中国家（墨西哥）之间的差异,墨西哥经济发展水平较低的事实在承担环境保护责任的时候不得不予以考虑。所以,在环境教育、环境执法、争端解决等方面都对墨西哥给予了不同程度的照顾。尤其是在财政问题上,共同出资成立的北美发展银行对墨西哥在环境问题上进行技术和财政援助。[①] 同样,欧盟也在此问题上采取较为灵活的适用方式,将成员国划分为不同类别,对不同类型的成员国适用不同的环境标准,用以协调不同经济发展水平下贸易与环境之间的矛盾。无论是美国还是欧盟,都在区域贸易内部接受了发达国家与发展中国家适用多层次环境保护措施的解决途径,其中,发达国家适用较高的环境保护措施,发展中国家适用较低的环境保护措施,同时,发达国家对发展中国家在环境保护问题上给予必要的财政和技术援助。这充分表现出发达国家在贸易与环境问题上的谈判空间不会继续扩大,发达国家如在这一问题上正视现实,可促进谈判的顺利进行,取得发达国家与发展中国家在 WTO 发展过程中的共赢。

因此,世界贸易组织的规则是多边贸易法律体制,以维护多边贸易自由化为任务,要求所有成员方在贸易自由化的框架之内,履行世界贸易组织有关协议的规定和各自的承诺,除非世界贸易组织的授权,不得采取单边贸易限制措施,否则将受到世界贸易组织争端解决机制的约束。

第二节　WTO 框架下中国环保产业政策与贸易政策的协调

中国贸易结构的不合理导致中国出口商品在国际上频频遭遇绿色贸易壁垒,环保产业的发展可以从根本上改善中国出口商品的贸易结构,遏止国际对华绿色贸易摩擦。从这一角度而言,坚持环保产业政策与贸易政策的协调发展,是中国在 WTO 框架下的一条有效发展道路。

---

① 赵玉焕:《贸易与环境——WTO 新一轮谈判的新议题》,对外经济贸易大学出版社 2002 年版,第 159 页。

一、中国环保产业现状

中国的环保产业起源于对环境保护工作的开展和深入。20 世纪 60 年代,中国开始"三废"治理工作。国务院在 1973 年、1983 年两次环境保护工作会议后,将环境保护作为一项基本国策确定下来。随着中国经济的快速发展,面临的资源短缺和环境污染问题也日益凸现,越来越成为经济可持续发展的瓶颈。为此,20 世纪 90 年代以后,中国颁布了一系列环境保护法规政策,伴随着治理环境污染工作的深入开展,国家对环保产业的政策扶持力度的加强,环保产业也跟着逐渐发展起来。2006 年全国环保相关产业从业单位约 3.5 万家,从业人员约 300 万人,年产值总额约 6000 亿元。中国政府在"十一五"规划纲要中提出了单位国内生产总值能耗降低 20% 左右、主要污染物排放总量减少 10% 的约束性目标。2006 年中国没有实现年初确定的单位国内生产总值能耗降低 4% 左右、主要污染物排放总量减少 2% 的目标,2007 年全国单位 GDP 能耗下降了 3.27%,节能 8980 万吨标准煤;二氧化硫和化学需氧量排放总量分别下降了 4.66% 和 3.14%,首次实现了双下降,但环保产业发展的压力仍然较大。

(一)中国环保产业的资源基础薄弱

中国的生态环境和环境资源的破坏状况以水土保持问题严重为突出特征。全国平均每年新增水土流失面积约 1 万平方公里。全国荒漠化土地面积达 262 万平方公里,占国土面积的 27%,相当于 14 个广东省的面积,并且每年以 2460 平方公里的速度扩展,相当于每年损失一个中等县的面积。[①] 同时,水资源严重短缺,水体污染严重。中国人均淡水资源占有量 1916.3 立方米,比 1998 年下降了 14.9%。另外,中国大气污染严重。世界银行报告(1997)指出,中国一些大城市的颗粒物和 SO_2 浓度已经超过世界卫生组织及中国国

---

① 国家发展计划委员会编:《十五规划战略研究》,中国人口出版社 2000 年版,第 45 页。

家标准的 2~5 倍,居世界前列。除此之外,草原森林面积减退、酸雨、自然灾害严重等问题都显著存在。因此,环境资源现状将制约中国在贸易与环境问题上的活动空间。

除基本自然资源外,中国用于工业的资源情况严重。据世界银行和国内有关机构测算,20 世纪 90 年代中期,中国的经济增长有 2/3 是在对生态环境透支的基础上实现的。2003 年中国消耗了世界钢铁总量的 27%、水泥的 40%、煤炭的 31%、铁矿石的 30%、氧化铝的 25% 等。不仅如此,中国产业发展过程中的能源利用率也非常低。中国每创造 1 美元产值的能耗,是美国的 4.3 倍,德国的 7.7 倍,日本的 11.5 倍。GDP 单位产值能耗是发达国家的 3~11 倍,主要产品单位能耗比国外先进水平平均高 40%。矿产资源回收率比国外先进水平低 20 个百分点。2006 年中国进口规模仅是美国的一半,但终端资源的支出却比美国高出一倍。能源和资源的高消耗和高缺口伴随着中国能源产品的贸易赤字正以 7% 的速度增长,2006 年石油的进口依存度高达 37%,已超出 25% 的国际预警临界点。

（二）中国环保产业的其他产业基础较差

中国在诸如农业、纺织与服装、机电、化工等基础产业方面存在环境保护不佳的问题,直接影响中国此类产品的贸易现状,加剧了中国在环境方面的贸易摩擦,影响到中国在贸易与环境方面的出路选择。2003 年,仅日本一国就分别对中国出口日本的冷冻菠菜、鳗鱼、禽肉制品等因为环保指标不达标,存在过量的药物残留而拒绝进口,给中国农民和相关企业造成严重损失。在纺织品行业,国际上存在众多的环保要求,甚至对纺织品及服装的染色和印花等原料都做了严格的环保要求。江苏某外贸企业出口一批绣制小动物图案的服装到德国,报检的是服装面料和里料,但却忽视了绣花线中的染料是禁用的偶氮染料,因为德国禁用偶氮染料法令的颁布实行而被退回。

（三）中国环保产业的清洁生产问题严重

企业社会责任标准（简称为 SA8000）是继 ISO9000、ISO14000 等国际标准之后出现的又一个重要的准国际性产品生产和出口标准,自从其 1997 年问世以来,受到世界极大关注。SA8000 标准是全球第一个可用于第三方认证的社会责任国际标准,旨在通过有道德的采购活动促使企业改善工人的工作和生活条件,最终使全球工人都具有公平而体面的工作环境。SA8000 标准当中涉及生产环境质量情况的要求,即:健康与安全标准。公司应具备避免各种特定危害,为员工提供安全健康的工作环境,采取足够的措施减少工作中的危险因素,尽量防止意外或健康伤害的发生,保证所有员工都接受定期和有记录的健康和安全训练。应为所有员工提供安全卫生的生活环境,包括干净的浴室、洁净安全的宿舍、卫生的食品存储设备等。如果在企业生产过程中,生产车间中的空气质量不达标,产品或原料加工过程中产生有毒物质等,都是企业违反企业社会责任的情况。

据统计,1995 年以来我国长三角、珠三角等沿海地区已有 8000 多家纺织品、玩具、鞋类、家具、运动器材及日用五金等行业的生产企业接受过欧美等跨国公司的社会责任审核,有部分不符 SA8000 标准的企业被取消供应商资格。特别是近年来,美国的沃尔玛、法国的家乐福等跨国零售集团在加大对中国产品直接采购的同时,不仅注重供应商产品的质量、价格,而且也将 SA8000 标准列入考核内容之中,一些中国生产企业因达不到 SA8000 标准而被排除在供应商范围之外。因此,中国在贸易与环境的两难境地中,企业生产环境的改善与否影响着中国的出路选择。

(四)中国环保产业的技术含量低

环保产业的核心问题是技术问题,一方面是对现有其他产业的防污治污能力的技术带动,另一方面是对新型环境友好产品的研发,这两方面的问题是制约环保产业发展的主要障碍。世界环保市场的竞争主要是环保技术的竞争。目前,国际上不同国家在环保技术上各领风骚,同时展开激烈竞争,美国的脱硫、脱氮技术,日本的除尘、垃圾处理技术,德国的水污染处理技术等分别占据世界领先地位。同时,美国和欧洲角逐无氟制冷技术;日本和欧洲在资源回收技术上拼杀。不仅如此,世界各国仍然在不断地投入大量资金和人才用于环保技术的研发,为从环保市场赚取更多利润而竞争。相反,中国在环保产业的技术领域却处于世界落后水平。中国环保产业中 95% 的企业为中小企业,环保机械设备只有 4% 达到国际水平,环保产品的生产缺乏质量标准和技术规范的约束,采用标准的比率不足50%。20 世纪 90 年代,国内产业中从事环保技术研发人员不足行业从业人员的 0.5%,用于产品开发的经费不及产品销售收入的0.6%。这说明中国环保产业技术含量很低,难以应付国际贸易中日益激烈的市场竞争。

二、WTO 框架下中国环保产业政策与贸易政策的协调障碍

强大的经济实力和先进的技术对支持环境保护事业非常重要,但是经济实力和先进技术本身并不一定会对环境保护产生积极影响,有时甚至可能正好相反。只有在健全的政策法律体系指引下,环境保护这个重要支持因素才可能通过环保产业的发展对社会发挥良性作用。

(一)国家标准与国际标准的冲突

有关环境保护的国际标准存在诸多层次。目前看来,世界上存在的诸多多边环境条约和环保组织都不同程度地对环保标准做出了规定。对于国家而言,其国内层次的环保水平受国内环保标准的直接约束。因此,就存在国家标准与国际标准之间的冲突。

在已签订的近 200 个多边环境条约(MEAs)中,不仅规定了环境标准,而且还规定了贸易限制措施。WTO 承认 MEAs 中的贸易措施对保护环境的重要作用,在 WTO 秘书处发表的一份关于贸易与环境的背景资料中承认,"贸易措施在某些情况下发挥了重要的作用,特别是在贸易是引起环境问题的直接原因的情况下;过去贸易措施在一些 MEAs 中发挥了重要的作用,它们在将来需要发挥类似的重要作用"[1]。

---

① Trade and Environment in GATT/WTO Background Note by the Secretariat, in Hakan Nordstrom and Scott Vaughan, Trade and Environment, *WTO Publications*, p. 75.

　　中国相继承认了这些公约和国际组织制定的标准对中国的效力,并已展开相应的履约工作。由于中国在环境保护方面存在起步较晚、基础较差、环境状况较差等多方面的原因,困扰中国环保产业贸易政策与产业政策协调中国际标准与国家标准冲突的问题,主要包括两个方面,一方面是对国际标准的采用率低。中国国家标准中只有40%左右采用国际标准。这样一来,企业在参与国际贸易的时候,在环境保护方面必然受到国际上较高的限制与国家较低环境标准的矛盾,遭遇绿色贸易壁垒,不仅受到严重的经济损失,而且使企业在环保产业的发展方面丧失压力和动力。另一个方面是中国对制定国际标准的参与程度低。中国长期以来处于被动接受国际标准的状况,而未积极参与国际标准的制定。以国际标准化组织为例,该组织包括186个技术委员会(TC)和600个分技术委员会(MC),我国只承担了一个TC和五个MC。据统计,中国提出和起草的国际标准草案只有不到40项,占总数的0.24%。这两个方面成为中国环保产业发展的制度缺失,使得中国产品在参与国际竞争时,受制于以其他国家为主导制定的国际标准。

　　(二)不同国家之间环保标准的冲突

　　由于WTO对其成员是否采取国际标准给予了一定自主选择权,因此,不同国家可以根据自身环保技术条件的差异,在不同产业领域制定不同的国家环保标准。例如,针对不同产品的要求,欧盟制定了8种统一的合格评定基本模式,配之以8种衍生模式。但欧盟成员国具体执行的标准和程序不尽相同,给部分中国出口产品在欧盟市场内的自由流动构成障碍。如据中国机床产业反映,根据欧盟规定,向欧盟出口机床产品,其技术性能应符合CE标志的相关标准,而中方按要求自行认证并加贴CE标志的产品,德国、意大利、荷兰、希腊、西班牙等国均接受,但在北欧国家有时需经当地相关部门按当地更为严格的标准检验合格后方可上市,有时中国产品不得不进行一些更改后才能达到其要求。欧盟成员国的上述做法增加了中国产品进入欧盟市场的难度和不确定性。

（三）环保产业与国内其他产业之间的矛盾

环保产业的发展依赖于国家相关产业政策和贸易政策的协调，中国环保产业的发展也离不开其他相关产业的发展。如果环保产业政策和贸易政策标准定得过高过快，而相关产业的发展不配套，那么如此高的行业发展壁垒必然会大大削弱中国相关产业的发展实力。外资环保产业具有绝对的竞争优势，对中国国内环保产业竞争力的培育是一种威胁，同时影响中国的经济增长速度和国内就业、福利等一系列问题。但是，如果环保产业政策和贸易政策标准定得过低过慢，那么，一方面中国国内产业会感受不到国家对可持续发展的强烈意愿，另一方面，环保标准与国际标准和其他国家标准的差距过大，又有可能导致大范围污染产业的转移。因为环保标准的高低影响产业环境保护强度，强度越大，对污染产业转移的阻碍作用越大，反之亦然。这一问题成为当今污染产业从发达国家向发展中国家转移的主要原因。因此，中国在协调环保产业政策与贸易政策时必须考虑环保产业的发展步伐与国内其他产业国际竞争能力提高的现实差距问题，否则可能出现各种负面效应。

（四）环保产业的技术转移与知识产权严格保护之间的矛盾

虽然《21 世纪议程》一直呼吁采取行动推动环境无害化技术，并推动发达国家以"优惠和减让"的方式向发展中国家转让环保技术，但是对转让还是附加了"双方同意"并"考虑知识产权保护"的条件。事实上，WTO 法律框架体系中的《与贸易有关的知识产权协定》作为对知识产权保护的专门协定，其比较超前地采纳了发达国家保护知识产权的意见，对于发展中国家而言，即使愿意支付商业性购买价，也不一定能够得到这种环保技术专利。发展中国家环保产业的发展从技术上受制于发达国家的专有权。这一问题上也同样适用于中国。中国在环保产业贸易政策与产业政策协调时无法回避环保技术转移与知识产权保护的矛盾。

三、WTO 框架下中国环保产业贸易政策的实施手段

环保产业是一个政策引导型产业,其政策和法规及其执行情况对环保产业的发展起着决定性作用。环境成本外部化问题是制约环保产业发展的瓶颈。环境成本是指商品在生产、使用、运输、回收过程中为解决和补偿环境污染、生态破坏以及资源流失所需费用之和。环境成本外部化是指产品消费的环境成本由他人承担而又未通过市场机制得到补偿。① 由于环境成本外部化造成产品价格扭曲和市场调节失灵,贸易发展使环境问题趋于恶化,因此环保产业政策与贸易政策协调的关键问题在于政策实施过程中将环境成本外部化转化为内部化,将环境资源的稀缺性切实通过价格机制反映出来。因此,有必要重新审视政策协调过程中实施手段的效应,针对不同手段的作用和限制条件进行合理搭配,以达到政策协调的最好状态。

(一)传统产业政策手段的贸易限制

1. 环保产业政策实施手段

(1)税收和收费制度

例如,1982 年国务院颁布了《征收排污费暂行办法》,对排污费的收、管、用做了统一规定。1988 年国务院又颁布了《污染源治理专项基金有偿使用暂行办法》,将部分排污费改拨款为贷款,实行有偿使用。国务院 2003 年 1 月 2 日颁布了《排污费征收使用管理条例》,用以取代 1982 年和 1988 年的《暂行办法》。新《条例》在 1982 年和 1988 年《暂行办法》的基础上做了改进:一是按不同环境要素分别列举了四大类排污费的征收,包括大气、海洋排污费、水污染费、固体废物污染费、环境噪声污染超标费等,分别按照各自排放污染物的种类和数量征收,这一改进完全是根据近年修订的《中华人民共和国大气污染防治法》、《中华人民共和国海洋环境保护法》、《中华人民共

---

① 周杰、张梓太:《WTO 体系下贸易与环境的法律协调——发展中国家视角》,科学出版社 2005 年版,第 37 页。

和国水污染防治法》、《中华人民共和国固体废物污染环境防治法》
和《中华人民共和国环境噪声污染防治法》的相关规定做出的。

（2）金融手段

例如，根据《中华人民共和国可再生能源法》、《中华人民共和国
预算法》等相关法律、法规，2006 年由国务院财政部制定的《可再生
能源发展专项资金管理暂行办法》中规定，专向基金的使用方式包
括无偿资助和贷款贴息。贷款贴息方式主要用于列入国家可再生能
源产业发展指导目录、符合信贷条件的可再生能源开发利用项目。
在银行贷款到位、项目承担单位或者个人已支付利息的前提下，才可
以安排贴息资金。贴息资金根据实际到位银行贷款、合同约定利息
率以及实际支付利息数额确定，贴息年限为 1～3 年，年贴息率最高
不超过 3%。

（3）宏观产业调控政策手段

例如，国家经贸委、国家发展改革委员会发布了《资源综合利用
目录》（2003 年修订）、《当前国家鼓励发展的节水设备（产品）目录》
（共两批）和《当前国家鼓励发展的环保产业设备（产品）目录》（共
两批）。

（4）产业主管机关的行政管理制度

国家环保总局作为环保产业的国家主管机关，在加入 WTO 后
制定了一系列行政管理制度，以促进环保产业行政管理制度与市场
制度的有机结合。如建设项目环境影响评价行为准则与廉政规定、
国家环境保护总局建设项目环境影响评价文件审批程序规定、污染
源自动监控管理办法、废弃危险化学品污染环境防治办法等一批重
要环境保护部门规章和规范性文件，并与有关部门联合发布了清洁
生产审核办法、电子信息产品污染控制管理办法等规章。这一系列
行政管理手段将相关产业的污染治理与进一步市场发展相结合，没
有环境保护方面的行政审查和评价，直接影响其他产业的市场化发
展，这进一步促进了环保产业与其他产业的有机集合。

2. 以环境税费为例看环保产业政策实施手段的贸易限制

环保产业的传统产业政策实施手段主要集中在环境税费。环境税费是实现环境目标的传统财政手段,不仅包括对污染的惩罚或治理,还包括对环保产品、技术或生产过程的税费优惠政策。环境税费政策是将环境成本内在化的直接手段,一方面增加污染企业及产品的成本,降低其竞争力,另一方面鼓励环境友好型产品及技术等的发展,增强其市场竞争力。因此,环境税费政策是名国所普遍使用的产业政策手段。环境税费作为一国国内税费,是 WTO 对其成员政策进行约束的主要内容。

(1)基本原则的约束

例如,非歧视原则(包括最惠国待遇原则和国民待遇原则)。根据 WTO 相关条款的规定,进口方不得将包括环境税费在内的国内税费作为对本国产品提供保护的手段。

(2)补贴与反补贴措施的约束

环境税费优惠是典型的补贴类型。但是重要的是,环境税费优惠在一定条件下属于不可诉补贴,可以免于反补贴措施的追究。依照《补贴与反补贴措施协议》规定,为促进现有设施(指实施新的环境标准提出以前已经使用 2 年以上的设施)适应法律和/或法规实行的新的环境要求而提供的援助。由上述规定可见,环境税费优惠并不能想当然地成为不可诉补贴,其中存在较为苛刻的条件限制,以推进新环境保护设施适用而给予的临时性、一次性援助,并且存在使用目的和比例的限制。因此,除上述条件之外的环境税费优惠则成为可诉补贴,如果存在对其他当事方的严重损害等问题,仍然要受到WTO 其他成员方和争端解决机制的约束,甚至惩罚。

(3)边境税调整政策的约束

OECD 认为, 边境税调整政策是指任何全部或部分采纳目的地原则征税的财政措施, 它使出口产品与那些在国内市场销售的类似国产品相比, 能够全部或部分免除在出口国家征收的税, 同时, 进口国对销售给消费者的进口产品, 征收与那些类似国产品相似的全部或部分的税收。即对于出口国和进口国而言，当出口国有权对征收了环境税费的出口产品实行退税后进入进口国时，进口国有权对进口产品征收对国内同类产品所征收的环境税费。对于环境税费的边境税调整可以对不同国家环保产品的竞争状况发生作用。

在 WTO 的争端解决实践中,对环境税费进行边境税调整的不仅包括对最终产品征收的环境税,还包括对产品在生产和加工过程中所使用的原料征收的环境税。如欧盟诉美国超级基金税案,该案中,美国根据 1986 年《超级基金修改和重新授权法》,对某种在生产过程中产生污染的化学原料征收超级基金税,用以清除污染。如果此种化学原料用于出口的情况下,则可以免税。国家对于使用这种化学原料生产的最终产品不再另外征收超级基金税,但对于进口的以此种化学原料生产的最终产品,则要征税。欧盟认为,超级基金税的征收目的在于筹集资金以清除在生产过程中产生的污染,而欧盟向美国出口的化学产品是在欧盟境内生产,污染发生在欧盟境内,并不会对美国环境造成污染。相反,美国出口用该种原料生产的出口产品,虽然在生产中造成污染却可以免税,违反了污染者付费原理。因此,美国对外国产品征收超级基金税是不合理的。因为争端解决小组不认为污染者付费原理是 GATT 的内容,所以没有讨论这一问题,但是认为,鉴于进口的化学产品在生产或加工过程中使用了作为征税对象的化学原料,所以对这种化学原料征收的税可以在最终产品进口时做边境税调整。

针对生产过程中消耗能源而产生的能源税原则上也属于环境税费的范围,但是针对大多数产品都需要消耗能源的问题,实行边境税调整的范围因此而扩大。因此,在《补贴与反补贴措施协议》附件 2 中有关对生产过程中投入的消费指南注释 6 中对生产过程的投入做出解释。生产过程中的投入是指为了得到出口产品而在生产过程中使用的已合并到最终产品中的原材料、能源、燃料和生产过程中使用的石油以及催化剂。即只对那些实际转化到最终产品中的原材料和消耗的能源、燃料、石油、催化剂征收的间接税,可以用边境税调整。①

(二)环境法规和环境标准的区别适用以降低贸易限制

环境法规和环境标准成为 WTO 框架下环保产业重要的贸易政策手段,在当今的国际贸易壁垒中占有重要地位。但是,两者之间的区别在于在环保产业政策与贸易政策协调过程中的作用不甚相同,因此在区别的同时,针对环保产业的不同发展状况和其他相关产业的环保状况协调使用两种不同手段是有必要的。

首先,环境法规和环境标准性质不同决定对贸易的限制程度不同。环境法规和环境标准的根本不同在于前者具有强制性,而后者具有非强制性。如果进口产品不符合环境法规的要求,则不允许进入该国市场销售。环境标准则具有非强制性,由生产者自愿遵守并具有选择性。进口产品不符合环境标准也可以在市场上销售。即便是环境法规,在 WTO《技术性贸易壁垒协定》第 2 条第 2 款中规定,其"制定、采用或实施在目的或效果上均不可对国际贸易造成不必要的限制",同时规定即便是基于环境保护的合法目的,"对贸易的限制不可超过实现合法目标所必须的限度",而且,如与环境保护有关的"情况或目标已不复存在或改变的情况或目标可采用对贸易限制较少的方式加以处理,则不得维持此类法规"。由此可见,WTO 鉴于环境法规对贸易的限制程度严于环境标准,从而对环境法规规定了更加严格的限制条件。所以,WTO 限制各国制定环境法规的权力,主张在条件不成熟的时候应以环境标准为主要调整形式,避免利用环境法规行贸易保护主义之实。

其次,环境法规和环境标准制定机构的透明度要求不同,从而决定对贸易的限制程度的不同。在 WTO《技术性贸易壁垒协定》中,WTO 对环境法规和环境标准规定了不同的两套程序,环境法规由各

_____

① 边永民:《国际贸易规则与环境措施的法律研究》,机械工业出版社 2005 年版,第 77 页。

成员方立法机关制定,一般情况下以成员方国内立法机关意志为转移。在制定程序上,环境法规遵守的透明度要求过多地妥协于各成员方权力,而 WTO 对环境标准的制定机构却做了明确严格的规定,包括"任何标准化机构,无论是中央政府机构、地方政府机构还是非政府机构;一个或多个成员为 WTO 任何政府区域化标准机构;以及一个或多个成员位于 WTO 一成员领土内的任何非政府区域化标准机构"。而且,要求标准化机构"在采用一标准前,应给予至少 60 天的时间供 WTO 成员领土内的利害关系方就标准草案提出意见","如收到请求,应尽可能迅速地通过标准化机构收到的意见予以答复。答复应包括对该标准偏离有关国际标准必要性的说明"。鉴于 WTO 对环境标准的必须"答复"和明确的时限要求,所以,环境标准对贸易的限制程度轻于环境法规。

最后,环境法规和环境标准对消费者选择权的考虑程度不同,影响两者对贸易的限制程度。正是由于环境标准是自愿遵守的,所以进口产品的市场份额很大程度上受到消费者偏好的影响。消费者出于对自身经济实力、产品价格、兴趣、口味和对健康、环境等诸多因素的考虑,对是否符合环境标准的产品做出选择。通常情况下,消费者在市场经济中成为调节产品供求的重要因素。环境法规由于以国家强制力作为后盾,将国家权力作为进口产品进入国内市场的决定性因素,对消费者的考虑则居其次。显然,环境标准相对于具有强制性的环境法规而言,对市场规律更加尊重,对贸易的限制程度也相对降低。

四、中国加入 WTO 前后环保产业贸易政策与产业政策的协调

(一)中国加入 WTO 前的环保产业政策状况

20 世纪后期,中国确立了"全面规划,合理布局,综合利用,化害为利,依靠群众,大家动手,保护环境,造福人民"的 32 字环境保护工作方针;将"国家保护环境和自然资源,防治污染和其他公害"载入《中华人民共和国宪法》;公布了《中华人民共和国环境保护法(试

行)》以及后来的《中华人民共和国环境保护法》,从总体上规定了若干有利于环保产业发展的法律原则和制度。确立了环境保护是中国的一项基本国策;制定了经济建设、城乡建设和环境建设同步规划、同步实施、同步发展,实现经济效益、社会效益、环境效益相统一的指导方针;实行了"预防为主,防治结合"、"谁污染谁治理"和"强化环境管理"三大政策。后来,政府提出了"中国环境与发展十大对策",明确指出走可持续发展道路是中国当代和未来的必然选择,把"大力推进科技进步,加强环境科学研究,积极发展环保产业"作为十大对策之一,确立了环境科学技术和环保产业在全局发展中的地位。这期间,国家发布了《中国 21 世纪议程》,制定了《中华人民共和国大气污染防治法》、《中华人民共和国水污染防治法》、《中华人民共和国固体废物污染防治法》等一系列环保法律,为环保产业的快速发展奠定了基础。

除国家以法律的形式确定环境保护在国民经济发展中的重要地位之外,据不完全统计,改革开放以来,全国制定环保产业政策 200项左右,其中,环保产业管理方面的政策数量约占 70%,其余为环保产业专门技术政策和经济政策。这些政策初步构成了我国环保产业政策体系。2001 年国家经贸委等八部门联合发布的《关于加快发展环保产业的意见》,从宏观指导、强化政策导向、加快结构调整、推动技术创新、提高环保技术装备水平、规范市场、建立完善环保产业发展机制和运行机制等方面,做了全面部署。

从中国加入 WTO 前中国环保产业政策发展情况看,中国从污染防治、环境及资源保护开始逐步过渡到以环境保护为基础的环保产业发展、环保技术水平及设备的提高,环保产业作为一种新的产业类型登上中国产业政策舞台。但是,中国加入 WTO 前中国环保产业政策仍然是以产业政策法规为调节主体,从自然资源保护着手、以国家宏观经济政策指导为主,并未对环境保护问题在国际贸易政策中的影响有更深入的考虑,产业政策与贸易政策对于环保产业而言显然以前者为单一调控手段。

（二）中国加入 WTO 后的环保产业政策与贸易政策的协调

中国作为 WTO 成员更加广泛地参与国际货物贸易全球流动活动,中国产品低廉的价格带来世界对中国产品的需求迅速增长,这一点引起了世界各国尤其是发达国家的关注。但是,中国在货物贸易中大量存在环保指标不合格的现象,为其他国家提供产业保护并进而设置贸易壁垒提供了机会。因此,中国加入 WTO 后也面临着基于环境保护为目的的绿色贸易壁垒的巨大考验。在此背景下,中国对环保产业政策的关注开始向贸易政策转移,具体表现在以下方面:

1. 环保标准集中到贸易壁垒比较集中的问题上

根据商务部科技司 2003 年 6 月发布的《2002 年国外技术性贸易壁垒对我国出口影响的调查报告》中调查,中国按海关税则分类的 21 种产品划分进一步划分为食品土畜、轻工、机电、纺织、五矿化工和医保 6 个行业,各行业受技术性贸易壁垒限制的比例分别为:89.7%、70.6%、67.4%、67.2%、64.7%、60.6%。这些行业中遭受损失最严重的是食品土畜产品,比例为 54%,其次是轻工产品,比例为 24%,以下为机电产品为 10%、纺织为 6%、五矿化工为 4%、医保为 2%。针对中国出口产品在国际上遭遇技术性贸易壁垒(其中多为以环保和健康为目的的绿色贸易壁垒)的情况,中国加入 WTO 后对相关产品领域内的环保水平(包括产品质量、技术和设备等方面)均提出了大量严格的要求。从中国向 WTO 所做的 SPS 通报中可以发现,中国有关食品安全类型的通报从 2002 年到 2006 年累计 79 项,平均每年约以 16 项的速度增长。这些通报以食品土畜、轻工、机电、纺织、五矿化工环境技术标准、标签、卫生、安全性能要求等内容为主,具体包括食品土畜产品卫生标准、有毒有害物质残留、检验检疫要求等内容。从中国向 WTO 所做的 TBT 通报中可以发现,截至 2006 年 12 月,中国加入 WTO 后向 WTO 通报的 TBT 措施累计 247 项,平均每年近以 50 项的速度增长。① 其中绝大部分是有关食品土

---

① 数据来源:http://www.tbt-sps.gov.cn。

畜、农药等产品包装、标签及有害物质限量、机电产品能耗及污染物排放指标、纺织品安全技术规范、废物环境保护控制标准的环保限制。这明显反映出中国对环保产业的调控方式已经由过去的单纯以产业政策为主转移到贸易政策上来,有针对性地发展环保法规和标准,规范产业及产品秩序。

2. 将清洁生产纳入环保产业政策调整内容

我国的清洁生产政策包括法律法规、技术指导目录及标准和能力建设三方面。总体上,我国的相关政策处于世界先进水平,基本可以满足现阶段循环经济发展战略对清洁生产的要求。

2002 年颁布的《中华人民共和国清洁生产促进法》和 2004 年 8 月由国家发展改革委员会和国家环保总局联合发布的《清洁生产审核暂行办法》(以下简称《办法》)是我国清洁生产政策取得重要突破的标志。特别是《办法》可以在较大程度上解决我国清洁生产实践中长期存在的经济激励不足和强制实施没有法律依据这两大难题。具体表现:一是实行自愿审核和强制审核相结合,对于超标排放污染物和使用有毒有害原料进行生产或者在生产中排放有毒有害物质的企业实行强制审核;二是对强制审核配套了较严格的管理措施。具体措施包括信息发布和公众监督制度、限期审核、承担违法责任等。三是建立了政府扶持和奖励等配套政策。同时,国家先后发布了两批清洁生产技术导向目录,涉及 9 个重点行业和 113 项清洁生产技术。这两批目录对改善和优化我国环保产业产品结构和技术结构、促进产业升级起到了重要的作用。2003 年国家还发布了石油炼制和炼焦行业的清洁生产标准。总之,清洁生产方面的政策调整成为环保产业政策调整的新方向。

3. 将污染治理与环保产品开发并举

国家在不断提高污染行业排放标准和废弃物回收等领域后期治理水平的同时,也在不断探索从源头着手遏制污染,探讨新型环保产品的开发与应用。据商务部市场运行司监测显示,2006 年中国石油对外贸易依存度(石油净进口量与石油表现消费量之比)达到

47.0%,较 2005 年提高了 4.1%。这说明,在环保产品的开发问题上,尤其是面对国际能源市场的巨大压力和不稳定性,中国的问题已刻不容缓。2005 年 2 月 28 日第 10 届全国人大常委会第 14 次会议通过了《中华人民共和国可再生能源法》,并于 2006 年 1 月 1 日起正式实施。这是我国第一次用法律形式明确了开发利用可再生能源的战略地位和路径。该法不仅明确了可再生能源的含义,而且在产业指导与技术支持、推广与应用、价格管理与分摊、经济激励措施、法律责任等方面都对可再生能源做出了较为全面的规定,这表现出国家环保产业政策将污染治理与环保产品开发结合了起来。

4. 环保产业政策的具体实施手段越来越与 WTO 框架下的贸易限制手段相结合

中国加入 WTO 后越来越多地使用贸易限制手段促进环保产业的发展,体现在以下几个方面:

（1）环境标准

中国加入 WTO 后大量采用环境技术标准（包括产品标准、行业标准等）,在中国向 WTO 通报的 TBT 措施中,中国从 2002 年到 2006 年共通报环境技术标准 114 项,是通报措施中最主要的手段,占总数的 84.4%。中国国家标准化管理委员会于 2003 年 9 月会同诸多国际相关部门进行标准的清查工作,为中国相关产业与环保产业协调发展清理障碍。

（2）环境认证

中国大量使用环境体系认证和评审制度,如《环境工程设计证书管理办法》、《环境污染防治工程专项设计资格证书评审办法》、《环境保护最佳实用技术推广管理办法》、《环境保护产品认定管理暂行办法》、《环保标志产品认证管理办法》等。同时,建立专门认证机构。中国国家认证机构认可委员会于 2002 年 7 月 3 日成立,中国国家进出口商品检验实验室认可委员会于 2002 年 7 月 4 日成立,为我国企业和国外企业产品提供产品质量及其他方面的认证,大大提高了环保产业发展的科学性和有序性。截至 2003 年 9 月,我国有体系认证机构 90 家,审核员一万多人,国内获得 CNAB 认证的企业超过 10000 家。

(3)贸易管理及服务制度

为了帮助国内企业更好地了解国外技术标准,应对技术性贸易壁垒,商务部于 2005 年 5 月 10 日在北京发布了首批 10 项《出口商品技术指南》。同时,国家还成立了相关的主管部门定期通过网站或杂志披露有关国家技术性贸易壁垒的最新发展情况,使各出口企业能够及时了解国际的有关情况,根据自身实际制定符合本企业发展特点的出口模式。2006 年 5 月 17 日商务部通过,并由发展改革委员会、公安部、建设部、工商总局、环保总局同意并联合发布的《再生资源回收管理办法》于 2007 年 5 月 1 日实施。将从事再生资源回收的企业和个体工商户的经营行为纳入到国家环保产业的贸易管理制度当中来,将在一定程度上规范环保产业市场发展。商务部、海关总署、环保总局 2007 年 4 月 5 日公布的《2007 年加工贸易禁止类商品目录》,对农药、添加剂、珍稀木材资源、造纸、矿产资源、皮革等污染严重的行业采取禁止加工贸易方式,禁止开展进口料件属于国家禁止进口商品的加工贸易(如含淫秽内容的废旧书刊,含有害物、放射性物质的工业垃圾等),以缓解加工贸易方式对国家环保产业发展的负面作用,提高环保的贸易措施保障力度。

5. 外资介入环保产业成为中国环保产业政策与贸易政策协调的新趋势

环保产业是一个需要大量资金、技术并投资回报周期比较长的产业类型,对于中国来讲,资金和技术的缺乏是制约我国环保产业发展的重要因素,因此我国政府为加速环保产业的发展,确立了"引进、消化、吸收、普及"八字方针,使环保产业成为我国对外开放面最大的行业之一。中国公布和实施的《指导外商投资方向规定》和新修订的《外商投资产业指导目录》中,将环保产业的许多相关领域列入鼓励外商投资项目,这必将对外资流入环保产业及其相关产业起到积极正确的引导作用。

　　据初步统计,2001～2005 年期间,中国政府为环保的拨款总额达到 850 亿美元,占国民生产总值的 1.3%,环保利用外资的总额将达到 60 亿美元以上。据中国政府承诺,加入 WTO 后将逐步将现有的环保产品关税税率从平均 13.4% 下降到 2008 年的 6.9%,市场门槛的降低也吸引着外资对中国环保产业的目光。事实上,目前中国环保产业中大部分公司具有外资控制性质,100 多家外资环保公司占中国环保企业的 3/4。外资不仅有效地弥补了国内环保投资的不足,而且引进了国外先进环保技术设备和管理经验,培养了一批人才,改善了我国环保水平,提高了企业、居民的环保意识,促进了环保机制的逐步建立。

　　总之,中国加入 WTO 之后,无论是外在贸易摩擦的压力,还是中国从根本上改善环保问题的愿望和魄力,中国对环保产业的关注已不再局限于产业政策领域,而将更多的视角放眼于国际,通过贸易政策与产业政策的协调来加快中国环保产业的发展。在贸易政策介入环保产业的问题上,中国呼吁全球更多的国家在促进环境改善和经济发展和谐共赢的过程中,避免环保壁垒成为各国国内贸易保护工具,减少贸易摩擦,促进环保产业在全世界共同发展,达到资源的有效和合理配置以及贸易与环境的协调发展。

第八章　WTO 框架下中国贸易救济政策
与产业安全政策的协调

　　产业政策关注产业发展和产业竞争力的培育,随着各国融入国际贸易进程的加快,一国产业政策不得不在积极地适应国际环境和被动地保护本国产业的矛盾中颠簸前行。国内市场不断开放和国际商品、服务、技术、资本等不断涌入的情况下,各国开始担忧本国的产业安全状态。这一矛盾深深影响着当今各国贸易政策和国际贸易政策的发展趋势。由此产生了在发展国际贸易的同时,兼顾各国产业安全问题的新型政策协调现象。

　　在开放经济条件下或经济全球化日益深化的今天,产业安全的国家边界只是在宏观意义上确定,在具体产业领域中却难以确定,国家经济主权的让渡使国家经济利益界限日渐模糊。何况讨论产业安全的重要意义并不在于它是否处于保护方对本国产业利益的顾虑,因为这一问题毋庸置疑是存在的,重要的意义在于如何在不同国家都存在这一顾虑的情况下,通过政策约束途径将这一顾虑在合法的情况下予以确定和规范,将产业安全保护的实施手段和实施程度在授权和约束间平衡,将不同国家利己的产业安全与国际经济贸易的良性发展相协调。

　　WTO 对产业安全的概念虽然没有明确的规定,但是从其法律框架中分析,是指在外来产业安全危及一国产业生存和发展能力的情况下,受危害的一方可考虑使用适当的贸易救济措施恢复受损产业。但是,WTO 对积极的产业安全保护政策并没有一味地排斥。从WTO 鼓励一国以培育产业竞争力提高、促进生产力进步的产业政策来看,WTO 对于积极的产业安全保护政策是有选择的支持。对于其中存在完全扩张性的出口支持措施和以贸易保护为主要动机的各种贸易救济措施则依法予以抵制。因此,WTO 框架下的产业安全是以被动救济为主体、以积极产业政策和贸易促进政策为辅,并共同纳入到多边贸易救济法律体系中的产业安全保护政策体系。换句话说,WTO 一方面授权其成员方依据通过谈判确定的合法贸易救济措施维护产业安全,另一方面也通过法律的形式防止贸易救济政策成为贸易保护主义实施的工具,失去产业政策促进生产力发展与进步的应有之意。

第一节 WTO 框架下贸易救济政策对产业安全的影响

所谓"救济"是指对被损害的利益采取补救措施或提供相应的补偿,挽回因损害行为而失去的利益平衡,使正义得到恢复。在《布莱克法律词典》中,救济主要指法律救济,即一种法律实施的方法,根据法律来预防或纠正错误的行为,以恢复法律所维护的权利义务的平衡,保护利益相关人的合法权益,以实现法律的价值,如秩序、公平、公正和效益等。"贸易救济"(英文称 Trade Remedy),是指当外国进口对一国国内产业造成负面影响时,该国政府所采取的减轻乃至消除该类负面影响的措施。① 从"Trade Remedy"的本意及其制度设计而言,相应措施应当旨在通过必要的行政手段,匡扶和矫正因为外国不公平或非正常进口而导致的国内贸易秩序失衡,日本颁布的《贸易匡正法》(Trade Remedy Law)正是体现此意。所以,可以确信,WTO 框架下的贸易救济政策是以保护和恢复竞争秩序为主要目的,通过授权和约束各成员贸易救济政策法规体系来矫正国际之间的破坏竞争秩序的行为。

---

① 蔡春林等:《贸易救济法》,对外经济贸易大学出版社 2006 年版,第 4 页。

WTO 框架下贸易救济政策包括反倾销、反补贴和保障措施三种类型。反倾销是进口各国(地区)运用时间相对较长,而且较为熟练的贸易救济手段。贸易救济政策的实践中反倾销占主体地位,况且反倾销是国外对华的主要贸易救济形式。据中国贸易救济信息网数据统计,2007 年,共有 18 个国家(地区)对华启动 77 起贸易救济调查,比 2006 年同期减少 13 起。其中,反倾销 60 起,占比 77.9%;反补贴 8 起,占比 10.4%;保障措施 9 起,占比 11.7%。因此,以反倾销为贸易救济政策主要类型分析贸易救济政策与产业安全政策的协调问题具有代表性。

一、贸易救济政策的产业安全保障意义

(一)贸易救济政策的产业分布为协调产业政策提供了重要参考

表 8-1 中所列产业是 1995～2007 年 13 年间申请反倾销调查案件数量超过 100 的产业及反倾销立案数量统计。从上述统计数据中可以发现,虽然按照 HS 编码统计有超过 20 种的产品及相关产业涉及国际贸易,但是,反倾销这一贸易救济政策却集中于部分特定产

表 8-1 1995～2007 年 WTO 成员反倾销申请产业分布

(单位:起)

分类 \ 年份	1995	1996	1997	1998	1999	2000	2001	2002	2003	2004	2005	2006	2007	总数
化学工业及其制品	31	38	21	24	75	62	66	94	69	50	33	39	49	651
塑料及其制品	20	25	36	33	39	21	55	42	25	43	37	24	20	420
木制纸浆	3	14	34	4	18	4	7	7	20	8	6	59	33	158
纺织业	1	23	8	28	34	17	26	6	14	21	24	15	15	232
建材制品	43	39	63	105	110	107	136	96	52	36	34	40	12	873
机械及光学产品	24	34	34	10	28	30	23	9	14	14	18	25	27	290

资料来源:WTO 网站。

业,这说明在这些产业当中存在更加激烈的国际价格竞争和更加强烈的贸易保护需求。具体而言,建材制品(包括贱金属及其制品)位列第一,占反倾销申请总量的28.9%;化工产业位列第二,占反倾销申请总量的19.8%;其次是塑料、机械及纺织,木制纸浆产业产品也是反倾销贸易政策的主要适用产业对象。这些产业的普遍特征是:第一,制造业;第二,以劳动密集型产业为主;第三,涉案产品多为上游产业产品(即多作为下游产业的原材料或半成品)。所以,国际反倾销多表现出较为集中的产业分布。这些遭受反倾销高度集中的产业往往是竞争激烈的传统工业,也是发展中国家的出口优势工业,势必会削弱发展中国家在国际分工的地位,恶化他们的贸易条件。因此,研究国际反倾销的产业分布规律为各成员尤其是发展中国家国内产业政策的协调提供了重要参考。

(二)贸易救济政策对宏观产业竞争结构的影响

为确保进口方国内竞争者利益不受到损害,进口方主管机关可以采取反倾销措施。一方面,反倾销对宏观产业竞争结构存在一定的负面影响。例如在中国"MDI反倾销案"中,申诉企业是国内唯一的生产企业,但反倾销后的产能扩张仍然不能满足国内需求,出现供求矛盾,所以该案最终以申诉企业主动撤诉而结案。相反,如果国内产业出现投资过热、产能过剩的情况,反倾销措施则会助长国内产业的恶性竞争。另一方面,反倾销对宏观竞争结构的影响也有积极的情况。例如国内产业原本处于竞争性的市场结构,例如,"涤纶短纤维案"(化纤协会包括400多名成员),倾销进口使本来激烈的国内竞争更加恶化,行业几乎陷于亏损。但是反倾销措施部分地消除了市场扭曲状况,恢复了正常的竞争秩序。

(三)国际反倾销措施的集中方向——产业关联度较高的产业类型

1. 产业关联度较高的产业类型的国际国内分析

潘约托波洛斯和杰弗利纽金特使用直接前向联系指数的方法考察基础产业与其他产业的产业关联关系。其中直接前向联系指数是指,在制造业中如果某种产品或生产该产品的部门是生产其他多种产品时所必需预先投入的要素时,即在一条或多条产业链中位于基础性地位时,则相比其他产品和部门来说该产品或生产该产品的部门就具有更强的直接前向联系指数,即该部门生产的产品也就具有更强的基础性。他们使用投入—产出方法计算出 5 个中等发达国家(智利、希腊、墨西哥、西班牙和韩国)的 18 个工业的直接前向联系指数,其结果如表 8-2 所示:产业部门的产业关联程度较高的主要是金属、橡胶、造纸、皮革、采矿等产业部门。

表 8-2 5 个中等发达国家的部门关联指数和排序

部门	直接前向联系指数	排序
皮 革	0.645	4
主要金属	0.980	1
服 装	0.025	18
纺 织	0.500	8
食品和饮料工业	0.272	16
纸 张	0.788	3
化工和石油提炼产品	0.599	7
金属制品和机械	0.430	13
木材、家具	0.582	9
建 筑	0.093	17
印 刷	0.508	10
其他制造业	0.362	15
橡 胶	0.453	12
矿物(非金属矿物)	0.870	2
农 业	0.502	11
公用事业	0.614	6
采 矿	0.638	5
服 务	0.378	14

资料来源:Yotopoulos and Nugent: *"A Balanceed-Gronth Version of Linkage Hypothesis"*, International Journal of Industrial Organization , Table 2, p. 163.

国内学者朱钟棣、鲍晓华(2004)通过影响力系数和感应度系数的方法分析中国不同产业部门的产业关联程度。影响力系数是从消耗部门出发,追溯其最终需求变动对各供应部门产出的影响;感应度系数则是从供应部门出发,分析供应部门受消耗部门产出变动的影响程度。如果某个产业的感应度系数和影响力系数同时大于1,说明该部门最终需求的变动会在更大程度上影响其他部门生产的变动,同时该部门的生产也会在较大程度上受到其他部门产出的影响。根据上文计算结果,感应度系数和影响力系数①都大于1的产业见表8-3,表中所列产业的前后向关联度都很强,而且对这些产业部门的分析表明,国际国内学者关于产业关联程度较高的产业部门的认识大体是一致的。

表 8-3　影响力系数和感应度系数都大于 1 的部门

部　门	代码	影响力系数	感应度系数	部　门	代码	影响力系数	感应度系数
有色金属矿采选业	010	1.01	1.51	钢铁加工业	057	1.20	2.96
粮油及饲料加工业	014	1.00	1.29	有色金属冶炼业	059	1.13	1.69
棉纺织业	022	1.13	2.20	有色金属加工业	060	1.29	1.02
丝绢纺织业	025	1.22	1.12	金属制品业	061	1.21	2.43
造纸及纸制品业	032	1.04	2.12	其他普通机械制造业	064	1.04	2.62
基本化学原料制造业	038	1.02	1.50	其他专用设备制造业	066	1.11	1.26

---

①　影响力系数是从消耗部门出发,追溯其最终需求的变动对各供应部门产出的影响。感应度系数则是从供应部门出发,分析供应部门受消耗部门产出变动的影响程度。如果某个产业的感应度系数和影响力系数同时大于1,说明该部门最终需求的变动会在更大程度上影响其他部门生产的变动;同时该部门的生产也会在较大程度上受到其他部门产出的影响。

部门	代码	影响力系数	感应度系数	部门	代码	影响力系数	感应度系数
有机化学产品制造业	041	1.19	2.53	汽车制造业	068	1.22	1.93
其他化学产品制造业	043	1.08	2.37	其他电器机械及器材制造业	075	1.29	1.95
化学纤维制造业	045	1.21	1.17	电子元器件制造业	078	1.14	1.89
橡胶制品业	046	1.10	1.10	其他产品制造业	084	1.05	1.09
塑料制品业	047	1.20	2.01				

资料来源:朱钟棣、鲍晓华:《反倾销措施对产业的关联影响——反倾销税价格效应的投入产出分析》,《经济研究》2004年第1期。

2. 反倾销措施的集中方向——产业关联度较高的产业类型

如表8-4所示,从1995~2007年国际反倾销案件统计看,遭受反倾销等贸易救济措施的产业类型主要集中在化工、冶金、造纸、机电、塑料等基础性产业或原料性产业,而这些产业均属于感应度系数和影响力系数都大于1的产业,产业的前后向关联度都很强。这些产业产品遭遇反倾销的原因就是其对进口方同类产业产业安全的救济效应很强,而且还会对上下游产业的产业安全产生影响。可以肯定地说,反倾销措施的集中方向——产业关联度较高的产业类型。

表8-4 国际反倾销(1995~2007年)按海关编码分类情况表

产品分类	反倾销数量
第一类:动物产品	49
第二类:植物产品	47
第三类:动植物油类产品	14
第四类:食品饮料及烟草等产品	45
第五类:矿产品	70
第六类:化工产品	651

产品分类	反倾销数量
第七类:塑料、橡胶及其制品	420
第八类:皮革及其用具产品	5
第九类:木及木制品,草类制品	50
第十类:木浆、纸及其制品	158
第十一类:纺织原料及其制品	232
第十二类:鞋帽、人造花等制品	28
第十三类:石料、陶瓷、玻璃等制品	110
第十四类:珍珠宝石、贵金属及其制品	1
第十五类:贱金属及其制品	873
第十六类:机电产品	290
第十七类:交通设备	22
第十八类:光电产品及其设备	34
第十九类:武器弹药等产品	76
第二十类:杂项制品	35

资料来源:中国贸易救济信息网。

3. 反倾销措施的产业关联效应分析

Sleuwagen,Belderbos 和 Joen(1998)在 Hoekman 和 Leidy(1992)的研究成果中,结合分析垂直市场结构模型得出结论,针对损害的保护更可能出现在上游企业集中、进口损害实际发生、而下游企业较少的时候,此时上游企业既能从进口初级产品征税中也能从进口终极产品征税中获利。同时,对上游企业的保护会使这种损害转移给下游企业,也增加了对下游企业保护的可能性。美国学者 Corinne M. Krupp 和 Susan Skeath(2002)从整体产业的角度出发,考察了上下游产业之间的关系,认为:"出于保护本国上游中间产品产业的目的引发的反倾销案件不仅对上游产业竞争者,而且对以中间产品为需求的下游厂商产生影响。在限制倾销上游进口产品数量的同时,对下游产品的产量有消极作用,由于贸易转向对非倾销上游进口产品的数量有积极作用。"所以,他们建议,有必要关注采取上游反倾销措施对下游用户的影响。[①] 唐宇(2004)将上游产业在获得反倾销保护后,这种贸易保护会从上游产业延展到同其垂直相联的下游产业的保护称为反倾销的"继发性保护"[②]。沈瑶、朱益、王继柯等以我国2002年"聚氯乙烯反倾销案"为例,对反倾销实施中的产业关联(上游产业、竞争产业、下游产业)进行了研究。其中,以芜湖海螺公司和浙江中财公司两家国内主要聚氯乙烯下游企业作为研究对象,分析了聚氯乙烯反倾销对国内下游企业的影响。[③] 宋雅楠(2002)利用1997年至2003年的反倾销案件,通过反倾销对当年国内下游产业对上游产品的需求量与反倾销税率以及上游产品产量之间进行回归分析,得出上游产品的反倾销税率平均每提高1%,下游产品的国内生产将下降大约14.35%,继而认为无论是价格还是数量方面,我国对上游产品征税都对下游产业有不可忽略的影响。

　　总结这些学者观点,贸易救济政策所引发的对上游产业的贸易保护会导致下游产业成本上升,利润减少,例如聚氯乙烯反倾销使其国内价格持续上扬,造成两家企业生产成本的大幅上升。除国内塑钢门窗竞争加剧、价格下降的因素,聚氯乙烯反倾销使芜湖海螺公司2003年主营业务成本与主营业务收入的比率达到了将近0.9:1。除此之外,还会对企业生产设备利用率、失业率等多方面造成影响,因此,会非常直接地影响到下游产业的竞争力。2003年我国"丙烯酸酯反倾销案"后,国内丙烯酸由原来的供过于求,到后来供不应求,其价格出现了惊人的上涨。在这种情况下,丙烯酸酯的下游产业——高吸水性树脂行业难以为继,30多家高吸水性树脂企业纷纷倒闭、停产。只剩下为数不多的企业苦苦支撑:行

---

　　① Corinne M. Krupp, Susan Skeath: "Evidence on the Downstream Impacts of Antidumping Cases"[J], *North American Jormal of Economics and Finance*, 2002, (13), pp. 163–178.

　　② 唐宇:《反倾销保护引发的四种经济效应分析》,《财贸经济》2004年第11期。

　　③ 沈瑶等:《中国反倾销实施中的产业关联研究:以聚氯乙烯案为例》,《国际贸易问题》2005年第3期。

业年产能力 3 万吨,但产量已不到 3000 吨。与此同时,国外该产品趁机大量涌入国内高吸水性树脂产品市场,造成对下游全行业的负面影响。

由此可见,产业政策对某一产业竞争能力的关注和培养,导致产业政策的倾斜,形成该产业领域内产品的国际价格优势,如果构成倾销而被采取反倾销措施的话,会直接影响本国下游产业产品竞争力,反倾销政策的采取使产业政策的产业关联程度强化。

(四)贸易救济政策对产业安全影响处于贸易限制效应与贸易转移效应的矛盾之中

以反倾销为代表的贸易救济政策的根本目的在于通过实施救济措施,增加国外产品的成本,提高进口价格,控制进口数量,以扶持和保护国内产业。但是,事实上,反倾销等贸易救济措施的实施本身对产业安全的影响并非仅限于产业安全保障这一个方面。

1. 反倾销措施的贸易限制效应

针对倾销国倾销产品采取反倾销措施无疑会增加倾销产品的进口成本,从而控制倾销产品的进口数量,遏制对进口方国内产业的损害。因此,采取反倾销措施的根本目的是通过对倾销产品采取贸易限制的方法扶持国内同类产业的发展。反倾销案件的裁决结果不同,贸易限制效应也会存在差别,基本上是征收反倾销税方法的贸易限制效应要大于无损害结案案例,而且税率越高对贸易的限制性越强。

从图 8 - 1 中可见,在 18 个案例中,赖氨酸盐、聚苯乙烯和 MDI 这三个案例是非征税结案的,其余 15 个案例是初裁征税的。从观察结果上看,这三个案例中,反倾销调查国经初裁征收反倾销税后短时间内倾销产品的国内市场份额得到回升,而其他案例中产品的市场份额则下降明显。由此证明,反倾销措施在一般情况下对反倾销对象国的涉案产品的贸易限制效应是比较明显的,但是当不同反倾销措施或同一反倾销措施的制裁程度不同时,对反倾销对象国的涉案产品的贸易限制效应会存在不同的影响。

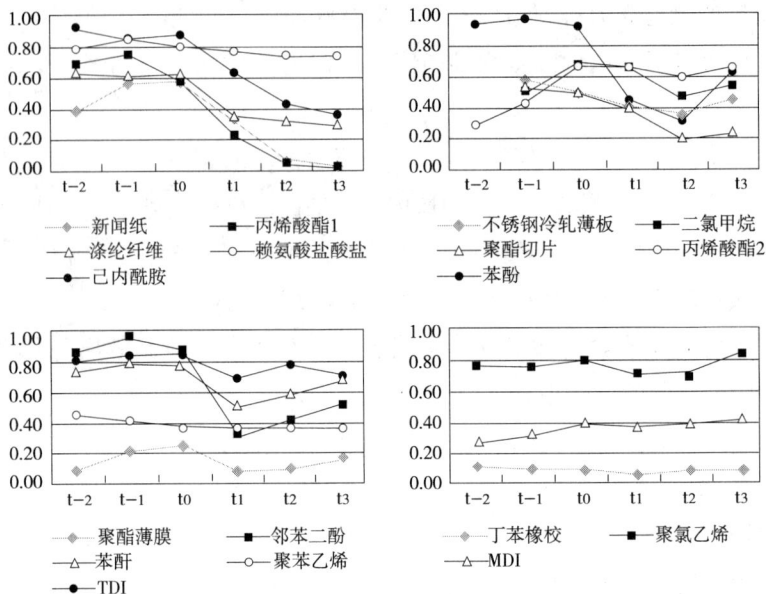

图 8 - 1　倾销产品的国内市场份额变化　　　（单位:%）

资料来源:鲍晓华:《反倾销措施的贸易救济效果评估》,《经济研究》2007 年第 2 期。

2. 反倾销措施的贸易转移效应

反倾销措施的贸易转移效应,即当针对某一进口国商品采取反倾销措施,造成不同来源地(包括反倾销对象国和非反倾销对象国)的同类产品的价格出现差异,从而造成原来从反倾销对象国进口倾销产品转移至从非反倾销对象国进口。Krupp and Pollard 对美国 1976 ~ 1988 年间化工行业的反倾销案例进行了分析,结果发现约一半的案例存在贸易转移的证据。[1] 国内学者唐宇(2004)[2]从反倾销的经济效应、沈瑶等(2004)以丙烯酸酯为例纷纷肯定反倾销措施所

---

[1] Krupp Corinne and Patricia Pollard(1996) , "Market Responses to Antidumping Laws: Some Evidence from the US Chemical Industry", *Canadian Journal of Economics*, Vol129, pp. 199 - 227.

[2] 唐宇:《反倾销保护引发的四种经济效应分析》,《财贸经济》2004 年第 11 期。

存在的贸易转移效应。①

3. 贸易限制效应与贸易转移效应的矛盾

贸易限制效应是倾销调查国实施反倾销措施的基本目的,但是其效应能否最终实现,不仅依赖不同反倾销措施的力度,而且还受制于倾销调查国国内产业的生产状况和非倾销对象国同类产品的直接竞争和替代能力。因此,倾销调查国国内供求矛盾与非反倾销对象国同类产品竞争的双重作用容易引发贸易转移效应。

倾销调查国国内同类产品原则上可以通过反倾销措施实现一定的产业保护,但是,如果本国同类产品产业的生产能力有限,当对倾销产品采取反倾销措施后造成从反倾销调查国的进口量缩减,则会出现倾销调查国国内产品供给短缺,出现供求矛盾。例如,2002 年中国对原产于美国、韩国、日本、俄罗斯和中国台湾地区的聚氯乙烯实施反倾销调查,并于 2003 年 9 月 29 日对这些国家和地区的该产品征收 6% ~ 84% 的反倾销税。可是,中国聚氯乙烯需求量难以由国内生产满足,约 60% 的用量需要进口。国内生产能力在短时间内很难满足如此大量的生产扩张,因此对聚氯乙烯实施反倾销措施在对国内聚氯乙烯产品进行保护的同时,却因为造成国内同类产品供求矛盾而减损了反倾销措施的产业保护效应,影响了竞争秩序的健康发展。

当倾销调查国国内同类产品供求矛盾增大时,由于采取反倾销措施,反倾销调查国导致进口成本的增加,使得倾销调查国转而寻求其他非反倾销对象国同类产品的进口以弥补供求缺口。这依赖非倾销对象国同类产品对反倾销对象国产品的竞争和替代程度。如果非反倾销对象国同类产品具有很强的替代性,则实施反倾销措施会造成从反倾销对象国进口转向从非反倾销对象国进口的贸易转移现象。例如,中国对"丙烯酸酯产品反倾销案"。因为向中国供给该产品的出口国很多,中国对来自德国、美国和日本的该产品采取反倾销

① 沈瑶、王继柯:《中国反倾销实施中的贸易转移研究:以丙烯酸酯为例》,《国际贸易问题》2004 年第 3 期。

措施后,导致进口份额直接由来自韩国、马来西亚、新加坡和印尼等国的产品所替代,韩、印、马、新四国从 1998 年占我国总进口量的不足 6%,而随着对我国进口的激增,到 2002 年已占总进口量的 75%,发生了明显的贸易转移效应,详见图 8-2。在贸易转移效应作用下,倾销调查国国内同类产品产业从反倾销措施中所获得的贸易限制效应被大大抵消,贸易救济政策对产业安全的保障意义并未起到实质性的作用。

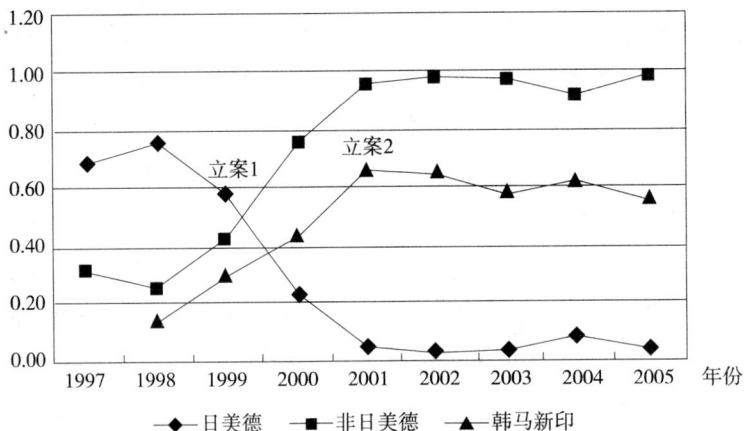

图 8-2　丙烯酸酯案例中进口数量的市场份额的变化

资料来源:鲍晓华:《反倾销措施的贸易救济效果评估》,《经济研究》2007 年第 2 期。

二、贸易救济政策对产业安全影响的国际趋势

(一)贸易救济政策实施的背景与实践使产业安全保障的初衷受到普遍质疑

WTO《反倾销措施协定》要求在实施反倾销措施之前,不仅要证明进口产品存在倾销,还要证明倾销与国内损害之间存在因果关系。这意味着对于具有周期性的产业而言,在商业周期下降阶段很难说明其未受到损害。大部分反倾销调查都涉及各种制成品和半成品。根据一般规律,许多产品的价格会出现大幅波动。这意味着,在一定

时期提起反倾销申诉比其他时期更为容易。实践中,通常1/3的反倾销调查均涉及钢铁和金属制品。1995年以后,全球钢铁价格开始下降,直至2004年才有所好转,价格持续上涨。这意味着全球钢铁市场正处于商业周期的上升阶段,由于市场前景好,几乎没有生产商倾销产品。较高的价格也意味着生产商的平均利润率比价格较低时期要高,但仍很难说明倾销产品对国内产业造成了损害。一般的规律是全球钢铁价格较高时,反倾销立案调查数较少;反之,则反倾销立案调查数较多。

因此,许多学者将GDP作为衡量经济景气状况的一个指标,Prusa(2003)则进一步指出,进口国GDP每减少一个标准单位,反倾销数量增长23%,而出口国GDP增长与反倾销数量的关系则不明朗。[①] 还有一些国外学者研究认为,进口国政府采取反倾销措施并不是基于所谓的经济原因,而是经济问题、政治力量与国内企业寻求保护三者综合作用的结果,使反倾销法对产业安全保障的初衷受到质疑。推而广之,反倾销与世界经济的发展也是紧密相连的。全球反倾销案发比例与世界经济增长呈现出反向变动趋势,当世界经济状况良好,经济增长较快时,全球反倾销案件数量呈下降趋势;当世界经济遇到危机或政治军事问题时,全球反倾销案件数量呈上升趋势,而且总体上呈现出交替升降的反向波动关系。这说明反倾销等贸易救济政策在一定程度上存在抵制国家经济衰退或产业状况恶化的作用。根据世界银行有关数据表明,反倾销税远远高于一般关税水平。全球平均关税水平在5%左右,反倾销的终裁倾销幅度在43%~64%不等,是一般关税水平的10倍之多,如此高的保护程度自然引来众多适用者。因此,反倾销等贸易救济政策在实践中被大量地用来增加对国内产业保护的力度,从而增加国家对世界经济波动及国内经济波动的宏观调控作用。

---

① Prusa,Thomas J:"On the Spread and Impact of Antidumping",*NBER Working Paper* No.7404.

（二）贸易救济形势日趋严峻

1904 年,加拿大首次将反倾销写入国内法,这是世界上第一部反倾销法。此后,新西兰、澳大利亚和美国分别于 1905、1906 和 1916 年先后颁布了反倾销法。20 世纪 60 年代前,各国更愿意通过关税、配额、进口许可证等方式来设置贸易壁垒,而很少使用反倾销措施。但随着新技术革命的成功,国际分工不断加深,关税、配额等传统贸易保护措施在一定程度上阻碍了发达国家在海外抢占市场和掠夺资源,因此,取消上述传统贸易保护措施被提上日程。与此同时,发达国家也开始考虑如何在关税取消后保证贸易公平性的问题,反倾销等新贸易保护措施的优势由此得以显露。据世贸组织统计,20 世纪 80 年代,各国(地区)反倾销新立案数为 1388 起,年均立案约 139 起;20 世纪 90 年代为 2491 起,年均立案约 249 起;2000 ~ 2006 年为 1807 起,年均立案约 258 起。这说明随着国际经济贸易的逐渐发展,以反倾销为代表的贸易救济形势日趋严峻。

（三）发展中国家逐渐成为实施贸易救济措施的主力军

在反倾销新立案数激增的同时,运用反倾销调查的申诉方和被诉方范围也在不断扩大。从申诉方来看,20 世纪 80 年代之前,90% 以上的反倾销调查由美国、欧盟、澳大利亚和加拿大发起;此后,发展中成员逐渐成为反倾销立案的主体。据世贸组织统计,2006 年,发达成员的反倾销立案数占全球反倾销立案总数的比重已由 20 世纪 80 年代的 97% 降至 40% 左右,而发展中成员则由 3% 快速升至 60% 左右。从被诉方来看,2006 年,被诉方已由最初的美国、加拿大等少数几个国家增至 97 个。在 2008 年上半年新立案的 85 起反倾销案中,由发达成员发起的 31 起,同比(20 起)增加 11 起;发展中成员为 54 起,同比(41 起)增加 13 起。在 54 起采取最终反倾销措施的案件中,发达成员占 13 起,与 2007 年同期持平;发展中成员为 41 起,同比(38 起)增加 3 起。2008 年上半年,在启动反倾销调查的 16 个世贸组织成员中,土耳其启动 13 起,位居各成员之首;其次是美国,为 12 起;位居第三的是印度,为 11 起;位居第四位的是阿根廷和欧盟,均为 10 起;位居第五位的是巴西,为 7 起。

从根本上讲,发展中国家在国际经济萧条情况下,对维护产业安全的要求相比发达国家而言要更加迫切,而且发展中国家之间的贸易竞争因此也日趋激烈,这些都导致发展中国家逐渐成为实施贸易救济措施的主力军。

(四)贸易救济政策实施的主动性增强

贸易救济政策是各成员方政府对本国相关国内产业在遭受他国同类产业不公平竞争行为时而采取的救济政策。一般情况下,贸易救济政策是一种依申请而发生的行政政策,采取的贸易救济措施也是国家行政机关做出的行政行为。该行为的重要前提条件是由国内产业在满足一定条件下提出申请而产生。例如《反倾销协定》中规定了反倾销申请的条件,即代表国内产业提起反倾销申请的具体主体资格标准。其中规定运用了 50% 和 25% 这两个标准以确定申请人的主体资格。50% 是指支持反倾销申请的国内厂家所占的生产量,要大于支持者和反对者生产总量的 50% 以上。25% 是指支持反倾销申请的厂家必须至少占相似产品全国总产量的 25% 以上。如果明确同意反倾销申请的厂家的产量不足国内产业相似产品总数量的 25%,不得发起反倾销调查。例如在中国对美韩等"光纤产品反倾销案"中,调查机关必须对本案中国内产业范围进行审查。调查期内,中国国内同类产品生产者共 9 户,其中 7 户在调查机关规定时间内递交了调查问卷答卷。这 7 户企业中,有两户为本案申请人企业。调查机关首先对本案两户申请人企业长飞光纤光缆有限公司和江苏法尔胜光子有限公司进行了调查;并对其他 4 户递交了调查问卷答卷的企业天津天大天财股份有限公司、南京华新藤仓光通信有限公司、成都中住光纤有限公司和深圳特发阿尔卡特光纤有限公司进行了调查。以上 6 户企业 2002 年同类产品产量占中国国内同类产品总产量的 73.62%。因此该 6 户企业的相关数据可以代表中国国内产业的情况,可以认定符合中国主管机关发起的反倾销调查是在合法的反倾销调查申请基础上而做出的决定。综上所述,贸易救济政策是一种被动性的依申请的救济行为。

但是,由于 WTO 相关规则的限制,国际贸易政策的适用空间越来越窄,传统的关税等贸易限制措施越来越受到明确的承诺所约束。国际上对反倾销、反补贴和保障措施等贸易救济政策的合理授权备加推崇,因此出现了贸易救济政策实施的主动性特征,这一点以美国《伯德修正案》为突出表现。《伯德修正案》将所征收的反倾销和反补贴税提供给受到损害的国内企业作为补偿,会促使美国潜在的反倾销申诉方提起反倾销申诉,因为如果申诉成功,这些申诉方就能获得因为征收反倾销和反补贴税而获得的现金补偿,如果他们不参加申诉,则无法分享到这一补偿。在申诉企业和不申诉企业之间,这一现金补偿构成了一定的竞争能力上的差异。该法案是在 2000 年 10 月签署的,从该法案的实施情况看,此后美国反倾销申诉案件数量明显增加,由以往每年 30 件左右迅速增加到 2001 年的 76 件,是 WTO 成立以来美国发起反倾销调查最多的年份。即便是在经历了 WTO 争端解决机构裁决败诉之后,美国总统布什在 2003 年向国会提交的修正建议虽然遵守 WTO 裁决,取消《伯德修正案》,但是仍将反倾销税纳入新的贸易调整项目,以补偿由于产品进口而遭受损失的国内公司或农民。这一提案的核心意图仍然是打消申诉企业对贸易救济案件在产业损害、诉讼成本等多方面上的顾虑。所以,该案表现出国际上在适用贸易救济政策时已经不能满足于接受申诉企业请求救济的被动性行政救济行为,而是在诸多方面寻求激发国内产业请求贸易救济的主动性,进而增加行政机关干预贸易救济的主动性。

(五)贸易救济政策使产业生命周期理论处于矛盾境地

根据施蒂格勒提出的产业生命周期理论,在一产业的新生期,市场狭小,因此生产环节的企业规模较小,而且企业大多是"全能"企业,企业参与从材料生产到产品销售的全过程;随着产业的发展和市场的扩大,各生产环节会出来承担各个再生产环节;在产业的衰落期,随着市场和生产规模的缩小,各生产环节重新返回"娘家",社会分工又转化为企业内部分工。维农(1966)的产品生命周期理论也有类似的认识。他认为,产品在市场上的表现呈现周期特征,该周期可大体划分为三个阶段,即新阶段、成熟阶段和标准化阶段,各个阶段与企业的区位决策、出口或国外生产决策均有所联系。郑林(1990)在探讨产业周期时指出,产业周期性波动表现为产业由高峰到低谷,再由低谷走向高峰的运动形式。产业波动的主体是产业,产业波动是经济波动的体现。

依照产业生命周期理论的解释,产业在处于形成期、成长期或成熟期时,产业政策总体上还是处于鼓励发展或支持产业发展的;当产业处于衰退期时,因为产业增长率急剧下降,市场需求缩减,该产业的产品从市场上逐渐退出,产业的生命随之终结,因此这一时期的产业政策应以指导资源的有序撤出和转移、以抵制该产业产能扩张为特点。但是,产业的周期性转变在不同经济发展水平的国家,由于各国比较优势的不同而呈现出不同步的特征,即同一时期各个产业在不同国家往往处于不同的发展阶段。由于经济全球化的发展,产业在国际间的转移使产业的生命周期得以延长,并出现产业国际转移的典型趋势。但是,产业的国际转移必然涉及不同国家的贸易政策,各个国家产业发展的不同阶段导致不同的贸易政策,尤其是贸易救济政策在这一问题上尤其突出。

1. 从贸易救济政策涉及的产品领域看,以衰退产业产品为主体

从 1995～2007 年产业反倾销申请分布表(见表 8 – 1)中可以发现,涉案产品主要集中在贱金属及其制品、化工产品、机电产品、塑料制品、纺织品 5 个部类,这 5 个部类的案件数之和占全部案件的比重在 3/4 左右。其中,2002～2005 年全世界反倾销立案最大的产业类型是化工产业,占 40% 左右,钢铁五金类占 25% 左右,其次是纺织业。这些产业类型的产品在许多国家都是以大规模生产为特点,以大批量供应为表现。正是在规模经济的刺激之下,产品的大量供给使市场需求日趋饱和,市场竞争日趋激烈,所涉及的产业大多表现为产品的需求条件恶化、产业利润率降低、生产能力过剩、价格战频繁等特征,而这些特征正是衰退产业的表现(有时被形象地称为"夕阳

产业")。因此表现为价格竞争,并遭遇到反倾销等贸易救济政策的抵制。所以,从全球贸易救济政策来看,涉及的产品领域以衰退产业产品为主体。

问题是贸易救济政策虽然是以产业安全保护为目的,消除不公平竞争行为对产业安全所造成的损害,其根本目的还是要保护国际经济贸易秩序健康和有序,以促进自由贸易的发展。但是,贸易救济政策的产品领域表现为以衰退产业产品为主体,不仅抑制了国际产业进步,而且使衰退产业对资源的利用挤占处于成长期或成熟期的产业的国际资源份额,使国际贸易政策与国际产业政策之间的协调出现矛盾。

2. 发达国家与发展中国家产业集中度的逆向变动趋势导致贸易救济政策实施情况出现重大差异

依照产业生命周期理论的解释,伴随产业发展阶段的转变,产业组织结构也呈现出规律性的变化。其中产业集中度是产业组织结构的衡量指标,产业集中度一般是指一个产业中最大的几家企业占整个产业的比重,其大小变化取决于最大几家企业规模(分子)和产业总规模(分母)各自的变化。以产业集中度为表现的产业组织结构在不同产业发展阶段的表现情况详见图8-3:以时间 t 为横轴,以三个拐点 A、B、C 为界,可将曲线分为四个阶段,分别对应于产业自然兴衰的形成期、成长期、成熟期和衰退期。

该曲线表现出产业集中度在不同产业发展阶段的变动轨迹。在产业形成期,初期企业规模小、产业规模也小,产业集中度可能并不低,随着产业规模迅速增长,产业集中度趋于快速下降;在产业成长期,由于少数几家企业随着产业成长而迅速发展,但产业规模可能由于大量企业对产业利益的追逐而进入使企业数量增长,因此产业集中度下降趋势减缓;在产业成熟期,大企业通过公司并购等进行产能扩张,企业数量减少,产业总规模开始缓慢下降,所以产业集中度迅速提高;在产业衰退期,产业总规模趋于萎缩,产业组织结构稳定,所以产业集中度进一步缓慢提高。

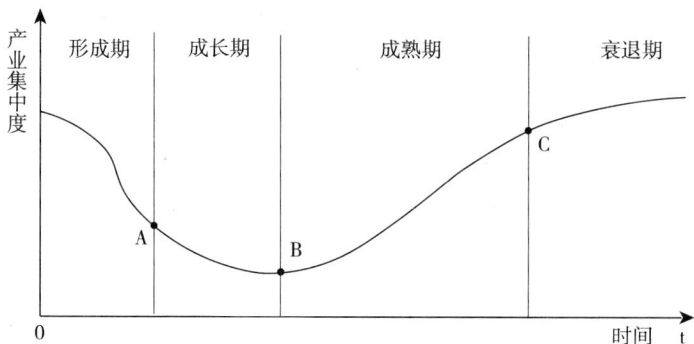

图 8 - 3　产业集中度与产业兴衰

资料来源:史忠良、何维达等:《产业兴衰与转化规律》,经济管理出版社 2004 年版,第46 页。

　　国际产业转移的趋势总体上是衰退产业从发达国家向发展中国家转移,按照产业集中度与产业发展阶段的变动趋势分析发现,发达国家与发展中国家的产业集中度因为产业的国际转移也表现出各自的特点。发达国家国内衰退产业的产业集中度表现出较高的特征,而发展中国家虽然承接来自发达国家衰退产业转移,但是在发展中国家内部却是处于成长期或成熟期,因此产业集中度较低。产业集中度的高低差异的影响反映在贸易救济政策的实施中主要集中于两点:第一,产业集中度较低导致较为激烈的贸易竞争。产业集中度在发展中国家较低的后果就是发展中国家内部企业竞争加剧,竞争恶化的后果就是产品价格战,而进一步的后果就是企业对国际市场的依赖和争夺导致倾销与反倾销行为的增多。这一趋势与国际反倾销贸易救济政策实施的趋势是相一致的。第二,产业集中度的高低反应在贸易救济政策发起的成功率差异。从法律上,反倾销申诉有严格的申诉资格要求,无论是 WTO 还是各成员法律都有明确规定。如果产业集中度低或者说被控产品的生产企业数量众多,那么在无有力协调机构的情况下,申诉不仅难以达到法律上的申诉资格要求,而且,由于生产企业分散且市场份额平均都不高,对保护利益的追求和诉讼费用不成比例的顾虑,都会造成申诉不积极,增大申诉成本并降低申诉的成功率。虽然发达国家衰退产业出现国际转移的发展趋势,但是国内的衰退产业对产业利益或国内政府对政治利益的追求都会促使其申诉成功率大增。产业集中度较高本身意味着同类产品的生产企业较少或者占国内同类产品生产量较大比重,使反倾销等贸易救济政策的申诉几率和申诉成功的几率都随之增加。这也就是发达国家衰退产业仍然成为推动国家采取大量贸易救济政策的原因之一,也是发展中国家在被诉反倾销案件中胜诉率不高的原因之一。

(六)贸易救济政策的产业分布表现出多种贸易救济政策协同一致的趋势

目前的贸易救济政策主要集中于反倾销、反补贴和保障措施三种类型,本来,这三种类型的贸易救济政策各自适用的情况和条件各不相同,但是在全球贸易救济政策的实践中,三种贸易救济政策的实施在产业分布上却表现出对主要产业类型的趋向性。

表 8 - 5　反倾销、反补贴和保障措施立案的行业列表(1995 ~ 2007 年)

(单位:起)

行　业	反倾销	反补贴	保障措施
金属制品	873	77	21
化工产品	651	12	28
塑料橡胶制品	420	21	8
机械制品	290	11	12
纺织品	232	13	4
纸制品	158	6	2
矿产品	70	4	3
活禽	49	12	14
蔬菜	47	8	14
加工食品,饮料和烟草	45	24	16

注:因为数据搜集困难,保障措施为 1995 ~ 2008 年 6 月数据。

资料来源:www.wto.org〈http://www.wto.org〉。

从表8-5中可见，反倾销主要集中于金属制品、化工产品、塑料橡胶制品、机械制品和纺织品等行业，这五个产业部门的反倾销立案数占立案总数的76.8%。上述五个产业部门的反补贴立案占到立案总数的66.3%，加上食品饮料和烟草占到总数的78.2%。保障措施仅金属制品和化工产品的案件数就占到总数的29.9%。反补贴与保障措施在食品、烟草、活禽和蔬菜领域的争端主要原因在于WTO成员对有关国计民生行业的扶持。从总体上而言，反倾销、反补贴和保障措施三种类型的贸易救济政策在产业分布上有着大体一致的倾向性，仍然以原材料行业为主。更重要的是，三种类型的贸易救济政策在产业分布上的趋向性说明，WTO成员对于这些产业所采取的贸易救济政策之间有着一定的逻辑联系，即三种贸易救济政策之间有一定的因果联系。反倾销主要针对以倾销进行恶性价格竞争的不公平贸易行为。保障措施虽然不是直接地针对不公平贸易行为，但是在一定期限内进口数量的激增给进口方造成的压力和损害，在WTO框架下也是可以获得保障措施救济的。可以说，保障措施是针对数量增长型的贸易行为。一般情况下，价格上的强大优势是会带来需求数量上的大幅增长的。所以，反倾销与保障措施之间的逻辑关系是显而易见的。西方现在很多观点认为，部分国家在价格和数量上的优势主要是由于政府补贴和扶持造成的，例如2007年之前，仅有加拿大对我国出口产品发起反补贴调查；而2007年，未承认中国市场经济地位的美国则相继对我启动8起反补贴调查。这主要是因为发达国家认为中国出口大幅增长是政府补贴政策扶持而造成的。因此，近两年外国对华反补贴争端问题上与反倾销也出现越来越协同使用的趋势。例如，加拿大在2004年11月19日做出针对中国烧烤架反补贴终裁，2005年7月11日又做出针对中国该产品的特殊保障措施的立案调查。美国甚至针对中国铜版纸产品在2006年11月同时做出反倾销和反补贴双重调查。这都说明国际贸易救济政策越来越表现出协同一致的趋势，尤其是发达国家通过多重贸易救济政策对产业进行保障，以抵消发展中国家通过补贴政策培养国内产品在价格和数量上的国际竞争优势。

第二节　国际贸易救济政策的实施对中国产业政策的挑战及原因探析

一、国际反倾销政策的实施对中国产业政策的挑战

（一）中国成为国际贸易救济政策实施的"重灾区"

反倾销是进口各国（地区）运用时间相对较长，而且较为熟练的贸易救济手段，而且反倾销是国外对华的主要贸易救济形式。从 2002～2007 年间，与国际反倾销总体下降趋势相反，国际对华反倾销趋势呈现逐渐上升趋势，到 2006 年达到最高峰，在世贸组织成员启动的 200 件反倾销调查中，涉及中国产品的案件数为 68 起，占比 34%。台湾地区和美国位居次席，均为 12 起，占比均为 6.2%；位居第三的是日本和韩国，均为 10 起，占比均为 5.2%。在采取最终反倾销措施的 137 起案件中，涉及中国产品的为 37 起，位列各成员之首；其次是印度，为 12 起；位居第三的是印尼和韩国，均为 10 起。由此可见，中国产品遭遇的反倾销调查数和采取最终反倾销措施的案件数不仅位居各成员之首，而且远远超出位居第二和第三的国家（地区）。例如，国外对华反倾销新立案数约为美国和台湾地区（位居第二）的 5.7 倍，是日本和韩国（位居第三）的 6.8 倍；对华反倾销案被采取最终措施的数量约为印度（位居第二）的 3.1 倍，是印尼和韩国（位居第三）的 3.7 倍。所以，可以肯定的说，中国是国际反倾销这一贸易救济措施的"重灾区"。

（二）外国对华贸易救济政策对中国产业造成的经济损失巨大

2008 年 1～6 月，国外对华共启动 48 起贸易救济调查，同比增加 23 起。其中，反倾销 37 起，同比增加 17 起；反补贴 6 起，

同比增加 6 起；保障措施 3 起，同比减少 2 起；特保 2 起，同比增加 2 起。在中国应诉案件中涉案金额也呈现逐渐攀升的趋势，在 20 世纪 80 年代，涉案金额上千万美元就算大案，而 1996 年欧盟对中国出口"学生包和公文箱案"涉案金额 4.5 亿美元，2003 年美国对中国出口"木制卧室家具案"涉案金额高达 9.6 亿美元。从 1991 年到 2005 年外国对中国出口产品反倾销案件超过 1 亿美元的案件达 28 件，涉案总金额达到 59.8 亿美元。就具体案件而言，在 2003 年美国对中国"彩电反倾销案"件中四川长虹涉案金额高达 4 亿美元，占全部涉案金额的 80%。长虹终裁税率高达 26%，已无法正常出口，基本退出美国市场，不仅企业损失惨重，而且对整个四川出口增长和经济发展造成巨大冲击。就具体产业而言，2008 年上半年，国外对华冶金产品反倾销案件数占到同期对华反倾销案件总数的 27.0%，远远超过了历年平均水平。由于我国冶金产品出口额巨大，2008 年上半年，许多案件的涉案金额均超亿美元（如欧盟对华"预应力非合金钢丝和钢绞线反倾销案"涉案金额达 2.4 亿美元）。以此推算，2008 年上半年，国外对华反倾销案件涉案金额已超过数十亿美元。这说明外国贸易救济政策实施给中国造成的经济损失巨大。

（三）在国际反倾销浪潮中，中国表现出谨慎与克制态度

按照世贸组织的统计口径，1997～2007 年，我国对外发起的反倾销调查数为 150 起，年均立案数约 13 起。按照涉案产品统计，我国共对外发起反倾销调查 48 起。可以看出，无论是从国别立案的角度考虑，还是按照涉案产品考虑，我国的案件数都在逐渐减少，2004 年以来，我国新发起反倾销调查的立案率一直呈下降的趋势，这充分显示出我国对实施贸易救济措施的谨慎与克制态度。

但与其他国家相比，我国应用贸易救济措施的力度还远远不够。目前，印度、美国、欧盟、阿根廷和南非是全球贸易救济案件的主要发起者，特别是印度，其反倾销的年均立案数超过 40 起，远远高于我国

13 起的平均立案数。而我国却是全球遭遇反倾销调查最多的国家。据世贸组织统计，1995～2007 年，全球反倾销新立案数为 3210 起，而对华反倾销调查数为 596 起，占全球反倾销调查总数的 18.7%。

Finger（1993）提出，使用反倾销措施的国家形成了一种特殊的"俱乐部"。"俱乐部"内部的国家倾向于在相互之间采取反倾销措施，而不是针对外部的其他国家。20 世纪 80 年代，2/3 的反倾销调查是针对其他反倾销使用国展开的。Prusa（2001）的研究进一步发现，许多国家倾向于针对曾经向本国发起过反倾销调查的国家采取反倾销行动，这表明反倾销措施确实存在引发报复的可能。反观我国，我国反倾销立案数与国外对华贸易救济调查和其他主要发展中成员的发案率严重不平衡。一方面原因是企业申请和运用法律武器保护的意识不强，另一方面是由于我国在对产业的申请是否予以立案考虑的非案件因素过多。自 2007 年以来，我国提出了"要在保持出口和利用外资合理增长的同时，根据国内经济发展需要，积极扩大进口"的新外贸政策，进口产品对国内产业的冲击势必会加剧。因此，要妥善处理扩大进口与维护国内产业安全的关系，应该合理和适度地应用贸易救济措施这一法律武器。贸易救济措施并不等于限制进口，而是为了维护良好稳定的进口秩序，使国内同类产业能够与国外产业平等竞争，进而促进进出口规模的良性发展。

二、国际贸易救济政策的实施对中国产业政策影响的原因探析

（一）贸易救济政策引发市场效应，而产业政策对采取倾销措施的后续行为缺乏制约

1. 外国对中国贸易救济政策引发市场效应

胡麦秀（2005）认为，传统贸易转移一般发生在进口国，进口来源从被指控倾销国转移到未被指控倾销国，引起进口转移效应

这一贸易转移类型之外，又发现市场转移效应（或称出口转移效应）。① 这种效应是针对出口国而言的，当出口产品被指控倾销，并被裁定征收高额反倾销税时，出口产品在进口国市场的竞争力下降，市场份额减少，利润水平下降甚至出现亏损，出口产品被部分甚至被完全挤出该进口国市场。为了弥补反倾销所带来的损失，被指控企业不得不寻求新的出口市场，从而导致市场转移效应的发生。

中国彩电在1998年遭遇欧盟反倾销后，向欧盟的出口量逐年下降。到1999年，向欧盟的彩电出口量已不足3万台。直到2002年，由于欧盟委员会接受中国彩电企业的价格承诺要求，允许中国彩电企业以价格承诺的方式每年向欧盟出口40万台，中国彩电才得以重返欧盟市场。与欧盟市场的缩减情况相反，中国向美国、日本、澳大利亚、阿拉伯联合酋长国等国的彩电出口量却逐年增加，特别是对美国的出口增长更加明显。在2002年和2003年，中国向美国的彩电出口量猛增到4307262台和6471410台，与2000年相比，分别增长了449%和725%。由此可见，在欧盟的反倾销保护几乎把中国彩电赶出了欧盟市场的同时，中国彩电企业寻求新的市场，从2001年开始出现向美国市场的大量出口，这是典型的市场转移效应。

2. 市场效应引发国际回应反倾销，使中国出口产品"雪上加霜"

中国出口产品在国际上是被外国回应反倾销问题最为严重的国家（见表8-6）。

从回应反倾销②案的产品看共71种，平均每个产品回应达3.7件。在发生对中国出口产品回应反倾销的国家当中，美欧共占34种，占产品总数的47.9%，成为回应案件的主要国家。其他很多

---

① 胡麦秀、严顺义：《反倾销保护引致的市场转移效应分析——基于中国彩电出口的实证分析》，《国际贸易问题》2005年第10期。

② 回应反倾销是指：对某出口国的商品在不同的进口国先后遭到反倾销申诉的现象。

发展中国家对中国反倾销很多都是回应美国和欧盟等国家反倾销案件，这其中存在着很重要的"学习效应"。在反倾销学习效应之下，针对中国出口产品所发生的市场转移效应，国际上所发生的回应反倾销现象给中国同类产品所造成的不利影响如"多米诺骨牌"效应（见表8-7），这无疑使中国出口产品的国际境遇"雪上加霜"。

表8-6 对中国回应反倾销统计

国家或地区	回应产品	被回应数	回应合计	对中国案	回应比例	国家或地区	回应产品	被回应数	回应合计	对中国案	回应比例	国家或地区	回应产品	被回应数	回应合计	对中国案	回应比例
澳大利亚	5	7	12	39	30.8	南非	2	7	9	26	34.6	委内瑞拉	—	2	2	3	66.7
美国	16	28	44	100	44.0	韩国	1	10	11	21	52.4	波兰	—	2	2	2	100.0
欧盟	18	30	48	100	48.0	土耳其	1	8	9	16	56.3	菲律宾	—	2	2	2	100.0
加拿大	6	9	15	23	65.2	秘鲁	2	5	7	13	53.8	日本	2	—	2	2	100.0
新西兰	2	5	7	8	87.5	埃及	—	4	4	8	50.0	尼日利亚	1	—	1	1	100.0
阿根廷	2	20	22	39	56.4	泰国	1	2	3	4	75.0	萨尔瓦多	—	1	1	1	100.0
印度	4	15	19	56	33.9	智利	1	2	3	4	75.0	乌克兰	—	1	1	1	100.0
巴西	3	13	16	20	80.0	哥伦比亚	1	3	4	4	100.0	乌拉圭	—	1	1	1	100.0
墨西哥	3	11	14	32	43.8	印度尼西亚	—	3	3	3	100.0	以色列	—	1	1	1	100.0

资料来源：杨仕辉：《反倾销的国际比、博弈与我国对策研究》，科学出版社2005年版，第205页。

表8-7　中国部分产品在国际遭遇回应反倾销案件表

首次指控国家或地区			回应国家和地区		首次指控国家或地区			回应国家和地区	
申诉日期	产品	国家或地区	申诉日期	国家或地区	申诉日期	产品	国家或地区	申诉日期	国家或地区
1990.4.7			1993	土耳其				1991.10.11	欧盟
			1993.8.27	阿根廷				1992.5.15	加拿大
	一		1994.6.7	美国				1993.4.16	墨西哥
	次		1995.2.16	新西兰	1990.4.27	自行车	南非	1994.9.22	阿根廷
	性	欧盟	1997.2.7	韩国				1995.5.1	美国
2002.6.27	打		1997.6.27	土耳其				1997.7.9	波兰
	火		1997.12.4	波兰				1998.3.18	印度
	机		1998.3.20	墨西哥		柠		2000.1.11	美国
			1993.12.8	美国	1993.6.1	檬	土耳其	2003.4.1	埃及
			1993.6.25	阿根廷		酸		2003.4.2	泰国
			1996.4.10	巴西				2003.5.22	乌克兰
1993.8.9	铅笔	墨西哥	1999	阿根廷				1993.12.8	美国
			2000.11.4	阿根廷	1991.11.29	硅锰铁	日本	1996.12.17	欧盟
			2001.5.4	埃及				1997.11.15	韩国
			1992.11.25	欧盟				1998.5.13	印度尼西亚
1988.11.12	彩电	欧盟	1993.4.16	墨西哥				1992.5	墨西哥
			1996.4.25	阿根廷				1993.1.8	南非
			2003.5.4	美国		焊		1994.2.3	欧盟
			1985.3.15	美国	1991.6.17	缝	美国	1995.10.30	阿根廷
1983.8.23	漆刷	加拿大	1988.5	新西兰		管		1997.10.15	以色列
			1988.6	澳大利亚		件		2001.10.23	巴西
			1992.1.31	欧盟				2003.4.1	埃及

资料来源:杨仕辉:《反倾销的国际比、博弈与我国对策研究》,科学出版社2005年版,第207页。

3. 遭遇国外反倾销之后中国国内产业政策与贸易政策的协调行动不配套

（1）国内产业政策缺乏对相关产业的适度调整

外国对中国反倾销等贸易救济政策的频繁使用，虽然表现为国际贸易摩擦关系，但是实质上表现为国家与国家之间产业竞争问题和中国国内产业发展问题。例如，当中国在遭遇某一国家反倾销之后，单纯考虑市场转移效应寻求开发新的市场，虽然在短时间内可以缓解反倾销对国际市场份额的冲击，但是从长远来看，如果企业无视自己内部经营管理、产品开发及差异化发展和产品跨国经营的诸多内功修炼问题，就会因为回应反倾销的问题而再次在其他进口国遭遇反倾销。所以，从根本上解决国际贸易摩擦泛滥的根本途径仍在于调整产业结构、适度规范企业资源配置、减少产能过剩而引发的低价竞争和出口秩序混乱的局面。从这一角度看，外国对中国贸易摩擦泛滥在一定程度上对中国经济发展和产业政策的完善有积极的促进作用。因为国内产业政策的调整和引导，使发生贸易摩擦的衰退产业收缩，转而去开拓和生产产业链上更高层次的商品，从而提升产业结构，进而带动企业提升产品竞争力，这本身的长远意义可以抵消因为贸易摩擦而给国内企业和产业带来的损害。

（2）复审机制应用的缺失

复审制度是反倾销等贸易救济政策体系中重要的程序性制度。以反倾销复审为例，是指反倾销调查机构对已经发生法律效力的终局裁决依法予以重新审查的制度。通过复审制度可以制约进口国主管机关，防止其滥用贸易救济权利，并给予出口企业免除反倾销等贸易救济措施带来的贸易限制的机会。所以，复审制度在于审查反倾销依据的事实情况是否发生变化及继续实施反倾销措施的正当性。[①] WTO《反倾销协议》中规定了三种审查，一种是"期中复审"，

① R. K. Gupta: "Antidumping and Countervailing Measure: The Complete Reference", *Response Books*, 1996, p. 95.

即在反倾销调查结束、反倾销措施已经执行一段合理的时间之后,如果客观情势发生变化并影响到原有反倾销措施的正当性,有关利害关系方可以向进口国主管机关提出行政复审的申请。主管机关也可以主动对继续实施反倾销措施的必要性进行复审。第二种是期末复审,又称为"日落复审",是指反倾销措施实施 5 年期满时,进口国主管机关应就反倾销措施是否应如期终止进行审查的制度。第三种是"新出口商复审"。因为反倾销调查通常是针对涉案出口国的具体出口商或生产商进行,但是当对于在反倾销调查立案公告中所确立的调查期间内,没有向进口国出口过相关的涉案产品;或与受到反倾销制裁的企业无关的其他出口商或能够证明贸易是在反倾销调查结束后发生的,则可以通过新出口商复审制度消除对新出口商的反倾销措施。

复审制度对于中国企业针对外国反倾销制裁情况是非常重要的。可是,中国企业在实践中的情况却不乐观。例如,在美国对中国和韩国"彩电反倾销案"中,中国和韩国企业在复审制度中所收获的是不一样的,表 8 - 8 反映了欧盟彩电反倾销的结案情况。

表 8 - 8　欧盟彩电反倾销结案情况

目标国	申诉日期	反倾销税	期中复审	日落复审
中　国	2/17/88	15.3%	44.6% (1998.11)	数量限制:年出口 40 万台(2002 年开始),超出部分征收 44.6% 的反倾销税
	11/25/92	25.6%		
韩　国	2/17/88	N. A.	15.1%	2001 年无税
	11/25/92	17.9%		
新加坡	11/25/92	0% ~24.6%	—	—
泰　国		3% ~29.8%	29.8%	29.8%
马来西亚		2.3% ~23.4%	25.1%	25.1%

资料来源:杨仕辉:《反倾销的国际比较、博弈与我国对策研究》,科学出版社 2005 年版,第95 页。

按照欧盟的有关规定,1991 年裁定的对中国小彩电征收的反倾销税应于 1996 年 7 月到期。但是,当时一些欧盟彩电厂家认为,如果取消反倾销税,中国彩电将重新进入欧盟市场,因此于 1995 年 5 月提出了对小彩电反倾销案的复审请求。在这次反倾销复审调查中,中国企业由于没有及时提交应诉申请和相关证明材料,完全失去了申辩机会,欧盟只能根据现有的"已经掌握的情况",包括欧盟申诉企业的一面之词,任意处置。最终,1998 年 12 月 2 日,欧盟决定对所有来自中国的彩电统统征收 44.6% 的反倾销税。如此高的反倾销税使得中国彩电出口欧盟成为泡影。相反,韩国彩电企业包括三星电子和 LG 电子积极应诉被排除在反倾销对象之外,其他企业因为多次在期中复审和日落复审中的努力也自 2001 年 1 月 1 日起不再被征税。韩国企业之所以在复审制度中取得如此骄人的成绩,与韩国企业整体积极努力的应诉分不开。他们在复审应诉过程中不仅制订了全面周密的应诉计划,而且充分细致地提供了各种数据和证据,并通过多种渠道协调欧盟内部产业界,并最终赢得了复审诉讼的胜利。

所以,在经历了反倾销之后并做出产业政策和产业内部结构等方面的调整之后,复审机制对于被诉企业有着打"翻身仗"的机会,对这一机制的麻木和消极,只会失去重新恢复进口市场的机会,甚至将此机会拱手让于他国企业,这对于中国经受反倾销制裁的企业而言是值得注意的问题。

(3)产业集中度过低引发贸易救济的不力

从法律上,反倾销申诉有严格的申诉资格要求,无论是 WTO 还是各成员法律都有明确规定。如果产业集中度低或者说被控产品的生产企业数量众多,协调一致参与申诉较难,所以达到法律上的申诉资格要求就难以实现。如表 8-9 所示,以中国为例,1995 年中国产业集中度在20%以下的占2/3,在50%以上的不足3%(日本和美国在 1963 年就达到 30.7% 和 28.1%),在 30%~49% 的也只有 12.8%。中国产业集中度明显呈金字塔形(而日本和美国的基本为圆柱形)。

表 8 - 9　中日美产业集中度聚类比较　　　　　（单位:%）

集中度(%)	日本	美国		中国	
	1963	1963	1982	1990	1995
80 ~ 100	9.0	6.5	5.1		2.6
70 ~ 79	4.1	4.3	12.5	2.6	
60 ~ 69	5.7	7.0			
50 ~ 59	11.9	10.3	26.8		
40 ~ 49	10.9	11.7		2.6	7.7
30 ~ 39	12.3	19.2	56.6	5.1	5.1
20 ~ 29	15.4	19.4		7.7	17.9
0 ~ 19	30.7	21.6		82.0	66.7

资料来源:杨仕辉:《反倾销的国际比较、博弈与我国对策研究》,科学出版社 2005 年版,第 180 页。

如表 8 - 10 所示,除垄断行业如电力生产供应业和石油天然气采选与加工业的产业集中度在 50% 外,其余行业的集中度均过低。而日本则均在 60% 以上(纺织业除外)。从日本 1963 年与中国 1992 年比值可见,纺织、机械、建材加工、食品制造、电气机械等的比值达 9.0 ~ 33.1,其他的也在 2 ~ 5 倍(除垄断的石油加工业外)。由此可见,中国产业集中度确实过低。产业集中度过低,则申诉条件就难以满足。

根据奥尔森"集体行动的逻辑"理论,产业集中程度越低,贸易救济政策对其影响越小,其参与行动的积极性越小,因此,在发起反倾销保护申请时国内生产者的产量难以达到规定的比例。另外,我国海关设立的产品税则目录比较少,分类笼统,数据粗略,也使得下游企业在分析、提起反倾销诉讼时难度加大。这种情况的存在加大了我国实施反倾销措施的成本,尤其对我国下游厂商和广大消费者而言,将承受巨大的福利损失。所以,中国产业集中度低的状况使得中国无论是应对国外对华反倾销,还是对外发起反倾销调查,都存在产业中企业参与积极性的缺乏,协调行动迟缓,贸易救济的力度不够,最终导致在国际贸易救济政策实施过程中处于不利的境地。

表 8 - 10   高集中度行业中日产业集中度比较

行业名称	中国		日本	日:中
	1990	1992	1963	1963:1992
非金属矿采选业	9.3	9.4		
食品制造业	2.3	3.1	65.8	21.2
饮料制造业	5.4	6.8		
烟草加工业	26.0	26.5		
造纸及纸品业	10.8	10.6	78.4	7.4
印刷业	5.5	5.3		
石油加工业	55.2	52.4	75.0	1.4
化学工业	15.6	13.2	68.9	5.2
医药工业	9.7	13.2		
化纤工业	44.6	44.7		
建材加工业	2.6	2.3	65.6	28.5
黑色金属加工业	31.0	31.5	76.4	2.4
有色金属加工业	23.4	19.5	77.3	4.0
橡胶制品业	12.7	15.6	76.0	4.9
机械工业	4.0	4.1	63.5	15.5
交通设备制造业	21.0	34.2	72.6	2.1
电气机械制造业	9.3	7.6	68.5	9.0
电力生产供应业	64.9	61.7		
石油天然气采选业	88.3	89.0		
纺织业	1.4	1.4	46.4	33.1

资料来源:杨仕辉:《反倾销的国际比较、博弈与我国对策研究》,科学出版社 2005 年版,第184 页。

(二)产业内低价竞争问题的忽略导致外国对华贸易救济政策的全面启动

1. 产业内低价竞争问题的现状及影响

反倾销等贸易救济政策的导火索在于企业出口产品的低价竞争

问题。中国之所以成为全球贸易救济政策的"重灾区",与中国出口产品在价格上长期以低价为主要竞争策略有着直接的联系。在美国诉中国"彩电反倾销案"中,根据美国国际贸易委员会的判决书,2003年美国彩电厂商总产量为380万台,总价值19亿美元,均价500美元。而2003年中国对美国出口彩电180万台,总价值3.189亿美元,均价177.2美元。其他案件中也存在类似现象,例如中国出口欧盟化纤布价格为0.9美元/平方米,大大低于韩国出口该产品的1.94美元和日本3.29美元的单价。中国出口印度青霉素价格比当地产品价格低30%,这使得进口方当地企业几乎蚀本经营。低价战略直接引起进口方国内产业的一致抵制,从而引发反倾销等贸易摩擦。低价竞争不仅招致反倾销等贸易摩擦,而且带给国内企业及产业的影响还反映在虽然出口额快速增长,而利润却没有相应的增长,甚至出现下降或亏损。不仅如此,国内产业对外国市场的依赖因为价格空间的缩小而进一步增强,这对于企业的谈判地位和海外维权等问题都带来一系列的负面影响。

2. 产业政策上长期低价倾向的积累

中国出口产品的国内生产及定价长期以来受到国家产业政策影响较大。中国产业政策从20世纪90年代开始逐渐以培育"供大于求"的买方市场为导向,为此国家出台了一系列宏观价格政策以刺激消费和投资。例如,国家在1999年实施的进一步降低能源及基本服务价格的政策。除国家宏观产业政策之外,各地方政府在土地、信贷、税收等方面的优惠政策使企业生产成本进一步降低。土地、水电、环境、安全生产、企业劳动福利等诸多方面的成本过于低廉,甚至根本不构成企业生产成本,而国外企业在这些方面的大量支出成为企业生产成本的重要部分,这些成为中国企业实施低价国际竞争策略的基础。

除此之外,1998年5月实施的《价格法》肯定了价格合理配置资源的作用,多数商品和服务实行市场调节价,抑制价格过高或垄断价格。中国从2001年7月4日开始实施的"定价目录"制度,放开了多种商品和服务价格,将1992年政府价格审批项目由141种减少为13种,基本形成了以市场调节为主的价格机制。价格机制的放开使产品定价权交由企业自主制定,这为企业在对市场份额的过分关注促使下采取低价竞争行为提供了空间。国家发展计划委员会在2002年、国家发展和改革委员会在2003年先后出台《禁止价格欺诈行为的规定》和《制止价格垄断行为暂行规定》,总体上维护市场定价规则,防止垄断所造成的价格过高现象。虽然价格放开是国家市场经济体制改革的重要组成部分,但是长期低价倾向,加之后续监督管理制度的滞后和缺失,最终酿成中国出口产品价格竞争秩序的混乱局面。

3. 贸易政策法规的艰难改革使产业在低价竞争问题上的改善放缓

中国目前调整价格竞争问题的法律法规主要体现在《对外贸易法》、《反不正当竞争法》、《不正当低价出口行为调查和处罚(暂行)规定》、《货物进出口管理条例》等。2004年中国新修改的《对外贸易法》中第33条规定:"在对外贸易活动中,不得实施以不正当低价销售商品……等不正当竞争行为。在对外贸易经营活动中实施不正当竞争行为的,依照有关反不正当竞争法律、行政法规的规定处理。有前款违法行为并危害对外贸易秩序的,国务院对外贸易主管部门可采取禁止该经营者有关货物、技术进出口等措施消除危害。"这一规定将不正当低价销售行为明确列为《对外贸易法》中危害对外贸易秩序的行为,相比旧的《对外贸易法》是重要改革与进步。1993年实施的《反不正当竞争法》第11条规定:"经营者不得以排挤竞争对手为目的,以低于成本的价格销售商品。"2006年5月由商务部实施的《不正当低价出口行为调查和处罚(暂行)规定》由原外经贸部在1996年颁布的《关于处罚低价出口行为暂行规定》的基础上,配合《对外贸易法》做了修订。该规定第1条规定:"为维护对外贸易秩序,保护企业合法权益,防止不正当低价出口行为,根据《对外贸易法》和《货物进出口管理条例》及相关法律法规制定本规定。"

应该说，上述法律规定基本建立起中国对低价出口行为的贸易政策法规约束，但是在法规之间的协调性及关键问题的明确性上存在问题，使中国约束出口低价行为及对防范反倾销等问题的作用并不理想。

首先，在"不正当低价"行为的判定标准上，缺乏可操作性。在《不正当低价出口行为调查和处罚（暂行）规定》中，"不正当低价"是指出口价格低于立案调查前至少一年以上时间内，该产品的平均"生产经营成本"。在实践中确定企业生产成本时采用企业生产产品实际发生价格。这使得前述产业政策导致部分原材料、服务、环境、安全生产等方面的成本问题仍然无法核算在内，使正当与不正当之间的比较意义大大减损。其次，法律之间的协调性差。例如，《反不正当竞争法》规定的是以排挤竞争对手为目的低于成本价的销售。《价格法》中用的是"低于成本价格倾销"，新《对外贸易法》用的是"不正当低价"，其他法规用的是"低于生产经营成本"，这些规定之间的差异并没有明确的解释予以协调，这为法律之间的协调和遏止低价出口行为方面留下隐患。最后，法律责任上的行政性强、经济性弱。商务部依据《不正当低价出口行为调查和处罚（暂行）规定》在进行处罚时，"可单处或并处以下处罚：警告，责令停止违法行为；对被调查人处以3万元以下人民币的罚款；禁止被调查人的被调查产品自决定公告之日起超过12个月的出口；对被调查人的法定代表人处3万远人民币以下的罚款"。上述法律责任秉承新《对外贸易法》的行政处罚为主的责任体系。但是这些规定对规范对外贸易秩序，协调不正当低价出口行为的作用并不理想。因为不正当低价行为的直接后果是导致对外贸易秩序混乱，甚至招致国外反倾销等贸易救济制裁。相对于巨大的对外出口利益诱惑，仅仅行政处罚或3万元的罚款是作用不大的。其中只有禁止出口是比较严厉的手段，但是中间缺少其他更为现实、缓和且有效的措施。例如价格承诺、保证金或数量限制等方面的经济措施。例如价格承诺就不仅将低价出口行为直接调整，而且保证了出口企业的出口行为；保证金则在一定程度上增加了政府资金控制使用空间,而且提高出口价格,保全了出口市场。这些措施都在一定程度上减少了低价出口行为和招致反倾销的几率。

第三节　WTO 框架下中国贸易救济政策与产业安全政策的协调路径

一、WTO 框架下新型产业安全观的提出

产业安全观关注的是产业安全研究和实践的价值追求,这对于产业安全政策的制定和国际经济贸易发展中各国产业利益的协调至关重要。

(一)现有产业安全观归纳

1. 权益型产业安全观

朱钟棣(2006)认为,产业安全的标志是一国对其产业是否拥有创始权、调整权和发展权,且以发展权的拥有作为最重要的判断标准。所以其认为,产业安全状态就是一国国民产业在国际产业竞争中达到这样一个状态,即该国国民在得到既有的或潜在的由对外开放带来的产业权益总量时所让渡的产业权益份额最小,或在让渡一定国民产业权益份额的条件下对外开放引致的国民产业权益总量最大。[1] 赵世洪认为,产业安全是该国国民在得到既有的或潜在的由对外开放带来的产业权益总量所让渡的产业权益份额最小或在让渡一定国民产业权益份额的条件下对外开放引致的国民产业权益最大。其仍然强调在国际竞争中达成国民产业权益总量和其在国内份额的最佳组合。[2] 在权益型产业安全观中,产业安全强调一国国家或国民对产业权益的份额或量上的主体地位,对权益的争夺是不同

---

[1]　朱钟棣等:《入世后中国的产业安全》,上海财经大学出版社 2006 年版,第 23 页。

[2]　赵世洪:《国民产业安全若干理论问题研究》,《中央财经大学学报》1998 年第 5 期。

国家产业安全争夺的主要战场,外国对本国产业权益的侵占必须得到本国国民对产业权益让渡的许可。

2. 控制型产业安全观

王允贵提出"产业安全是指本国资本对影响国计民生的国内重要经济部门掌握控制权。国民经济各行业的发展主要依赖于本国的资金、技术和品牌,支柱产业具有较强的国际控制力"[1]。于新东提出"一国对某一产业的创始、调整和发展,如果拥有相应的自主权或控制权的话,即可认定该产业在该国是安全的"[2]。张立提出:"产业安全是指一国在对外开放的条件下,在国际竞争的发展进程中,具有保持民族产业持续生存和发展的能力,始终保持着本国资本对本国产业主体的控制。"[3]上述学者对产业安全的价值判断强调对产业的控制能力,这一观点超出权益型产业安全观对产业权益设定的范围,强调对产业发展的控制程度,包括对产业创立和生存发展问题的控制。

3. 竞争力型产业安全观

坚持竞争力型产业安全观的国外学者主要以波特(1990)为代表,其认为,如果产业面临国外具有更高生产率的竞争对手时,进口国国内产业发展与安全将受到威胁。国内学者的观点更为直接,例如认为"一国对国内重要产业的控制能力及该产业抵御外部威胁的能力,主要体现为产业的国际竞争力"[4]。何维达在主持完成的国家社会科学基金项目《中国入世后产业安全与政府规制研究》中,提出的产业安全评价指标在指标体系的系统性和指标可测性及精练性方面具有很大的优点。其中就通过产业竞争力来作为衡量产业安

---

[1]　王允贵:《产业安全问题与政策建议》,《开放学报》1997年第1期。

[2]　于新东:《产业保护和产业安全的理论分析》,《上海经济研究》1999年第11期。

[3]　张立:《维护我国产业安全的制度变迁模式初探》,《天府新论》2002年第9期。

[4]　杨公朴等:《中国汽车产业安全性研究》,《财经研究》2000年第1期。

全的重要指标。竞争力型产业安全观由对本国产业单纯强调权益分配或权利控制等产业安全的表面特征认识上过渡到对产业安全的内在决定力量的认识上来，认为本国产业安全与否关键是产业或产业中本国企业的产品竞争力情况如何，相比较而言其对产业安全的认识更加接近问题的本质，因此，在当前产业安全观中具有重要的影响。

（二）对现有产业安全观的批判

1. 对现有产业安全观的批判

权益型和控制型产业安全观关注产业安全的表面特征，这在当今国际产业全球化背景下"你中有我，我中有你"的情况中是不现实的。不论在权益还是在控制型产业安全观中，开放条件下权益和控制型的产业安全观最终都会落实到实质利益的分配和经营管理权的支配问题上，而这些在国际上本身就存在错综复杂的局面，例如，虽然表面的权益分配和经营管理权都在一国企业手中，但是鉴于对于产品关键技术或专利依赖进口或关键原材料或零部件需要进口，那么产业仍然难以认为就是安全的。

但是，竞争力型产业安全观是否就是符合现实且应予适用的呢？对一国产业竞争力的考虑是一国产业政策自身该思考的问题，但是，WTO 框架下不能局限于一国国内产业竞争力的培育，因为这样的国际规则定位是不现实和不长久的。因为任何国家都存在对本国产业竞争力的关注，但是不同国家之间产业竞争力的考虑会出现冲突和矛盾，如果单纯强调竞争力型产业安全观，不同国家之间围绕产业竞争力的国际拼杀必然导致贸易摩擦的频繁发生。美国、日本和欧盟等国家在围绕汽车产业和高技术产业等领域产业竞争力的大力培育以实现该国在该产业领域的产业安全，最终发展成为国际上该产业之间贸易摩擦的泛滥，这就是竞争力型产业安全观在 WTO 框架下不是最适合的产业安全观的实践证明。

不仅如此，竞争力是具有阶段性的，这与产业的生命周期理论是相一致的。随着产业竞争力的演变，产业会在创立、发展、成熟和衰退的不同阶段中演变,因此,竞争力的产业安全观会促使国家制定产业政策时考虑在不同产业发展阶段之间进行选择。因此各国基于自身产业竞争力考虑下确立的产业安全政策对于处于不同产业周期的其他国家的产业安全就会形成威胁。所以,竞争力型产业安全观只是立足于某一个国家产业利益考虑,对于不同产业发展阶段并存的国际经济贸易环境是不适用的。

2. 批判现有产业安全观的例证——美国 201 钢铁保障措施案

美国 201 条款规定:如果美国国际贸易委员会裁定,某物品正以迅速增加的数量进口美国,以致成为对生产与进口物品相同或直接竞争物品的国内生产造成严重损害或严重损害威胁的实质原因,在其权限内,总统可根据情况采取可行的、会促进国内产业对进口竞争进行积极调整努力的措施。2002 年 3 月 5 日,美国总统布什正式宣布:自 3 月 20 日起,对于某些外国进口美国的 10 类钢铁产品采取保障措施,分别加征从 8% 至 30% 的额外关税,为期 3 年。

钢铁产业是美国传统产业,其发展历史可以追溯到美国基于第二次世界大战的战略考虑。在 20 世纪 70 年代以前,美国钢铁产业具有相当强的竞争力和自我发展能力,之所以该产业会逐渐走向衰落,既有国际与国家整体工业布局的考虑和市场情况变化的影响,也有产业本身竞争力相对下降等因素的作用。其中生产成本和劳动生产率是决定传统产业竞争力强弱的重要因素。从美国制造业工资成本与其他国家的对比看,美国的工资成本相对于其他国家越来越高。从 1981～1984 年两国小时工资成本对比看,西德对美国从 0.97∶1 降为 0.75∶1,法国对美国从 0.75∶1 降为 0.56∶1,日本对美国从 0.57∶1 降为 0.5∶1。相对较高的劳动力成本削弱了美国制造业的竞争力。除了生产成本上升较快外,设备改造滞后是主要原因。80 年代初,美国钢铁业的主要竞争对手日本采用连铸技术的钢材产量达 77%,当时欧共体也达 45%,而美国的只有 21%。

但是,当美国认为,一旦进口商品有危及产业安全的迹象,美国就会启动"201 条款"。通过采取该措施,"可以为美国钢铁业提供时间和机会,使美国对本产业进行积极调整,以适应和对付进口货的竞争"。① 除此之外,将美国钢铁整体低迷的状态归咎于国外钢铁产品的激烈竞争,采取保障措施可以向美国钢铁业工人"示好",以在美国国会 2002 年 11 月中期选举中争取更多选票。

由此可见,对产业利益的维护本身并不能从根本上起到培育产业竞争力的作用,而在一定程度上却屈从于社会、国家等公共或国家利益,尤其是对衰退产业的贸易保护,带给国家的可能是贸易保护下的发展惰性。因此,产业安全观并不是国家对衰退产业进行贸易保护的"保护伞",也不是强调一国产业控制力或竞争力的单边主义贸易政策的合法依据,而是致力于指引产业国际竞争秩序健康运转的"方向盘",在遵守规则的前提下,适度考虑本国产业的利益并不为过,但是出于单纯挽救衰退产业衰退速度的初衷或以此为借口实现不光彩的政治目的,结果只会使与产业发展息息相关的产业安全观成为政客玩弄于股掌之间的"匕首",将成为真正阻滞国家整体产业竞争力提高的最大障碍。

(三)竞争秩序型产业安全观的提出

1. 竞争秩序型产业安全观的提出

竞争,在《辞海》中的解释是:(1)互相争胜;(2)以生产资料私有制为基础的商品经济中,商品生产者为取得有利的产销条件而进行的互相斗争。② 在西文中竞争本来的意思是"一起赛跑"。③ 亚当·斯密甚至将"竞争"视为一种自然秩序,一种超现实、超社会的均衡力量而起作用。④ 在当今经济全球化的背景下,竞争早已超出一国内部商品及生产者之间的范围,而演变成国际上具有错综复杂

---

① 陈安:《十年来美国单边主义与 WTO 多边主义交锋的三大回合——"201 条款"争端之法理探源与展望》,《世界贸易组织动态与研究》2005 年第 5 期。

② 《辞海》(缩印本),上海辞书出版社 1980 年版,第 1788 页。

③ 里斯本小组著,张世鹏译:《竞争的极限》,中央编译出版社 2000 年版,第 135 页。

④ 彭海斌:《公平竞争制度选择》,商务印书馆 2006 年版,第 41 页。

关系的诸多国家、地区、企业类型之间的竞争。任何无序的甚至恶性的竞争都成为制约甚至阻碍世界经济发展的重要问题。因此,只有尊重社会要求的竞争行为才能得到社会其他成员的认可和协作。因此,人们认可和制定出相应的法律和行为准则规范人类的竞争行为。所以,"竞争是人类社会不同利益主体之间为了追逐有限的经济目标而进行的一切符合法律和道德准则的活动的总称"①。但是,针对众多成员在巨大竞争压力之下出现对产业安全的担忧的情况,WTO并不是为各国国内展开贸易保护提供依据,具体而言是基于以下的考虑:

(1)协调国家利益与国际竞争的现实选择

经济全球化使国家之间的经济联系日益紧密,基于跨国公司或加工协作关系等原因,产业当中已经难以准确地分割彼此利益,此时竞争规则约束的往往不仅仅是某一国内部某一产业利益,而是错综复杂的贸易经济关系下多种产业、多个国家的利益。作为国家协调经济的政策法规,强调国家从社会整体利益角度,通过法律对社会经济关系的调整,保障经济总量的平衡,优化经济结构、维护竞争秩序、协调社会再分配,以消除对某一产业或企业个人的利益维护对整体社会经济发展所造成的消极影响,促进经济和社会的良性运行和发展。② 所以,维护某一产业利益带给其中某一国家的利益得失,只有维护公平、健康并符合多边约定的竞争秩序才是协调国家利益与国际竞争的现实选择。

(2)平衡贸易保护与贸易自由的制度需要

WTO 框架下的贸易政策是通过国际协调来实现的,此时的贸易政策不是单纯的贸易自由化政策,也不是单纯的贸易保护政策,而是建立在国际协调基础上的有管理的贸易政策。③ 单边的贸易保护政

---

① 彭海斌:《公平竞争制度选择》,商务印书馆 2006 年版,第 43 页。
② 王君:《经济安全与经济法》,《法制与社会》2007 年第 3 期。
③ 王世春:《论公平贸易》,商务出版社 2006 年版,第 14 页。

策的结果只能带来贸易报复,而任何单边的贸易自由化承诺是任何成员都无法接受的。所以,在竞争必然存在的情况下,无论是单纯贸易自由还是贸易保护对世界众多国家而言无法达到共赢,只有在多边协调的基础上制定共同遵守的竞争规则,规范符合国际经济贸易发展的良好秩序,才会在各个国家内部所存在的贸易保护和贸易自由意愿共同存在的情况达到国际上的平衡。

(3)兼顾产业现实利益与产业长远潜力的需要

产业安全在某一类产业受到内外部综合因素作用的环境中,既关系到产业自身利益维护并防止损害的问题,也涉及产业保持发展和创新的潜力要求;既涉及国家产业政策调整,又涉及国际产业政策的发展演进。[①] 1962 年 5 月日本通产省企业局第一课起草了一份题为《关于新产业秩序》的报告,该报告分析了日本目前的经济状况,指出:从规模利益的观点来看,还需继续发展的家用汽车制造业、石油化学工业的生产规模过小,重化工业的经营规模过小;国内市场竞争无序,有奖销售泛滥;产品数量多,批量少,规格混乱;设备投资过剩,开工不足,多个企业就同一技术重复引进等竞争过当的现象。进而提出了通过产业的适当规模和有效竞争来克服上述问题的主张。还提出"协同调整论"以实现日本产业的适当规模和有效竞争,"形成新产业秩序",政府与企业协同设定形成具体的产业秩序目标,约定企业朝着这一目标努力,政策在企业实现这一目标的过程中给予税收、金融上的优惠措施。[②] 可见竞争是维护健康的产业安全,而不是单纯为了保护产业权益而忽视产业发展潜力,甚至提供过度保护使产业丧失发展的源泉——竞争。因此,竞争秩序产业安全观的提出虽然反对不公平竞争,但却是以公平健康合理的国内国际秩序规则和保持良好的国际贸易环境为任务,是产业权益与产业潜力兼顾

[①] 赵惟:《国家经济安全与产业安全研究综述》,《首都经济贸易大学学报》2005 年第 3 期。

[②] 齐虹丽:《国家经济安全与产业政策立法——加入 WTO 给中国产业带来的冲击与日本经验的启示》,《云南财贸学院学报》2003 年第 4 期。

的必然选择。

2. 竞争秩序型产业安全观的例证

（1）竞争秩序型产业安全观的例证——欧盟与印度"可编程只读存储器反倾销案"

在欧盟与印度"可编程只读存储器反倾销案"中，欧盟理事会认为，理事会认识到一个强大的欧共体电子产业对欧共体产业整体的重要性，以及可编程只读存储器作为高新技术产品在该产业中所处的战略性地位。欧共体在该产业中的研究开发项目上的行动，正是对上述重要性的重要认识和证据。因此，欧共体该产业提出的反倾销行动是为了提高整体产业的竞争性，因此，这样的共同认识保证该产业在一个公平的市场环境下运作。[①]

正是基于上述案例，对于来自新技术产品或生产效率更高的产品竞争，成熟产品可能会遭受到需求下降或利润降低的困境，竞争秩序性产业安全观的结论是不同的。对于进口方生产商而言，仍然会提出对倾销所造成损害的诉讼。但是，对于出口商而言，也可能认为进口方生产商的损害是由其自身的竞争劣势所造成的，而与倾销问题无关。但是，欧共体生产商因为其技术或生产系统过时而导致竞争劣势的情况，出口商以非倾销价格在欧共体市场上竞争是可能的，即以维持竞争秩序情况下销售产品，即使进口方生产商出现损害也不能归咎于出口商。但是，如果出口商在其拥有很好生产系统的情况下仍以倾销价格在进口方生产商国内市场上销售，就可能被认为是阻止进口方生产商取得现金流转以对新技术和新生产系统进行投入。[②] 可见，竞争秩序型产业安全观关注的是竞争秩序的应然状态，并不必然单纯以竞争优势或劣势为决定，也不必受产业损害情况是

---

① Council Regulation（EEC）No. 577/91, *certain types of electronic microcircuits known as EPROMs（erasable programmable read only memories）originating in Japan*, OJ L065, 12/03/1991 p. 1.

② 肖伟主编：《国际反倾销法律与实务（欧共体卷）》，知识产权出版社 2005 年版，第 173～174 页。

否存在的左右,而是关注参与竞争的产业或企业是否遵守一个良好的竞争秩序,并在此秩序下"安分守己",如在此状态下仍然出现的其他情况如产业损害,大体上被认为是不构成违法的。

(2)新型产业安全观的例证——《伯德修正案》

①案情介绍

2000年10月28日,美国作为《2001年农业、农村发展、食品和药品管理及有关机构拨款法》一部分的《持续倾销与补贴抵消法》生效。由于该法案由参议员罗伯特·伯德提出,因此又称为《伯德修正案》。该法案规定,美国海关在年度基础上,就每一个反补贴税令、反倾销税令或裁定设立一个专门账户和结算账户。根据此类命令或裁定核定的反补贴税和反倾销税向受倾销或补贴影响的国内生产商对"符合条件的支出"①发放补偿金。其中国内生产商是指支持根据法律签发的反倾销税令、裁定或已经生效的反补贴税令的申请人或利害关系方。

《伯德修正案》出台后,欧盟、澳大利亚、巴西、加拿大、智利、印度、印度尼西亚、日本、墨西哥、韩国和泰国等向WTO争端解决机构提出申诉。该案在经历了磋商、专家组、上诉机构程序后,认定《持续倾销与补贴抵消法》违反了《反倾销协定》、《补贴与反补贴协定》和《1994年关税与贸易总协定》,要求美国修改该法案。2003年3月14日,由于没有与美国就执行WTO争端解决机构裁决执行的合理期限达成一致,申诉各成员要求通过仲裁程序解决该问题。要求到2003年11月27日之间为合理期限,要求美国修改该法案。由于期满后美国仍未执行裁决,WTO争端解决机构相继授权申诉成员方报复。2005年12月21日,美国参议院以51票对50票的结果,撤销

---

① 《1930年关税法》第754(b)(4)节将"符合条件的支出"定义为"在反倾销税裁定或反补贴税令签发后发生的任何以下种类的支出:(1)生产设施;(2)设备;(3)研究和开发;(4)人员培训;(5)取得技术;(6)雇主支付的雇员保健费用;(7)雇主为雇员支付的养老金;(8)环保设备、培训或技术;(9)取得原材料和其他投入;(10)营运资本或维持生产必需的其他资金"。

了《伯德修正案》。

②本案引发对新型产业安全观的思考

反倾销与反补贴是 WTO 授权受到倾销和补贴影响的成员方在符合法定条件下采取的贸易救济措施,是对受到倾销产品和补贴产品影响的国内生产者的补救措施。其救济手段是通过一定方法包括征收反补贴税和反倾销税的方法增加倾销产品和补贴产品参与国际贸易的成本,减少其对进口方国内产业的损害程度。如果是依据包括竞争力型在内的传统产业安全观,在国内产业受到因倾销或补贴所造成的产业损害,那么进口方政府将反倾销和反补贴税收返还或补偿给受损害企业是将贸易救济适用于培育国内产业竞争力的彻底举措,本应无可厚非,那为什么 WTO 仍然要裁决美国该法案违法呢? 在 WTO 框架下的产业安全观究竟具有了怎样的特殊性呢?

③《伯德修正案》构成国家规避行为

根据该案上诉机构的观点,有必要评估美国《伯德修正案》的总目标是否导致该措施对阻止倾销或补贴的做法有负面影响或创设一种终止倾销或补贴的奖励机制。其结论是,《伯德修正案》的目标和结构正好有这些影响。因为,该法案将倾销或补贴产品的生产商/出口商的财政资源转移到了其国内竞争者身上。以下因素可以证明:第一,《伯德修正案》抵消款的资金来源于外国生产商/出口商支付的反倾销税或反补贴税。虽然实际上是由进口商缴纳,却是采取救济措施的进口方国家政府遏制倾销或补贴产品进口的有力举措,最终还是要成为出口商/生产商的出口负担。第二,美国也承认,根据《伯德修正案》,有资格接受抵消款的"受影响的国内生产商",必须是被实施反倾销或反补贴税令的外国生产商/出口商的竞争者。第三,根据美国海关在 2001 年 9 月 21 日签发的实施条例,抵消款必须支付给国内生产商"符合条件的支出",而这些支出"必须与被实施税令或裁定的同一产品的生产有关,协会发生的费用必须与专门的案件有关"。第四,美国海关也承认,没有关于如何使用抵消款的法律或条例要求,这表明《伯德修正案》的抵消款的收款人有权使用该款项以提高其与竞争对手——包括被实施反倾销或反补贴税的外国竞争者——相比的竞争地位。

所有这些因素使上诉机构确定：《伯德修正案》对外国生产商/出口商有负面影响，因为美国不仅向进口倾销产品和补贴产品征收反倾销税或反补贴税，而且将通过转移所征税款的方式导致美国竞争者——同类产品的国内生产商——资金的扩大。这是美国政府将国家税收直接以现金拨付的方式向"特定企业"（如倾销申诉企业）直接提供的补偿，明显属于《补贴与反补贴协定》的专向性补贴，即向特定企业或特定产业提供的补贴。根据《补贴与反补贴协定》规定，补贴如果对受到补贴影响的相关产品进口造成阻碍或替代作用，则该补贴是可诉补贴。问题是，美国本来是针对外国出口商倾销产品或补贴产品所造成的不公平竞争行为对本国国内产业通过征收反倾销税或反补贴税的方式进行贸易救济，是属于合法的贸易救济措施。但是，反倾销税或反补贴税是国家税收收入，当美国将合法的国家税收收入以违反 WTO 相关协议的方式补偿给本国国内生产企业，使本国与倾销产品或补贴产品存在直接竞争关系的公平竞争状况再次打破，则属于一种国家规避行为，即以合法形式掩盖违反 WTO 限制性规定的行为。

④《伯德修正案》构成对贸易救济政策的滥用，超出 WTO 公平竞争原则的制约

WTO 框架下约束多边贸易体制下竞争秩序的基本原则就是公平竞争原则，即 WTO 成员方应避免采取扭曲市场竞争的措施，纠正不公平贸易行为，在货物贸易、服务贸易和与贸易有关的知识产权领域，创造和维护公开、公平、公正的市场环境。公平竞争原则的重要实践就是通过贸易救济措施或对贸易救济措施的合法约束（因为过度的贸易救济措施也会构成对公平竞争的破坏），而恢复公平竞争环境。但是，贸易救济政策的种类选择是 WTO 各成员方的基本权利，以反倾销和反补贴为例，即指临时措施、价格承诺、反倾销/反补贴税。在《伯德修正案》的上诉程序中，上诉机构指出，"《反倾销协

定》和《补贴与反补贴协定》将可容许的应对倾销或补贴的措施限定为临时措施、价格承诺、反倾销/反补贴税。而在这些规定中没有设定其他的应对措施。因此,要遵守 WTO 上述协议,则应对倾销或补贴的措施必须是这三种措施中的一种"。而且,上诉机构认为,根据《补贴与反补贴协定》第 35 个脚注的规定,要求 WTO 成员在救济措施之间进行选择。因此,WTO 相关协定限制了其成员可以单方面采取的贸易救济措施的行动范围。而《伯德修正案》所规定的贸易救济措施是将反倾销/反补贴税补偿给国内生产者的方式,该措施不在 WTO 相关法律规定所容许的措施范围之内。所以,上诉机构与专家小组都认定,《伯德修正案》是被禁止的应对倾销或补贴的专门的贸易救济措施,与 WTO 相关规定不符。

　　⑤申诉方对美国展开 WTO 授权的贸易报复是为恢复公平竞争秩序而进行的保卫战

　　因为美国没有在合理期限内执行 WTO 争端解决机构的裁决,2004 年 11 月 26 日,WTO 授权欧盟、巴西、加拿大、印度、韩国、日本和墨西哥可以对美国报复,以敦促美国执行裁决。报复内容包括对美国出口的机器、食品、纺织品和纸制品等加征 15% 的附加关税。欧盟于 2005 年 5 月实施报复,报复产品包括 27.81 亿美元的服装织物、鞋类和机器等,加拿大对美国则报复价值为 1116 万美元的香烟、牡蛎和活猪等产品,日本也于 2005 年 9 月 1 日实施金额为 5211 万美元的报复。此次报复覆盖的产品范围十分广泛,涉及工业产品、农产品等诸多种类,使美国出于保护国内农业和钢铁产业的初衷因为其他产业无辜受到牵连而发生改变,这是 WTO 争端解决机制中报复制度对 WTO 框架下公平竞争秩序的捍卫,在这一合法授权的报复压力下,美国最终还是撤销了《伯德修正案》,走上了维护公平竞争秩序的国际法制轨道。

　　⑥《伯德修正案》与 WTO 的竞争秩序型产业安全观

　　很显然,反倾销、反补贴等措施是国家公权利对国内企业私权利的一种贸易救济,以纠正不公平贸易行为对国际贸易造成的损害。

其出发点并不是抑制贸易,而是恢复健康、自由、公平的贸易秩序。如果矫枉过正,似《伯德修正案》中美国的做法,则违背 WTO 致力于多边贸易体制多年努力的成果,演变成为贸易保护"扛枪竖旗"的帮凶,这与众多 WTO 成员参与 WTO 时的初衷相违背。因此,WTO 框架下的产业安全观应是竞争秩序型产业安全观,纠正不公平贸易行为,恢复健康秩序,抑制借公平竞争之名行不公平竞争之实的各种竞争行为。

二、确立完善的贸易救济原则

确立贸易救济原则是建立在国际国内贸易救济政策实施的现实分析基础上,同时结合竞争秩序型产业安全观而提出的基本原则。首先,贸易救济原则更强调现实性和实用性,而具体的确立依据也是根据中国在国际对华贸易救济政策实施和中国对外实施贸易救济政策的现实情况而提出来的。其次,贸易救济原则除了考虑到国际法和 WTO 基本原则之外,还考虑到其他国家和中国贸易救济实践中的特殊利益追求;除了考虑到基本的产业安全保障的目的之外,还考虑到公共利益、国家利益甚至是国际经济贸易利益等。再次,贸易救济原则的基础仍源于中国在 WTO 框架下协调贸易政策与产业政策的需要。具体而言,中国在协调贸易政策与产业政策时需要确立的贸易救济原则的主要内涵包括以下部分。

(一)贸易救济原则的"合规性"内涵

合规性贸易救济原则源于合规性贸易壁垒的提出,合规性贸易壁垒是指那些在名义上符合或不违背 WTO 有关规则,以维护公平贸易和国内产业安全、保护环境和人类健康为依据,但实质上保护了本国产业和市场的贸易壁垒。反倾销、反补贴和保障措施既是典型的也是主要的合规性贸易壁垒。① 从合规性贸易救济原则的实践

_____

① 汪琦:《美国对典型"合规性"贸易壁垒的运用及其产生的经济效应分析》,《商业研究》2006 年第 4 期。

看,美国和日本是较为典型的国家。汪琦(2005)认为,从实践看,美日两国正是利用 WTO 诸多规定,通过关税壁垒、反倾销、反补贴保障措施和技术性贸易壁垒的有机选择和组合,对本国产业进行有效的策略性保护。① 所以,日本的产业保护最具策略之处是它的多数措施并不会违背 GATT/WTO 的有关原则,而且看上去它的体制是很开放的,可是别国产品就是很难进入它的市场,这使很多国家百思不得其解。兰德斯认为,战后"日本跟从了这一放宽贸易限制的趋势,但树立种种非关税壁垒,其高明无人能比"②。张经曾经用八个字"政府放开,市场管住"来概括美国和日本对自己的国内市场的控制和保护。他认为,日本政府为与 WTO 有关规则一致而调整法律法规,但对国内市场进入问题,国家还是采取了一系列仍然或始终严苛的管理方针和限制约束政策。③

美日的经验也正体现出 WTO 框架下贸易政策对产业政策协调的特点,这一特点不是单纯强调国家的行政干预,也不是放任国际自由贸易对某一国家的进口冲击,而是表现为在"自由贸易"目标下国际贸易规则对某一成员实施其产业政策的边际区域,各成员只能在这一区域内实施具有一定灵活性的贸易政策或产业政策,并通过政策的协调、包括单边协调、双边协调或多边协调在内的有管理的贸易救济原则。这就是合规性贸易救济原则的深刻内涵。

(二)贸易救济原则的"理性"内涵

贸易救济政策对产业安全保障作用已经被很多国家认识到了,但是贸易救济政策泛滥的国际趋势增加了很多国家和学者对其实施的理性思考。合规性贸易救济原则并不是指凡是符合贸易救济政策适用条件就一定要采取贸易救济措施,在很多情况下合规性贸易救

---

① 汪琦:《WTO 框架下美日运用"合规性贸易壁垒"实行农业策略性保护的异同》,《国际贸易问题》2005 年第 11 期。

② 戴维·S. 兰德斯:《国富国穷》,新华出版社 2001 年版,第 675 页。

③ 张经:《保护国内市场的新击点——再论加入 WTO 后行业协会对中国国内市场的保护作用》,工商出版社 2002 年版,第 213 页。

济原则需要理性地对待。国外有些学者分别从反倾销的贸易转移效应、上下游产业继发性效应等多方面分析了反倾销作为贸易救济政策在提供产业保护的同时,在其他方面所存在的负面影响。国内一些学者也认为,反倾销作为贸易救济政策的效果是复杂的,对实施国而言包括积极的影响,也包括消极的影响,这是对反倾销实施前需要理性思考的问题。但是,作为贸易救济政策和目前国际反倾销实施的现状而言,这一措施的运用仍是现实的选择。因此,在实施过程中需要理性的思维,即需要考虑实施的产业类型、实施手段或具体措施、实施的时间和期限等,在适当的时机、选择适当的产业、选择适当的措施、选择适当的被调查国范围、在适当的期限内结束反倾销措施,以在保护相关产业安全的同时防范负面效果的扩大。

1. 适当的时机

对国外进口产品采取反倾销调查进而采取反倾销措施,原则上可以促进本国同类产品产业的发展。但是,如果对外国产品采取反倾销措施造成对进口产品的进口抑制,国内同类产品生产企业的生产能力无法保证国内市场供需平衡,尤其是某些具有差异化的进口产品或占据高端技术领域的具体产品种类,那么国内市场不仅会出现供给短缺,价格上涨,增加国内下游企业负担,而且因为贸易转移效应和市场转移效应,来自被诉国企业的进口会转移至其他国家,被诉国企业也可能会通过其他未被采取反倾销措施的国家或地区向进口国进口该产品。所以,理性的反倾销等贸易救济政策的适用并不是不分时机随时采取,而是考虑到国内产业的发展状况,生产同类产品或直接可竞争产品的能力和阶段,待国内生产能力能够达到对倾销进口产品的替代时再采取贸易救济政策,这可以起到真正的产业安全保障效果。在采取措施之前的这段时间可考虑采取产业政策手段,通过国家资金、技术创新、服务体制等方面的扶持实现过渡,从而在贸易政策与产业政策的理性衔接和协调方面运用得更加娴熟。

2. 适当的产业

反倾销等贸易救济政策对产业有着直接的影响,尤其是对具有较强产业关联度的产业和产品。如果实施反倾销措施的大多是中间产品,无疑会增加以倾销产品作为中间投入的下游产业的成本。这些下游部门的成本上升、价格提高,会再通过产业间的投入产出关系对国内其他产业产生连锁反应和波及效果,以至于使整个产业链条上的价格关系发生变化。所以,在采取反倾销等贸易救济政策前,要充分考察整个产业链条的预期收益和预期损失,在收益与损失的利弊权衡之后,考虑优先对整个产业链预期收益大于预期损失的产业或产品类型实施贸易救济措施,而对预期收益小于预期损失的产业或产品类型则考虑通过其他手段予以帮助或救济。除此之外,在考虑利益权衡之时,不仅要考察产业链上的利弊权衡,而且要考虑国家宏观整体产业结构问题和产业的社会、政治、经济等多方面利益,不能盲目地或局限性地考虑某一个产品或产业。

3. 适当的措施

不同的贸易救济措施对实现不同的贸易救济效果本身存在差异,例如,价格承诺就相对于反倾销税而言具有较弱的贸易限制效果,而且反倾销税率的高低本身对贸易限制的效果的差异也是不同的。即便是反倾销调查与反倾销措施本身的贸易救济效果也存在差异。

按照鲍晓华(2007)①的研究结论,反倾销存在"调查效应",即使初裁不征税,由于反倾销调查本身而形成的可能征税的威胁,也会使调查期间的倾销产品进口受到遏制。如果以保证金或其他临时反倾销措施正在调查期间予以实施,即便最后将保证金予以退还,在这一时期内还是存在一定的贸易救济效果的。因此针对不同产业和不同保护目的,可以考虑在不同的案件中选择不同的贸易救济措施,哪怕是仅仅发起反倾销调查,也可以为实现不同的目的发挥作用。

4. 适当的国别范围

鉴于贸易救济政策实施可能会存在的贸易转移效应和市场转移

---

① 鲍晓华:《反倾销措施的贸易救济措施效果评估》,《经济研究》2007 年第 2 期。

效应,使反倾销等贸易救济政策实施后的国际进出口布局发生变动。因此,考虑对产业安全造成威胁的倾销产品进口采取反倾销的贸易救济政策,就需要考察国际同类产品的生产布局,进行对国际市场转移的可能性和可行性分析,视情况确定反倾销调查的国别范围。对国际产业或产品转移比较容易的那些产业或产品,则适宜扩大反倾销调查的国别范围,防止抵减贸易救济措施的实施效果。

5. 适当的期限

虽然反倾销等贸易救济政策的实施期限一般在 5 年左右,但是,理性的贸易救济原则要求不能在采取贸易救济政策之后就予以放任。复审机制为贸易救济政策的实施期限提供了选择性,可以通过期中复审、日落复审等制度选择,在不同的期限内结束或继续实施贸易救济政策。当然,这仍然是建立在对产业发展状况和损害情况等诸多因素的考核而做出的理性判断。虽然复审机制赋予反倾销措施的受益企业和受制裁企业都可以提出复审程序,但是作为国家贸易救济政策的制定和实施主体的主管机关也是合法的复审程序发起主体,因此,国家主管机关如商务部和海关总署可以考虑根据产业发展情况的监测和进出口贸易状况等具体情况,在适当的期限内提出结束或继续实施贸易救济政策的复审程序,通过贸易救济政策的理性伸缩来帮助产业政策在处理贸易威胁时存在的不足。

(三) 贸易救济原则的“主动性”内涵

随着国际贸易救济政策对产业政策协调的主动性日趋明显,中国对贸易救济政策利用的主动性也正在增强。自 1997 年我国首部《反倾销和反补贴条例》颁布后,我国相关立法和执法部门就一直没有间断对我国贸易救济法律的研究和完善。加入 WTO 后,我国严格按照世贸组织规则修改和完善反倾销立法。2004 年 4 月 6 日,全国人大常委会修订并颁布了新的《中华人民共和国对外贸易法》,对实施贸易救济措施做出明确规定。随后,根据世贸组织协议,国务院于 2004 年 6 月 1 日颁布了经修订的《中华人民共和国反倾销条例》。2002 年以来,商务部陆续制定了涉及反倾销立案、倾销调查、损害调查等方面的 15 个部门规章。2003 年 1 月 1 日,最高法院发布了《关于审理反倾销行政案件应用法律若干问题的规定》,完善了对实施反倾销措施的司法监督制度。由此,中国已基本建立起国家反倾销法律制度,具备了利用贸易救济措施的基础。另一方面,中国在反倾销实践中贸易救济主动性也逐渐表现出来。1997～1999 年,反倾销还没有成为中国产业保障手段。从 2000 年到 2007 年,反倾销申诉案件数共计 150 起。最高峰值点是 2002 年,为 30 起,自 2001 年以后,我国申诉案件开始大幅上升,2002 年申诉案件数是 2001 年的 1.7 倍;2002 年后,我国企业的反倾销申诉案件呈现较为稳定的态势。这说明中国在运用反倾销手段维护产业安全问题上的主动性和运用能力都在逐步提高。值得注意的是,合规性贸易救济原则的主动性,并不是单纯指运用更多的反倾销等贸易救济政策,而是增加国家运用贸易政策保护和促进产业安全保护、产业发展等方面的主动性。

(四)贸易救济原则的"灵活性"内涵

从国际贸易救济政策的实践可以看到,贸易救济政策的实施从来都不仅仅是为产业安全保障这一个目的,而是基于包括政治、经济、社会等诸多目的和利益做出的选择。在实践中,由于不同的国际国内环境差异,在不同阶段上贸易救济政策所考虑的利益和目的的侧重是存在差异的,这就是贸易救济原则的"灵活性"。

1. 考虑不同主体利益的灵活性

新政治经济学解释了一个简单的法则,即政策的供给是对竞争性利益集团需求的一种反映。各种利益集团力量关系的作用类似于消费者选择理论,他们改变了政府的效用函数,供给和需求转化为对立法行为的一种约束。政策法规作用于市场,当其他个体行为和市场力量既定时,没有任何一个经济个体的情况获得改善,市场达到最终均衡。[①] 但是实践中并不是任何贸易救济政策的选择都是在基于

---

① 鲍晓华、朱钟棣:《贸易政治经济学在中国的适用性检验:以技术性贸易壁垒为例》,《管理世界》2006 年第 1 期。

市场最终均衡考虑下做出的,不同利益主体在特殊阶段的力量对比不同和政府对不同利益主体的支持的需要或重视程度不同,都会使贸易救济政策具有灵活性。尽管有时贸易救济政策采取的政治理性可能导致经济非理性,但是对特殊利益集团的保护需求在特殊阶段有着特殊的意义。例如,劳动密集型产业的就业这一社会功能在国家需要稳定或政治选举等政治或社会利益居于重要地位的时候,对这一种类的产业采取贸易救济政策则会带来其他方面的利益损失。但是,从国家或特殊历史阶段的利益回报看是收益大于损失。此时,也可以灵活考虑适用贸易救济政策。因此,中国可以适当展开对贸易救济政策涉及利益主体在不同阶段的利益需求进行科学分析,这样可以在不违反国际规则的前提下,根据中国具体的国内经济贸易发展战略和国内多元化的利益结构情况做出实施的政策调整,使得贸易救济政策的灵活性为国家乃至国际经济贸易规则的发展发挥更大更现实的作用。

2. 考虑实现不同目的的灵活性

贸易救济政策的目的范围非常广泛,可以包括产业安全保障目的、贸易威慑目的、国际关系协调目的甚至是国内人才和经验培养目的。其中产业安全保障目的是贸易救济政策的传统目的,也是合法性最强的目的。以此目的为出发点采取贸易救济政策的限制性条件要更严格,其中要充分评估产业安全受到威胁的具体指标情况和倾销等不公平贸易行为给产业造成的损害类型及具体状况。以贸易威慑目的和国际关系协调目的而进行的贸易救济行为在中国是比较少见的。但是,在国际上贸易救济政策常常用来对贸易对手实施反倾销贸易威慑以减少其在其他方面所受到的压力,至少可以减少受到的反倾销威胁对本国贸易状况的压力。一国对贸易对手的反倾销报复,可以在本国反倾销法的执行过程中,以及反倾销诉讼的立案、调查和裁决过程中,又可以利用世贸组织的争端解决机制来实施。这一问题较为适合中国目前反倾销威胁泛滥的状况,中国基于贸易威慑目的和国际关系协调目的而发起反倾销贸易救济行为,可以减少外国政府对中国反倾销立案数量和不利于中国的裁决结果,从而遏制贸易对象国对中国反倾销等贸易救济行为的滥用倾向。[1] 中国在反倾销等贸易救济政策实施实践中的人才还是相当缺乏的,有时仍需花费巨额经费聘请外国专家协助。可见中国贸易救济人才的贫乏也成为制约中国贸易救济政策适用的重要因素,所以中国出于这一目的展开贸易救济行为或者参与其他国家之间的贸易救济争议,都是为中国培养这方面人才的必要过程。西方发达国家之所以频繁适用贸易救济政策正是以丰富的人才库和诉讼经验所支持,这一点是非常值得中国借鉴的。上述各种不同目的下采取贸易救济政策是贸易救济原则灵活性的表现,中国也要逐渐转变"新手"的角色,将贸易救济政策与国内产业的长远发展和国家利益综合考虑,以现实的、合法的、成熟的姿态出现在国际贸易救济舞台上。

三、建立完善的竞争秩序型贸易救济政策

(一)竞争秩序型贸易救济政策的价值分析

竞争秩序型产业安全观的提出对于 WTO 框架下中国贸易政策与产业政策的协调提出了新的挑战,国际之间愈演愈烈的产业国际竞争集中表现为产品在国际贸易中的竞争现象,所以,与竞争秩序型产业安全观相对应的贸易救济政策必须也要建立起以竞争秩序型为核心的贸易救济政策体系。但是,贸易救济政策的实施从来都是包括外国对本国和本国对外国的双重救济。双重贸易救济并不是对贸易战的合法借口,而是国际产业竞争的正常规则,任何参与国际竞争的各国产业、企业及各自的产品都有权利对给自己造成损害的他国不公平贸易行为提出贸易救济要求,也有责任接受其他国家产业、企业和产品竞争对自己不公平贸易行为的审查。所以,竞争秩序型产业安全观与竞争秩序型贸易救济政策之间相得益彰,共同构建起世

---

① 齐俊妍:《中国遭遇反倾销和对外反倾销的指数比较分析》,《财贸研究》2006 年第 1 期。

界各国产业参与国际贸易竞争的规则体系。

反倾销法律制度在 WTO 成员间逐渐建立和完善,一方面是WTO 成员在 WTO 框架下法律法规的传承与学习;另一方面也是国际产业安全政策对贸易救济政策协调的必然要求,也是国际不公平贸易行为对国际贸易竞争秩序建立与维护的迫切需要。因此,中国对贸易救济政策的建立也要以竞争秩序型产业安全观为基本出发点,不仅要建立中国自身以质量增长型出口增长为贸易拉动经济增长的潜在目标,而且要建立对国际国内市场秩序健康发展的政策保障,反对不公平竞争行为,在国际贸易竞争秩序建设中积极地发挥作用;不以扩大数量增长型出口增长为贸易秩序的保证对象,而应以建立和维护中国国内市场和与中国有关的国际贸易中竞争秩序为主要任务,保证竞争秩序的公平、公正和合法,同时考虑贸易救济原则的合规性、理性性、主动性和灵活性问题;不仅对外采取贸易救济政策,也要建立国外对中国出口产品采取贸易救济政策时国内贸易救济应对政策体系,建立起国内产业安全的双重保障体系。

(二)中国贸易救济政策的完善

1. 贸易救济政策中对倾销和损害的考虑应更趋于完善

(1)倾销与损害之间关系的澄清

关贸总协定第 6 条第 1 款规定,"一国产品以低于正常价值的办法引入另一国的商业,如因此对一缔约方领土内已建立的产业造成实质损害或实质损害威胁,或实质阻碍一国内产业的新建",则构成倾销。① 关贸总协定第 6 条第 1 款上述引号部分的意思不是"则构成倾销",而是"则倾销应予以谴责"。而倾销的概念则是"一国出口至另一国的一产品以低于其正常价值的价格进入一进口国的商业",则构成倾销。至于"倾销应予以谴责"是因为"如因此(指倾销)对一缔约方领土内一已建立的产业造成实质损害或实质损害威胁,或实质阻碍一国内产业的新建"。包括《关于实施 1994 年关税

---

① 潘悦:《反倾销摩擦》,社会科学文献出版社 2005 年版,第 3 页。

与贸易总协定第 6 条的协议》(即《WTO 反倾销协定》)第 2 条第 1 款也规定:"如一产品自一国出口至另一国的出口价格低于在正常贸易过程中出口国供消费的同类产品的可比价格,即以低于正常价值的价格进入另一国的商业,则该产品被视为倾销。"而且《WTO 反倾销协定》的立法体例也是将倾销的确定与损害的确定和反倾销措施的采取等问题分开规定,足见倾销的确定问题是独立的,并不是必须具备损害条件才可确定倾销的。相反,从倾销的概念当中发现,倾销的确定问题在经济学上和法学上是几乎统一的。虽然经济学上对针对倾销行为而采取的反倾销措施的问题持不同意见,而且这一点是经济学与法学上的不同之处,但是,WTO 法律中针对倾销的确定问题却在二者之间找到了平衡。这一平衡就是在倾销确定的问题上只是将价格体系上的问题与倾销确定相联系,将损害等问题剔除出去交于反倾销问题解决。换句话说倾销问题在经济学和法学之间都是中性的,并非因为存在倾销问题,法学上就必然对其采取制裁措施,在这一问题上,诸多论著认为法律上的倾销的三个构成要件(价格问题、损害问题和因果关系)值得商榷。

(2)完善倾销确定的价格体系的桥梁——公平比较制度

公平比较制度使倾销确定具有了可信性。从公平比较的内容看,公平比较要求对参与比较的价格因素要进行一定的调整,将影响价格合理比较的因素剔除出去。WTO 成员不能在未授权范围内进行调整,即使是在授权范围内的调整,也不可以随心所欲地调整。如果成员可以自由进行它所希望的任何调整,那么,所涉及的条款将归于无效。由此可见,WTO 成员的主管机关在进行倾销确定过程中,对正常价值和出口价格一定要遵循公平比较的内容和方法进行,否则即为违法。这无疑增加了对 WTO 成员的约束性。

公平比较制度如此重要,但遗憾的是,WTO《反倾销协定》对这一点并没有一个十分明确的态度。该协定第 2 条第 4 款只是泛泛地规定了对影响价格可比性的差异进行合理的调整,包括在销售条件、税收、贸易水平、数量、物理特征等方面的差异和影响价格可比性的其他差异。各个成员在自己的反倾销实践当中又存在各自丰富多彩的公平比较内容和比较方法。而事实上决定倾销存在与否或倾销幅度大小的关键往往集中在一些细节问题上，其中主要就是公平比较制度，不论是正常价值确定，还是出口价格确定，都要求经过公平比较之后才能确定最后的倾销幅度。在公平比较问题上中国在立法上采取回避态度，主要依赖实践中的个案确定，这不仅增加了中国企业对"有法可依"习惯的挑战性，而且使中国执法机关在国际法制协调过程中"疲于应付"。所以，建议中国深入研究和分析 WTO 及其各成员公平比较制度，建立适合中国反倾销诉讼实践的公平比较制度，增加中国贸易秩序维护的规范性。

（3）中国在损害确定问题上的完善

WTO《反倾销协定》中不同的损害类型考察的因素各不相同，比如实质性损害与实质性损害威胁相比，后者并没有前者考察的因素众多。中国的反倾销规则体系中并没有将这两种损害情况的考核因素分别列明，而是将损害威胁的因素也直接包括到损害确定的一般规定之中。因此，中国反倾销调查机关在进行实质性损害调查时也要将损害威胁的因素考虑在内，无疑会增加调查的责任，所以，中国在损害问题上需要适当减负。中国在诸多案例中在损害确定问题上不理想，主要表现在对调查程序和调查指标的评估、损害确定的详细说明问题上的模糊。例如，在中国对日韩"铜版纸反倾销案"中，被诉企业要求调查机关确认，不能将国内企业定价政策对中国国内市场造成的损害归咎于本案被调查产品的进口。[1] 但是，中国商务部在反倾销终裁中并没有就这一问题做出评论，也没有对这些因素进行审查。不仅如此，中国在有关损害确定指标认定过程中也往往做出"一边倒"的裁决，对众多指标之间的关系和导致最终损害裁定的逻辑关系、数据分析与公布等方面都不甚清楚。正如清华大学"产

---

[1] 《日本制纸株式会社关于铜版纸反倾销案初步裁决的书面评论》，2002 年 12 月 13 日，第 10 页。

业损害程度理论与计算方法课题组"的研究报告认为,中国产业损害指标体系尚没能最终形成一个单一的检验指标,目前只是就各个指标分别进行损害程度的计算,当各个指标之间出现矛盾时,往往缺乏一个可遵循的判断标准。① 在这种情况下做出的裁决,会造成中国建立和实施竞争秩序型贸易救济政策过程中缺乏公信力,带给国内产业非理性的贸易政策导向,造成贸易救济政策对产业政策协调的保护性趋势,不能真正引导国内产业建立竞争秩序理念,也不能促使产业竞争力提高。

2. 对公共利益的考量成为贸易救济政策理性内涵的集中体现

2004 年 3 月 31 日国务院公布了修订后的反倾销条例,其中第 33 条第 1 款规定:"商务部认为出口经营者做出的价格承诺能够接受并符合公共利益的,可以决定中止或者终止反倾销调查,不采取临时反倾销措施或者征收反倾销税。"第 37 条规定:"终裁决定确定倾销成立,并由此对国内产业造成损害的,可以征收反倾销税。征收反倾销税应当符合公共利益。""可以征收"言外之意就是也可以不征收。但在什么情况下不征收,并没有做具体规定。而且对于公共利益的概念和范围,也没有做出明确的规定,这样容易造成对公共利益解释的分歧,影响反倾销的预期效果。因此,我国反倾销法应做进一步的改进,达到整体利益的最大化。

我国反倾销条例第 20 条规定调查机关可以采用问卷、抽样、听证会、现场核查等方式向利害关系方了解情况,进行调查,并为有关利害关系方提供陈述意见和论据的机会。但第 19 条规定的利害关系方列明包括申请人、已知的出口经营者和进口经营者、出口国(地区)政府以及其他有利害关系的组织、个人,未明确提及工业用户和消费者,而且从以往反倾销案件的调查程序看,工业用户和消费者的利益并未得到体现和关注。

---

① 产业损害程度理论与计算方法课题组:《中国反倾销——产业损害幅度测算方法》,清华大学出版社 2003 年版,第 40 页。

中国在大多数反倾销等贸易救济政策实施过程中对公共利益的考量工作是非常简单的,很多案件甚至忽略了这一问题。因此,中国对贸易救济政策的实施对产业安全保障的追求不仅会大打折扣,而且还可能影响众多方面的利益,因此有必要完善中国的公共利益制度,实现贸易救济政策与产业安全政策的有机协调。中国公共利益制度的完善,要走一条考虑问题周全、实施机制有效并具有灵活性的道路,所以可以考虑从以下方面进行完善:

(1)公共利益考虑的利益范围

中国在公共利益考虑的利益范围上仅包括申请人、已知的出口经营者和进口经营者、出口国(地区)政府以及其他有利害关系的组织、个人等未明确于公共利益中,而且与其他国家尤其是发达国家的规定相距甚远。因此,有必要将中国的公共利益的考虑范围在充分调查的基础上进行明确。可以考虑分为关联产业(包括上游产业和下游产业)利益、进口商和销售商的利益、消费者的利益、国家经济贸易关系(包括进出口贸易结构、国别结构等和贸易报复可能性分析)、产业结构合理化与高度化(如调查产品是处于衰退产业或出现产能过剩现象等);竞争状况;非贸易利益关注(例如环保状况)等。

(2)公共利益的权衡方法

公共利益的权衡方法是一个技术性较强的问题,这一问题有必要在主要依赖商务部和海关总署等贸易救济政策调查和实施的主要行政机关之外,还要借助众多其他行政机关甚至是中介机构等其他社会组织的力量。原因就在于公共利益的权衡不仅是法律上利益的划分和倾向,而且是经济上甚至是利益上的量化和趋势分析与预测,这就需要有充分的数理分析等评估报告的支持,因此,公共利益的权衡是一个多部门、多企业等多主体参与的行动;公共利益的权衡是由众多包括法律、经济、数学等诸多方法分析的结果。

(3)公共利益考核的程序保证

中国在公共利益考核的实践中一般采取的是由反倾销等调查机构采取问卷或听证的方法进行的,而且发放的对象也是受到局限的。

因此,难以保证公共利益的考核是全面且科学的。所以,应建立公共利益考核的程序保证,应根据公共利益考虑的利益范围交由不同的机关、部门、企业、组织等进行不同问题的考核,其中可采取自由申报、委托代理、调查协商、听证辩论等多种方法完善程序。

(4)公共利益的考量在贸易救济措施中的选择

在贸易救济原则的指导下,贸易救济措施的选择对于公共利益的考量有着重要的意义,例如不同贸易救济措施(征税或价格承诺等)对公共利益的影响程度不同,可以考虑在倾销幅度范围内酌情从轻或从重处罚。

对公共利益的考量不仅仅是对滥用反倾销等贸易救济政策的遏制,也是对实施贸易救济政策理性权衡的表现。例如,对国内产业造成环境状况恶化的进口产品的反倾销税则可以考虑在倾销幅度内从重征收,遏制进口倾销对中国环境状况造成的损害。对公共利益的考量是一个从总体上做出的最终权衡,而不是某一个方面利益居于主导地位的结果,最终达到的效果是使反倾销等贸易救济政策的负面效果最小,正面效果最大。

3. 反规避措施的完善

反规避措施是指为了防止被实施反倾销措施的产品的出口商利用海关税则规定将其产品拆解或改头换面或采取其他措施继续向出口国出口,以图逃避反倾销制裁,而将正在生效阶段的反倾销救济措施扩大适用于倾销产品的零部件或经改装后的产品。一般认为,反规避措施将反倾销从贸易领域扩大到生产、投资领域。因为反规避措施形成"过滤网"效应,对不符合产业政策的项目予以制止。所以,形成贸易救济政策对产业安全保障政策的进一步协调。在中国的实践过程中,反规避行为是屡见不鲜的。例如,韩、印、马、新四国部分产品是由日本、德国原有被采取反倾销措施的企业所设立的企业生产的,另外还有部分企业直接在我国投资建厂,如涉案企业之一巴斯夫与中石化组建的南京扬子—巴斯夫公司。由于这些外资企业对我国申请贸易救济企业的福利增减作用仍然存在很大的不确定性,这些有意识的规避行为会减少、消除最初贸易政策对本国企业的保护作用。

我国目前反规避立法还没有单独成型,2003年《反倾销产业损害调查规定》未涉及任何反规避的条款,而在我国反倾销条例(2004年修改)第6章附则第55条中规定:商务部可以采取适当措施,防止规避反倾销措施的行为。这种原则性规定没有为之提供可操作的法律程序,难以在反倾销实践中体现其作用,因此我国应该抓紧这方面的研究和立法,更好地维护我国对外贸易秩序和国内产业利益。例如针对不同类型的反规避行为,建立反规避行为的考核和评价体系,考虑反规避行为对中国贸易及产业利益的利弊权衡等。

4. 产业损害预警机制的建设

产业损害预警机制是通过对重点敏感产品进出口数量、价格及国内生产情况等重要参数变化的监测,分析其对国内产业的影响,发布重要产业受到实质性损害、实质性损害威胁或阻碍发生的预警,并及时有效地提供发起反倾销、反补贴、保障措施等调查的资料,实现产业保护的前置化。同时,通过该机制也能及时发现、制止不正当出口行为,避免遭受国外反倾销指控。

中国目前的产业损害预警机制主要集中于部分产业类型,如在汽车行业、化肥行业和钢铁行业三大产业率先展开产业损害预警工作,由国家经贸委产业损害调查局进行。除上述主要产业外,在部分产品领域也展开工作,如集成电路、彩色显像管、手机、玉米、大豆、农药、轮胎等88中产品也列入产业损害预警监测目录。但是,有效的产业损害预警机制包括三个部分:市场预警、政策预警和政企沟通。在国内建立出口商品市场预警,监测国内国际市场的销售、价格、数量等信息,以此判断市场状况;通过预警机制迅速把信息反馈给出口企业,便于企业迅速制定相应对策;行业协会、海关、外经贸部门等应在世贸组织原则框架内,发挥协调和引导的功能。在国外则建立政策预警机制,发挥政府的功能。总之,深入研究产业损害预警机制,争取建立中国整体贸易商品的产业监测体系,制定科学完善的产业损害评价体系,建立部门间政策协调机制,从全方位增强中国贸易救济政策与产业安全保障政策的协调能力。

四、建立以产业为基础的产业安全政策协调机制

产业是国民经济的组织元素,作为国民经济社会分工过程中最重要的表现,产业分类成为国民经济管理的重要手段。中国产业分类的主要依据是《国民经济行业分类和代码》(GB4754—93),它有利于统计、工商、计划等按职能划分的工作进行,也在政策上将综合性与专业性、中央与地方、国有和民营等中国行政管理经济的需要考虑进来。但是,WTO作为对国际国内产业管理和规范的重要组织,其对产业的分类却是按产品进行的。WTO中产业概念是一个微观、中观和宏观兼顾的概念,是以产品为微观切入点,将以产品为基础的企业或企业群作为产业分类和规范的对象,同时将国家或地方政策涉及产品或企业的宏观内容囊括进来。所以,在WTO框架下将中国产业政策与贸易政策协调起来需要以产业细分为前提。

(一)以产业细分为协调前提

产业细分不同于中国长期实行的涉及经济职能的行政部门划分,而是以同类产品为基础的划分,同类产品的规定参照WTO法律规定和争端解决实践当中的个案解释。例如,对在个案基础上确定产品是否类似提供了某些标准:特定市场中产品的最终用途;消费者的品位和习惯,这随着国家的不同而不同;产品的特征、性质和质量等。除此之外,产品之间所具有高度的替代性或竞争性也成为产业安全政策协调过程中需要考虑的因素。因此,在中国产业政策协调过程中不仅要建立起某一产品或同类产品之间的政策利益分析和影响分析,而且对于具有竞争性或替代性的产品的政策考虑也要纳入其中。这正是经济学意义上的产业政策考虑因素与法律意义上的贸易政策因素需要协调的前提条件。

(二)建立企业、产业、政府多维政策协调机制

中国长期以来以国家行政机关为主要协调主体的政策协调机

制,使产业、企业的积极性受到消极影响。如果在 WTO 框架下以产品为基础建立产业分类,可将企业的积极性充分调动起来,因为在国际贸易救济政策针对同类产品或直接竞争或可替代产品的强大压力下,在无序产业竞争带来的国内产业整体实力和国际竞争力下降的威胁下,企业之间的合作冲动要远甚于国家行政机关的行政力量。在此基础上,国家行政机关赋予企业和产业更多的行业自律权利,同时做好产业政策与贸易政策的微观调研和考核工作,建立起企业、产业、政府多维政策协调机制,将成为中国贸易救济政策与产业安全政策协调的重要路径。

（三）建立以产业为基础的产业安全政策清查、整理、调整和利用机制

贸易救济政策并不是一国孤立的政策类型,其与国家产业政策的关系是密切的。中国产业自身的问题和国家产业政策的缺失使中国在国际上遭到越来越多的贸易摩擦。因此,国家和地方政府都需要建立起以产业为基础的产业安全政策清查、整理、调整和利用机制。例如,化工产业和机电产业等领域遭受频繁的贸易摩擦,国内产业政策如何协调产业内部生产原材料、企业经营管理等方面的政策优惠问题,需要做好产业政策的清查与整理。对于单纯增加产品价格优势而无利于产品升级、产业升级或社会公共利益的众多产业优惠或管理政策要予以逐渐取消,调整为促进产业结构高度化和合理化的产业政策,增强产业安全防范能力,在合规性竞争规则下提高自身抵抗贸易摩擦的能力。这一过程中不能忽视产业链的整体生存和发展能力的提高,注意单纯协调贸易政策而造成产业政策的矛盾与冲突问题,保证产业安全政策与贸易救济政策真正的协调运作。

（四）衰退产业退出机制的建立

贸易救济政策尤其是反倾销政策在国际上较多适用于衰退产业,中国也不例外。中国一方面出于产业安全和社会公共利益实施贸易救济政策,另一方面也要考虑建立衰退产业退出机制。这既是中国产业政策对国际贸易救济政策发展趋势的回应,也是中国灵活、主动地协调贸易救济政策与产业安全政策的表现。因为对衰退产业的过度政策倾斜只会增加产业的过度竞争,造成国内和国际产业竞争秩序的混乱,导致贸易摩擦,况且产业发展的周期性更替也需要衰退产业的及时退出和转型。通常可考虑增高衰退产业的进入壁垒,提高资金或技术门槛;减少政府对该产业的补贴或增加对产业转型、产业技术升级的研究研发扶持;促进产业内部的企业破产、兼并、收购和重组,促进衰退产业的退出或升级。

五、法律、经济、政治"三管齐下",提升争端解决能力

(一)法律上的努力

法律上的争端主要是通过反倾销等贸易救济诉讼途径来解决,中国运用贸易救济的案件数量基本上呈上升趋势,而且中国被其他国家进行贸易救济诉讼的案件数量也在快速上升。中国在众多争端解决中,以反倾销税结案的比例是最高的,因此对贸易的限制性作用要强于用其他措施类型进行结案。因此,无论中国是作为反倾销调查发起国家还是被实施反倾销调查的一方,在争端解决过程中要灵活地针对不同具体情况做出不同努力,尤其是针对中国作为被诉讼方的案件,为了保证中国的出口市场,应适当多考虑通过各种努力实现以价格承诺等措施解决争端,将反倾销等贸易救济政策的负面影响尽量缩小。

(二)经济上的努力

一国贸易救济政策对贸易的限制作用不是不能跨越的,除了在出口国国内产业政策调整问题上做出努力之外,还可以通过国际途径进行经济上的努力。

(1)跨国投资战略与企业国际营销能力的培养

对于在美国市场具有良好表现的发达国家的跨国企业来说,面对反倾销指控,在东道国从事对外直接投资不失为一种重要的战略选择。但对于发展中国家企业缺乏跨国经营经验,跨越反倾销壁垒的对外直接投资可能是一个不现实的选择。因此,深入研究中国如

何发展跨国投资战略并跨越反倾销等贸易救济政策限制而不被反规避政策再次限制,是产业政策当中对企业投资能力培育的任务。同时,企业自身也需要对国际营销进行深入研究,增强其自身跨国经营的能力,将产业国际化的发展趋势与贸易救济政策的国际影响相协调,形成对其他国家贸易救济政策的掣肘,增强贸易争端化解能力。

(2)改进产品差异性,增强其他国家市场对中国出口产品经济上的依赖性

产品差异性是对贸易救济政策针对同类产品实施的有效分解。由于产品差异性,进口方市场上对中国出口产品的需求具有不可替代性,这不仅增加了进口国对中国出口产品实施贸易救济政策的难度,而且使其实施贸易救济政策对其本国产业和国家整体利益的损害大于对某一产业的救济效果,最终使进口国不仅缩小被调查产品的范围,减少损失,如果可能的话,还可以使其最终取消贸易救济措施的实施。产品差异化可以表现在产品档次上的差异,也可以表现在产品性能、款式、消费者偏好、对环境的影响等众多方面。所以,中国企业经营战略或国际及地方产业政策导向努力实现产品差异化,可以成为企业缓解国际贸易摩擦的重要手段。

(三)政治上的努力

针对其他国家不同利益主体在影响贸易政策中的作用,发挥政府、行业协会、企业甚至是非政府人士等在政治上的作用,通过游说、公关,争取通过民间途径化解矛盾。鉴于贸易政策本身在产业影响问题上的分化,通过政治上的努力使反对实施贸易保护性政策的产业或行业集团在国内政治舞台上发挥作用,影响政府的贸易决策。政治上的争端解决能力不能单纯依赖国家行政机关的努力,而是需要各级别、各层次、各种类型的组织和个人发挥作用,并形成相应的资金和管理机制,真正将国际贸易政策的变迁作为中国企业、产业、地方和国家共同努力的方向。

结　论

　　当今的世界已经不是单极化的世界,产业全球化的要求使一国产业政策必然受到他国乃至国际贸易政策的影响。因此,对多边贸易协调的需求使 WTO 及其规则成为众多成员方都不得不接受和考虑的因素。WTO 通过对各成员贸易政策的直接影响而间接地约束了其产业政策,各成员通过贸易政策的实施对国内产业加以保护的初衷,无法在多边贸易体制中得以实现,只能在多边协调的基础上通过协商、妥协、争端解决等一系列措施得以实现。所以,原则上,GATT/WTO 规范的是贸易政策,但事实上,WTO 已经将各成员贸易政策与产业政策协调起来,形成互相影响、互相制约的有机体。各成员为了自身国际利益的实现,有必要深入研究在 WTO 框架下贸易政策与产业政策的协调理论与实务问题,针对不同产业的发展基础和需要,做好产业政策与贸易政策的协调工作,避免贸易摩擦带来的不必要损失。从中国的具体情况看,与中国有关的国际贸易政策和中国国内贸易政策都已经影响到产业政策领域,而且外国对华贸易摩擦所出现的产业集聚现象和上升到制度性层面的巨大压力,都构成对中国产业政策的挑战。通过分析论证,可以得出如下主要结论:

　　第一,贸易理论在贸易政策与产业政策关系问题上"殊途同归"。无论是自由贸易理论还是保护贸易理论,本意都是站在各国自身产业利益维护和发展的基础上,即产业发展不是被动接受比较优势条件的制约,产业发展具有很强的能动性和可选择性,政府虽然不可能通过其政策扶持创建出竞争性产业,但政府可以创造出企业或产业获取竞争优势的环境,或者通过自由贸易获取更大的产业利益空间,或者通过贸易政策保护为将来谋取更大的产业利益。但是,国际社会的和谐性要求,共赢才是朋友。国际社会通过 WTO 这一世界最大的国际经济贸易组织的调节,使国际贸易行为再一次走上各国产业政策与贸易政策协调发展的道路。

第二,WTO 框架下贸易政策与产业政策协调的历史实质上是一部自由贸易与保护贸易反复斗争的历史。只不过自由贸易与保护贸易并不是此消彼长,而是相伴相生、相互渗透、相互对抗、共同发展。而且,WTO 框架下贸易政策对产业政策的协调最终还会影响到国家在不同产业之间的发展趋向,甚至会深入产业内部。应该说,WTO 框架下的贸易政策对产业政策的协调是全方位的。最终会在国家、国际,国家与国际之间形成 WTO 框架下特有的贸易政策与产业政策协调的作用机理。

第三,中国贸易政策与产业政策的协调在体制上不断受到 WTO 的影响,但是仍然存在诸多协调的体制性障碍。结合中国贸易管理体制的历史和现实以及美日等国的经验,中国适宜选择贸易政策与产业政策的协调之路而不是融合之路。中国应考虑建立自身的贸易政策与产业政策的协调机构或提升商务部的协调职能,增加其协调贸易政策与产业政策的作用。

第四,贸易政策与产业政策协调在不同产业领域表现出不同的特点与问题,中国应审视自身在贸易政策与产业政策协调方面的结构性问题,形成贸易政策与产业政策的结构互动。当前需要突出强调的产业领域集中在基础产业、幼稚产业、高技术产业和环保产业。中国应针对不同产业领域出现的特殊问题,在 WTO 框架下探寻根本的解决办法,在减少贸易摩擦的可能下,提升贸易政策与产业政策之间协调互动的能力。

第五,贸易救济政策与产业安全政策之间的紧密关系是贸易政策与产业政策协调的重点。中国在国际政策协调与国内协调不力的双重压力下,贸易救济政策与产业安全政策的协调在缓解贸易摩擦压力、减少产业损失、增强产业竞争优势和改善国际经济贸易关系方面发挥重要作用。因此,中国需要在竞争秩序型产业安全观和贸易救济原则的指导下,从产业入手,在产业政策和贸易政策各自领域深入反思,建立产业政策与贸易政策的良性互动机制,增强中国在政治、经济和法律上解决争端的能力。

综上所述,中国从总体上不仅存在建立贸易政策与产业政策协调的理论基础和现实需要,而且可以找到进行协调的体制和结构上的途径。中国作为 WTO 成员,不仅要承担应有的义务,更要从参与WTO 框架的经验和教训中寻找可以利用的权利,在参与多边贸易体制的同时,协调好贸易政策与产业政策,壮大自身的产业实力,使中国真正成为国际贸易强国。

参考文献

1. 甘瑛:《国际货物贸易中的补贴与反补贴法律问题研究》,法律出版社 2005 年版。

2. 鲍晓华、朱钟棣:《贸易政治经济学在中国的适用性检验:以技术性贸易壁垒为例》,《管理世界》2006 年第 1 期。

3. 鲍晓华:《反倾销措施的贸易救济效果评估》,《经济研究》2007 年第 2 期。

4. 边永民:《国际贸易规则与环境措施的法律研究》,机械工业出版社 2005 年版。

5. 卜伟等:《高技术产品贸易争端:典型案例评析与产业发展启示》,机械工业出版社 2004 年版。

6. 蔡春林等:《贸易救济法》,对外经济贸易大学出版社 2006 年版。

7. 高峰等:《农业支持和补贴的国际比较》,《经济纵横》2004 年第 6 期。

8. 马里、梅新育:《我国产业发展政策的潜在贸易争端风险》,《国际贸易》2006 年第 1 期。

9. 产业损害程度理论与计算方法课题组:《中国反倾销——产业损害幅度测算方法》,清华大学出版社 2003 年版。

10. 陈安:《十年来美国单边主义与 WTO 多边主义交锋的三大回合——"201 条款"争端之法理探源与展望》,《世界贸易组织动态与研究》2005 年第 5 期。

11. 陈立虎:《法庭之友陈述在 WTO 争端解决机制中的可接受

性》,《法学家》2004 年第 4 期。

12. 陈佩虹、张弼、李雪梅编著:《汽车贸易争端典型案例评析与产业发展启示》,机械工业出版社 2005 年版。

13. 陈琪:《企业科技进步与经济增长研究》,中国经济出版社 2000 年版。

14. 陈卫东:《WTO 例外条款解读》,对外经济贸易大学出版社 2002 年版。

15. 陈宇峰、曲亮:《知识产权保护的负面效应与发展中国家的回应性政策研究》,《国际贸易问题》2005 年第 11 期。

16. 程红星:《WTO 司法哲学的能动主义之维》,北京大学出版社 2006 年版。

17. 戴伯勋、沈宏达:《现代产业经济学》,经济管理出版社 2001 年版。

18. 丁国杰、朱允荣:《欧盟三国农民教育培训的经验》,《世界农业》2004 年第 8 期。

19. 董进宇:《宏观调控法学》,吉林大学出版社 1997 年版。

20. 高峰等:《农业支持和补贴的国际比较》,《经济纵横》2004 年第 6 期。

21. 龚宇:《WTO 农产品贸易法律制度研究》,厦门大学出版社 2005 年版。

22. 国家发展计划委员会编:《十五规划战略研究》,中国人口出版社 2000 年版。

23. 国家统计局、科技部:《中国科技统计年鉴》,中国统计出版社 2004 年版。

24. 韩立余:《世界贸易组织(WTO)案例分析》,中国人民大学出版社 2002 年版。

25. 何慧爽、刘东勋:《要素禀赋论与国际产业转移的刚性及其突破》,《国际经贸探索》2006 年第 5 期。

26. 何维达、宋胜洲:《开放市场下的产业安全与政府规制》,江西人民出版社 2003 年版。

　　27. 何志鹏:《全球化经济的法律调控》,清华大学出版社 2006 年版。

　　28. 侯石安:《日本政府支持农业的新举措》,《世界农业》2002 年第 3 期。

　　29. 胡靖:《多哈回合的农业框架协议可能导致全球农产品供给短缺》,《国际贸易问题》2005 年第 10 期。

　　30. 胡麦秀、严顺义:《反倾销保护引致的市场转移效应分析——基于中国彩电出口的实证分析》,《国际贸易问题》2005 年第 10 期。

　　31. 黄学贤:《行政法中的比例原则研究》,《法律科学》2001 年第 1 期。

　　32. 霍建国:《中国外贸与国家竞争优势》,中国商务出版社 2004 年版。

　　33. 江小涓:《经济转轨时期的产业政策——对中国经验的实证分析与前景瞻望》,上海三联书店 1996 年版。

　　34. 金明善:《战后日本产业政策》,航空工业出版社 1988 年版。

　　35. 金泽良雄著,满达人译:《经济法概论》,甘肃人民出版社 1985 年版。

　　36. 孔祥俊:《WTO 法律的国内适用》,人民法院出版社 2002 年版。

　　37. 蓝海涛:《国际农业贸易制度解读政策应用》,中国海关出版社 2002 年版。

　　38. 李敬辉:《完善产业政策　走新型工业化道路》,《经济研究参考》2004 年第 82 期。

　　39. 李萍:《日本"入关"后产业政策与贸易政策的调整》,《亚太经济》2003 年第 3 期。

　　40. 李双元等:《中国法律趋同化问题之研究》,《武汉大学学报》(哲社版)1994 年第 3 期。

41. 李秀香:《幼稚产业开放式保护问题研究》,中国财政经济出版社2004年版。

42. 李永、刘鹃:《贸易自由化、产业结构升级与经济发展》,立信会计出版社2005年版。

43. 林毅夫、孙希芳:《经济发展的比较优势战略理论——兼评〈对中国外贸战略与贸易政策的评论〉》,《国际经济评论》2003年第6期。

44. 林毅夫等:《比较优势与发展战略——对"东亚奇迹"的再解释》,《中国社会科学》1999年第5期。

45. 刘李胜等:《中外支柱产业的振兴之路》,中国经济出版社1997年版。

46. 刘思华:《创建五次产业分类法,推动21世纪中国产业结构的战略性调整》,《生态经济》2000年第6期。

47. 刘嵩、熊春萍:《反倾销中的非市场经济问题》,《商业研究》2002年第5期。

48. 卢根鑫:《国际产业转移论》,上海人民出版社1997年版。

49. 马里、梅新育:《我国产业发展政策的潜在贸易争端风险》,《国际贸易》2006年第1期。

50. 莫世健:《试论WTO和人权的可协调性》,《政法论坛》2004年第2期。

51. 潘悦:《反倾销的非理性及其趋势展望》,《财贸经济》2006年第3期。

52. 潘悦:《反倾销摩擦》,社会科学文献出版社2005年版。

53. 彭海斌:《公平竞争制度选择》,商务印书馆2006年版。

54. 齐虹丽:《国家经济安全与产业政策立法——加入WTO给中国产业带来的冲击与日本经验的启示》,《云南财贸学院学报》2003年第4期。

55. 齐俊妍:《中国遭遇反倾销和对外反倾销的指数比较分析》,《财贸研究》2006年第1期。

56. 曲如晓、田桐桐:《发展中的道德贸易》,《国际贸易》2005 年第 6 期。

57. 曲如晓:《反补贴:中国出口贸易的潜在威胁》,人大复印资料《外贸经济·国际贸易》2005 年第 6 期。

58. 冉宗荣:《发展中国家对华反倾销的动因及我国的应对之策》,《国际贸易问题》2005 年第 4 期。

59. 任建兰:《基于全球化背景下的贸易与环境》,商务印书馆2003 年版。

60. 商务部国际贸易经济合作研究院课题组:《非关税措施的新发展与我国的应对研究》,《经济研究参考》2006 年第 43 期。

61. 沈瑶等:《中国反倾销实施中的产业关联研究:以聚氯乙烯案为例》,《国际贸易问题》2005 年第 3 期。

62. 盛刚:《高技术产业与高技术产品》,《科学与科学技术管理》1999 年第 5 期。

63. 石广生主编:《中国加入 WTO 世界贸易组织知识读本(一、二、三)》,人民出版社 2005 年版。

64. 石声平:《农业外部性问题思考》,《宏观经济研究》2004 年第 1 期。

65. 史智宇:《出口相似度与贸易竞争:中国与东盟的比较研究》,《财贸经济》2003 年第 9 期。

66. 史忠良:《产业经济学》,经济管理出版社 1998 年版。

67. 苏东水:《产业经济学》,高等教育出版社 2000 年版。

68. 孙敬水:《技术性贸易壁垒的经济分析》,中国物资出版社2005 年版。

69. 孙璐:《国际贸易体制内的人权》,《当代法学》2004 年第 4 期。

70. 汤天滋:《环保产业地位与管理体制改革论》,《江西财经大学学报》2005 年第 3 期。

71. 唐宇:《反倾销保护引发的四种经济效应分析》,《财贸经济》2004 年第 11 期。

72. 田素华:《论美国多轨制对外贸易政策的形成与经济效应》,《国际贸易问题》2006 年第 5 期。

73. 田忠法:《WTO 公平贸易案例评析》,上海三联出版社 2004 年版。

74. 屠新泉:《中国在 WTO 中的定位、作用和策略》,对外经济贸易大学出版社 2005 年版。

75. 万解秋:《产业结构:约束与制导》,《江海学刊》1998 年第 1 期。

76. 汪斌:《国际区域产业结构分析导论——一个一般理论及其对中国的应用分析》,上海三联书店 2001 年版。

77. 汪琦:《WTO 框架下美日运用"合规性贸易壁垒"实行农业策略性保护的异同》,《国际贸易问题》2005 年第 11 期。

78. 汪琦:《美国对典型"合规性"贸易壁垒的运用及其产生的经济效应分析》,《商业研究》2006 年第 4 期。

79. 王贵国:《世界贸易组织法》,法律出版社 2003 年版。

80. 王君:《经济安全与经济法》,《法制与社会》2007 年第 3 期。

81. 王世春:《论公平贸易》,商务出版社 2006 年版。

82. 王述英、高伟:《产业全球化及其新特点理论与现代化》,《世界经济导刊》2002 年第 1 期。

83. 王述英、姜琰:《论产业全球化和我国产业走向全球化的政策选择》,《世界经济与政治》2001 年第 10 期。

84. 王先庆:《产业扩张》,广东经济出版社 1998 年版。

85. 王彦志等:《非政府组织与世界贸易组织争端解决机制》,《法制与社会发展》2003 年第 6 期。

86. 王钰:《战略性贸易政策:发达国家与发展中国家的博弈》,《国际贸易问题》2005 年第 9 期。

87. 王允贵:《产业安全问题与政策建议》,《开放学报》1997 年第 1 期。

88. 魏浩、张二震:《发展中国家与中国的经济摩擦及其影响分析》,《世界经济研究》2005 年第 10 期。

89. 吴林海:《中国科技园区域创新能力论》,中国经济出版社 2000 年版。

90. 伍海华、金志国、胡燕京等:《产业发展论》,经济科学出版社 2004 年版。

91. 武海峰、牛勇平:《产业政策的国际性与中国产业结构调整》,《工业技术经济》2004 年第 4 期。

92. 夏友富:《技术性贸易壁垒对国际贸易的影响及其发展趋势》,《WTO 经济导刊》2003 年第 5 期。

93. 肖伟:《国际反倾销法律与实务(欧共体卷)》,知识产权出版社 2005 年版。

94. 胥和平:《WTO 与中国产业重组》,广东旅游出版社 2000 年版。

95. 徐文超:《西方反规避制度的经济调控功能与我国的对策》,《宁夏大学学报》(人文社会科学版)2006 年第 1 期。

96. 许统生:《开放中的贸易保护准则与实证分析》,经济管理出版社 2004 年版。

97. 阎成海:《从贸易结构看中国与印度经济间的竞争关系》,《世界经济》2003 年第 1 期。

98. 杨公朴、夏大慰:《产业经济学教程》,上海财经大学出版社 2002 年版。

99. 杨公朴等:《中国汽车产业安全性研究》,《财经研究》2000 年第 1 期。

100. 杨国华、黄玉琼:《从 R&D 活动看我国科技和经济发展中存在的若干问题》,《武汉工业学院学报》2002 年第 4 期。

101. 杨国华:《纺织品特殊保障措施:风雨五十年》,《国际经济法学刊》2006 年第 13 卷第 2 期。

102. 杨森林:《欧盟农业保护主义的历史和现实根源》,《世界农业》1996 年第 3 期。

103. 杨圣明:《加入 WTO 后我国应采取的对策建议》,《光明日报》2000 年 5 月 9 日。

104. 杨仕辉:《国际保障对我国出口的影响及我国对策研究》,人大复印资料《外贸经济·国际贸易》2005 年第 1 期。

105. 杨仕辉:《反倾销的国际比较、博弈与我国对策研究》,科学出版社 2005 年版。

106. 杨正位:《中国对外贸易与经济增长》,中国人民大学出版社 2006 年版。

107. 于新东:《产业保护和产业安全的理论分析》,《上海经济研究》1999 年第 11 期。

108. 苑涛:《中国对外贸易竞争优势研究》,中国财政经济出版社 2005 年版。

109. 岳咬兴:《国际贸易政策教程》,上海财经大学出版社 2006 年版。

110. 曾卡:《贸易结构与美国单边威胁性贸易政策的实效性》,《世界经济与政治》2004 年第 4 期。

111. 张经:《保护国内市场的新击点——再论加入 WTO 后行业协会对中国国内市场的保护作用》,工商出版社 2002 年版。

112. 张立:《维护我国产业安全的制度变迁模式初探》,《天府新论》2002 年第 9 期。

113. 张向晨:《加入 WTO 两年半的回顾和思考》,《战略与管理》2004 年第 3 期。

114. 张旭青等:《美国农产品出口支持措施及其对我国的启示》,《国际贸易问题》2005 第 4 期。

115. 张雪:《产业结构法研究》,中国人民大学出版社 2005 年版。

116. 张治栋:《政策、产业政策及其法律效力》,《冶金管理》2005 年第 9 期。

117. 赵儒煜:《产业机构演进规律新探——对传统产业结构理论的质疑并回答》,《吉林大学社会科学学报》1997 年第 4 期。

118. 赵世洪:《国民产业安全概念初探》,《经济改革与发展》1998 年第 3 期。

119. 赵世洪:《国民产业安全若干理论问题研究》,《中央财经大学学报》1998 年第 5 期。

120. 赵惟:《国家经济安全与产业安全研究综述》,《首都经济贸易大学学报》2005 年第 3 期。

121. 赵玉焕:《贸易与环境——WTO 新一轮谈判的新议题》,对外经济贸易大学出版社 2002 年版。

122. 郑甘澍、邓力平:《从反倾销税到反倾销补贴》,《国际贸易问题》2005 年第 5 期。

123. 郑志海、薛荣久:《世界贸易组织知识读本》,中国对外经济贸易出版社 1999 年版。

124. 中国发展计划委员会高技术产业发展司:《中国高技术产业发展报告》,中国计划出版社 2001 年版。

125. 周汉民:《中国外贸救济与外贸调查制度》,上海交通大学出版社 2005 年版。

126. 周杰、张梓太:《WTO 体系下贸易与环境的法律协调——发展中国家视角》,科学出版社 2005 年版。

127. 周珂等:《突破绿色壁垒方略——企业环保法治的理论与实践》,化学工业出版社 2004 年版。

128. 朱钟棣等:《加入 WTO 后中国的产业安全》,上海财经大学出版社 2006 年版。

129. [德]弗里德里希·李斯特著,邱伟立译:《政治经济学的国民体系》,商务印书馆 1981 年版。

130. [美]C. P. 欧曼、G. 韦格纳拉加著,吴正章、张琦译:《战后发展论》,中国发展出版社 2000 年版。

131. [美]丹尼斯、R. 阿普尔亚德、小艾尔弗雷德、J. 菲尔德:《国际经济学》(第4版),机械工业出版社2003年版。

132.〔美〕坎特罗主编:《日出日落:向工业废弃的神化发起挑战》,New York John Wiley and Sons 出版社1995年版。

133.〔美〕拉尔夫·戈莫里、威廉·鲍莫尔著,文爽、乔羽译:《全球贸易和国家利益冲突》,中信出版社2003年版。

134.〔美〕托马斯丁·普鲁萨著,桑秀国译:《国际贸易中愈演愈烈的反倾销问题》,《世界经济》2005年第4期。

135.〔美〕约翰·H.杰克逊著,张乃根译:《世界贸易体制:国际经济关系的法律与政策》,复旦大学出版社2001年版。

136.〔日〕野尻武敏、百百和等著:《经济政策学》,陕西人民出版社1990年版。

137.〔瑞典〕拉尔斯·马格努松著,王根蓓、陈雷译:《重商主义经济学》,上海财经大学出版社2001年版。

138.〔英〕托马斯·孟:《英国得自对外贸易的财富》,商务印书馆1959年版。

139.〔英〕A.J.雷纳、D.科尔曼著,唐忠、孔祥智译:《农业经济学前沿问题》,北京腾图电子出版社、中国税务出版社2000年版。

140.〔英〕安东尼·吉登斯著,田禾译:《现代性的后果》,译林出版社2000年版。

141.〔英〕大卫·格林纳韦主编,冯雷译:《国际贸易前沿问题》,中国税务出版社2000年版。

142.《列宁全集》第14卷,人民出版社1988年版。

143.〔美〕D.F.西蒙:《世界经济体系中的中国》,《国外社会科学》1993年第3期。

144. Stephen Chen.:《企业社会责任是什么》,《世界经理人》2003年第5期。

145.〔美〕保罗·克鲁格曼著,海闻等译:《战略性贸易政策与新国际经济学》(国际经济学译丛),中国人民大学出版社、北京大学出版社2000年版。

146. [美]戴维・S. 兰德斯著,门洪华等译:《国富国穷》,新华出版社 2001 年版。

147. [美]丹尼・罗德瑞克著,熊贤良译:《让开放发挥作用——新的全球经济与发展中国家》,中国发展出版社 2000 年版。

148. [美]道格拉斯・A. 欧文:《从历史角度透视美国反倾销热潮》,《世界经济与金融评论》2005 年第 3 期。

149. [美]赫勒・迈因特:《国际贸易与国内制度框架》,《经济社会体制比较》2003 年第 3 期。

150. 里斯本小组著,张世鹏译:《竞争的极限》,中央编译出版社 2000 年版。

151.《粮农组织关于生物技术的声明》,世界粮农组织网站:http://www.fao.org/biotech/stat.asp,2001 年 11 月 3 日登录。

152. 罗拉・D. 安生・迪森著,刘靖华等译:《鹿死谁手?——高技术产业中贸易冲突》,中国经济出版社 1996 年版。

153. [美]迈克尔・波特著,李明轩、邱如美译:《国家竞争优势》,华夏出版社 2003 年版。

154. [美]科依勒・贝格威尔、罗伯特・W. 思泰格尔著,雷达等译:《世界贸易体系经济学》,中国人民大学出版社 2005 年版。

155. [澳]欧文・E. 休斯著,彭和平、周明德、金竹青等译:《公共管理导论》,中国人民大学出版社 2001 年版。

156. [日]深尾京司、细谷佑二:《国际产业政策与多国籍企业》,《经济研究》1999 年第 50 卷。

157. A. V. Deardorff: "Safeguards Policy and the Conservative Social Welfare Function," in H. Kierzkowshi, eds. , *Protection and Competition inInternational Trade*, Oxford: Basil Blackwell, 1987.

158. Blonigenba, prusa T J: Antidumping, NBER Working Paper, April, 2001.

159. Bora, Aki Kuwahara and Sam Laird : " Quantification of Non-Tariff Measures ", *Journal of International Econamics*, 2002, p. 2.

160. Brander, J. & Krugman, P. R. : "A ' Reciprocal Dumping' Model of International Trade", *Journal of International Economics*, 1983, p. 15.

161. Bruce. A. Blonigen: "Foreign direct investment responses of involved in antidumping investigations", mimeo, University of Origan, 1998.

162. Cordcn, Protection, Growthand Trade. NewYork; Protection and Cometity on in International Trade, *Essay in Honor of W. M. Corden. Oxford*: 1987.

163. Corden. W. M: *Trade Policy and Economic Welfare*, Oxford: Clarend on Press, 1974.

164. Corinne M. Krupp, Susan Skeath: "Evidence on the Downstream Impacts of Antidumping Cases", *North American Jormal of Economics and Finance*, 2002, p. 13.

165. Certain Types of Electronic Microcircuits Known as EPROMs (Erasable Programmable Read Only Memories) Originating in Japan, *Council Regulation (EEC)* p. 577.

166. Eden S. H. Yu: "Investment Measures and Trade", *The World Economy*, Vol. 21, No. 4, pp. 549－561, 1998, pp. 549－561.

167. Falvey, R. E: "Commercial Policy and Intra-Industry Trade", *Journal of International Economics*, 1981, p. 11.

168. Feenstra, R. C: "Integration of Trade and Disintegration of Production in the Global Economy", *Journal Of Economic Perspective*, 1998, p. 12.

169. Flockton & Heidi: European Industrial Policy with Respect to the Steel Industry: The Past, Present and Future, http: //info. sm. umist. ac. uk/dissertation/ dissertationsl Heidi Flockton Whole dissertation. pdf.

170. Georg Erber, Harald Hagemann, Stephan Seiter: "Industrial Policy in Europe, European Trade Union Institute", *Working Paper*, 1996.

171. Gilberto Sarfati: European Industrial Policy as a Non-Tariff

Barrier, http://eiop. or. at/eiop/texte/ 1998 – 2002. htm.

172. Grander, J. and B. Spencer: "Export Subsidies and International Market Share Rivalry", *Journal of International Ecnomics*, 1985, p. 18.

173. Grander, J. and B. Spencer: "Tariff Protection and Imperfect Competition, in H. Kierzkowski(ed) Monopolistic Competition and International Trade", *Basil Blackwell*, 1984, p. 20.

174. Grubel, H. G. &. Lloyd, P. j. : *Intra-Industry Trade: The Theory and Measurement of International Trade in Differentiated Products*, London: The Macmillan Press Ltd. , 1975.

175. Hamilton, Alexander: *The Reports of Alexander Hamilton*, New York, Harpers, 1964, p. 1790 – 1791.

176. J. H. H. Weiler: "The Rule of lawyers and the Ethos of Diplomats-Reflections on the Internal and External Legitimacy of WTO Dispute Settlement ", *Journal of World Trade*, Vol. 35, No. 2, 2001.

177. J. N. Bhagwati: *"The Generalized Theory of Distortions and Welfare"*, in J. N. Bhagwati, R. W. Jones, R. A. Mundell and J. Vanek, eds. , *Trade Balance of Payments and Growth*, Amsterdam: North Holland Publishing Company, 1971.

178. James Rude: "Under the Green Box: the WTO and Farm Subsidies", *Journal of World Trade*, Vol. 35, 2001.

179. John H. Jackson: *The World Trading System: Law and Policy of International Economic Relations*, Higher Education Press, 1997.

180. Kotan, Z. & Sayan, S: "A Comparative Investigation of the Price Competitiveness of Turkish and Southeast Asian Exports in the European Union Market, 1990 – 1997", *Emerging Markets Finance and Trade*, 2002, p. 38.

181. Krugemr. A. O: *Trade Policies in Developing Countries*, Handbook of International, 1984.

182. M. Shinohara: *Industrial Growth, Trade, Dynamic Patterns In*

the Japanese Economy, University Tokyo Press, 1982.

183. Matsuyama K: "Perfect Equilibrium in a Trade Liberalization Game", *The American Economic Review*, 1990, p. 3.

184. Olson Km: "Free Riders among the Rent-seekers: A Model of Firm Participation in Antidumping Petitions", *Economics Working Paper Archive at WUSTL In Its Series International Trade*, 2004, p. 9.

185. Ordover, J. and Willig, R.: "Antitrust for High-Technology Industries: Assessing Research Joint Ventures and Mergers", *Journal of Law and Economics*, 1985, p. 28.

186. R. E. Baldwin: "Assessing the Fair Trade and Safeguards Laws in Terms of Modern Trade and Political Economy Analysis", *The World Economy*, Vol. 15, No. 2, 1992.

187. R. K. Gupta: "Antidumping and Countervailing Measure: The Complete Reference", *Response Books*, 1996.

188. Richard H. Steinberg: "Judicial Lawmaking at the WTO: Discursive, Constitutional, and Political Constraints", *American Journal of International Law*, Vol. 98, No. 2, 2004.

189. Richard R. Rivers & John D. Greenwald: "the Negotiation of a Code on Subsidies and Countervailing Measures: Bridging Fundamental Policy Differences", *Law and Policy in International Business*, Vol. 11, 1979.

190. Richard Rosecrane: "The Rise of the Virtual Stare", *Foreign Affairs*, July/August, 1999.

191. Frank Garcia: "The Salmon Case: Evolution of Balancing Mechanisms for Non-Trade Value in WTO", at http://ssrn.com/abstract=450820, last visited 2 June 2004.

192. J. Pauwelyn: "WTO Condemnation of U. S. Ban on Internet Gambling Pits Free Trade against Moral Values", ASIL In-sight, November 2004, http://www.asil.org/insights/2004/11/insight041117.html.

193. Peter Sutherland: "The Future of the WTO-Addressing Institutional Challenges in the New Millennium", available at http://www. wto. org/english/ thewto-e/10anniv-e/10anniv-e. htm, last accessed 10 May 2005.

194. Statement of Director-General Ruggiero, dated 17 April, 1997, www. wto. org/wto/about/dispute 1. htm.

195. Hakan Nordstrom and Scott Vaughan: "Trade and Environment in GATT/WTO Background Note by the Secretariat", *Trade and Environment,* WTO Publications.

196. Tariff Quota Administration Methods and Tariff Quota Fill, *WTO Background Paper*, 18 May 2001, G/AG/NG/S/8/Rev. 1.

后　记

艰苦而清冷的研究伴随着博士论文的基本完成而得到些许慰藉,此时似乎才具备心情和机会来盘点这一路走来的点滴,心中千言却一时不知从何说起。

记得林语堂说过,记问之学不足为人师。博士求学历程始于那份高校教师探索学问的责任,未料这一经历不仅是"开茅塞、除鄙见、得新知、广识见"的过程,更是锻造心性、磨炼意志、塑造品格的过程。因为,这一路上有众多学者先贤的言传身教,有"板凳坐得十年冷,文章不写半句空"的警示,有孤独清苦之中饮知识美酒以壮志的豪情……人生此一段行程不悔!

郭连成研究员是我的博士生导师,恩师给予我的指导和帮助非一言以蔽之。从课程的学习、知识的补遗、论文的选题、写作的开展、资料的收集、疑难的解析到论文的修改等一路走来,学生的提高当中无不凝结着恩师的心血。而恩师严谨的治学态度、勤勉的治学精神以及豁达开放的胸怀更值得学生一生去学习!谢谢您,导师!

回忆博士求学阶段,还有许多位辛勤栽培过我并指点我论文写作的老师,他们是何剑教授、刘昌黎教授、金凤德教授、王绍媛教授等;还有评阅专家对我论文的细心评阅和指导;还有国际经济贸易学院众多同事的帮助与支持;还有众多师兄弟、师姐妹的帮助与勉励,还有……谢谢你们!

感谢我爱人的理解与支持,感谢我的父母、公婆的辛苦帮助,我的博士论文中有你们的辛劳!同时,表示对孩子的歉疚,母亲取得了成果,却失去了对你更多的陪护。

感谢在这一学术研究领域取得丰硕成果的前辈们,是你们所取得的成果,成为我博士论文的坚实基础。没有你们这些"巨人",我不会有今天的高度! 如果存在标注不全面等诸多问题,敬请谅解! 谢谢!

感谢你们!

田玉红

2008 年 11 月于大连家中

策划编辑:郑海燕

封面设计:徐　晖

图书在版编目(CIP)数据

WTO 框架下中国贸易政策与产业政策的协调/田玉红 著.
-北京:人民出版社,2009.6
ISBN 978 - 7 - 01 - 007938 - 7

Ⅰ.W…　Ⅱ.田…　Ⅲ.①贸易政策-研究-中国②产业政策-研究-
中国　Ⅳ.F720　F120

中国版本图书馆 CIP 数据核字(2009)第 071917 号

WTO 框架下中国贸易政策与产业政策的协调

WTO KUANGJIAXIA ZHONGGUO MAOYI ZHENGCE YU
CHANYE ZHENGCE DE XIETIAO

田玉红　著

人 民 出 版 社 出版发行
(100706　北京朝阳门内大街166号)

北京龙之冉印务有限公司印刷　新华书店经销

2009 年 6 月第 1 版　2009 年 6 月北京第 1 次印刷
开本:710 毫米×1000 毫米 1/16　印张:24.25
字数:344 千字　印数:0,001 - 3,000 册

ISBN 978 - 7 - 01 - 007938 - 7　定价:48.00 元

邮购地址 100706　北京朝阳门内大街 166 号
人民东方图书销售中心　电话 (010)65250042　65289539